LA
MAISON DU BAIGNEUR

FAISANT SUITE

A LA

BELLE GABRIELLE

LA
MAISON DU BAIGNEUR

PAR

AUGUSTE MAQUET

MARIE DE MEDICIS
REINE DE FRANCE

PARIS

VICTOR BUNEL, ÉDITEUR

10, RUE DU CLOITRE-NOTRE-DAME, 10

1875

LA MAISON DU BAIGNEUR

(SUITE DE LA BELLE GABRIELLE)

— Ne craignez rien, monsieur du Bourdet, j'en aurai soin comme sa mère.

LA MAISON DU BAIGNEUR

(SUITE DE LA BELLE GABRIELLE)

I

D'UN MAUVAIS CALEMBOUR ET DE SES CONSÉQUENCES

Il y avait un an à peine que Jacques de Brosse, à la tête d'une armée de terrassiers et de tailleurs de pierre, construisait l'immense palais florentin du Luxembourg. Marie de Médicis, veuve d'Henri IV, se trouvait à l'étroit dans le Louvre, où le grand règne qu'elle continuait, en le rapetissant, s'était pourtant épanoui à l'aise. Marie, régente de France, s'était commandé un château sur le modèle, ou à peu près, du palais Pitti, et déjà ce rêve de la patrie absente, ce souvenir de la maison paternelle apparaissait vivant à la fille des Médicis, à travers une forêt de madriers, de mâts et de poulies, dont les milliers d'inégales et noires lignes perpendiculaires, pittoresquement coupées d'échafauds et de toiles flottantes, ne ressemblaient pas mal aux agrès d'une flotte gigantesque majestueusement assise dans le port.

Pendant les premiers mois, tout Parisien vraiment digne du nom eût cru manquer à son devoir en ne venant pas visiter les fondations de l'édifice, et en contrôler les progrès. Puis, peu à peu, à mesure que l'ouvrage devenait réellement intéressant, les curieux devenaient plus rares. Tout Paris avait vu, peu de chose, il est vrai, rien peut-être, mais enfin on avait vu ce rien, et Paris n'aime pas à revoir, fût le rien devenu quelque chose.

Cependant les provinciaux et les étrangers franchissaient à tour de rôle la porte Bussy, pour aller contempler la nouvelle merveille, et généralement redescendaient en ville par la rue de Tournon et le préau de la foire Saint-Germain, deux autres curiosités notables.

Ce qu'il y avait à admirer à la foire, tout le monde le comprendra; mais rue de Tournon, qu'était-ce?

Justement, par une matinée vermeille de septembre, un bourgeois ou peu s'en faut, figure grave et honnête, habit décent, l'expliquait à son jeune fils en le tenant ou plutôt en le contenant par la main.

L'enfant avait douze ans au plus, il était petit, blond, rieur, et bondissait comme l'oiseau dont on a rogné les ailes.

Le père avait eu beaucoup de peine à l'empêcher de se blanchir aux échelles de maçons, de s'embourber dans les fosses à chaux et de se pendre aux câbles des poulies, tandis qu'il essayait de lui faire comprendre les beautés du Luxembourg naissant.

Il lui représentait vainement le respect qu'un enfant doit aux chefs-d'œuvre de l'art et à ses habits neufs. Il lui disait encore de bien regarder ce palais, bâti par une reine qui était assurément une très-grande reine. Mais cette dernière phrase était articulée d'un ton de voix si haut, avec une intention si marquée, que l'enfant, surpris peut-être d'un éloge aussi rare dans la bouche de son père, voulut se retourner pour voir s'il n'était point provoqué par la présence de quelque témoin suspect.

Mais le père imprima une secousse énergique au poignet de son compagnon, et maintenant le dispason éclatant de sa voix :

— Voyons, Aubin, dit-il, ne perdons pas de temps ; profitons du séjour que je veux bien vous faire faire à Paris, en attendant l'arrivée de votre frère Bernard. Qui sait s'il n'arrivera pas ce matin même de ses voyages, votre cher frère ? Or, sitôt que nous l'aurons embrassé, nous repartirons pour les Bordés, et plus de Paris pour vous. Profitez, vous dis-je : prenez-moi votre cahier, votre écritoire, et faites quelque bonne note sur les grandes choses que vous avez le bonheur de voir en ce voyage.

L'enfant, qui sentait toujours la pression des doigts paternels, obéit, non sans se tourmenter comme une anguille accrochée à l'hameçon. Il tira, du petit carton pendu à son côté gauche, le cahier, la plume, et commençant à dévisser le couvercle de l'écritoire oblongue suspendue à l'aiguillette supérieure de son pourpoint :

— Mais, mon papa, dit-il à son tour, qu'écrirai-je sur ce palais, puisqu'on n'y voit encore que des planches et des échafaudages ?

— Là précisément est la curiosité, Aubin ; un jour viendra, où moi je ne serai plus là ; vous aurez vous-même alors quelque petit garçon têtu et paresseux que vous promènerez par ici ; et, lui montrant le Luxembourg, vous direz : Je vins voir Paris en 1616 avec feu mon père, j'avais douze ans, le Luxembourg ne montrait encore que deux étages hors du sol... et rentré au logis vous ferez voir vos notes à votre fils.

Ce raisonnement persuada sans doute M. Aubin, car il déploya le cahier sur la couverture duquel on lisait en caractères bien gras, bien trapus et d'une gothique dont chaque arabesque était caressée avec plus de zèle que de perfection :

« Notes et remarques d'Aubin du Bourdet sur son voyage à Paris, année 1616. »

Voilà ce qu'il y avait sur l'enveloppe. Voilà ce que le voyageur avait passé toute une soirée à écrire dans sa chambre des Bordes, l'avant-veille du départ. Mais les *Notes et remarques* prises à Paris consistaient à l'intérieur du cahier en bonnes femmes et en bonshommes d'une fantaisie tellement audacieuse, soit comme structure, soit comme ajustement, que le fils futur d'Aubin n'eût pu concevoir que des idées inexactes sur l'anatomie et les usages de la race parisienne en 1616.

L'enfant se préparait donc à écrire quelque chose, quand il vit son père se retourner et fixer les yeux, non plus sur le Luxembourg, mais sur le coin de la rue de Vaugirard. Là aussi l'on bâtissait quelque chose, et une demi-douzaine de charpentiers hissaient et assemblaient des madriers de forme bizarre, tandis que d'autres ouvriers calaient solidement une de ces charpentes, autour de laquelle causaient tout bas, ou ne causaient pas du tout, certains passants, les uns narquois, les autres fort rembrunis.

Aubin avait l'occasion belle pour tourner le dos au Luxembourg. Il en profita vivement, malgré les efforts de son père pour le ramener à la contemplation du chef-d'œuvre de Jacques de Brosse.

— Mon papa, on bâtit encore là derrière nous.

— Non, ce n'est pas un bâtiment, dit le père du Bourdet contrarié.

— Qu'est-ce alors ?

— C'est une potence.

— Ah ! une potence, c'est vrai, mais je vois trois charpentes...

— Trois potences, Aubin.

— Pourquoi faire si près du palais ?

La question était d'une haute philosophie. Le père du Bourdet la jugea telle, et s'il eût été seul avec Aubin, il eût peut-être fait quelque réponse mémorable. Mais comme la beauté de l'enfant, son carton ouvert et la vue des mirifiques dessins avaient attiré près de lui trois ou quatre badauds, et que rien ne ressemble parfois à un badaud comme un espion, du Bourdet père ne voulut pas décliner la discussion, ce qui peut-être eût décelé sa pensée; il répliqua donc :

— Mon enfant, ces gibets sont probablement destinés à la justice du palais.

— Avant qu'il soit bâti? riposta l'enfant terrible.

Du Bourdet donna une sourde saccade au poignet de ce logicien dangereux, et, grossissant sa voix :

— Allons, maintenant, dit-il, voir les beaux hôtels de la rue de Tournon.

Et il entraîna Aubin, auquel souriaient plusieurs des assistants; l'un desquels, même, osa dire :

— Voilà un gentil écolier.

*
* *

Lorsqu'ils furent à vingt pas du groupe, du Bourdet, plus libre, murmura en se penchant vers son fils :

— Vous ne pouvez donc pas tenir votre langue, petit malheureux! On voit une potence; eh bien, est-ce une raison pour raisonner sur cette potence? Que vous importe? de quoi vous mêlez-vous?

— Mais je n'ai rien dit de la reine mère.

— Ne sommes-nous pas convenus qu'à Paris, non-seulement vous ne parleriez jamais de la reine, mais même de qui que ce soit? Ne vous mettrez-vous jamais dans la tête ma théorie des Conséquences, que je vous explique si profondément, si souvent aux Bordes? *Quilibet attinet ad quodlibet, et vice versa*. Chacun touche à quelque chose. Eh bien! une potence, c'est une chose, n'est-ce pas?

— Oui, mon papa.

— Donc, chacun touche ou peut toucher à cette chose.

— Mais enfin si l'on ne peut parler de rien ni de personne...

— Taisez-vous, enfant opiniâtre. Vous êtes haïssable, et votre frère Bernard va vous trouver odieux, lui qui, après cinq ans d'absence, devrait s'attendre à voir un garçon raisonnable.

— Oh! mon papa! s'écria Aubin, ne dites pas mes défauts à mon frère!

— Il les verra parbleu bien. Mais taisez-vous tout de bon. Taisez-vous surtout ici.

Ils étaient arrivés dans la rue de Tournon, en face d'un hôtel magnifique, aux portes duquel apparaissaient et disparaissaient comme devant une ruche, des gens à pied, des cavaliers, des soldats ou des gens d'église.

Le père du Bourdet recula prudemment jusqu'aux deux tiers de la largeur de la rue et dit :

— Voici l'hôtel de M. le maréchal d'Ancre.

— Ah! répondit simplement l'enfant avec un regard d'une exquise intelligence qui croisa le regard froid de son père. Que de choses dans ce coup d'œil!...

— Oui, continua lentement du Bourdet, maréchal de France, marquis, gouverneur de Picardie, riche à millions.

Quelques passants s'approchèrent.

— Magnifique résidence, ajouta du Bourdet, du même ton éclatant qu'il avait pris pour faire l'éloge de la reine régente. Cela sent son grand personnage.

Les passants passèrent.

— Et je le vis, poursuivit du Bourdet à voix basse, simple Concini et très-humble commissionnaire de Zamet!

Deux soldats s'arrêtèrent pour regarder. Aubin tira son père par la main et le conduisit tout à fait au pied des murailles qui, de l'autre côté de la rue, faisaient face à l'hôtel d'Ancre, et du chaperon desquelles tombaient des lianes de vigne vierge et de clématites jusque dans la vasque d'une charmante petite fontaine envoyée de Florence par son ami le grand-duc à la toute-puissante maréchale. Elle-même avait dû solliciter ce présent, pour se rappeler mieux, quand elle regarderait par les fenêtres de son hôtel, l'humble carrefour San-Luca, que cette fontaine décorait jadis, et où peut-être, sortant chaque matin de quelque masure voisine, Leonóra Dori avait puisé, enfant, sa provision d'eau fraîche et de poésie pour tout le jour.

Du Bourdet regarda en haut, à droite, à gauche, et n'apercevant rien qui pût l'alarmer :

— Oui, dit-il, cet homme a manqué de pain, de gîte et de manteau. Il n'eût pas su mendier en français ce manteau, ce gîte et ce pain. Sa figure faisait peur, son nom faisait rire, et maintenant il a le droit de commander une armée, il voit au travers de ses vitres le palais que fait bâtir la reine mère afin de devenir sa voisine ! Il est plus roi que ne fut Henri IV, car celui-ci consultait quelquefois un conseil, et aujourd'hui les conseillers de la couronne consultent le maréchal d'Ancre. Examine bien, Aubin, ce qui est en face de nous ; c'est, selon moi, le plus prodigieux spectacle que puisse offrir ce siècle, dont tu n'as pas vu le commencement et dont je ne verrai pas la fin.

L'enfant, sérieux et recueilli, dévorait des yeux l'hôtel, les gardes, les courtisans, et surtout une pâle et blanche figure qu'on voyait, penchée sur une vitre, au premier étage, regarder vaguement dans le ciel et par la rue.

— Qui est là ? demanda Aubin prêt à étendre sa main pour désigner l'objet de sa curiosité.

— Indiquez sans geste, Aubin.

— A la première fenêtre du premier étage, mon papa.

— C'est loin pour mes yeux, mais pourtant je crois distinguer une jeune tête.

— Tout en noir.

— En deuil, oui, l'hôtel est en deuil. La mort est brutalement venue frapper à cette belle porte, et a pris, dans son lit de soie et de dentelles, la fille du maréchal, une future princesse. Je pense alors que cet enfant dont vous parlez, Aubin, pourrait être le fils aîné de M. le maréchal, un mestre de camp, seigneur de plus de cent seigneuries, le jeune comte de la Pène.

— Un nom de mauvais présage, mon papa.

— Pène s'écrit sans i, répliqua magistralement du Bourdet; mais nous avons vu, n'est-ce pas ? et comme ici la prudence exige qu'on ne prenne pas de notes, voire même qu'on ne séjourne pas longtemps, gagnons la porte de Bussy et de là notre hôtellerie. — Oui, partons, car il me semble qu'on nous regarde. Voyez ce cordonnier dans son échoppe à gauche.

En disant ces mots, du Bourdet reprit la main droite de son fils pour le faire tourner avec lui ; mais dans ce mouvement, sa manche accrocha le justaucorps d'Aubin et dénoua probablement le cordon qui y attachait l'écritoire, car ce rouleau de corne noire glissa dans un pli du manteau du père, et tomba sur la terre molle de la rue.

Ni l'un ni l'autre ne s'aperçut de l'accident, et leur unique préoccupation fut de descendre la rue, côte à côte, sans notes ni remarques.

Un cordonnier regardait en effet. Son échoppe ou boutique — il l'appelait ainsi — incrustée dans la maison contiguë à la fontaine florentine, était ornée d'une guirlande de chaussures fort variées d'âge, de formes et de patries. Tout cela, bottes, chaussons ou souliers, se balançait agréablement à une ficelle poissée tendue transversalement à l'extérieur de l'échoppe et formait une corniche, sous l'ombre de laquelle brillaient les deux yeux du cordonnier courbé sur son ouvrage.

Un peintre du carrefour voisin avait écrit sur l'entablement de l'échoppe en lettres encore fraîches : « Picard, cordonnier. » Et comme aux festons de la guirlande de chaussures il manquait une dent, vide notable, tout porte à croire que le peintre avait fait cette brèche en choisissant pour son salaire quelqu'une de ces paires de babouches inimaginables qui vieillissent toujours et ne meurent jamais.

Placé en face de l'hôtel d'Ancre, comme une tache sur un mur, comme une araignée vis-à-vis d'un miroir de Venise, le cordonnier Picard s'était maintenu, lui et son échoppe, auprès de la petite fontaine, sans que rien l'eût déraciné ni même dégoûté.

Enfant de Paris, il vivait là depuis son enfance, il avait vu bâtir l'hôtel d'Ancre, il l'avait vu prospérer. Il y avait vu emménager les nouveaux propriétaires. Le côté gauche de la rue lui appartenait, comme au maréchal le côté droit.

Cette perspective de l'échoppe et des savates grimaçantes ayant tout de suite offusqué les yeux de la maréchale, on avait offert à Picard quelques écus pour déguerpir. Il avait refusé. Les architectes de la Florentine, pour faire placer la fontaine, culbutèrent les chaussures de Picard, qui s'étalaient librement sur le mur. Picard remonta ses chaussures à gauche. Le maréchal s'entêta ; Picard aussi : ou plaida devant l'échevin. L'échevin consulta le roi alors vivant, qui répondit en riant, que si le cordonnier gênait trop M. le marquis d'Ancre, on lui permettrait de venir accrocher son échoppe au Louvre. L'échevin ajouta même, bien bas, en racontant cette réponse à ses amis, que le roi gascon avait dit : « Eh ! mordioux ! qu'il fasse comme moi, le marquis d'Ancre ; qu'il souffre Picard. Moi je souffre bien Concini ! »

Le marquis dévora la leçon. Picard fit des feux de joie et passa deux mois à élaborer une chaussure d'art, son chef-d'œuvre, qu'il destinait au roi, mais trop tard pour tous deux. En effet Picard méditait les bouffettes quand Henri fut assassiné.

Mais la bienveillance du prince avait consacré dans tout le quartier les droits de Picard à son échoppe, et c'eût été de la part du maréchal une imprudence que de s'opiniâtrer à faire triompher les siens.

Cependant la marquise d'Ancre n'avait pu s'habituer à la victoire du cordonnier. Picard, lui, ne s'était pas encore habitué à son bonheur. En sorte que de l'hôtel à l'échoppe, de la puissante dame couchée sur sa chaise, derrière ses lourds rideaux de soie, à l'artisan piquant son cuir, c'était un échange acharné un duel de regards furieux ici, là moqueurs. Picard avait pompé tant d'orgueil dans la colère de sa voisine, que chaque pulsation de ses veines, chaque battement de son cœur correspondaient à une jouissance secrète, et il ne cousait pas un point sans lever à moitié la tête pour décocher à l'hôtel un sardonique regard. La flamme de ces regards avait fini par établir un rayon permanent de l'échoppe aux fenêtres de la maréchale, et la Florentine superstitieuse, habituée aux terreurs de la jettatura, frissonnait en devinant l'électricité hostile, et marmottait quelque conjuration, ou faisait les cornes avec l'index et le mineur, spécifique infaillible comme on le sait pour combattre le mauvais œil.

Tel était ce cordonnier, personnage historique, n'en déplaise au lecteur, mais qui n'avait pas encore acquis la célébrité dont les événements l'investirent plus tard. Pour le présent, qu'on se figure un homme de quarante ans, étroit d'épaules, comme tout ouvrier ployé sur la besogne, un peu cagneux, velu comme une chèvre et relevant souvent, de la main qui tient l'alène, une longue mèche de cheveux noirs obstinés à envahir son front bombé, ses yeux perçants.

Ce geste fréquent et l'éclair de l'aiguille d'acier croisant l'éclair des prunelles étaient devenus pour les nerfs de l'infortunée maréchale une insupportable torture.

*
* *

Au moment où s'arrêtèrent devant l'hôtel Aubin et du Bourdet, Picard ne les remarqua point, habitué qu'il était à regarder toujours au premier étage avant de regarder ailleurs. Il ne les vit qu'après le colloque discret du père et du fils, et la charmante figure d'Aubin attira son attention.

Peut-être les prit-il tous deux pour des provinciaux, et il se préparait à leur aller fournir quelque renseignement ; car il était bavard, officieux, amoureux de sa ville, et coquet pour elle. Il était encore Parisien à un autre titre : exécrant les étrangers, Italiens ou Espagnols, et toujours prêt à leur nuire, fallût-il pour cela du courage, fallût-il même de l'esprit.

Mais le temps de redresser ses reins engourdis et de sortir de sa boutique, Picard ne trouva plus les deux causeurs. Il en eu un vif regret, à cause de la provision qu'il avait faite d'histoires politiques et privées sur les Italiens en général et la maison d'Ancre en particulier. Et puis il perdait une occasion de montrer à des amateurs les fameux souliers destinés au feu roi, et qui ornaient la place d'honneur de la boutique, avec cette inscription sur parchemin :

Souliers du roy défunct.

Mais il lui restait la ressource d'aller visiter les travaux. Tout en foulant le sol de la rue, non sans regarder l'hôtel d'Ancre, il sentit son pied heurter quelque chose et ramassa l'écritoire que le petit Aubin avait perdue.

— Qu'est-ce que cela ? grommela-t-il en avançant toujours vers la rue de Vaugirard. Quelque étui ; oh ! oh !... cela noircit ; une écritoire... celle du petit blond... de l'encre... Ancre, répéta-t-il avec un grognement. Toujours ancre, ancre partout. C'est donc une rage que l'ancre.

Et il avançait peu à peu, se délectant dans sa monotone facétie.

— Ah ! ah ! les potences sont placées. C'est pour nous les potences. Eh ! eh ! il y en a trois, il y en aurait une pour lui, une pour elle, et une pour le petit. Juste au coin de leur rue, comme ce serait commode !

Et il se mit à rire tout seul. Car c'était l'heure du premier repas des ouvriers, et le soleil éloignait de ce coin brûlant tous ceux que l'aspect fâcheux des gibets n'eût peut-être pas réussi à chasser.

— Trois potences, répéta Picard en se frottant les mains, et celle du milieu est plus grande que les autres. Tiens ! Ils y ont laissé le fil d'aplomb.

Il s'approcha.

— Si mince que soit la ficelle, murmura-t-il, je me chargerais encore volontiers... Allons, cette encre m'a tout noirci les mains... Diantre soit de cette encre ! Jetons l'écritoire. Oh ! non ! meilleure idée !

Et de rire. Son hilarité funèbre avait quelque chose de l'ivresse, l'ivresse amenant aux lèvres les hideux secrets de certains cœurs.

Il regarda sournoisement autour de lui et ne vit personne. Plus loin, sur le seuil de l'hôtel du maréchal, nul ne semblait observer. Picard saisit le fil d'aplomb des charpentiers, y attacha prestement la longue écritoire, qui se mit à osciller dans le vide, et, tout joyeux de son ouvrage, il se recula, admirant l'effet.

Des femmes passaient, portant des mannes sur leur tête.

— Oh ! dit Picard avec ce claquement de la langue sur les lèvres qui signifie : Diable ! diable ! c'est mal, c'est mal.

— Quoi donc ? demandèrent les femmes.

— Vous ne voyez pas ?

Des hommes vinrent, puis des enfants.

— Quoi donc ? dirent-ils aussi.

— L'encre à la potence !

Un naïf éclat de rire des assistants accueillit l'ignoble plaisanterie et témoigna, sinon de leur bon goût, du moins de la vigoureuse haine que ce nom seul soulevait parmi les Parisiens.

— L'Ancre à la potence ! répétèrent dix voix, puis trente, puis cent, puis toutes les voix des ouvriers revenus au travail.

D'autres, plus circonspects, demandaient tout bas l'auteur de la facétie.

A ceux-là Picard répondit modestement que c'était un jeune garçon, écolier sans doute, fort éveillé, fort drôle, qui avait accroché son écritoire à la ficelle en disant :

— Si nous accrochions l'encre à la potence.

L'immense huée qui retentit, mêlée de rires et d'applaudissements, fit accourir de l'hôtel une demi-douzaine de laquais, puis des gardes, puis des gentilshommes, qui bientôt rougirent et pâlirent en apprenant la cause de ce tumulte.

Mais un de ces gentilshommes, tête crépue, nez de vautour, qui paraissait commander aux soldats. se jeta dans la presse qu'il fendit à coups de coudes et de poings ; il parvint au pied de la potence, et cherchant d'un œil aguerri dans la foule quelque mine plus suspecte que les autres, il rencontra les yeux malins du cordonnier qui ricanait derrière un rempart de quatre à cinq robustes maçons.

— Ah ! c'est maître Picard, dit-il en marchant à lui avec un mauvais regard de travers; j'eusse été bien étonné de ne pas trouver ici maître Picard!

Et il le saisit à la gorge.

— Qu'est-ce? qu'y a-t-il? à moi! cria Picard. A moi, bourgeois et citoyens!

— Oui, appelle! et je vais appeler aussi, dit l'officier autour duquel ces paroles élargirent aussitôt le cercle, qui s'emplit de soldats et de gens d'épée.

— Qui a fait ce coq-à-l'âne si bête et si périlleux?

— Hugues! murmurait-on dans la foule; Hugues, le prévôt de l'hôtel!

Et cent voix répliquèrent :

— Ce n'est pas nous, capitaine Hugues, ce n'est pas nous!

— Et toi, coquin, nies-tu aussi? dit le capitaine Hugues en frisant d'une main sa moustache raide, tandis qu'il continuait à étrangler Picard de l'autre main.

— Je nie! je nie!

— C'est un petit garçon, dit une femme.

— Un écolier blond, dit une autre.

— Un clerc, monsieur le capitaine.

— On l'a vu, ce n'est pas Picard. Picard l'a vu aussi tout à l'heure, à l'instant.

— Est-ce vrai, Picard? demanda le capitaine.

— Certainement que c'est vrai, dit celui-ci.

— Tu l'as vu?

— Oui.

— Attacher son écritoire?

— Oui.

— Tu l'as vu partir après?

— Oui.

— Eh bien! si tu ne me conduis pas sur sa trace, si tu ne me l'as pas trouvé dans un quart d'heure, c'est toi qui danseras ici à la place de l'encrier. Seulement on changera la ficelle!

— Hein? gronda Picard.

— Allons, marche, et trouve le coupable, ou tu es un homme mort.

— Trouve, trouve, Picard, dirent au cordonnier cent voix officieuses. C'est le capitaine Hugues, vois-tu, il n'y a pas à plaisanter.

— Allons, j'attends, articula le prévôt d'une voix sèche et nette.

Picard releva sa tête effarée, écarta les cheveux qui l'aveuglaient, et, prenant sa résolution, se dirigea rapidement vers le bas de la rue, suivi du capitaine et de plusieurs soldats, tandis que les autres essayaient de disperser la foule.

Cette meute ainsi lancée ne tarda pas à trouver la piste. Cependant, Picard, poussé en avant par la main hargneuse du prévôt, ne faisait pas de zèle; il cherchait tous les moyens, au contraire, de ne pas rencontrer ceux qu'on le forçait de poursuivre.

Picard n'avait pensé faire qu'une plaisanterie d'abord. Puis l'instinct de la conservation l'emportant sur la prud'homie, il avait soutenu un mensonge destiné à sauver sa tête sans compromettre celle de personne.

Mais tout n'est qu'heur et malheur en ce monde, pour les cordonniers comme pour les maréchaux de France.

Au détour de la rue de Tournon et de celle des Quatre-Vents, Picard aperçut deux personnes, un homme et un enfant, captivés par les prouesses d'un singe et d'un lièvre savants. Son cœur battit. Il voulut passer outre, mais le bruit des pas, des armes, des voix de son escorte firent tourner la tête à ces deux personnes, et le prévôt Hugues, qui avait saisi son tressaillement et l'inquiétude de son regard, s'écria :

— Voici un garçon blond. Est-ce le nôtre?

Picard répondit non, mais si faiblement, si étrangement, que le prévôt arrêta sa bande et, allant tout droit au garçon blond, lui présenta l'écritoire maudite en disant :

— Est-ce à vous, mon petit?

— Oui, monsieur, répliqua Aubin, car c'était Aubin, pauvre enfant, qui n'avait pu résister aux amorces du spectacle en plein vent.

Du Bourdet pâlit. Son expérience lui disait que Paris n'est pas une ville à ce point civilisée, que ses magistrats détachent un officier avec huit hommes pour restituer à un écolier l'écritoire de six sous qu'il a perdue.

D'ailleurs, il n'y avait pas à se tromper sur la mine altérée, sur le coup d'œil hagard du cordonnier. Un danger surgissait, danger terrible.

Hugues, se redressant :

— C'est à vous, cet enfant ? demanda-t-il au père.
— Oui, monsieur, bégaya du Bourdet.
— Venez donc tous deux. Venez vite.
Du Bourdet, hébété, regarda Picard, qui s'évertuait à lui faire des signaux incompréhensibles.
— Toi, mauvaise bête, va devant, reprit le prévôt en chassant Picard à la tête de l'escouade.
Et il ajouta ces mots qui firent frissonner du Bourdet :
— Tu n'es pas malheureux d'avoir trouvé le coupable.
— Coupable ! dit du Bourdet. De quoi coupable ?
— Pressons le pas, cria Hugues.
— De quel coupable parlez-vous, monsieur ?
— Accélérons, répondit le prévôt en tirant lui-même par le bras l'enfant qui courait déjà pour suivre le grand pas de ces alguazils.
Il est inutile de dire qu'une foule toujours grossissante occupait le haut de la rue et les abords de l'hôtel.
L'escorte fit halte en face, à vingt pas de la potence, et alors Hugues montrant à du Bourdet tremblant son fils et le cordonnier Picard, l'écritoire et les gibets :
— Cet homme, dit-il, accuse l'enfant d'avoir attaché ceci à cela.
— Je ne comprends pas, balbutia le père abasourdi par le silence effrayant qui s'était fait tout à coup dans la multitude.
Aubin regarda son père et Picard, qui baissait la tête, cherchant peut-être entre les soldats un trou pour s'échapper.
— Oui, continua Hugues, on commet des crimes et puis on fait l'innocent. Nous connaissons cela ; mais, que vous compreniez ou non, répondez : Est-ce toi, petit, qui as pendu ton écritoire à cette ficelle en disant : Pendons l'ancre ?
Du Bourdet comprit tout à coup. Une indicible terreur s'empara de lui, secoua ses membres comme eût fait la fièvre, et serrant Aubin sur son cœur avec une angoisse qui émut profondément la foule :
— Non, non, s'écria-t-il, non, ce n'est pas lui !

— Non, dit l'enfant, j'ai perdu mon écritoire ; mais je ne l'ai pendue nulle part.
Picard se taisait ; des gouttes larges et brûlantes roulaient sur ses joues blêmes.
— C'est que si vous niez, dit le prévôt, cet homme-là court grand risque. Toi, petit, en avouant, tu en seras quitte pour le fouet.
— Le fouet ! s'écria du Bourdet indigné ; le fouet à mon fils ! Je suis gentilhomme, entendez-vous !
— Le fouet ! répéta Aubin en pleurant ; je n'ai rien fait.
— Soit ! alors Picard sera pendu. Et tout de suite, dit froidement le prévôt en appuyant sa large main osseuse sur l'épaule du cordonnier. Voyons : à qui le fouet ? à qui la corde ?
— Je suis perdu, murmura Picard, qui, ranimé par l'imminence du danger, leva les bras, poussa des cris et invoqua l'aide des assistants.
Alors des voix répondirent à la sienne : les uns le déclaraient innocent ; d'autres accusaient positivement Aubin. Des femmes charitables conseillaient à du Bourdet et sollicitaient son fils de consentir au fouet pour sauver la vie d'un homme.
Tout à coup une fenêtre de l'hôtel s'ouvrit : c'était la première du premier étage. Un enfant de l'âge d'Aubin, vêtu de noir, pâle et fixant tranquillement ses grands yeux bruns sur cette multitude, fit signe de sa petite main blanche, et tous les regards, en un moment, s'arrêtèrent sur lui.
— Capitaine Hugues, dit-il d'une voix douce, laisse aller le petit garçon.
— Mais, monsieur le comte, répondit le prévôt en levant la tête, si c'est lui qui est coupable...
— Le fils du maréchal... le petit Concini... le comte de la Pène ! dirent mille voix.
— Hugues, reprit l'enfant, ce n'est pas le petit garçon qui a suspendu l'écritoire, c'est le cordonnier Picard.
— Voilà ! voilà ! hurla celui-ci, le louveteau est instruit à me mordre... je suis innocent !
— Je t'ai vu ! dit le jeune comte avec un accent plus ferme, qui vibra dans tous les

cœurs comme un écho de la sainte vérité.

— Allons, murmura le prévôt en saisissant Picard. Je crois que le jour est venu de régler tes comptes avec M. le maréchal.

Cette parole était imprudente. Hugues le sentit avant qu'elle eût expiré dans l'air. Picard la saisissant au vol :

— Voyez-vous! s'écria-t-il, comprenez-vous, mes amis ; c'est une vengeance ! on m'en voulait !

— Oui, oui, il a raison, murmurèrent plusieurs ouvriers.

— On m'en veut parce que j'ai défendu mes droits, le droit du peuple, et que notre bon roi Henri n'est plus là pour nous protéger.

Un sourd frémissement courut dans la foule et bien des yeux étincelèrent.

Le prévôt ne pouvait reculer, il lança ses hommes sur l'assemblée et chercha sous sa main Picard qui se tordait avec désespoir.

— Ne le tue pas, Hugues, dit le petit comte, ne le tue pas; il nous aimera peut-être si nous lui pardonnons.

Le mot sublime de l'enfant fut coupé en deux par l'apparition d'une ombre enveloppée d'une sorte de manteau blanchâtre. Cette figure étrange, dont on ne devinait que deux yeux flamboyants, arracha le jeune comte de la fenêtre, qui se ferma bruyamment, et les rideaux retombèrent.

— C'est la maréchale, c'est la Leonora, c'est la Galigaï, c'est la sorcière, dit la foule un moment captivée par l'intérêt nouveau de cette vision.

— Allons ! finissons-en avec ce drôle, cria Hugues à ses gens irrésolus.

— Grâce ! grâce ! on m'a fait grâce, dit Picard, en se débattant contre les estafiers de l'hôtel.

— Grâce de la corde, oui ; mais tu auras le fouet que tu étais assez lâche pour laisser donner à ce garçon.

Du Bourdet, voyant que la scène allait prendre son dénoûment normal, profita d'une trouée que certains bâtons levés pratiquèrent dans la foule, et il était hors du cercle avec son fils quand on entendit tomber et retomber sur l'échine de Picard les coups cinglants de deux fouets de manège, mêlés au bruit mat et lourd de la hallebarde du prévôt, dont le manche faisait sa partie au concert.

Du Bourdet se boucha les oreilles pour ne pas entendre les cris du patient. Des pierres lancées dans les vitres de l'hôtel, un formidable hurlement de la populace révoltée, les charges successives des archers, des laquais et des commensaux de l'hôtel, portèrent au comble la terreur du bonhomme Bourdet et de son fils.

Bientôt la place fut désertée, et du coin de porte où ils s'étaient réfugiés, les deux promeneurs ne virent plus qu'un corps étendu au milieu de la rue. C'était le malheureux Picard, à moitié assommé, couché sur le ventre, les mains en avant, respirant comme un buffle, mais feignant d'être mort, tant pour éviter d'être tué effectivement que pour se rendre historiquement immortel dans les fastes des tumultes parisiens.

Mais Aubin n'était pas assez avancé en politique pour comprendre les subtilités de Picard. Le voyant étendu, il le crut mort. C'était le premier mort que voyait cet enfant. Il songea involontairement que, sans un miracle, on l'eût fouetté, lui, comme Picard avait été fouetté, à mort.

Et l'impression fut telle sur ce tendre cerveau, qu'une vapeur rouge monta de ses narines à ses yeux vacillants ; il blêmit, s'affaissa et tomba dans les bras du bonhomme, qui criait avec désespoir : Au secours !

*
**

Au secours ! dans une rue où toute porte se barricade, où toute fenêtre se matelasse, dans la crainte des chocs de cavalerie et des balles d'arquebuse. Du Bourdet eût sans doute perdu la voix à force de crier, quand il entendit des pas derrière lui.

Une femme passait à l'extrémité de la rue, à cheval, son écuyer près d'elle. Deux grands laquais à l'arrière-garde. Cette dame, masquée selon l'usage, d'un loup de velours qui descendait jusqu'à sa lèvre inférieure, était trop noblement vêtue et trop bien accompagnée pour n'être pas de grande qualité. Elle entendit les cris de du Bourdet et détacha son écuyer vers le plaignant.

Mais quelle fut sa surprise en voyant l'écuyer, homme grave et d'une corpulence respectable, sauter tout à coup à bas de son cheval, ouvrir les bras et embrasser à dix reprises le malheureux vers lequel il s'était d'abord très-prudemment avancé.

Elle s'approcha, ses laquais avaient déjà recueilli Aubin.

— Quel charmant enfant! dit-elle tout émue, le connaissez-vous, la Fougeraie?

— Concevez-vous cela, madame? s'écria l'écuyer, c'est mon pauvre ami du Bourdet, vous savez, dont je vous ai si souvent parlé.

Du Bourdet, tout palpitant, ébaucha un fugitif sourire, un salut de fantôme.

— Avec son fils Aubin, que je n'ai pas vu depuis sa naissance, ajouta l'écuyer.

— Et qui paraît bien souffrant, dit la dame d'une voix douce comme une caresse.

Cependant du Bourdet parlait, racontait son aventure sans savoir ce qu'il disait, en baisant à chaque mot le front et les joues pâles de l'enfant. Mais le nom d'*Ancre* revenait dans ses phrases aussi souvent que ses baisers.

La dame fit un mouvement pour regarder autour d'elle : quelques fenêtres se rouvraient, des têtes timides se hasardaient aux portes entrebâillées.

— Il ne faut pas demeurer ici, dit vivement l'étrangère. Cet enfant a besoin de secours, d'ailleurs.

— Je vais l'emporter, murmura du Bourdet.

— Non pas, ce sera moi, sur mon cheval, interrompit le vieil écuyer, les bras étendus. Mais du Bourdet ayant manifesté une sorte de répugnance à se séparer de son fils :

— Ce ne sera ni vous, la Fougeraie, ni monsieur, qui emporterez cet enfant, dit la dame. Ce sera moi. Donnez-le-moi, là, doucement. Ne craignez rien, monsieur du Bourdet, j'en aurai soin comme sa mère, et mon cheval est plus doux qu'un mouton.

Un laquais éleva Aubin jusque sur le pommeau de la selle de velours, où la dame l'assit mollement, l'entourant de ses bras et l'appuyant sur les fourrures parfumées du pourpoint soyeux qui recouvrait sa poitrine.

Puis, tandis que ses laquais remontaient à cheval et que la Fougeraie attendait ses ordres :

— Donnez le bras à votre ami, lui dit-elle tout bas, et ne me nommez pas, sous aucun prétexte, si vous étiez questionné.

— Qui nommerai-je, madame la comtesse? car il voudra savoir, et c'est bien naturel...

— Inventez, mais pour rien au monde je ne veux figurer dans les bruits que soulèvera sans doute cette nouvelle mésaventure de M. le maréchal. Où allait votre vieil ami?

— A l'hôtellerie des *Fils-Aymon*, près le pont Neuf. Il y loge jusqu'à l'arrivée de son beau-fils.

— Nous ferons ce détour au lieu de prendre le bac du Louvre. Allez devant, la Fougeraie, je vous prie.

L'écuyer obéit. Il passa son bras sous celui de du Bourdet, qui d'abord se retournait à chaque seconde, mais qui, voyant les soins si tendres de cette dame et devinant sous le masque son divin sourire, finit par comprendre que jamais plus doux oreiller n'avait caressé le front d'un enfant malade.

On arriva bientôt à l'hôtellerie. Du Bourdet reçut des mains de l'étrangère le pauvre Aubin encore inerte. Et au moment où la tête blonde de son petit compagnon de route allait quitter le sein qui l'avait abrité, la dame, se penchant avec grâce, souleva légèrement son masque pour appuyer deux lèvres fines et fraîches sur les yeux clos du bel enfant.

— Soyez sans inquiétude, dit-elle alors à du Bourdet, qui vit briller des perles sous ces lèvres roses, votre fils est plutôt endormi qu'évanoui. Je sentais son petit cœur battre sur le mien d'un mouvement régulier, paisible; ce ne sera rien. Adieu, monsieur.

Et comme le bonhomme attendri par cette expansive bonté demandait civilement le nom de son aimable bienfaitrice pour lui rendre ses devoirs avant son départ de Paris :

— Je suis une parente de votre ami la Fougeraie, dit-elle en tournant son cheval.

Du Bourdet interrogea celui-ci du regard, mais l'écuyer, sur un signe de sa maîtresse, était remonté à cheval.

— Piquons maintenant, dit tout bas l'étrangère à la Fougeraie, où nous arriverons trop tard chez la régente.

Les quatre cavaliers furent bien loin une minute après. Mais dame Salomon, l'énorme hôtesse des *Fils-Aymon*, avait déjà porté Aubin sur un lit, que du Bourdet, encore étourdi de tant d'événements, commençait à peine à gravir les premiers degrés pour gagner sa chambre.

II.

ARRIVÉE D'UN BEAU-FILS QU'ON ATTENDAIT ET DE MILLE OISEAUX QU'ON N'ATTENDAIT PAS.

a voix de l'hôte, à son tour, l'arrêta dans son ascension.

— Monsieur du Bourdet !

— Ne me laissera-t-on pas en repos ?... Suis-je comme Gros-Guillaume ? mettrai-je un an à monter six marches ?

— Monsieur, parlez du moins au charretier.

— Quel charretier ?

— Celui qui apporte vos oiseaux.

— Quels oiseaux ?

— Regardez ici.

Et l'hôte amena par le bras son client jusqu'à la petite fenêtre de laquelle on voyait dans la cour de l'hôtellerie.

Un maigre chariot bas et long, semblable aux trains d'Alsace, était là, attelé d'un pauvre cheval et d'un âne suants, soufflants, poudreux. Un chien hérissé jappait sous l'essieu. Le charretier, pur Normand, s'essuyait le front, et sur l'Y des colliers bon nombre de sonnettes si longtemps agitées par le voyage éteignaient leurs derniers soupirs dans un reste d'oscillations.

Ce chariot, chargé de ballots, était couronné par une plate-forme en planches, sur laquelle on admirait douze cages oblongues, adroitement liées les unes aux autres et recouvertes d'une bande de toile.

On admirait, c'est le mot, car chaque passant donnait son coup d'œil à ces cages par-dessus l'épaule des spectateurs de profession que leurs habitudes de bien voir avaient entraînés jusque dans la cour des *Fils-Aymon*, autour du chariot même.

Et de fait, le spectacle en valait la peine.

Les cages étaient pleines de ce que Dieu a créé de plus gracieux, de plus riche. Plus de cent oiseaux d'Afrique et des Indes, sautillants, effarouchés, se cramponnant aux grillages, étalaient l'azur, l'or ou la pourpre de leurs gorges chatoyantes. Ce n'étaient qu'aigrettes flottantes, panaches tremblants, éventails semés d'émeraudes, de lapis et d'opale, un écrin de Golconde, une palette vénitienne ; et quand, dans leurs combats ou leurs fuites effarées, ces oiseaux merveilleux perdaient une plume arrachée aux treillis des cages par l'air frais de septembre, on voyait trente mains se lever comme des ressorts et se chamailler pour saisir au vol la précieuse dépouille.

— Eh bon Dieu ! que d'oiseaux ! s'écria le bonhomme du Bourdet à l'aspect de ces magnificences.

— C'est vous qui vous nommez M. du Bourdet ? dit en s'approchant avec respect le charretier.

— C'est moi.

— J'espère, ajouta cet homme, que monsieur votre fils vous envoie là, du Havre, un joli cadeau, et qui vient de loin ! Ah ! monsieur, comme je serais riche si j'avais écouté tout ce qu'on m'a proposé depuis les Tuileries au sujet de vos oiseaux. Prenez garde, monsieur l'hôte, voilà des bourgeois qui vont démolir mon chariot et enfoncer les cages si vous ne les mettez à la porte.

L'hôte reconnut le danger et y mit fin par une judicieuse répartition de prières et de bourrades qui dissipèrent le groupe ; puis il fit fermer la grand'porte.

— C'est mon beau-fils Bernard qui m'envoie tant d'oiseaux, soupira du Bourdet avec mélancolie. Toujours le même ! ajouta-t-il en hochant doucement la tête.

— Je gage qu'il y en a pour deux cents écus, dit le Normand.

— Et pour cent écus de port, grommela du Bourdet. Mais n'importe, — le cher enfant, — c'est fort joli; seulement, je prendrai un valet de plus pour nourrir tout cela.

— Ah bien, oui! avisez-vous-en. Il les nourrit lui-même, sans cela toute la compagnie tournerait de l'œil en vingt-quatre heures. Il fallait le voir en route, cuisinant le déjeuner de ces gaillards-là, avant de manger lui-même, dà! C'est qu'il faut des épices particulières à ces sortes de bêtes.

Du Bourdet essaya de sourire.

— Mais où est M. Bernard? demanda-t-il. N'arrive-t-il pas en même temps que vous?

— Il devrait m'avoir devancé, car il monte un bon cheval... Ce matin, avant le jour, j'ai quitté Poissy. Ce jeune monsieur a donné la pâtée à ses bêtes et en vérité je comptais le le trouver ici.

— Vous ne l'avez plus revu en route?

— Non, monsieur.

— Voilà qui est extraordinaire. Ne lui serait-il rien arrivé? La route est sûre?

— Comme Paris, dit gracieusement l'hôte.

— Voilà une belle garantie, murmura du Bourdet en levant les yeux au ciel. Sûre comme Paris, où l'on assassine en plein soleil. Ah! les oiseaux... Madame Salomon, comment se trouve mon petit Aubin? mieux? Et il a pris un bouillon? il dort? Allons, tout va bien. Vos oiseaux? mettez-les où vous pourrez. Qu'y a-t-il encore dans cette boîte?

— Le plus précieux de tout, à ce que dit M. Bernard; cela aime la chaleur... Il faut le tenir un peu près du feu.

— Qu'est-ce donc?

— Des amours de petits serpents...

Du Bourdet recula, l'hôte aussi. L'hôtesse colosse poussa un gloussement d'effroi.

Le rustre, sa caisse dans les deux mains, riait largement aux dépens de tout le monde quand un cavalier frappa de son fouet le volet de l'hôtellerie. Hôte, hôtesse et garçon de courir à cet appel irrésistible, et quelques secondes après, du Bourdet se sentait enlevé de terre dans les bras d'un garçon de vingt-deux ans, frais, vigoureux, hâlé, bien pris dans sa petite taille, qui riait et pleurnichait en même temps, essuyant avec de francs baisers une larme de tendresse sur la moustache grise de son beau-père.

On oublia oiseaux, serpents et chariot pour monter au premier étage. Bernard cherchait Aubin; il l'aperçut sur son lit, dormant encore; mais il l'éveilla sans scrupule, en écartant de la main les cheveux blonds de son frère. L'enfant ouvrit les yeux, vit Bernard, le devina plutôt qu'il ne le reconnut, et après un long embrassement, se posa entre ses genoux, les yeux baissés, dans une contenance timide.

— Qu'il est grandi et embelli! s'écria Bernard... et savant, n'est-ce pas, monsieur?

— Passablement, dit du Bourdet avec complaisance.

— Est-ce pour cela que je le trouve un peu pâle?

— Hum! fit le père... qui alla fermer la porte avec un geste mystérieux.

— Qu'as-tu donc, mon petit Aubin? demanda le frère aîné.

— Il a, reprit du Bourdet, que tout à l'heure, lui et moi, nous avons failli périr.

— Bah!...

— Chut!... nous vous conterons cela... peut-être en ce moment on nous écoute...

— On nous écoute? dit Bernard saisi de surprise. Ah ça! que se passe-t-il donc?

— Paris est un coupe-gorge, articula le bonhomme d'une voix ou plutôt d'un souffle à peine saisissable.

Ils furent interrompus par l'hôtesse, qui vint faire ses offres de service. Bernard commanda son déjeuner et celui de ses oiseaux.

Restés seuls, les trois amis se serrèrent dans l'angle le plus éloigné de la porte.

— En vérité, vous m'effrayez, dit Bernard. Quoi! quand vos lettres me pressent de revenir, quand vous me parlez sans cesse joie, paix, prospérité, concorde, paradis, je trouve en arrivant soupçons, pâleur, épouvante!...

— La France est perdue! dit du Bourdet avec des yeux effrayants, tout est consommé!

— Et vous m'écriviez il y a un mois des merveilles !

— Eh! malheureux jeune homme, écrit-on jamais ce qu'on pense, quand on pense des choses capables de faire écarteler celui qui écrit la lettre et celui qui la reçoit !

— C'est donc la fin du monde ! demanda Bernard en joignant les mains.

— Désolation, Bernard !

On frappa rudement à la porte. Les trois interlocuteurs bondirent simultanément sur leurs siéges.

— Entrez, dit du Bourdet faiblement.

— Qu'est-ce que je vous disais ? cria le Normand la bouche pleine. Voilà que vous allez faire une fortune avec nos bêtes. Il y a en bas un particulier qui voudrait les acheter.

— Je n'ai pas rapporté mes oiseaux de deux mille lieues pour les vendre, répondit brusquement Bernard. Allez, Magloire, achevez de dîner en paix et qu'on me laisse en faire autant.

— Mais, dà, il propose de jolies conditions.

Bernard, joignant le geste à la parole, frappa sur l'épaule de Magloire un coup mesuré qui le mit dehors avec une précision géométrique.

— Là, causons maintenant, dit le jeune homme.

— Guettez à la porte, Aubin, dit du Bourdet. Est-il possible, Bernard, que le bruit de nos malheurs ne soit pas arrivé jusqu'à vous ?

— J'étais bien loin, monsieur.

— Qu'importe la distance ?... Ah ! je crains bien plutôt que votre indifférence habituelle pour les sujets sérieux...

— Vous avez peut-être raison, monsieur, c'est mon défaut. Mais dès que ces malheurs que vous déplorez n'ont pas atteint mes amis, ma famille... Le roi est en bonne santé, n'est-ce pas ?

— Oui, dit amèrement du Bourdet.

— Il a maintenant ses quinze ans, je crois ?

— Ses quinze ans, sonnés.

— Le mariage lui réussit bien, à ce qu'on m'a appris en route.

— Très-bien.

— On dit la jeune reine Anne fort agréable.

— Très-agréable, pour une Espagnole.

— Eh bien! mais les Espagnoles sont généralement belles... dit naïvement Bernard avec l'impartialité du cosmopolite.

— Vous trouvez? répliqua du Bourdet; c'est possible.

Bernard, étonné de ces réponses laconiques ; regarda du Bourdet et Aubin, dont la physionomie froide et circonspecte révélait tout un système évidemment discordant.

— Que diantre ont-ils ? se demanda Bernard.

— Il peut se faire, reprit-il d'un ton conciliant, que je ne sois plus au courant de rien. C'est concevable après une absence de deux ans.

— C'est concevable, répéta le père.

— Mais vous autres, qui n'avez point quitté la France, instruisez-moi... désolons-nous ensemble.

— Hélas ! soupira du Bourdet... vous en auriez trop à entendre, si réellement vous ne savez rien. Et puis, vous n'avez jamais eu de goût pour l'histoire, ni pour la science politique.

— Je l'avoue, monsieur.

— Vous tenez cela, Bernard, de feu votre excellente mère. Elle me répétait sans cesse, quand elle me voyait préoccupé du siècle et du public, que l'homme a beau faire, qu'il est indépendant de tout, hormis de Dieu, et qu'il se meut dans le vide.

— Je le croirais aussi, dit Bernard.

— Ne le croyez pas ! Maintenant que vous êtes revenu et un peu mûri, j'espère, vous entendrez ma théorie des Conséquences : *de Consequentibus*, celle dont ce matin encore je fis avec votre frère Aubin la plus douloureuse épreuve. Vous rappelez-vous un peu votre latin ?

— Je n'ai pas eu l'occasion.

— Votre frère le comprend assez bien. Quant à vous, vous vous y remettrez.

— Si vous n'y voyez point d'objection, interrompit Bernard, nous causerons plutôt de l'événement qui ce matin a failli, me dites-vous, coûter la vie à vous et à Aubin... Événement dont l'intérêt est fort amoindri par l'état de santé parfaite où je vous vois tous deux. Et puis, nous passerons de ce sujet de conversation à un autre non moins inté-

— Eh! bon Dieu! que d'oiseaux! — Page 534.

ressant pour moi... mon mariage, dont vos dernières lettres m'ont tracé le plus séduisant tableau. Il paraît que la fiancée est jolie... Mais pardon... commençons par l'événement de ce matin. Ah! voici l'hôtesse, et le repas s'annonce bien. J'ai grand'faim, et vous?

— Moi, dit du Bourdet, je ne sais plus même si j'ai un estomac.

— Mais toi, Aubin?

— J'ai pris un bouillon tout à l'heure, monsieur, dit l'enfant, qui dévorait des yeux son frère et rougissait d'aise à chaque regard amical de Bernard.

— Appelle-moi Bernard tout simplement, cher petit.

— Non, non, répliqua du Bourdet, vous êtes son aîné, vous lui serviriez de père, si je venais à lui manquer. Il est bon qu'il s'habitue à vous témoigner du respect.

— Et moi, qui ne lui dois pas de respect, s'écria Bernard, ému de voir s'incliner devant lui ce jeune front, moi, je lui promets toute la tendresse qu'il mérite, j'en suis sûr.

— Qu'il méritera; je m'en porte garant. Vous entendez, Aubin, méritez les bontés de votre frère.

Bernard, tout en déjeunant de bon appétit, écouta le récit des aventures de la matinée, et plus d'une fois la fourchette tomba de ses doigts, le verre s'arrêta aux bords des lèvres. On vit plus d'une fois aussi le sang courir rapidement de son cœur à son front quand du Bourdet, d'une voix sourde mais animée, racontait la scène de la rue de Tournon et les péripéties de ce drame dénoué à grands coups de fouet sur le dos du cordonnier.

— Et vous comprenez maintenant nos transes, dit le père, le malaise d'Aubin et l'enragé désir que j'éprouve d'avoir mis entre Paris et nous les douze lieues qui nous séparent des Bordes, où vous retrouverez nos fleurs, nos prairies, la petite rivière sous les saules et la maison où se plut votre mère, et que vous aimerez encore, bien que la brique en ait quelque peu noirci, et que dans vos voyages vous ayez vu sans doute des palais merveilleux.

— Ainsi, murmura Bernard, M. le marquis d'Ancre est devenu maréchal? il a donc gagné quelque grande bataille?

— Chut!

— Mais enfin, pour que la reine-mère autorise ce favori à...

— Silence!

Et du Bourdet, s'il eût pu absorber ces malheureuses paroles comme on annihile chimiquement une vapeur, les eût empêchées de vibrer dans l'atmosphère de la chambre. Bernard se dégagea doucement des mains que le bonhomme cherchait à lui appliquer sur la bouche, et choisissant le ton le plus sourd qu'une langue humaine puisse émettre intelligiblement, un degré juste au-dessus du plus absolu mutisme :

— Eh bien! dit-il, je commence à comprendre qu'il faut parler bas; mais dites-moi vite de quoi on peut parler sans un danger trop manifeste!

— De rien.

— Bon... mais pourquoi?

— Parce que la conversation se réduit à trois choses éminemment dangereuses, desquelles je vous défie de sortir : 1° le temps qu'il fait...

— Je vous arrête, ici, dit Bernard; le temps qu'il fait n'est pas un thème incriminable.

— Malheureux! il a été brûlé cette semaine un poëte pour une chanson qui disait...

— Que disait-elle?

— Vous croyez que je vais vous chanter la chanson pour laquelle on a pendu cet homme? On voit bien que vous venez de chez les sauvages; qu'il vous suffise de savoir que le refrain était...

Ici du Bourdet appliqua sur l'oreille de Bernard l'entonnoir imperméable de ses dix doigts et lui infiltra ce vers :

<small>Voilà, messieurs, le temps qu'il fait.</small>

— Eh bien! dit Bernard.

— C'était une allusion, ajouta Aubin finement, et tout Paris l'a comprise.

— A-t-on de l'esprit à Paris! murmura Bernard. Mais les deux autres sujets de conversation, quels sont-ils? La cour? la ville? les impôts?

— Tenez, mon ami, parlons de vos oiseaux, qui sont bien les plus curieuses bêtes que j'aie jamais vues; je n'en dirais pas autant des serpents.

— Oh! je destine les oiseaux-mouches et les bengalis à ma fiancée. Les serpents, je les garderai pour moi : ils sont rares; et puisqu'on peut encore parler oiseaux, fleurs et mariage, je trouverai l'existence supportable. Toutes ces choses de là-haut, qui vous gênent si fort, vous autres, n'existent absolument pas pour moi. En Afrique, la couleur favorite était le noir; aux Indes, c'était la jaune. Je n'ai pris d'habitudes nulle part. M. Jean Mocquet, l'illustre patron à qui je m'étais confié dans ce voyage, et à qui personne ne contestera d'être le plus savant voyageur et le plus adroit apothicaire qui existe, m'a dit plus d'une fois qu'il est infiniment moins périlleux de traverser l'Océan que le grand ruisseau du Louvre après un orage. Tout ce que vous me racontez, ou plutôt que vous ne me racontez pas, me persuade que M. Mocquet avait raison. Ainsi, j'en juge par moi. Le voyage, dit-on, est la source de toute souffrance et de tout danger... Eh bien! en voyageant, je n'en ai pas rencontré un seul, pas éprouvé une, entendez-vous? Les uns tombent dans l'eau, d'autres se brûlent, ceux-ci ont affaire à des lions, ceux-là trouvent des antropophages. Plusieurs ont souffert de la soif, certains gèlent. Moi, j'ai traversé fleuves, forêts, déserts, villes, mers, montagnes, sans avoir à raconter le choc d'un caillou, le faux pas d'un cheval. J'ai tant de chance que j'en répands autour de moi sur tout le monde, et je ne sache pas, depuis mon départ des Bordes, avoir été incommodé d'une bise ou d'une averse. Eh bien, après un parcours de cinq à six mille lieues, j'arrive à Saint-Germain-en-Laye, ce matin même, pas plus tard. Les étoiles brillaient encore, un vrai temps... — Diantre! ne parlons pas du temps... — Et voilà que dans ce bouquet de chênes risibles, — vous appelez cela une forêt, vous autres, — voilà que, sur le dos de ce ruban satiné que vous nommez la grande route, il m'arrive la seule aventure que j'aie trouvée en huit cents jours d'inimaginables traverses.

— Une aventure! s'écrièrent à la fois du Boudet et Aubin.

— Oh! mais... dit Bernard avec gravité, une bizarre, pour ne pas dire mieux. Le mieux viendra peut-être plus tard.

— Cela peut-il se raconter devant un enfant? dit du Bourdet à demi-voix.

— Parfaitement. Je le crois du moins. Cependant, s'il s'effrayait...

— Je ne m'effrayerai pas, mon frère! s'écria Aubin palpitant de peur et de plaisir. Je suis brave, allez!

— J'aime mieux qu'il ne s'impressionne pas aussi vivement, dit le bonhomme.

— Ah! mon papa...

— Voyez, il est déjà couleur de nacre... Eh bien! mon enfant, va en bas, va voir les beaux oiseaux que Bernard a rapportés.

— Oh! c'est mal de me renvoyer quand on dit des choses intéressantes! interrompit Aubin en frappant du pied avec dépit...

— De la colère, dit le bonhomme, eh bien alors j'exige que vous sortiez sur-le-champ.

— Pardonnez-lui, monsieur. — Va, Aubin, voir les oiseaux — nous t'attendrons pour dire ces choses intéressantes que tu réclames.

— Ah! murmura Aubin, mon papa me gronde et mon frère se moque de moi — j'aime encore mieux que l'on me gronde.

Et il sortit d'un petit air fier, avant qu'on n'eût pu le retenir.

— Profitons, dit du Bourdet en rapprochant sa chaise, le drôle ne sera pas longtemps à remonter.

— En deux mots, voici l'aventure. Je cheminais sur la lisière du bois, mon chariot déjà loin de moi en avant, lorsqu'un soubresaut de mon cheval me tira de l'espèce de somnolence que je savourais avec délices. J'ouvre les yeux, un homme masqué arrêtait mon cheval à la bride, je me sens touché au flanc par quelque chose d'aigu et de froid, c'était la pointe d'une dague qu'un autre homme masqué aussi appuyait sur ma chair.

Du Bourdet frissonnant:

— On voulait vous dévaliser, dit-il, mon cher Bernard.

— C'est ce que je pensai, et, le pensant, je le dis à ces deux hommes. Messieurs, ajoutai-je, vous tombez mal, je viens de trois mille lieues, et je n'ai plus un écu vaillant pour arriver à Paris. Je tremblais, je l'avouerai, qu'ils ne m'eussent confisqué ou fait confisquer mon chariot au passage, car j'y ai plusieurs choses précieuses.

— Les serpents? Quand ils les auraient pris? dit du Bourdet.

— Oh! indépendamment des serpents, il y a des étoffes, des émeraudes brutes, une foule de petits trésors. Je leur demandai donc si déjà ils n'étaient pas satisfaits de mon chariot, dont je ne doutais point qu'il n'eussent fait leur proie.

— Silence! me dit celui qui tenait la bride. Nous ne sommes pas des voleurs.

— Peste! c'était plus grave! s'écria du Bourdet frissonnant.

— Je le crois bien!

— Nous sommes de braves gens qui voulons le bien de l'humanité, continua l'orateur.

— En ce cas, monsieur, lui dis-je, comme j'en fais partie, veuillez prier monsieur votre compagnon de ne pas m'enfoncer plus avant sa petite dague dans les côtes, car je déclare qu'il me fait beaucoup de mal. La dague se recula un peu.

— C'est que nous allons probablement

être forcés de vous tuer, reprit celui de la bride.

Je me récriai naturellement.

— Oui, vous êtes mort si vous ne vous engagez pas à faire ce que nous voulons, nous et les nombreux compagnons que vous ne voyez pas.

— De quoi s'agit-il, monsieur? La vie vaut bien qu'on fasse quelque petit sacrifice.

— Eh bien! voici un paquet scellé. Vous allez jurer sur votre salut... A propos, êtes-vous catholique?

— Oui, messieurs, par la messe!

— Bon! Jurez donc sur cette croix que vous n'ouvrirez point le paquet avant d'être à Paris.

— Je le jure; c'est extrêmement facile jusqu'à présent.

— Mais ce qui l'est moins, poursuivit mon bienfaiteur de l'humanité, c'est la seconde condition : ce paquet renferme des lettres; il vous faudra les remettre à leur adresse, en mains propres.

— Où cela?

— Vous le verrez quand vous serez à Paris. Jurez-vous?

— Dites-moi seulement, messieurs, si votre correspondant demeure loin.

— A Paris même.

— Eh! sambleu! je jure alors, m'écriai-je. Ce n'était pas la peine de me tant faire peur pour si peu.

— Alors, continua Bernard, celui qui tenait la dague me dit d'une voix rauque, — il la déguisait, je crois :

— Prends garde! ce ne sont point bagatelles! Si tu manques à ton serment; si, deux heures après ton arrivée à Paris, tu n'as pas rempli le message que nous t'imposons, tu ressentiras la pointe de cette même dague qui veut bien t'épargner en ce moment.

Et pour mieux me faire comprendre, il me piqua si malicieusement que je jetai un petit cri :

— Malepeste! pensai-je, si j'avais seulement un nerf de bœuf!

Mais je dissimulai cette vaillante pensée et je répondis :

— Messieurs, j'ai juré, je tiendrai ma parole. Votre lettre sera remise deux heures après mon arrivée à l'hôtellerie.

— Laquelle?

— Les *Fils-Aymon*, messieurs.

— Il suffit. Voici le paquet. Serre-le et souviens-toi que nous sommes plus de dix mille dévoués à cette cause.

Ils s'écartèrent de chaque côté de mon cheval. Je serrai le paquet sous mon pourpoint et partis sans trop me hâter, de peur de les faire rire. Or, voilà une heure que je suis arrivé ici; il me reste une heure pour en finir. Que pensez-vous de l'aventure?

— Je pense, dit du Bourdet, qui goguenardait depuis quelques minutes, que votre aventure est une mystification, voilà tout.

— Croyez-vous? fit Bernard.

— Je regrette bien d'avoir éloigné Aubin, nous aurions ri tous les trois de si bon cœur! Ouvrez votre paquet, allez, n'ayez pas de honte avec moi...

Comme il parlait ainsi en riant, Aubin poussa la porte et, d'un air effaré :

— Quelqu'un, s'écria-t-il, qui vient ici au nom du roi!

La figure de du Bourdet passa si soudainement du rond à l'ovale, que Bernard eût bien ri à son tour si les événements lui en eussent laissé le temps.

III

LE SEIGNEUR DE L'ILE DE CADENET.

ais on comprend qu'après la conversation ou les conversations précédentes, du Bourdet ne dût pas avoir conservé la calme assiette d'esprit qui convient au sage, quand le sage est brave.

Le bonhomme tressaillit et saisit la main de Bernard comme pour lui dire : Tenons-nous bien.

En même temps, Aubin se serrant le long des rideaux du lit :

— On vient, on monte, murmura-t-il.

— Après tout, dit Bernard un peu troublé, que peut-on nous vouloir au nom du roi ?

Et il vit l'hôte, plus rayonnant qu'effrayé, s'effacer sur le seuil, son bonnet à la main, et il entendit au fond du palier obscur une voix assez rassurante qui disait à Salomon :

— Pardon, mon brave, ce n'est pas régulier dans la forme. Il ne faut pas dire : Au nom du roi, mais de la part du roi : différence énorme, attendu que la première formule annoncerait un exempt, tandis que la seconde annonce un visiteur.

Aussitôt, le visiteur entra dans la chambre avec un empressement aimable qui acheva de rassurer Bernard ; et comme celui-ci avait coutume de regarder franchement les gens au visage, il poussa un cri en regardant le nouveau venu.

— Eh mais ! je ne me trompe pas, j'imagine, dit-il, c'est Cadenet !

— Tiens ! de Preuil, répliqua l'autre avec une égale surprise.

Réparons ici une omission. Bernard s'appelait de Preuil, du nom de son père, dont la veuve, sa mère, avait épousé du Bourdet en secondes noces. Ce détail, inutile jusqu'ici, le lecteur nous excusera de ne pas le lui avoir servi sans opportunité.

Et comme ces préliminaires semblaient annoncer les plus pacifiques intentions, du Bourdet et Aubin s'avancèrent doucement et considérèrent l'étranger pendant qu'il échangeait avec Bernard l'accolade usitée en ce temps où la poignée de main n'était pas inventée encore.

La personne de celui qu'on appelait Cadenet valait bien quelques secondes d'examen. C'était, malgré une excessive maigreur, la plus charmante figure de jeune homme.

Vingt-cinq ans, des yeux bleus énormes, des cheveux noirs, des dents d'ivoire dans une bouche un peu fendue, comme il convient aux grands amoureux, beaux mangeurs et beaux rieurs.

— Cher ami, dit Bernard, voici M. du Bourdet, mon beau-père, ancien avocat au parlement et avocat estimé, on peut le dire. Quant à ce petit garçon, c'est le fils de M. du Bourdet et de feu ma chère mère, le sieur Aubin, qui sait le latin mieux que toi et moi. Cher monsieur, continua-t-il en s'adressant à du Bourdet, dont les poumons jouaient à l'aise, M. de Cadenet, que vous voyez, fut un de mes plus chers compagnons d'enfance. Quand le baron de Preuil, mon père, commandait en Rouergue, nous nous trouvâmes voisins de campagne de MM. de Luynes. Avons-nous joué ! nous sommes-nous battus ! avons-nous déniché des pies-grièches !

Du Bourdet salua gracieusement, et voulut prendre la parole ; mais Cadenet sembla réclamer son tour.

— Si je m'attendais à trouver ici quelqu'un, ce n'était pas Bernard de Preuil, dit-il, mais mille fois tant mieux !

— Comment, dit Bernard, tu venais me voir et tu ne t'attendais pas à me rencontrer ?

— Et monsieur venait de la part du roi ? ajouta du Bourdet, chez qui l'inquiétude n'était encore que réduite à l'état latent.

— Il a bien fallu que je prisse le nom du roi pour entrer, répliqua Cadenet, puisque votre maison est imprenable aux visiteurs ordinaires. Voilà déjà une heure que l'on parlemente autour des *Fils-Aymon* pour obtenir une audience... Et notre premier ambassadeur a été évincé.

— Votre premier ambassadeur...

— Sans doute. N'a-t-on pas renvoyé d'ici, il y a une heure environ, quelqu'un qui proposait d'acheter des oiseaux ?

— Quoi ! c'était toi ?

— Pas moi, précisément, mais mon frère.

— De Luynes ?

— M. de Luynes, dit Cadenet avec un profond respect.

— Il est donc à Paris aussi ? demanda naïvement Bernard.

— L'ignores-tu ? dit Cadenet surpris.

— Excusez Bernard, interrompit du Bourdet, il n'est pas Parisien, ni même Français. Il est Topinamboux, et arrive ce matin même.

— Eh ! je comprends, Bernard est le voyageur qui a rapporté ces merveilleux oiseaux ! Oh ! bien alors nous allons nous entendre. Que mon frère va être ravi !

— Monsieur ton frère aurait bien dû monter et se nommer. Je le connais moins que je ne connais toi et ton frère Brantes. Mais, enfin, qui dit Luynes, dit un ami pour M. de Preuil. Gronde-le de s'être laissé éconduire ainsi.

— M. de Luynes craint toujours d'être indiscret, dit Cadenet avec courtoisie, et d'ailleurs, il était pressé par l'heure du service.

— Quel service ?...

— Mais... le service près du roi... Ah ! pardon, j'oublie toujours que je cause avec un Topinamboux.

Et en parlant ainsi, Cadenet se tourna et se retourna les narines au vent comme sur une piste quelconque.

— Qu'avez-vous qui vous gêne, monsieur de Cadenet ? dit du Bourdet civilement.

— Rien, monsieur ; rien qui me gêne... Tout au contraire, ce que je sens ne me gêne pas du tout.

Et il se tourna tout à fait du côté de la bonne voie : c'était la table, naguère repoussée par Bernard et sur laquelle vermillonnait, parmi deux flacons et quelques verres, un jambon de neige et de rose flanqué d'un fromage de Compiègne échancré, de noix vertes et de gros raisins noirs.

— Je gage qu'il a faim ! s'écria Bernard, dont Aubin guettait le coup d'œil.

Et tout aussitôt les deux frères, apportant la table devant Cadenet, installèrent un couteau dans sa main droite, une fourchette dans sa main gauche et le jambon sous le nez même qui avait su détourner ce bon déjeuner. Du Bourdet déboucha la bouteille.

— Ma foi, messieurs, dit Cadenet, l'œil brillant de joie, il ne fait pas bon dissimuler avec vous. Depuis mon entrée en cette chambre, que dis-je ! depuis le milieu des montées j'avais pressenti... Voilà un jambon qui n'a pas d'égal sur la terre !

— Excepté, dit Bernard en s'allongeant sur la table, les fameux petits jambons fumés, tout mignons, tout moelleux, qu'on mangeait chez ta mère après nos chasses à l'oiseau, et qu'on humectait de ce terrible vin de la côte tout or, tout feu !

— Bonne mère, murmura Cadenet attendri, eh bien ! j'étais en train de vous avouer que jamais faim plus dévorante n'avait tordu l'estomac d'un honnête homme. Il est vrai que je fais un exercice. Que dis-je !... des exercices... Diable !... le petit frère est là.. *Puero reverentia.* Peste ! il sait le latin. Ah ça, est-ce que je vais être gris avant de boire ?

Du Bourdet toussa pour se donner une contenance. Aubin n'eut pas l'air d'entendre ; il cassait des noix pour le convive. Il en garda deux pour lui, et sans qu'on pût deviner comment il avait disparu, il se trouva qu'il était sorti de la chambre.

— Mes amis, reprit Cadenet attaquant le fromage, j'avais faim ; mais cela commence à se calmer. C'est la faute de mon frère, qui m'a expédié soudain en courses.

— Sans te donner le temps de fortifier ce grand corps !

— Oh ! dit Cadenet gravement, quand le frère parle, on ne raisonne pas ; on obéit. C'est le frère aîné, vois-tu. C'est tout à la fois le père, la mère, etc., etc. Diantre ! ne plaisantons pas avec le frère aîné !...

Et il couronna cette phrase morale par un glorieux verre de bourgogne.

Du Bourdet eût donné une pistole pour que M. Aubin profitât de la bonne leçon. Faute de mieux, il but à la santé de Cadenet.

— M. de Luynes est, d'ailleurs, votre aîné de beaucoup, ajouta Bernard en lui offrant le dessert.

— Ce n'est pas seulement l'âge, c'est la conduite, c'est la tenue. Il nous a élevés tous deux, Brantes et moi.

— Et pas trop riches, s'il m'en souvient, dit Bernard.

— Cependant, dit Cadenet avec complaisance, on a chacun son petit patrimoine. Mon domaine de Cadenet...

— Oh ! tu n'es pas le mieux partagé. Ce que vous appeliez Cadenet, n'était-ce pas une île ?...

— Dans le Rhône.

— Dans le Rhône, c'est le mot. Car un matin que je passais par là, cherchant à voir les quatre-vingts pieds de roseaux et d'oseraies de ton domaine, je n'ai plus rien trouvé. Le Rhône s'était fâché pendant la nuit et avait tout mangé.

Cadenet se mit à rire.

— Brantes est plus riche que moi, dit-il. Il a ses vignobles.

— Ce rocher sur lequel nous n'avons jamais pu faire trois culbutes sans tomber chez notre voisin...

— Allons, allons, Bernard, interrompit Cadenet en rougissant, ne divulgue pas trop par ici la chronique de nos misères. Les plaisants de cour ne rient déjà que trop de notre seigneurie. Mais, après tout, nous rions aussi; seulement, M. de Luynes n'aime pas qu'on le plaisante, et je te serais obligé, si tu le voyais...

— Sois tranquille. Et je dirai plus, si jamais tu as besoin de nous, toi ou tes frères...

— Merci, mon digne Bernard, en ce monde chacun pour soi.

— Bernard peut vous offrir sans se gêner, dit du Bourdet; il a du bien, Dieu merci ! le bien de sa mère, que je me flatte d'avoir administré pendant son absence en bon père de famille. Ainsi, cher monsieur de Cadenet, parlez.

— Mille grâces, répliqua le jeune homme en s'éloignant enfin de la table. Tous ces rochers, île et château, de notre patrimoine, font bien quatre cents écus de rente; mon frère Luynes en touche le double chez le roi : nous vivons tous trois là-dessus.

— Quel poste occupe-t-il ? — excuse toujours le sauvage.

— Fauconnier.

— Ah ! le roi chasse au vol ?

— Avec passion. Il raffole des oiseaux, et comme nous avons toujours eu du goût pour l'oisellerie, c'est ce qui a commencé l'espèce de petite faveur de M. de Luynes près de Sa Majesté.

Du Bourdet se pinçait les lèvres pour ne pas sourire.

— Eh bien ! mais, dit Bernard avec une naïve satisfaction, c'est une jolie situation : fauconnier du roi !...

— Nous n'en sommes pas plus avancés.

— Avancez-vous, que diable !

Cadenet hocha la tête, et regarda du Bourdet, qui souriait tout à fait.

— Ne vous gênez pas, monsieur, dit-il, pour expliquer à Bernard qu'il n'y a pas de grands vols possibles pour les pauvres oiseaux du roi.

— Comment cela, mon ami ? demanda Bernard.

— M. de Cadenet, interrompit le père, veut dire, je crois, que le gentilhomme le moins avancé dans ce royaume s'appelle Louis, treizième du nom.

— Eh !... s'écria Bernard surpris de tant d'audace.

— Chut ! dit du Bourdet, heureux d'avoir dégonflé son cœur par l'émission de cette innocente bulle d'air libre. Chut ! ne compromettons pas M. de Cadenet. Car nous sommes indépendants nous autres, et tout nous est permis, nous osons tout, nous francs Gaulois. Mais les gens de cour... hélas !

— Il me semblait cependant que le roi, depuis deux ans qu'il est majeur...

— Hein ?... majeur ? Eh bien après ? ricana du Bourdet lancé à toute voiles.

— La majorité émancipe, je suppose.

— Appelez-le donc Topinamboux ! s'écria du Bourdet en riant aux larmes ; hilarité qui gagna Cadenet lui-même, après qu'il se fut assuré que la porte était loin de la table.

Ce duo de rieurs, que le vin enhardissait, imposa tellement à Bernard, qu'il demeura muet, quasi-confus, les lèvres entr'ouvertes.

— Qui donc règne ? murmura-t-il enfin.

— M. Mangot, M. Barbin, M. d'Ancre, M. d'Epernon, et surtout la reine-mère, dit respectueusement Cadenet ; et, sur ma foi ! elle s'en acquitte trop bien pour...

Du Bourdet se tordait de rire sur sa chaise ; ce que voyant, Cadenet prit le parti de railler à son tour, et il rit si bruyamment que les nerfs de Bernard, cédant à la sympathie, entrèrent en danse comme les autres.

— Eh bien ! il me paraît que nous arrangeons bien le gouvernement, dit-il enfin dans l'intervalle d'un spasme à l'autre.

— Et nous oublions ma commission, ajouta Cadenet, à moins toutefois que M. de Luynes ne m'ait envoyé pour commettre des crimes de lèse-majesté... Housch ! s'il m'entendait.

Du Bourdet devint sérieux comme un mort.

— Dis ta commission, seigneur de Cadenet.

— Tu la devines. Mon frère a vu ce matin tes oiseaux comme ils tournaient le coin de la rue. Il les a suivis ; il s'est enquis. On lui a répondu, de ta part sans doute, que le propriétaire desdits volatiles ne les voulait pas vendre, et il s'est retiré fort contrarié.

— De quoi donc ?

— De ne pouvoir faire ce cadeau à Sa Majesté. Si tu savais la joie qu'aurait le roi ! Il est capable de danser une heure devant les cages.

— Ah ! bah ! le roi est enfant à ce point ?

— Il n'a que quinze ans.

— Mais c'est un homme marié ; le mariage émancipe, si la majorité n'émancipe pas.

— Le roi, reprit du Bourdet froidement, a le rare bonheur d'avoir conservé toutes les imaginations du jeune âge. Le roi daigne encore jouer avec des petits soldats de plomb.

— Que voulez-vous ? dit Cadenet croyant arranger les choses, on finit par s'ennuyer tout seul.

— Le roi est donc tout seul ? demanda Bernard.

— Souvent.

— Mais la cour ?...

— Eh bien, mais la cour a tant à faire ! Nous avons la reine-mère, M. d'Ancre, sa femme, M. d'Epernon, les princes, l'Espagne à courtiser.

Du Bourdet appuya dans ses mains un visage qui ne riait plus. Bernard se sentit malgré lui envahi par cette noble tristesse.

— Pauvre roi ! dit-il. Heureusement qu'il ne souffre pas de cet abandon.

— Pas le moins du monde. Il fait des petits jardins dans les Tuileries ; il prend des moineaux dans les lilas avec des pies-grièches, que mon frère dresse d'une manière admirable. Quelquefois il tire à la cible, et parfaitement.

— Et la jeune reine, a-t-elle le caractère aussi bien fait ?

— Jamais deux époux n'ont été mieux assortis : le roi rêve souvent, la reine toujours ; le roi se tait toujours, la reine ne parle jamais.

— Et bien ! ton frère Luynes doit singulièrement se divertir au Louvre !

— Voilà pourquoi il m'a commandé ce matin de venir ici, d'insister auprès du propriétaire des oiseaux et d'obtenir qu'on lui en cède tout ou partie, et puisque ce propriétaire est un si digne ami...

— Hélas ! mon brave Cadenet, c'est que les oiseaux ne sont plus à moi.

— Tu les auras vendus déjà ?

— C'est bien pis, je les ai destinés, promis.

— A qui donc ? est-ce indiscret de le demander ?

— Non, répliqua du Bourdet, c'est à une dame.

— Oh !... dit vivement Cadenet, voilà qui m'arrange, je connais toutes les dames de la cour...

— Celle dont nous parlons n'est pas de la cour.

— Mes connaissances vont jusqu'en ville, objecta Cadenet en souriant avec malice.

— Allez jusqu'à la campagne alors, car la dame est une charmante fille, élevée au couvent près de notre terre, et qui dans huit jours, au plus, sera la femme de Bernard, — s'il plaît à Dieu — et à lui.

Les bras de Cadenet retombèrent tristement à ses côtés.

— Oh ! que dira mon frère ? murmura-t-il. Vais-je être reçu !

— Tu raconteras la vérité.

— Et voilà l'effet que produit le nom du roi, dit Cadenet. Si j'eusse annoncé que je venais de la part de la reine-régente, ou de M. le maréchal, ou seulement de M. d'Epernon, je réussissais d'emblée.

— Je ne crois pas dit sèchement du Bourdet, nous ne sommes pas courtisans de la faveur..

— Quoi ! tu ne feras rien pour ce pauvre roi ?...

— Qui rêve toujours, ne parle jamais, et trouve moyen de s'ennuyer près d'une Espagnole de quinze ans sous le ciel de France !... Non, certes, rien ; j'aime la joie, moi, j'aime la vie !...

— Ce sera un coup terrible pour mon frère, dit Cadenet abattu.

— Tu as raison, Cadenet, et je ne souffrirai pas qu'un brave compagnon tel que toi fronce un moment le sourcil par ma faute. Il y a cent oiseaux environ, tous inconnus en

Il cassait des noix pour le convive. — Page 542.

France. Laisse-m'en cinquante, et je vais t'en envoyer cinquante dont ton frère fera tout ce qu'il voudra.

— Est-ce vrai? s'écria Cadenet, rouge de plaisir.

— Vrai, sur mon âme. Ma fiancée aura bien assez de divertissement avec cinquante oiseaux. Sans compter que je ne ferai pas comme le roi, moi, et que je veux être un mari près duquel on ne s'ennuie guère.

— Cher ami! brave ami! Je cours annoncer cette bonne nouvelle à Luynes, qui viendra lui-même te remercier. A propos, le prix?... Fais-nous payer comme si c'était pour le roi.

Bernard ouvrait de grands yeux. Du Bourdet ajouta :

— M. Cadenet veut dire bon marché :

— Le roi n'a pas une obole, dit le jeune homme, mais nous autres nous avons quelques petites économies !

— Bien! bien, interrompit Bernard, mes oiseaux n'ont pas de prix, nous compterons plus tard.

Il n'avait pas achevé, que Cadenet, remettant son épée en équilibre et enfonçant son chapeau, disparut ivre de joie après avoir embrassé à dix reprises le petit Aubin penché sur la balustre de l'escalier.

— Charmant garçon après tout, dit le bonhomme en le suivant du regard.

L'heure sonna en bas à l'horloge de la salle.

— Fou que je suis! s'écria Bernard... j'ai oublié...

— Quoi donc?

— Mon fameux paquet.

— Ah! la mystification!... Bon, bon, vous aurez du temps de reste.

— Voilà les deux heures écoulées.

— La dague n'est pas encore apparue. Ouvrez.

— Si elle ne fait qu'apparaître, passe, dit Bernard en tirant d'une poche de son manteau une enveloppe en parchemin renfermant une liasse peu volumineuse. — J'aurais dû, continua-t-il, communiquer l'affaire à Cadenet; il est de Paris, lui, il connaît tout le monde...

— Bah! qu'aurait-il fait, sinon rire de votre naïveté? — Ouvrez, Bernard.

— Permettez; ou je suis dupe, ou je ne le suis pas. Vous admettez ce dilemme?

— J'admets.

— Si je ne le suis pas... patience, laissez-moi dire, — je vais trouver dans cette enveloppe l'adresse des gens à qui j'ai juré de remettre le paquet. Car enfin j'ai juré.

— Ce serment-là ne vous engage pas à grand'chose, si, comme je le gage, vous trouvez sous l'enveloppe quelques grosses calembredaines à votre propre adresse. Vous êtes mystifié, ne vous faites pas d'illusion, et ouvrez, pour l'amour de Dieu.

— Eh bien, en ce cas, Cadenet m'eût encore servi, car il eût pu me dire le nom des plaisants, des bouffons qui font commerce de cette sotte marchandise. Mais il me le dira plus tard. J'ouvre.

En parlant ainsi, nonobstant les agaceries du bonhomme, il fit sauter le cachet. Trois lettres s'échappèrent de l'enveloppe. Aubin en ramassa une, Bernard l'autre, du Bourdet la troisième.

Aubin lut sur la sienne cette suscription :

« A M. de Condé ou à MM. les princes en ce moment révoltés contre l'autorité royale. »

Bernard, saisi de surprise, lut sur la sienne :

« A Sa Majesté la reine régente. »

Et du Bourdet, pâlissant, balbutia en épelant la sienne,

« Au roi! »

Nul commentaire ne traduirait le silence qui régna dans la chambre après cette triple lecture.

— S'il y a mystification, dit Bernard, faut-il rire?

— Ouvrons, proposa Aubin.

— Malheureux! s'écria du Bourdet en arrachant la lettre des mains de l'enfant, et en la posant avec les deux autres comme autant de reliques sur un coin de la cheminée.

— Et vous avez juré?... reprit-il d'une voix faible.

— Sur la croix, sur une poignée d'épée dont on voulait me tuer. Il me semble que vous ne trouvez plus la chose aussi divertissante... Résolvons-nous cependant à quelque chose. Consultons-nous.

— Consultons d'abord quelqu'un qui en sait plus long que nous, dit du Bourdet plus ému qu'il ne le voulait paraître... Allons à la seule personne qui ait le bras assez fort pour nous tirer de cet enfer!

— Qui donc? demanda Bernard

— Un ami, j'ose le dire, un très-grand et très-illustre ami que j'ai eu. Ramassez vos lettres, Bernard, et mettez votre chapeau. Donnez-moi mon manteau et ma canne, Aubin. Ah!... laissez ici votre épée, Bernard, bien qu'on vive à Paris moins en sûreté que chez les nègres, et que vous soyez deux fois gentilhomme : il n'entre jamais d'épées dans la maison où nous allons!

IV

LA JOURNÉE DES ÉPERONS.

rois minutes après son départ si précipité, du Bourdet s'arrêta, suivi de Bernard, devant une maison de belle apparence, située aux abords du Palais, sur l'emplacement qu'on appelle aujourd'hui rue du Harlay.

C'était, en effet, la maison de monseigneur Achille de Harlay, *conseiller du roi en son conseil privé et d'État, chevalier et prince du Sénat de Paris et premier juge du royaume,* autrement dit premier président du Parlement de Paris.

A l'aspect de cette vénérable demeure du plus haut magistrat de France, de l'homme illustre dont la vie déjà longue comptait assez de glorieuses journées pour immortaliser dix existences de grands hommes, Bernard se sentit pénétré de respect et du Bourdet de confiance; il lui sembla qu'en posant le pied sur ce seuil sacré, il pouvait, nouvel Ajax, s'écrier : J'échapperai, malgré tous les scélérats du royaume.

Il trahit cette joie, aux yeux de son beau-fils, par un doux sourire accompagné de ces paroles :

— Ici du moins on respire! là est la paix — *hic portus!*

Imprudentes paroles! car il les eut à peine prononcées que la chance tourna contre lui, et le principal officier du président, au lieu de l'introduire chez son maître, annonça qu'une affaire pressée, une affaire grave venait d'appeler en toute hâte M. de Harlay au Parlement.

Contrarié naturellement, du Bourdet demanda quelle était cette affaire si grave dont paraissait se préoccuper la maison du président.

— Ah! messieurs, répliqua l'officier, nous en sommes encore tout émus, d'autant plus que Monseigneur n'a pas permis à d'autres qu'aux huissiers de le suivre. Et certainement il y aura quelque bagarre, dont le grand âge de Monseigneur pourrait bien le rendre victime.

Du Bourdet et Bernard s'informèrent plus instamment encore.

— Il paraîtrait, continua l'officier, que, tantôt, les gens du maréchal d'Ancre (on se dispensait du *monseigneur* chez le premier président) ont presque assassiné un malheureux cordonnier.

Du Bourdet frémit et pressa le coude de son beau-fils.

— Oui, messieurs, et le peuple s'est grandement ému à la vue de ce pauvre diable tout ensanglanté. Le fait est qu'il était effrayant à voir.

— Vous l'avez vu? demanda en balbutiant le bonhomme du Bourdet.

— Si je l'ai vu! Tout le monde l'a vu; car ils l'ont promené par la ville et amené ici, à Monsieur le premier président.

— Pourquoi faire, je vous prie? dit civilement Bernard.

— Mais, monsieur, pour obtenir justice donc, riposta aigrement l'officier en regardant Bernard d'un air plus que refroidi.

— Excusez mon fils, dit du Bourdet précipitamment; il arrive de voyage. Voilà dix ans qu'il est hors de France. Moi, je suis du Bourdet, ancien avocat au Parlement, et je ne vous ferais pas de ces questions-là, étant du métier.

Bernard se pinça les lèvres, et du Bourdet, le plaçant derrière lui d'un coup de coude adroit, se remit en possession des bonnes grâces de l'officier.

— De sorte, dit-il, que ces braves gens ont demandé justice à notre illustre maître. Ah! qu'ils s'adressaient bien!

— N'est-ce pas, monsieur? C'est ce que je leur ai dit tout de suite, ajouta l'officier heureux d'être compris par quelqu'un du corps.

— Mais aussitôt cette affaire finie, dit du Bourdet, monseigneur de Harlay reviendra, et nous lui parlerons.

— Finie! cette affaire finie! s'écria l'officier: ah! bien, monsieur, finira-t-elle seulement?

Et sur ces alarmants pronostics, l'homme aux habits noirs quitta du Bourdet consterné, pour aller répondre à d'autres visiteurs.

— Le Palais est à deux pas, monsieur, glissa Bernard à l'oreille de son beau-père, allons-y.

— Je ne vois que ce moyen, répliqua piteusement le bonhomme. Mais, grand Dieu! suis-je donc destiné à passer ma vie dans les cohues!

Bernard lui fit un rempart de son corps et le fit entrer dans la grande salle malgré une foule et un vacarme dont la rue de Tournon n'avait offert le matin que des échantillons microscopiques.

Qu'on se figure — et Paris saura se le figurer, hélas !... — un rassemblement énorme de visages pâles, colères, un brasier pétillant d'yeux en flammes, une mer dont les vagues étaient des bras, des têtes, une houle dont le grondement signifiait tout ce que la haine et la menace signifient à la veille d'une sédition ; tout cela, foule, flamme et mer furieuse, s'agitant sur l'escalier gigantesque du Palais, et débordant, malgré les huissiers et les archers, jusque dans la fameuse salle à la table de marbre.

Sur la table en question, le peuple avait déposé Picard, sanglant et meurtri ; et Picard se taisait, et, sans rien préciser de ses volontés, la foule attendait quelque chose.

Bernard et du Bourdet, qui avaient eu le bonheur et le courage d'entrer en cette salle, furent témoins d'un de ces spectacles que l'on n'oublie jamais.

Le jeune homme installa son beau-père dans l'angle que formait avec le mur une des statues des rois de France, qui, depuis Pharamond jusqu'à François Ier, décoraient les parois de l'illustre salle. Là, soutenus tous deux par une muraille que le canon eût fait sourire, ils attendirent l'événement.

Et d'abord on vit se précipiter dans l'enceinte plusieurs centaines de soldats qui, courant et allongeant leurs hallebardes en travers, eurent bientôt fait reculer les masses populaires, si compactes et si animées qu'elles fussent.

La présence des soldats en cette place inviolable, où nul n'avait le droit d'entrer armé, où nul pair, même parmi les plus hauts, n'eût osé se montrer sans robe et sans manteau de palais, produisit parmi les gens expulsés d'abord, parmi les gens du Parlement ensuite, un sentiment d'indignation et de stupeur. On oublia Picard, on oublia le peuple, on oublia tout, pour se révolter contre la violation audacieuse d'un droit respecté par les rois les plus absolus.

— Des soldats ! murmurait du Bourdet gesticulant le long de son monarque de bois doré ; des hallebardes dans le sanctuaire !... *Impius hæc miles...* Où en sommes-nous ?...

— Taisez-vous, de grâce, dit Bernard, vous allez vous faire écharper.

— *Barbarus has segetes !*

— Ah ! monsieur... voyez ces arquebusiers qui vous regardent de travers ; vous seriez égorgé sans gloire. — Pardon, mon ami, dit-il à un bas officier d'une figure plus humaine, qu'attend-on ici ?

— M. d'Espernon d'abord, notre colonel général.

— Ah ! ah !... et puis après ?

— La mise en liberté d'un de nos compagnons, d'un officier que ces coquins ont osé arrêter.

— Quels coquins, je vous prie ?

— Pardieu !... ces robes noires !

Du Bourdet, en voulant protester, se heurta le crâne au menton de bois de la statue, et la douleur aiguë qu'il en ressentit le calma comme un avertissement salutaire.

— Et nous allons voir, continua le soldat en ricanant, comment notre colonel va prendre la chose !

Du Bourdet soufflait de colère, mais Bernard toléra ce souffle inoffensif. Se hissant vers du Bourdet, qui se baissa vers lui :

— Je crois comprendre, dit-il, qu'ils ont fait arrêter votre coquin de capitaine... celui qui voulait faire battre ce cher Aubin.

— Précisément ! les dignes, les braves juges ! répliqua le bonhomme avec une perle d'orgueil sous chaque paupière.

— Oui, mais, continua Bernard, j'ai peur que la partie ne devienne mauvaise pour eux. Voilà bien des soldats.

— *Cedant arma togæ !* s'écria du Bourdet.

— Moi, qui sais peu le latin, je traduirais cela par : Les armes feront céder la toge.

Du Bourdet se relevant avec dédain :

— Aubin traduit mieux que cela, dit-il. Au surplus, la solution approche.

— Le colonel ! le colonel ! M. le duc ! criait-on à gauche, dans les rangs des soldats, tumultueusement soulevés.

— Harlay ! Harlay ! le président ! s'écrièrent de leur côté le peuple et les conseillers accourus en foule.

Alors, fendant la foule à coups de hallebardes et de crosses de mousquet, l'escorte du duc d'Espernon fit faire place à son colonel général ; et celui-ci, grand vieillard sec, vert, et portant haut sa tête si insolente qu'on se demandait par quel reste de scrupule il l'avait découverte, monseigneur Jean-Louis de Nogaret de la Valette, duc d'Espernon, pair et amiral de France, comte de Montfort et d'Astarac, gouverneur de Provence et de Guyenne, le plus grand seigneur de France à cette époque, entra dans la salle, suivi de cinq cents gentilshommes, tous affectant l'air rogue et hautain de leur maître.

Le duc, arrivé au milieu, se tourna comme s'il cherchait quelqu'un, et, d'une voix claire, aigre jusqu'à être cassante :

— Je ne vois pas M. le premier président, dit-il.

Au même instant, retentirent sur la dalle les verges des huissiers qui précédaient le Parlement, à la tête duquel marchait, calme et majestueux, si jamais majesté brilla sur la terre, cet Achille de Harlay qui avait répondu à M. de Guise, le jour des Barricades : « Allez, monsieur, c'est grand'pitié quand le valet chasse le maître ! » et qui lui avait tourné le dos.

Ces deux cortèges s'arrêtèrent en face l'un de l'autre.

M. de Harlay, âgé près de quatre-vingts ans, blanc de vieillesse, ferme et droit, regardant l'autre vieillard sans passion, sans crainte, mais avec une sorte de surprise si noble que le peuple en le voyant se sentit pénétré d'un religieux respect, et que pas un souffle ne bruit en s'exhalant de ces dix mille poitrines.

— Monsieur ! dit le duc d'Espernon en saluant le président, qui lui rendit gravement le salut, l'on m'a instruit que ce matin, à la suite d'un délit dont un misérable s'était rendu coupable envers un maréchal de France, et qui, selon moi, avait été trop doucement puni, quelques séditieux s'étaient permis d'arrêter un officier et le détenaient prisonnier au Palais.

Le duc avait parlé vivement, bien qu'en se contenant de toutes ses forces. Il était quelque peu essoufflé ; il s'arrêta, non sans remarquer l'effet que sa harangue cavalière avait produit sur ceux de son parti.

Une rumeur d'approbation conclut pour lui de ce côté.

M. de Harlay, se tournant lentement vers les présidents et conseillers qui l'entouraient, avec les officiers ordinaires du Parlement :

— Parlez, monsieur, dit-il au lieutenant criminel, bailli de la Cité et de Saint-Germain-des-Prez.

— Monseigneur, ce ne sont point des séditieux qui ont arrêté l'officier dont parle monseigneur le duc, c'est un détachement de mes archers que je commandais en personne.

— Vous entendez, monseigneur, repartit le président d'une voix faible, mais si pure et si calme, qu'elle vibra au fond de tous les cœurs, sympathiques ou hostiles.

— J'entends, certes oui, dit vivement M. d'Espernon, mais je ne comprends pas.

— Pourquoi ? demanda le président avec un accent serein comme son visage.

— Parce que je ne savais point qu'il fût permis à un officier de robe d'arrêter un homme d'épée faisant partie de l'armée française, et qu'en ma qualité de colonel général de l'infanterie, à laquelle arme cet officier appartient, je me présente ici pour le réclamer et le garantir, quitte plus tard à le faire comparaître par-devant un de mes conseils de guerre, s'il y a lieu, et que j'en juge ainsi.

Cette fois, il n'y avait plus de doute à conserver sur le sens de la démarche. M. d'Espernon avait conclu, et un long assentiment de sa suite retentit après ses dernières paroles.

Mais le — Silence, messieurs ! des huissiers fit taire aussitôt le brouhaha des approbateurs et le grondement sourd des adversaires.

Le président plus impassible que jamais :

— Vous ignorez, monseigneur, dit-il, la coutume et le privilège de Saint-Germain-des-Prez, où toute justice se rend au nom de l'abbaye et par le ministère du bailli.

M. d'Espernon n'avait aucune raison solide à opposer à cette réponse. Se mettre en flagrante hostilité avec les usages et les droits d'une ville comme Paris, n'eût été ni sensé, ni prudent, la ville eût-elle été prise d'assaut, et le vainqueur se fût-il appelé Scipion ou César. Cependant, un colonel général de l'infanterie ne pouvait pas non plus admettre que trois mots plus ou moins sonores l'eussent réduit au silence. Il prit donc un terme moyen entre les deux seules répliques possibles, mais un mezzo termine digne de d'Espernon. Il s'agissait de n'être ni conciliant ni dur. Le duc se montra plat et brutal dans une même phrase.

— Je ne puis ni ne veux nier, dit-il au milieu de l'attente générale, que M. le bailli ait tels ou tels priviléges. Mais je ne les connais pas, et pour conclure, car il faut conclure en toute chose, dit-il avec un ricanement de mauvais goût, je viens, *avant de recourir à d'autres mesures*, supplier le Parlement de renoncer à ses priviléges en ma faveur.

L'insolente politesse du mot supplier était tellement noyée dans des sarcasmes et des menaces, que l'on entendit derrière le duc des rires de triomphe, derrière le président des murmures, et dans la foule un sinistre rugissement.

Alors le premier président, sans se départir de la dignité froide avec laquelle il avait tout écouté comme du haut de son siége, regarda le duc avec une attention pour ainsi dire analytique, et rien ne saurait rendre la valeur de ce regard que le mot : toiser, qui exprime l'action de déshabiller moralement tout un homme des pieds à la tête. Et il répliqua :

— Si vous venez supplier le Parlement, monseigneur, vous n'avez pas réfléchi qu'il est sans exemple qu'un suppliant soit venu implorer des juges en ce palais avec une épée, des éperons, et un aussi grand nombre de gens en armes.

***

On rapporte qu'Eschine, vaincu par Démosthène, lisait à ses disciples, comme leçon, le discours de son vainqueur, et que les voyant saisis d'admiration, il ajouta ces mémorables paroles : « Ce n'est rien quand je le lis ; c'est l'autre qu'il fallait entendre rugir ! »

Cette comparaison nous aide beaucoup en ce moment, car elle nous dispense d'expliquer le foudroyant enthousiasme que soulevèrent parmi le peuple et les partisans du Parlement les tristes et fières paroles du premier président, prononcées par cet admirable vieillard qu'on nommait Achille de Harlay.

Du Bourdet ne se tenait plus de joie ; Bernard lui-même était électrisé. Ce n'était pas un homme qui venait de parler, c'était le génie trop longtemps humilié de la France.

Mais dans cette assemblée composée d'éperons et de robes, de soldats et de peuple, l'unanimité était impossible. L'enthousiasme des uns suscita la fureur des autres, et les soldats qui s'étaient d'abord sentis mal à l'aise sous le regard du maître de la maison commencèrent, en s'inspirant de leurs chefs, à s'agiter et à gronder à leur tour.

Le duc d'Espernon, décontenancé, rougissant, attacha sur son noble antagoniste un regard où se rallumait plus d'une vieille haine mal éteinte. Entouré de jeunes gentilshommes ardents, fous, ambitieux, mal conseillé par l'instinct de la résistance à une aussi formidable volonté, il perdit toute mesure, et levant le bras par une liberté de geste trop militaire en pareil cas :

— Soit donc ! s'écria-t-il. J'ai commencé par parler le langage de la modération, et voilà comme on m'écoute ! Quoi ! un ignoble cordonnier, un maraud a insulté l'un des premiers de ce royaume, on l'a bâtonné, et, à cause de cela, vos baillis, se glissant derrière l'émeute, osent enlever un officier de mon armée, dans une maison inviolable ! Et pour toute réponse à la demande que je forme, on me reproche mes éperons de chevalier et mon épée ! Parfandious ! (c'était le juron favori du duc) cette épée fera ce que n'a su faire ma langue, et tant pis pour ceux qui m'auront poussé à la tirer du fourreau !

Les conseillers, les présidents, la foule, allaient éclater. Un geste imperceptible du président contint l'orage. La foudre se tut, prolongeant au lointain ses mourants échos. M. de Harlay se tut comme elle, semblant dire au duc : Continuez !

— Encore une fois, ajouta M. d'Espernon tremblant de colère, car il avait dépassé même l'attente de ses partisans, et les soldats, français au cœur, et connaisseurs en fait de courage, commençaient à beaucoup plus admirer le calme du président que la fougue du colonel, — encore une fois, me rendra-t-on mon officier ?...

Le silence de tout le Parlement répondit avec éloquence.

— Non ! Eh bien ! je le prendrai moi-même. Brezelles ! Compaing ! d'Amades ! allez avec trois compagnies à la prison du Palais. Là ! au fond du premier corridor, demandez le capitaine Hugues, du régiment de Picardie, et si on vous le refuse, emportez-le. Allez !

Au lieu du bruit et de l'ardeur qu'un tel ordre donné si chaleureusement eût dû soulever dans les troupes, ce fut lentement et avec la simplicité d'une évolution ordinaire que s'exécuta le mouvement commandé par le colonel général.

Le premier président demeura immobile, environné de ses assesseurs, dont pas un n'avait bougé de place.

Le peuple, muet et consterné, non qu'il ne comprît pas la majesté de cette inertie, mais parce qu'il espérait la résistance, s'ouvrit pour laisser passer les soldats.

Celles des compagnies qu'on avait commandées disparurent avec un bruit mesuré de pas sous la voûte sonore.

Le duc, les bras croisés, en avant de son état-major et affectant une tranquillité qu'il était loin d'avoir égale à celle de ses adversaires, semblait attendre, ainsi qu'un général en chef, l'explosion de la mine ou le résultat de l'assaut. Dans le peuple, les plus avides de spectacles étaient allés se heurtant, se mêlant, voir de près l'attaque de cette forteresse nouvelle.

Bientôt un fracas de coups de hache et de portes brisées apprit à tout le monde que la prison ne s'était pas rendue, mais avait été forcée. Et cinq minutes ne s'étaient pas écoulées que le capitaine Hugues, délivré par les soldats et disparaissant dans le nombre, était ramené triomphalement au vainqueur, qui l'honora d'une grimace de satisfaction et le congédia au plus vite avec bonne escorte.

Picard s'était, en le voyant passer, soulevé sur sa table de marbre, et, lui aussi, avait décoché à Hugues sa grimace, moins rassurante et plus chargée de promesses.

*
* *

Quand l'attentat à la majesté parlementaire eut été ainsi consommé ; quand rien ne manqua plus à la perpétration du crime, ceux du parti d'Espernon qui, jusque-là, avaient tremblé intérieurement de voir s'éveiller le vieux lion du Parlement et de sentir un de ces coups de griffes si souvent redoutables ; ceux-là, soulagés, allègres depuis qu'ils n'avaient plus rien à craindre, commencèrent à rire tout haut et à bafouer après avoir offensé. Tous ces jeunes gentilshommes languedociens et gascons, tous ces beaux de cour, vendus soit à d'Espernon soit à M. d'Ancre, et que celui-ci, homme d'esprit s'il en fût, appelait ses *coquins di mila franchi*, — coquins est le seul mot honnête qui ose représenter en français le mot italien du maréchal, — tous ces gagistes à mille francs se mirent en haie sur le passage du Parlement, qui défilait pour s'en retourner, le président à la queue de la colonne, et, dit l'histoire, ils insultèrent de leurs lazzis et déchirèrent de leurs éperons, qu'on leur avait trop justement reprochés, les robes des conseillers et des présidents, dont plusieurs versaient des larmes de rage et semblaient en appeler au peuple et à leur chef.

M. de Harlay vint le dernier, pâle cette fois non plus de vieillesse mais de colère, et murmura :

— Nous voici donc revenus au jour où Bussy-Leclerc me conduisit avec le parlement à la Bastille.

Et comme il allait passer devant le pilier près duquel se tenait M. d'Espernon isolé de sa suite, le duc entendit ces paroles et répondit avec une maligne joie :

— Il est vrai, monsieur le président, que nous n'en sommes plus au temps où le Parlement était plus roi que le roi. Ce roi-là est mort, monsieur.

M. de Harlay se redressa de toute sa hauteur. Il était grand comme tout un siècle. Son œil, si longtemps impassible, lança un dévorant éclair dont d'Espernon fut ébloui.

— Ah ! vous me parlez du feu roi, monsieur le duc, dit le président avec une voix sourde, qui finit par devenir terrible ! Ah ! vous me rappelez qu'il a été assassiné ! Voilà six longues années que je m'efforçais d'oublier, non pas la victime, mais les assassins ! Prenez garde, duc d'Espernon, à partir d'aujourd'hui, je jure que je m'en souviendrai.

Quel sens effrayant avaient donc ces paroles ?

Le duc, bien qu'il eût été seul à les entendre, pâlit comme un spectre ; il recula devant le visage menaçant de son ennemi, et M. de Harlay était déjà loin que l'ancien ami de Henri IV n'avait pas encore essuyé la sueur glacée de son front.

V

LE CONSEIL DU GRAND AMI

La foule, hachée en mille tronçons par les hallebardiers et les gentilshommes, s'écoula menaçante dans son silence et emmena Picard, qui disait entre ses dents à ses porteurs :

— Mes amis, ce n'est plus qu'à messieurs les princes que nous pouvons demander assistance. M. le prince de Condé est juste, lui, et il est fort ! Il a une armée, adressons-nous à M. de Condé.

Et comme il sentait frémir sous ses excitations la corde toujours tendue des rancunes populaires :

— Oui, continua-t-il, menez-moi à l'hôtel de Condé. Ce digne seigneur, qui a entrepris de venger la mort du feu roi, vengera en même temps le pauvre peuple égorgé dans ma personne. A l'hôtel de Condé !

**

Ce cri rallia toutes les opinions, et Picard, triomphant à sa manière, fut conduit par la multitude, qui criait : A l'hôtel de Condé !

Cependant, M. de Harlay venait de recevoir sur le seuil de sa maison les compliments et les adieux du parlement. On attendait de lui quelques-uns de ces mots encourageants qu'il savait, aux jours de désespoir général, puiser dans l'inébranlable stoïcisme de son âme. L'humiliation essuyée par ce corps illustre méritait une vengeance ; et, bien que le premier président fût placé dans l'opinion publique à une si imposante hauteur qu'un outrage même royal ne pût l'atteindre, chacun espérait que M. de Harlay indiquerait à la cour le parti qu'il lui fallait prendre pour châtier l'insolence de M. d'Épernon.

Mais le vieillard baissait la tête. Il accueillait distraitement questions et révérences. Autour de lui, les conseillers, surpris de tant d'abattement après tant de vigueur, semblaient accuser le vieillard et se dire que du grand Achille de Harlay il ne restait plus que l'ombre. Ils s'inclinèrent et le laissèrent rentrer chez lui.

Pourtant, le vieux lion n'était ni mort ni même endormi. Il songeait !

Reçu à l'entrée de ses appartements par ses valets et ses familiers, il refusa les soins de tous, ne se laissa pas même déshabiller, et passa dans son cabinet où, après quelques moments de rêverie, il fit appeler le bailli du Palais, homme d'un cœur à l'épreuve, sa créature et son premier officier.

— Oui, murmura-t-il tandis que l'huissier courait exécuter son ordre ; oui, le moment est venu ; il le faut !... Dieu m'est témoin !...

Et il leva son œil éteint vers un grand christ, seul et saint ornement de ces murailles sévères : Vous m'êtes témoin, mon Dieu ! que je ne cède pas à un ressentiment particulier, au vulgaire désir de satisfaire une vengeance peut-être légitime ; non ! je vois cet État perdu, ce peuple écrasé, ce roi menacé d'une chute honteuse. Lui, pauvre enfant que m'avait recommandé son père ! Eh bien ! c'est tout cela qu'il faut sauver. Ainsi donc, après six années de patience, de douleurs, me voilà remis en face de la même angoisse, du même doute. La terrible alternative qui se dressa devant moi en 1610 m'apparaît de nouveau, et plus menaçante encore cette fois ! Alors, je tenais sous ma main tous les assassins de mon malheureux maître ; j'avais l'accusatrice ardente et forte, car mademoiselle de Coman n'eût reculé devant rien ; j'avais les témoins. D'un signe, d'un geste, je faisais tomber les plus criminelles,

— Prenez garde, duc d'Espernon. — Page 551.

les plus hautes têtes de ce royaume, et toute la France, qui les soupçonnait, sans oser les demander au bourreau, m'eût béni. L'on eût élevé des statues à mon courage.

M. de Harlay s'avança vers le crucifix les mains jointes.

— Alors, continua-t-il, vous le savez, Dieu éternel, ici-même, à vos pieds, je vous demandai un rayon de votre infaillible sagesse. Valait-il mieux absoudre que de frapper? Valait-il mieux entourer ce trône chancelant, d'oubli, de silence, de pardon, que de l'arroser de sang? Était-ce plutôt mon devoir de garder, malgré ce que je savais, la mère pour défendre son fils, que de livrer ce fils à toutes les ambi-

tions, à toutes les rivalités des princes et des huguenots, purs assurément de crimes, mais accoutumés à convoiter le trône à travers les guerres civiles? Je choisis librement, froidement. L'accusatrice fut sacrifiée. Mademoiselle de Coman expie dans une prison éternelle son innocence et le malheur d'avoir pénétré l'épouvantable secret. Seulement les scélérats voulaient m'arracher sa vie, et moi, en la laissant vivre, par justice, j'ai gardé aujourd'hui un suprême moyen de les punir. Les deux témoignages que j'avais alors pour soutenir mademoiselle de Coman, je les ai toujours. L'un est si terrible, il touche si haut, que ma conscience recule encore devant l'usage qu'un fils en aurait à faire. Ce coup, réservons-le. Essayons de ne le point porter. Le second témoignage peut suffire ; arme maniée d'une main ferme, il fera justice des assassins dorés, des coquins subalternes, qui se croient bien grands aujourd'hui parce que je les ai laissés pousser, champignons vénéneux, dans l'indifférence et dans les ténèbres, et qui osent insulter ma toge parce qu'ils pensent que je n'ai rien gardé sous ses plis... Ceux-là, je ne veux pas même salir l'échafaud de leur sang. Je rassemblerai mes preuves en silence ; je tiendrai le flambeau d'une main, le fouet de l'autre, et leur offrirai à choisir. Ils choisiront le fouet. Qu'ils partent, qu'ils disparaissent, sauvant leur tête ignoble, après avoir dégorgé tout notre or. Oh ! ce sera un beau jour ! La patrie l'attend... Et, après ce dernier effort, après ce dernier service, personne ne pourra plus rien exiger de ma vieillesse, et, serviteur fatigué, j'aurai le droit de m'endormir.

Le président se promena lentement, les bras croisés, dans la vaste salle.

— La besogne n'est pas faite, se dit-il ; ce second témoignage, il faut l'obtenir de la bouche qui me l'a fourni en 1610. Et depuis ce temps, que de choses se sont passés ! Le cœur alors généreux ne se sera-t-il pas livré à nos ennemis ? Est-il glacé par la mort ? Ou bien, ce qui est aussi dangereux et plus probable, ne sera-t-il pas engourdi dans le calme d'une vie heureuse, retirée, que je lui conseillai moi-même alors, en lui enjoignant le plus impénétrable silence ? Et, en ce cas, il reculera devant les risques d'une généreuse action ; il préférera le bonheur au devoir. N'importe, j'essayerai. Je le manderai près de moi. C'était une âme honnête, un talent pur, et dans sa carrière d'avocat au parlement, je lui ai rendu quelques services. Peut-être aurai-je conservé sur lui quelque influence, soit que le chef s'adresse à son honneur, soit que le bienfaiteur parle à sa reconnaissance.

On frappa doucement à la porte du cabinet.

— Le bailli sans doute.

Le bailli du palais entra.

— Venez, dit le président. Venez que je vous loue d'abord pour la réponse nette et ferme que vous avez faite à M. d'Espernon. La prison forcée a-t-elle beaucoup souffert ?

— La porte seule est hors de service, monseigneur, mais déjà je l'ai fait remplacer.

— Avez-vous remarqué que les gens de M. le duc aient cherché à faire évader quelque autre prisonnier que le capitaine Hugues ?

— Je crois bien que l'envie ne leur en manquait pas, monseigneur, mais j'avais prévu la tentative, et au lieu de résister devant la porte du capitaine Hugues, c'est devant une autre que je m'étais placé avec mes archers, résolus comme moi à se faire tuer jusqu'au dernier avant de livrer passage.

— Devant la porte de mademoiselle de Coman, n'est-ce pas ?

— Oui, monseigneur.

— Bien, monsieur le bailli. Comment est la prisonnière ? J'espère qu'elle continue à vivre en santé ?

— Bien frêle, monseigneur, mais soutenue par un courage indomptable et par l'espoir que monseigneur veille de loin sur elle. C'est le seul appui qu'elle ait conservé sur la terre. Elle... et la France.

— L'appui d'un vieillard de quatre-vingts ans, c'est éphémère !... Monsieur le bailli, je vous ai mandé pour une affaire urgente, secrète, jusqu'à un certain point. Il vous faudrait monter à cheval.

— Je suis prêt, monseigneur.

— Vous vous rendriez à une maison dans les environs de Melun, aux Bordes, je crois, oui, aux Bordes ; vous donneriez au maître de cette maison la lettre que je vais vous confier. Pourriez-vous être revenu demain avec la réponse ?

— Avant le jour, oui, monseigneur.

— J'écris donc. Veuillez dire à l'huissier que je suis prêt à ouvrir mon audience.

*
**

Le président était à sa table et commençait le billet qu'il devait écrire lorsque l'huissier annonça M. du Bourdet.

Si grave qu'il fût, et si maître de lui-même,

M. de Harlay ne put s'empêcher de tressaillir en entendant ce nom.

— Du Bourdet? demanda-t-il à l'huissier ; l'ancien avocat au parlement ?

— Lui-même, monseigneur, avec son fils.

— Du Bourdet... en ce moment... murmura le vieillard en regardant le Christ avec un sourire, comme pour lui rendre grâce de cette divine intelligence. Monsieur le bailli, ma lettre devient inutile, car on m'annonce celui à qui je l'envoyais. Mais je vous rappellerai plus tard. Adieu.

Le bailli s'inclina et sortit.

— Faites entrer M. du Bourdet, ajouta le président

Le bonhomme et Bernard entrèrent timidement dans le cabinet.

— Quoi, monseigneur, dit l'avocat, votre mémoire a daigné garder mon nom?

— Assurément, comme celui d'un homme habile et d'un homme honnête.

— Vous entendez, Bernard, murmura du Bourdet palpitant de joie, répétez à vos enfants que vous avez entendu le grand président parler ainsi à votre beau-père. Monseigneur, voici le fils de la femme que vos bontés m'avaient fait épouser.

— Vous aviez, par votre talent, sauvé toute sa fortune et celle de son fils. Elle voulait vous en récompenser ; moi qui vous connaissais, je lui ai conseillé de faire deux heureux à la fois. Je répondrais qu'elle n'a pas regretté d'avoir suivi mon conseil ?

— Elle m'a laissé seul sur la terre, monseigneur, mais ses fils n'auront rien à me reprocher.

— Ah! vous êtes veuf, dit le président...

— Depuis quatre ans, monseigneur.

— Ce jeune homme est le premier fils de feu madame du Bourdet. Y en a-t-il un second ?

— Agé de douze ans bientôt, monseigneur. Mais ce n'est pas de lui qu'il s'agit. Avant tout, permettez-moi, monseigneur, de vous faire mes respectueux, mes humbles compliments.

— Sur quoi ?

— Sur la majesté sans égale que M. le premier président a déployée tout à l'heure en présence de ces...

— Vous étiez là... dans la grande salle ?

— Oui, monseigneur. J'y étais allé pour vous chercher. C'est alors que le hasard.....

— Laissons cela. Vous me cherchiez, c'est vrai. Si vous êtes venu à moi, ce n'est point sans motifs, sans nécessité.

— Oh! monseigneur, quelle affaire il m'arrive! dit du Bourdet en joignant les mains, tandis que le président, rappelé à lui-même par le mot affaire, prenait pour l'écouter l'air froid et défiant dont il s'armait en présence de toute sollicitation, de quelque part qu'elle lui vînt. En effet, dit un grand homme, dans le portrait qu'il a laissé de ce grand magistrat, « M. de Harlay était si grave, que par son seul regard il retenait chacun en son devoir. Lorsqu'une cause lui était recommandée par une personne puissante, il l'examinait plus soigneusement, craignant qu'elle ne fût mauvaise puisqu'on y apportait tant de précaution, et dès qu'en une visite de civilité on lui parlait d'une affaire, il reprenait son visage austère et ne retournait plus à parler familièrement. »

— Parlez donc, dit M. de Harlay, voyant que du Bourdet se taisait glacé.

— Monseigneur, par où commencerai-je? Mon beau-fils que voici court un grand danger, j'en ai le pressentiment. Ce matin, en arrivant de voyage, il a été arrêté par des hommes masqués qui lui ont fait jurer de remettre des lettres à certaines adresses. Menacé de mort, il a dû jurer. Voici les lettres : Aux princes, au Roi, à la Reine régente.

Le président regarda les lettres avec attention.

— Quel est votre avis à vous-même? demanda-t-il. Les plus jeunes opinent les premiers ; c'est l'usage.

— Ne serait-ce pas quelque odieuse plaisanterie, monseigneur ?

— Si ce n'est que cela, tant mieux.

— Alors ne faudrait-il pas jeter au feu ces lettres ?

— Non. Elles portent une suscription qui les rend sacrées. D'ailleurs, le jeune homme a juré.

Bernard s'inclina.

— Cependant, objecta timidement du Bourdet, au cas où de mauvais plaisants auraient écrit dans ces lettres quelques indignités capables d'exciter le courroux des destinataires, c'est Bernard qui en porterait la peine.

— Je ne crois pas, répondit le président, que ces lettres puissent contenir des bouffonneries. Non. Je craindrais plutôt que le style n'en fût sérieux et fort médité. Ce n'est pas la première fois que des donneurs d'avis adoptent ce moyen de faire parvenir leur politique jusqu'au trône. Le feu roi reçut de cette façon plus de dix avertissements dont il m'a chargé parfois de découvrir les auteurs. Réfléchissons.

— Mais, monseigneur, le temps presse. Ces misérables n'ont donné à Bernard que deux heures pour accomplir sa mission. En voilà plus de trois écoulées, et si la chose est sérieuse, ils le tueront comme ils l'en ont menacé.

— Ce serait plus difficile, répliqua froidement le président. Mais enfin tout est possible. D'ailleurs, si ces gens-là ont suivi et épié votre fils, ils savent que vous m'avez consulté ; ils tremblent, par conséquent, et supposent que je pourrai intercepter leurs lettres ou les faire poursuivre.

— Eh bien! alors, monseigneur, abstenons-nous. Dès que nous sommes sous votre protection, que pourrions-nous redouter ?

— Vous n'y resterez pas toujours, sans compter que ma protection est fort peu de chose, ainsi que vous l'avez pu juger tout à l'heure.

— Nous nous retirerons aux Bordes bien cachés...

— De la faiblesse ! dit le président en fronçant le sourcil, vous vous cacherez !... vous engagerez ce jeune homme, qui doit être fort et courageux, à trembler comme une femme !... Quoi ! j'ai mal entendu, et ce n'est pas du Bourdet qui a parlé.

— Quand on ne peut être utile à personne, répondit en balbutiant l'avocat gêné par cette mercuriale, pourquoi ne songerait-on pas un peu à soi ?

— Vous vous trompez peut-être en cette circonstance, dit M. de Harlay d'un ton plus doux. L'avis renfermé dans ces lettres peut avoir son utilité. Faute de cet avis, qui sait si un grand malheur sera évité ? si une grande occasion ne manquera pas ?

— Je suis tout prêt, monsieur le président, dit Bernard, et M. du Bourdet n'a parlé ainsi que par bonté pour moi, que par égard pour la mémoire de ma mère, envers laquelle il se reprocherait de m'exposer au moindre risque ; car, pour lui-même, monseigneur, je le connais, il ne se ménagerait pas.

— Voilà bien parler, dit plus vivement qu'il n'en avait l'habitude M. de Harlay, dont le visage s'était épanoui à l'aspect de cette fraîche et valeureuse nature. Ce jeune homme a une figure que j'aime et qui décèle un bon cœur.

— Oh! oui, s'écria du Bourdet très-ému ; pour le cœur, c'est incomparable ! voilà pourquoi je m'alarme. Les braves gens vont en avant et le malheur est pour eux.

— Je serai là pour le défendre, dit le président. Si le roi ou la reine prend le message de travers et s'attaque au messager, je témoignerai qu'il avait hésité, qu'il était venu à moi, et que je l'ai poussé à faire la démarche.

— C'est plus qu'il n'en faudrait pour sauver dix existences, s'écria gaiement Bernard, et je ne crois pas que la mienne, ou soit exposée à ce point, ou vaille la peine qu'on la mette en question ; j'espère bien même n'avoir pas besoin de compromettre là dedans monseigneur.

— Allez toujours, jeune homme.

— Je pars.

— Un moment! s'écria du Bourdet, vous partez ? c'est bien jeune ce mot-là. Pensez-vous trouver tout ensemble les princes, la régente et le roi ? Corbleu ! — Pardon, monsieur le président, j'ai perdu à la campagne les bons usages du palais. — Par quoi allez-vous commencer ? N'est-ce pas important à décider ? Et à tout seigneur tout honneur. N'est-ce point à la reine-mère qu'il faut vous présenter d'abord ?

M. de Harlay froidement, et presque avec sévérité :

— Vous avez, en effet, oublié les bons usages, *avocat*, dit-il. Le seigneur, c'est le roi, le roi majeur, et non pas sa mère, qui a cessé d'être régente depuis deux années, qui a cessé, vous dis-je, d'avoir le droit d'exercer la régence. C'est donc au roi directement que le jeune homme remettra la première lettre, non sans lui faire savoir qu'elle est accompagnée de deux autres, dont il dira l'adresse à Sa Majesté. Le roi verra les lettres, et comme il est maître dans son royaume il en fera ce qu'il voudra. N'oubliez pas, d'ailleurs, si vous tenez à préserver votre fils de toute disgrâce, que la confiance absolue en est le seul moyen. Quant à moi, l'appui que je lui ai offert ne sera donné qu'à cette condition.

Du Bourdet avait baissé la tête, et son cœur était gros, et ses yeux se gonflaient comme ceux de l'enfant qu'on gronde.

— Hélas! dit il, monseigneur, excusez ma parole. Elle est bien en contradiction, je le jure, avec mon sentiment; mais voyant tout ce que j'ai vu à Paris, lisant partout le nom de la reine et jamais celui du roi, j'ai cru devoir faire comme tout le monde, pardonnez-moi. Jamais personne n'a gémi autant que moi sur les malheurs de ce pays.

— Ah! dit le président qui regarda le pauvre homme avec une attention profonde.

— Certes! s'écria Bernard, et si l'on nous avait payés depuis ce matin pour louer le régime actuel, nous eussions bien mal gagné notre argent! Mais à présent voilà que tout s'éclaircit. Monseigneur a posé la question sans réplique possible, et cette fois je crois pouvoir lui offrir tous mes respects et et dire que je pars pour le Louvre.

— Et comment y serez-vous introduit? dit le président avec intérêt. Voulez-vous un mot de moi qui vous aide?

— Acceptez! acceptez! s'écria du Bourdet.

— Inutile, monsieur, répondit Bernard. Laissons monseigneur bien en dehors de tout ceci : plaisanterie ou tragédie, je garde le rôle pour moi. Si j'étais empêtré dans quelque fâcheux dénoûment, alors j'oserais jeter un regard sur cette main libératrice que M. le premier président m'a fait l'honneur de me tendre tout à l'heure. Quant à entrer au Louvre, j'ai, je crois, toutes les facilités du monde; je prierai Cadenet de me faire passer.

— Le frère de M. de Luynes? vous le connaissez?

— C'est un camarade, un ami à qui j'ai donné tout à l'heure des oiseaux rares.

— Si vous avez donné des oiseaux, dit gravement le président, vous n'avez plus besoin de personne pour vous protéger au Louvre. Allez donc, et que Dieu vous conduise.

— Merci, monseigneur, mille fois merci! s'écria du Bourdet en se courbant sur la main de M. de Harlay.

— Où allez-vous?

— Mais, avec Bernard...

— Il ira bien seul; mieux vaut qu'il aille seul. Allez, jeune homme, et tâchez de me rendre compte de l'événement.

Bernard, après avoir salué jusqu'à terre, sortit précipitamment.

— Quant à vous, maître du Bourdet, continua le président en s'adressant au bonhomme, qui méditait sa révérence et sa retraite, restez avec moi quelques moments. Nous ne sommes plus en affaires, causons comme de vieux amis. — Huissier!... je ne recevrai plus personne, si ce n'est le bailli, dans une heure. — Asseyez-vous, du Bourdet... plus près de moi, car ma vue baisse, et je n'entends plus comme autrefois.

VI

LA DÉPOSITION.

Tandis que le président s'arrangeait dans son siége, du Bourdet se demandait par quel charme de conversation il pourrait reconnaître l'honneur d'une si illustre compagnie.

Et M. de Harlay, rêveur, et le regardant à la dérobée, se disait en soupirant que d'un pareil homme à son but il y avait bien loin! Du Bourdet lui paraissait vieilli à ce vieillard. Ajoutons, pour écrire avec quelque vérité l'histoire du cœur humain, que du Bourdet avait la même opinion du président, auquel, s'il eût osé, il eût reproché son attitude passive en face des agressions de M. d'Espernon.

M. de Harlay n'était pas homme à jouer longtemps avec sa pensée ou à tourmenter celle d'autrui. Les minutes représentaient des heures pour son impatience.

— Qu'avez-vous l'intention de faire, demanda-t-il, de ce grand garçon que vous m'avez montré? Un légiste? un homme d'épée?

— Ni l'un ni l'autre, monseigneur. Je l'emmènerai dès ce soir, s'il se peut, aux Bordes, où j'ai trouvé pour lui un bon parti. Marié, il fera comme moi, il ne s'occupera plus que d'être heureux.

— Vous avez pris cette occupation-là plus tard que lui, dit le président; la part de bonheur destinée à chaque créature n'est pas très-large, et quiconque se met à table trop matin n'a plus rien pour le repas du soir. Et puis vous l'enterrez, ce jeune homme, au détriment de son maître et de son pays.

— Ah! monseigneur, voilà la question! s'écria du Bourdet; quel sens attachons-nous à ce mot : le maître? Il me semble qu'en ce moment c'est : les maîtres qu'il conviendrait de dire. Eh bien! monseigneur, pour servir tant de maîtres, il vaut mieux ne rien servir du tout, que Dieu...

— Dieu commande qu'on obéisse à César, monsieur du Bourdet.

— Mais il ne veut pas qu'on obéisse à MM. Concini, d'Espernon, Mangot, Barbin et au comte de Sept-Églises.

— Celui-là est un étranger, un Espagnol. Nous n'avons pas même à le connaître, dit le président.

— Cependant, monseigneur, on le connaît malgré soi, comme malgré soi on connaît le scorpion qui pique, la vipère qui mord. Ne suis-je pas obligé de les connaître, moi, ces brigands, dont l'un tout à l'heure osait, en pleine assemblée, insulter à ce qui nous reste d'honneur et de vertu?

— La patience est une vertu aussi; celle peut-être qui les renferme toutes.

— Je ne l'ai pas, monseigneur. Permis à vous, qui vous élevez au-dessus de nous, d'ajouter cette gloire à toutes celles qui vous illustrent; mais moi, dont l'un des fils a failli ce matin être fouetté par des sbires dans la rue, et dont l'autre court en ce moment presque autant de dangers à la cour qu'il en a couru sur la grande route; moi qui vois le mal et point le remède, les bourreaux et non les vengeurs, le crime et non le châtiment, je dis bien bas, car j'ai peur, je l'avoue, je dis que notre pays est une vaste embuscade, et je cherche à me mettre en sûreté, moi et les miens.

Le président demeura muet, immobile.

— En effet, continua du Bourdet, que pourrais-je faire, moi, atome, quand les malfaiteurs s'attaquent au Parlement? et que la nation ne se défend pas elle-même? Non, non, enterrons-nous, monseigneur, puisque les forces vives de la France sont brisées, puisque.....

...*Fracta virtus et minaces*
Turpe solum tetigere mentes;

— Il est vrai, dit M. de Harlay pensif.

— Et quand monseigneur l'avoue!... s'écria du Bourdet le cœur pénétré d'amertume, il faut que tout soit bien fini.

— Ce qui est fini, c'est moi et non la France. Elle, au contraire, n'en est pas même à sa jeunesse!

— Jeune ou décrépite, qu'importe, si tous ces Italiens, tous ces Espagnols, tous ces Gascons, la tuent? Elle n'en sera pas moins morte, monseigneur, on meurt à tout âge.

— Vous parlez éloquemment, du Bourdet. Mais que faire à tous ces maux?

— Ah! monseigneur, si vous étiez le pauvre homme que je suis, et moi l'homme éminent que vous êtes, si vous pensiez ce que je pense, et que je pusse ce que vous pouvez...

— Eh bien?

— Eh bien! tous ces pillards, tous ces brigands, tous ces assassins seraient bientôt anéantis; car, entre nous, monseigneur, — et du Bourdet baissa la voix, — vous savez que ce sont des assassins.

— Il faudrait au moins le leur prouver, dit le président avec un regard attentif.

— Qui le peut mieux que vous?

— Je suis vieux, affaibli; ceux qui pourraient m'aider sont rares; que dis-je, rares? je n'en vois pas.

Du Bourdet garda le silence à son tour.

— On ne soulève pas le monde sans levier. Quel serait le mien? Oui, bien des cœurs s'indignent; oui, j'entendrai souvent bruire des paroles généreuses comme vous venez d'en prononcer. Mais les actions, qui les fera?

— Souvent, dit l'avocat, évidemment embarrassé par le grave et clair coup d'œil du vieillard, les gens courageux n'attendent qu'un signal.

— Qui le donnera? comment le donnera-t-on? Tenez, du Bourdet, un exemple : En 1610, l'occasion fut belle. Une âme courageuse se leva, et donna le plus éclatant signal qui jamais ait retenti en France, depuis Jeanne d'Arc peut-être. Une femme, seule contre une armée de gens puissants, appelait ses concitoyens à la vengeance contre des criminels qu'elle désignait.

— On a étouffé sa voix.

— Là n'est pas la question. Énumérez les voix qui se sont jointes alors à la sienne.

Et M. de Harlay s'arrêta, l'œil fixé sur du Bourdet.

— Mais... monseigneur... la mienne, s'il l'eût fallu.

— C'est vrai. Avouez cependant que vous ne m'avez pas su mauvais gré de ne pas vous l'avoir demandée. Soyez franc, comme vous êtes honnête, et dites que vous avez respiré plus largement le jour où je vous ai remercié de votre zèle, en vous annonçant que je ne l'utiliserais pas.

— Je n'étais pas moins prêt... monseigneur, balbutia du Bourdet, que l'insistance du président mettait de plus en plus à la gêne.

— Vous avez eu votre heure de courage, de dévouement, c'est beaucoup, reprit M. de Harlay. Combien d'autres pour qui cette heure-là n'a jamais sonné! Oui, vous êtes venu, je m'en souviens, très-ému, très-résolu peut-être, déposer en mon sein des révélations graves.

— Que j'eusse signées au besoin.

— Je ne l'ai pas souffert ; j'ai voulu qu'il ne restât rien ni du crime ni des preuves, et je vous ai envoyé oublier tout cela dans les douceurs de la vie domestique. Lequel de nous deux a été sage? N'ai-je pas bien fait de vous épargner, vous que ce silence a rendu si heureux?

— Il est vrai, dit naïvement le bonhomme sans remarqer le tressaillement imperceptible de son interlocuteur.

— Et, je le répète, ajouta le président, qui revenait à son but par un détour habile, n'eussiez-vous pas regretté l'heure fatale du courage? Ne m'eussiez-vous pas maudit, moi, qui de cette révélation faite, moins au magistrat qu'à l'ami, me fusse forgé une arme avec laquelle, en punissant les coupables, j'eusse peut-être sacrifié le révélateur innocent?

— J'ai honte de l'avouer, monseigneur, la vie m'a souvent paru bien douce à côté des agitations!...

— Même à côté du devoir, n'est-ce pas? dit l'austère vieillard avec une amertume mal déguisée. Ah! ne revenez pas sur vos franches paroles. Tous les hommes auraient pensé comme vous, et se contenteraient de parler différemment. Eh bien! monsieur du Bourdet, les choses sont donc bien comme elles sont. Pour les changer, il faudrait plus que du courage, plus que du dévouement, il faudrait l'audace, l'abnégation, le fanatisme du martyre. Ces mots ne sont plus de notre âge. Voilà pourquoi je vous disais tout à l'heure qu'il ne sied à personne de se plaindre. Voilà pourquoi il est juste que les enfants de douze ans soient battus de verges dans les bras de leur père, que les routes soient infestées de voleurs ou de rebelles, et la cour peuplée de pillards et d'assassins.

Mais à côté de ces misères, il y a les douceurs de la vie isolée. Les uns ont leurs champs et leurs prairies ; d'autres le vin et les amours ; d'autres l'argent et les honneurs ; le peuple même a l'orgie et le vice. Qu'importe qu'on n'ait pas de patrie? c'est un mot cela, un mot creux, si tout le monde a quelque chose!

***

Du Bourdet s'aperçut un peu tard où l'avait amené la rude et opiniâtre logique du vieil orateur. C'était non plus un athlète fatigué, mais un lutteur infatigable qui avait laissé suer, souffler son adversaire et apparaissait plus alerte, plus frais que jamais au seuil d'une carrière nouvelle.

Maintenant, quelle était cette carrière ? où pouvait-elle aboutir ? Du Bourdet frémit à cette seule idée. Le vertige le prit ; il ferma les yeux.

— Ceux qui parlent trop facilement de sauver la société, dit le président avec un calme légèrement railleur, sont de bonnes gens qui peuvent faire l'admiration de leur petite famille ; mais c'est une gloire acquise à bon marché, elle ne dure pas. Il est vrai qu'on vit fort bien sans gloire. Je crois que nous avons assez causé, mon cher monsieur du Bourdet ; souhaitons-nous la continuation de nos prospérités.

Et il se leva froid et solennel dans sa robe des cérémonies, dont les vastes profondeurs de pourpre et d'hermine semblaient habiller un géant. Près de lui, du Bourdet disparaissait, misérable pygmée.

Il avait déjà fait la révérence et allait franchir la porte quand, se retournant, il aperçut M. de Harlay, sombre, courbé, abattu.

— Monseigneur, s'écria-t-il en revenant bien vite, dites-moi au moins que je ne suis pas la cause de l'affliction où je vous vois.

Le vieillard leva la tête.

— Oh ! c'est que je ne me pardonnerais pas de vous avoir manqué dans un moment critique. Et, faut-il que je vous l'avoue ? j'ai eu peur tout à l'heure, oui, j'ai tremblé en soupçonnant que vous m'appeliez peut-être pour un de ces moments-là.

— C'était vrai, répliqua M. de Harlay simplement.

Du Bourdet pâlit et frissonna.

— Que ne me l'avez-vous dit sur-le-champ, monseigneur ? répliqua-t-il d'une voix émue qui trahissait tout l'effort de sa belle âme aux prises avec la faiblesse humaine. N'est-ce pas vous qui m'avez fait ce que je suis ? Mon bonheur n'est-il pas votre œuvre ? Et me croyez-vous ingrat au point de ne pas vous sacrifier une part de ce bonheur ?

— Je vous connais bon et courageux, du Bourdet ; mais je dois mesurer la tâche aux forces de l'ouvrier. S'il ne se fût agi que de vous ôter une part de tranquillité, de bien-être, vous sauriez déjà mon projet ; mais, pour qu'il réussisse, ce projet immense, c'est plus que le repos, plus que la fortune d'un pauvre homme que j'aurais à exposer.

— Sa... liberté, peut-être, dit du Bourdet en appuyant une main sur sa poitrine pour comprimer les battements d'un cœur éperdu.

— Plus encore que sa liberté.

— Je comprends, murmura du Bourdet à voix basse.

Il chancela, mais se redressa aussitôt, et sa physionomie douce et naïve s'ennoblit peu à peu de toute la majesté d'une solennelle et intrépide résolution. Il vint prendre respectueusement la main du président et le conduisit tout étonné à sa table, devant laquelle il le fit asseoir avec une affectueuse insistance.

— Que ferai-je de cette plume que vous m'offrez ? dit M. de Harlay qui le regardait sourire.

— Vous écrirez, s'il vous plaît, monseigneur, la déposition que j'ai eu l'honneur de faire devant vous, en 1610, à propos de l'assassinat du roi Henri IV, et que je vais renouveler aussi exactement que l'honneur et la religion me le commandent.

— Du Bourdet ! s'écria le président avec un transport de joie, je vous remercie, et Dieu vous bénira.

— Écrivez, monseigneur : — « L'an 1610, le premier jour de mai, c'est-à-dire treize jours avant la mort du roi, moi, Claude-Jacques du Bourdet, avocat au Parlement, passant dans la rue Saint-Antoine pour rentrer chez moi, rue de la Couture-Sainte-Catherine, je fis la rencontre d'une femme que je connaissais demoiselle de compagnie de madame la marquise de Verneuil, et qui s'appelle mademoiselle de Coman. Je l'abordai, bien qu'il fût tard et qu'elle parût chercher à m'éviter. Elle était accompagnée d'un homme grand et fort, âgé d'environ trente à trente-cinq ans, barbe rouge et cheveux noirs, qu'elle me dit avoir commission de sa maîtresse de conduire loger dans la maison d'un baigneur nommé la Vienne... »

— Trouvez-vous à propos d'ajouter, interrompit le président, ce que, je m'en souviens, vous m'avez dit il y a six ans, à savoir : que

— Que ferai-je de cette plume? — Page 560.

ce la Vienne était en même temps valet de pied chez le roi, et l'un de ceux qui, si malencontreusement, quittèrent le carrosse de Sa Majesté au moment de l'embarras des voitures dans la rue de la Féronnerie?

— Parfaitement, monseigneur, excusez-moi, je l'avais oublié.

— Continuez... J'ai écrit...

« — Laquelle maison est située rue de la Cerisaie, près la place Royale, sur l'emplacement du fort bel hôtel bâti par un seigneur étranger, après la mort duquel il fut rasé complétement. »

— Ce détail serait peut-être inutile, dit le président.

— Je ne crois pas, monseigneur, car il établit la filiation de cette propriété, qui fut achetée par madame la marquise de Verneuil, après la mort de ce seigneur.

— Non pas achetée, du Bourdet, mais extorquée au roi par ladite marquise. Tout cela est une autre histoire aussi douloureuse, sinon aussi auguste. Revenons à votre déposition... « Près la place Royale.

« — Je regardai attentivement cet homme, dont la figure m'avait frappé. La demoiselle de Coman ajouta qu'elle nourrissait cet étranger depuis huit jours, pour le compte de sa maîtresse, mais qu'il venait de Naples, puis d'Angoulême, solliciter un procès à

Paris; et alors la demoiselle de Coman, s'interrompant, dit à cet homme en me désignant :

« — Si vous avez besoin d'avocat pour votre procès, voici l'un des plus savants praticiens du barreau de Paris.

« Alors cet homme, me regardant froidement, me salua. Je pensai qu'il ne se croyait pas assez riche pour prendre l'un des bons avocats de la capitale, et je lui offris obligeamment mes conseils. Il répondit, avec un certain embarras, qu'il acceptait, et que si je voulais bien entendre son affaire, ce lui serait tout profit. Moi, pour ne pas perdre de temps, j'offris de le conduire jusqu'à la maison du baigneur, et de l'entendre chemin faisant.

« — Eh bien, monsieur, dit mademoiselle de Coman, puisque vous avez cette bonté de vouloir bien indiquer la maison de la Vienne à ce garçon, je deviens inutile et m'en retourne, car je suis fort pressée.

« — Faites, » lui dis-je.

Et elle partit, nous laissant ensemble, cet homme et moi.

— Ne vous glissa-t-elle pas un mot à l'oreille avant de partir? demanda le président à du Bourdet.

— Ah! pardon, monseigneur, je me trouble à force de vouloir me souvenir. Elle se pencha vers moi, en effet, et me dit :

— Le procès que sollicite cette vilaine figure doit être une mauvaise affaire... Ah! monsieur du Bourdet, si vous saviez!... Ce fut tout; elle disparut.

— Fort bien.

« — Je remarquai, en faisant causer cet homme, qu'il ne me racontait rien de naturel ni même de plausible sur le prétendu procès. La seule chose que je compris, c'est qu'il comptait trouver chez le baigneur des gens dont la recommandation le lui ferait gagner. Nous arrivâmes à la maison de ce baigneur. Il faisait déjà nuit; le temps était d'une douceur et d'une pureté remarquables. »

— Cette circonstance peut-elle s'omettre? dit le grave magistrat.

— Non pas, monseigneur, car c'est à cause de cette circonstance que j'ai remarqué tout de suite l'homme si chaudement emmantelé qui entrait par le fond de la maison dans le petit jardin.

— Racontez avec ordre.

« — Sur le seuil de la maison nous trouvâmes un homme qui attendait et qui vint à mon compagnon avec empressement. Ils s'entretinrent ensemble en une langue que je ne connais pas...

— En espagnol, dit le président. Vous m'avez cité, en 1610, un mot que vous avez retenu, le mot *Iglesias*.

— C'est vrai.

— Il est espagnol. Continuez.

« — Voyant qu'on pouvait se passer de moi, j'allais partir, quand la Vienne arriva, fit quelques caresses à celui que j'amenais, et lui dit assez étrangement :

— L'ami que vous attendez n'est pas venu encore. Entrez, buvez frais et patientez.

— Que faisiez-vous pendant ce temps? La Vienne vous a-t-il vu?...

— Je ne le crois pas. J'étais déjà dans la rue quand le solliciteur de procès vint me remercier et prit congé de moi. Mais, au lieu de revenir par la rue Saint-Antoine, l'idée me prit de passer par les derrières de la maison. Ils sont très-solitaires, très-rustiques, à cause de la quantité de beaux arbres soit de l'hôtel Zamet, soit d'autres jardins. J'avais ouï dire que cette maison du baigneur la Vienne servait souvent de lieu de rendez-vous à certaines personnes de la cour, notamment à madame la marquise de Verneuil, et avait une porte de derrière assez fameuse. Par curiosité, par désœuvrement, comme un Parisien que je suis, je voulus voir au moins cette porte; ce que m'avait dit mademoiselle de Coman me fortifiait dans la pensée que le grand garçon aux cheveux noirs, aux larges épaules, sollicitait peut-être son procès près de la marquise elle-même.

— L'idée est admissible, dit le président, mais changez-en la forme. C'est un avocat au parlement qui parle.

— Hélas! c'est vrai, soupira du Bourdet.

— Je m'en charge. — Allez.

— J'arrive au terme de ma déposition. « Comme je passais devant cette porte mystérieuse, un homme enveloppé d'un manteau s'y présentait. Un manteau par ce temps tiède! Il ne pouvait servir que de masque. La porte s'ouvrit. Une vive lumière frappa le visage ou plutôt le manteau de l'homme, qui prononça ces paroles avec un accent qui ne m'était pas inconnu :

— Ravaillac est-il arrivé?

— Oui, monseigneur, répliqua la Vienne, une lanterne à la main.

« Le manteau tomba. Je reconnus celui qu'on appelait monseigneur. C'était M. le duc d'Espernon. »

— Ajoutez, dit le président, que vous le connaissez pour l'avoir vu plus de cent fois.

— Plus de mille. Treize jours après l'assassinat du roi, j'entendis nommer l'assassin, je l'allai voir à la Conciergerie, où je le reconnus pour celui que j'avais conduit à la maison du baigneur, et, tout épouvanté, mais fidèle à mon devoir, j'accourus près de M. le premier président, à qui je révélai tout ce que je savais.

— Ajoutez qu'il vous ordonna de vous taire, qu'il vous engagea même à éviter toute occasion de rappeler cette affaire, et qu'il ne voulut pas enregistrer votre déposition, estimant que le silence et l'oubli étaient alors indispensables au bien de l'État.

— C'est vrai, monseigneur, dit du Bourdet. Mais monsieur le président paraît avoir changé d'avis aujourd'hui.

— J'ai changé avec les circonstances. Dites-moi, du Bourdet, avez-vous jamais révélé à quelqu'un tout ce que vous venez de me dire?

— Jamais! pas même à ma femme!

— Pas même à vos fils?

— A personne. Oh! monsieur le président, je ne songeais qu'à une chose : c'était à oublier moi-même. Mais maintenant j'y vais bien songer; je vois qu'il le faut.

Et malgré tous ses efforts, il laissa échapper un soupir d'angoisses.

— Il s'agit de signer ma déposition, dit-il.

M. de Harlay lui arrêta la main.

— Non. C'est inutile. Remarquez que je n'ai pas même écrit votre nom dans cet acte. Il est resté en blanc. A quatre-vingts ans je puis mourir avant d'avoir achevé l'œuvre, et je ne veux compromettre personne sans utilité. Merci, au nom de Dieu, au nom de la patrie. Vous êtes un homme d'autant plus courageux, que le courage vous coûte plus cher... Au commencement de l'entretien vous faiblissiez...

— C'est que je n'avais pas encore fait la réflexion que j'ai faite ensuite, monseigneur.

— Laquelle?

— Que mon beau-fils Bernard était revenu, et que mon pauvre Aubin ne serait plus seul sur la terre, car le grand sera le père du petit.

— Et moi, je serai votre père et le leur, du Bourdet, répondit le vieillard attendri en ouvrant ses bras au bonhomme, qui fondit en larmes autant d'orgueil que de douleur.

— Allons, allons! reprit le président, tout est fini. L'opération est faite. Reprenez votre douce vie, et jouissez-en pleinement, car vous en avez le droit : si heureuse, si oisive que puisse être désormais votre existence, soyez sûr qu'elle est utile au salut de la patrie. Maintenant, un dernier mot. M'autorisez-vous, quand il le faudra, à vous demander votre signature au bas de cet acte?

— Il le faut bien, monseigneur.

— Votre aveu public, au besoin?

Du Bourdet s'inclina, et d'une voix entrecoupée :

— Le sacrifice est fait, monseigneur, dit-il, et, malgré les apparences, fiez-vous à moi.

— Et vous à moi, dit le président en lui serrant la main. Adieu.

— Pas au revoir, monseigneur?

— Je ferai tout au monde pour que vous ne me revoyiez plus... Adieu, mon ami.

Du Bourdet saisit et couvrit de baisers la main loyale du grand homme et sortit du cabinet.

*
* *

Le bailli du palais attendait les ordres de son maître.

— Monsieur le bailli, lui dit le président à voix basse, tenez-vous prêt cette nuit à me conduire à la prison de mademoiselle de Coman.

VII

LA VOLIÈRE DES TUILERIES.

En suivant cette jeune dame masquée qui avait déposé le petit Aubin à l'hôtellerie des *Fils-Aymon*, nous arrivons au palais des Tuileries, qui, à cette époque, bien que refait à neuf par Henri IV, ne ressemblait guère aux Tuileries d'aujourd'hui.

Une rue séparait le palais du jardin, et d'autres jardins s'étendaient jusque sur la rue Fromenteau, plantés d'arbres à fruits, véritable campagne. Enfin, ce seul grand jardin que nous connaissons aujourd'hui (bien entendu, il n'avait pas encore été dessiné par Le Nôtre), était fermé de murs de deux toises; on y voyait une volière, une grotte; les terrasses n'existaient pas plus que les bassins, et pour achever la description, c'était un pêle-mêle d'arbres et de fleurs plus digne d'un jardin de banlieue que d'un parc royal. Le public n'y entrait pas. Le roi seul et la cour en jouissaient comme aussi de la grande promenade, close de grilles, qu'on appelait le Cours-la-Reine, et qui est aujourd'hui la portion de terrain comprise entre les Tuileries, la rivière et la grande allée des Champs-Élysées, jusqu'au rond-point.

Revenons à la grande cour des Tuileries, pleine en ce moment de gardes, de courtisans, qui se disposent à entrer chez la reine-mère.

Toute la partie du château habitée par le jeune roi et la petite reine est déserte; l'essaim ne tourbillonne qu'autour de l'entrée principale. Au delà, silence.

Seulement, à l'une des fenêtres de l'appartement d'Anne d'Autriche, une femme accoudée sur le balcon respire le soleil avec un air de satisfaction et d'indifférence qui exclut toute autre idée. Cette femme, jeune encore, au teint mat des Espagnoles, aux longues mains adroites, à l'œil rond et perçant, c'est doña Estefana, la camériste favorite de la jeune reine. Elle honore d'un coup d'œil à peine le brillant assemblage de couleurs chatoyantes, de cavalcades hardies, subitement arrêtées aux portes, et la foule des seigneurs courtisans ou courtisés qui arrivent chez Marie de Médicis. Tout cela ne regarde pas le roi et la reine de France. Qu'importe tout cela aux serviteurs de la princesse espagnole? N'ont-ils pas la vue des jardins, le parfum des fleurs d'automne et le soleil qui descend sur le balcon?

Estefana est bien désintéressée des grandeurs de la terre. Ce qu'elle contemple avec le plus d'attention, c'est un mât planté dans le milieu de la cour des Tuileries. Peut-être fait-elle la remarque que ce poteau semble placé là comme une séparation entre la vieille cour et la jeune, limite que pas un des courtisans ne franchit, à moins que son cheval ne l'emporte.

Mais cette réflexion nous semble un peu trop philosophique pour la camerera espagnole. Les femmes de Castille rêvent pour rêver, et regardent pour regarder, et non pour voir, et encore moins pour penser. Donc Estefana, si elle regarde le poteau, le regarde, et voilà tout.

Passons au côté resplendissant et tumultueux de la cour.

Une femme arrive à cheval, son écuyer à sa gauche, deux laquais derrière. Elle a le visage couvert d'un masque; mais l'étiquette exige qu'elle dépose ce masque en entrant dans la maison royale, et, en effet, le masque tombe au moment où le cheval de la dame franchit les portes.

Cette femme, nous connaissons sa bonté, sa grâce; mais qui pourrait peindre et louer dignement sa beauté?

Ce fut, parmi les gens qui l'aperçurent et la saluèrent, un petit murmure d'admiration et pour ainsi dire de tendresse, auquel notre inconnue répondit par un charmant sourire à l'adresse de ceux qu'elle connaissait. Ceux-là étaient nombreux, il faut le croire, car plus de vingt d'entre eux s'empressèrent autour d'elle pour l'aider à descendre ou la voir de plus près, tandis qu'elle jetait un regard furtif vers le balcon où se tenait toujours Estefana.

Ses yeux noirs et limpides, son teint animé par l'exercice, et la pureté parfaite de sa bouche fine et tendre, n'étaient pas cependant sa plus réelle beauté.

Il y avait dans sa taille haute et dans ses bras, d'un tour exquis, une noblesse si gracieuse, dans sa riche poitrine un souffle si pur et si fier; il y avait tant d'élégance antique dans sa jambe tendue sur l'étrier, tant de frissons voluptueux dans les plis flottants de sa robe, dans l'ondulation de sa plume, que tout homme, en la voyant, devait se demander si jamais femme avait été créée plus belle.

Les nouveaux venus à la cour, — et il y en a chaque matin aux audiences, — demandèrent son nom, et apprirent qu'elle s'appelait Marguerite de Valleranes, mariée depuis deux ans à peine à don Luis Calderon, comte de Siete-Iglesias, que les Français préféraient appeler Sept-Églises.

Les plus curieux surent qu'elle était la dernière héritière d'une illustre famille éteinte; qu'elle pouvait avoir vingt ans, et une fortune dont un prince régnant se fût montré satisfait.

Et comme il est rare qu'un provincial qui demande des renseignements ne les exige pas complets, ces curieux questionnaient sur le compte du mari.

Alors un clin d'yeux les avertissait de parler bas, on leur prenait le bras, on feignait de regarder fort attentivement une cheminée ou un cheval, et voici ce qu'on leur répondait:

« Don Luis Calderon de Siete-Iglesias n'a pas encore trente ans. C'est un de ces fanatiques Espagnols qui poursuivent à outrance la politique si longtemps combattue par Henri IV, et dont peut-être il est tombé victime. Il est le neveu du célèbre Rodrigue Calderon, secrétaire du duc de Lerma, qui gouverne l'Espagne pour en épargner la peine à Philippe III. Homme à passions sombres, homme séduisant, homme terrible, — vous le verrez tout à l'heure chez la reine-mère, — c'est pour payer ses services que Marie de Médicis et le maréchal d'Ancre lui ont fait épouser mademoiselle de Valleranes, pauvre enfant, hélas! si charmante. Leur mariage s'est fait le jour même du mariage de notre jeune roi avec Anne d'Autriche... Chut!...

Et l'on passait à un autre sujet de conversation, après avoir donné un dernier regard à la jeune comtesse.

Mais celle-ci se refuse à descendre de cheval au milieu du groupe qui l'attendait devant l'escalier.

— Pardon, dit-elle aux plus empressés, je crois que mon cheval boite un peu depuis le faubourg Saint-Germain. Je veux m'en assurer. Un tour de cour et je reviens.

Les admirateurs s'écartèrent, la comtesse pria son écuyer de bien observer l'allure de la bête, et, après un nouveau regard au balcon, se dirigea vers le poteau, dont elle fit lentement le tour, observant avec une grande attention apparente l'épaule de sa monture, mais épiant en réalité le mouvement d'un épais rideau de velours, qui retombait derrière Estefana, et sous lequel, nous oserions presque affirmer, parut et s'agita, comme avec un geste joyeux, une petite main fraîche et blanche.

— Eh bien! Lafougeraie, dit très-haut la comtesse d'un ton animé, qu'en pensez-vous?

— Madame, répondit gravement l'écuyer, je pense que la bête a quelque chose dans la jambe de devant hors montoir.

— C'était mon avis. Vous entendez, continua-t-elle en s'adressant aux laquais qui l'attendaient respectueusement à distance. Qu'on ait le plus grand soin de mon cheval. Je l'ai peut-être un peu fatigué ce matin.

— Bon!... Aller à Saint-Germain et revenir, dit l'écuyer, c'est une promenade!

Et il offrit son bras et son épaule à la jeune comtesse pour descendre. Elle traversa la foule et monta l'escalier qui conduisait aux appartements de la reine-mère, car le conseil venait de finir.

*
* *

Tandis que s'ébranlait toute cette multitude de satin, velours, broderies et dentelles, deux personnes arpentaient côte à côte, tristement, sans parler, le jardin particulier des Tuileries, et les tours succédaient aux tours dans la monotone promenade de ces deux personnes.

C'était d'abord un jeune homme grand, bien fait, âgé d'environ trente ans et si beau, ou plutôt si charmant qu'il ne fallait pas le voir, dit un contemporain, si on voulait s'empêcher de l'aimer. Il était vêtu simplement, portait une courte épée ou plutôt un couteau de chasse et roulait dans ses doigts, avec une sorte de dépit, son chapeau sans ornements et sans plumes.

Tout en marchant, il examinait, d'un œil fin et discret, la physionomie maussade et quasi-boudeuse de son compagnon, qui, de l'air le plus mélancolique, crossait à coups de canne les cailloux des allées et abattait des limaçons sur les arbustes.

Celui-là, vêtu d'un manteau noir mal agrafé, d'un pourpoint gris, de chausses noisette, et botté comme pour la chasse, était un jeune homme de quinze ans, pâle, mince, ouvrant au hasard de grands yeux noirs, et laissant flotter au vent d'automne ses longs cheveux plus bruns que l'ébène. Il avait le chapeau sur les yeux, la plume incorrectement flottante, un Saint-Esprit de travers au col. C'était le roi.

— Tu vois, Luynes, dit-il sans changer l'expression de son visage, tu vois si j'ai du malheur. Ces oiseaux-là étaient donc bien beaux ?

— Ah ! ne m'en parlez pas, sire, j'en ferai une maladie.

— Dis-moi un peu, du moins, comme ils étaient, ajouta le roi avec amertume.

— Sire, il y avait des espèces de merles bleus semés de poudre vert et or, avec des têtes rouges. J'en ai vu un autre blanc rayé de noir portant une huppe violette comme vos rubans ; enfin je me rappelle un noir piqueté de jaune, avec une queue orange et une tête du plus beau vert de mer.

— Ah ! Dieu ! murmura le roi.

— Celui qui me plaisait le plus était un rouge avec le collier bleu et gris, la tête noire, la queue d'un cendré sale.

— D'un cendré sale ! s'écria le jeune roi avec désespoir. Et je n'aurai pas ces oiseaux-là ! Et je ne les verrai même pas !

Il baissa la tête et laboura furieusement un groupe de larges pensées qui se réjouissaient au soleil.

— Si vous étiez fils héritier d'un bon bourgeois quelconque ; si vous vous appeliez Leroux ou Lefebvre, au lieu de vous appeler Bourbon, vous sortiriez, vous marchanderiez ce qui vous plaît et vous l'auriez, dit froidement M. de Luynes.

— Tu n'as donc pas marchandé, toi ?

— On m'a dit qu'ils n'étaient pas à vendre. Et je n'ai pas insisté, car on pouvait me reconnaître. J'ai l'honneur d'être à vous, et un refus fait à moi devenait alors un refus au roi.

— C'est juste. Dis-moi... le peuple ne devrait pas me haïr, car je ne lui prends rien : je ne suis pas tyran, moi.

— Mais il ne vous hait pas, sire.

— Crois-tu ?

— J'en suis sûr. Seulement, comme il ne vous connaît pas et qu'il connaît très-bien ses autres maîtres...

— Il aime ceux-là !...

— Il hait ceux-là, répondit Luynes avec son flegme habituel.

— C'est autant que je gagne alors, repartit le roi ; mieux vaut être inconnu que haï.

Luynes s'inclina sans rien ajouter, et la promenade continua, lente, lugubre et silencieuse, pendant au moins deux grands tours. Comme ils repassaient devant les volières, le roi poussa un soupir, détourna la tête et dit :

— Que font-*ils* là-haut ?

Ils, c'étaient la reine-mère et ses courtisans ; *là-haut*, c'étaient les Tuileries.

— *Ils* sont au conseil, je pense, repartit nonchalamment M. de Luynes.

Une rougeur fébrile passa comme un reflet de flammes sur les joues amaigries de Louis XIII.

— On vient à nous, dit M. de Luynes, qui s'aperçut de cette émotion.

— Qui cela ? pourquoi nous dérange-t-on ?

— Sire, j'avais envoyé Cadenet chez le maître des oiseaux pour essayer de sa chance,

— il en a une insolente, — et peut-être revient-il... C'est lui, en effet, il court comme s'il avait quelque bonne nouvelle !

— Ah bien oui ! dit lamentablement le roi ; est-ce que j'en ai, moi, de la chance ?

On vit Cadenet traverser avec des bonds les allées, les sentiers, et franchir les plates-bandes comme un chien joyeux qui rejoint ses maîtres.

— Je les ai ! s'écria-t-il en agitant son chapeau, je les ai !

— Les oiseaux ? dit le roi tout ému.

— Les oiseaux, oui, sire. On m'en donne cinquante, on les envoie ; ils arrivent !

— Ils arrivent !... Ah ! brave Cadenet ! s'écria le roi dans un transport de ravissement. Conte-nous cela.

— Sire, M. de Luynes n'avait pas exagéré, ces petites bêtes sont admirables. Elles ont été choisies par Mocquet, le grand voyageur. Elles viennent des Philip...

— Ne vous étranglez pas, dit M. de Luynes à son frère.

— Il a bien couru, bon Cadenet ; merci, fit le roi.

— Mais êtes-vous bien sûr, reprit Luynes, que le marché soit fait ?

— Si j'en suis sûr, mon frère ! Savez-vous à qui ils appartiennent ? à un ami d'enfance, à mon plus cher compagnon, à Bernard de Preuil... le voisin de notre père. En sorte qu'il n'a rien eu à me refuser.

— Que vous disais-je de sa chance, sire ? interrompit Luynes. Ces choses-là n'arrivent qu'à lui.

— Comment et quand viendront-ils ? demanda le roi empressé.

— J'ai donné un écu à l'hôte, qui, devant moi, a fait charger les cages sur une civière. J'ai loué deux porteurs et deux autres pour les relayer. J'ai acheté de la toile pour recouvrir ces cages, car la vue seule des oiseaux ferait émeute et retarderait leur arrivée. Enfin, je n'ai pris ma course en avant qu'à deux cents toises d'ici pour être au moins le premier à porter cette bonne nouvelle à Votre Majesté.

— Bien, dit M. de Luynes à son frère, bien.

Et Cadenet tressaillit d'aise. Le frère aîné était content.

— Allez, allez vite les faire entrer ! s'écria le roi. Nous les mettrons nous-mêmes dans la volière.

Cadenet partit comme un trait pour exécuter cet ordre ; jamais chevreuil lancé n'avait bondi avec cette vigueur.

Le roi radieux se mit à rire.

— Un de ces jours, dit-il, que mon valet de limier aura fait buisson creux, il nous faudra courir Cadenet. Eh !... le malheureux va se rompre les reins, quel saut de côté !

— Il évite quelqu'un, sire... une dame, qu'il a failli renverser... la reine !... Heureusement il la salue...

— La reine, dit le roi, à cette heure ?... que vient-elle faire dans le jardin ?... Pourvu que ce ne soit rien qui m'empêche de voir les oiseaux ?...

Il s'avança, en disant ces mots, vers sa femme.

*
* *

Anne d'Autriche avait quinze ans : six jours de plus que le roi. Sa beauté, tant vantée plus tard, n'était encore que de la grâce de jeune fille ; mais une grâce incomparable ; sa peau fine et blanche resplendissait sous le parasol que lui tenait Estefana. Elle souriait ; elle semblait apporter un rayon de plus dans le grand jardin inondé de lumière.

— Si matin, madame ? lui cria le roi de loin, vous êtes déjà tout habillée ?

— Le soleil m'attire, répliqua la reine, comme aussi, le désir de saluer Votre Majesté.

— Rien que cela ? Oui... tant mieux. Venez donc, vous arrivez à merveille... Luynes se tue de vous saluer, ne le voyez-vous pas ?...

— Moi, ne pas voir M. de Luynes ! répondit Anne d'Autriche gracieusement. C'est lui qui ne m'a pas vue, non le saluer, mais lui sourire.

Et elle tendit au favori sa main si belle, qu'il effleura respectueusement en se disant :

— Pourquoi la reine est-elle si aimable ce matin ?

— Si vous me voyez un peu étourdie, sire, c'est à cause d'une rencontre que je viens de faire à une cinquantaine de pas d'ici. Un homme effarouché ou plutôt un singe, tant il était disloqué, qui a failli me franchir à la course...

— C'était Cadenet! s'écria le roi en riant, ce bon Cadenet qui revient ; tenez, le voyez-vous à la petite porte des treilles ?

— Précédant un chariot... une litière... je ne sais quoi...

— Vous allez voir ! vous allez voir... Venez au-devant, voulez-vous ? vous n'en serez pas fâchée. Votre main !

— Belle surprise, pensa Luynes, qui les suivait. La reine exècre les oiseaux !

Cependant les porteurs avançaient toujours, et bientôt ils furent à dix pas du couple royal. Là, ils s'arrêtèrent. Cadenet leur ordonna de se retirer à l'écart.

Le roi étendit la main vers l'enveloppe de toile, que Luynes coupa de son couteau pour aller plus vite.

A la vue de ce gracieux peuple habillé de rubis, de topazes et de saphirs, le roi croisa ses bras en extase.

La reine poussa un cri de joie et frappa ses petites mains, en répétant :

— Quelles merveilles! quelles merveilles! Vois donc, Estefana, est-il rien de plus beau dans le monde ?

— N'est-ce pas? dit le roi ravi. Mettons-les dans la volière.

— Je veux vous y aider, sire ! s'écria Anne ; je veux toucher et baiser ces délicieuses petites pelotes de soie.

Le roi, enchanté, la précéda vers la grande volière.

— Quoi ! se dit Luynes, pensif malgré son activité apparente, la reine aime aussi les oiseaux! Décidément il y a aujourd'hui quelque chose.

Et tandis que les deux jeunes époux, l'un dans un muet ravissement, l'autre dans une gaieté nerveuse, faisaient passer chaque oiseau de la cage dans sa nouvelle demeure, avec force remarques et surprises, Luynes observait à la dérobée la grave Espagnole debout derrière sa maîtresse, comme si en comparant le calme de l'une et le tourbillonnement de l'autre, il eût dégagé la solution qu'il cherchait.

Cadenet, lui, avait congédié les porteurs, fermé les portes, et était revenu, spectateur plein de discrétion, s'adosser à un arbre à quelques pas en arrière de la volière.

Soudain la porte du jardin qu'il venait de fermer se rouvrit ; un officier de service entra, chercha sa route dans les quinconces, et apercevant enfin Cadenet, lui fit de loin un signe et lui montra un billet que celui-ci ouvrit et lut, non sans une surprise qui attira l'attention de M. de Luynes.

— Qu'y a-t-il, Cadenet?

— Un billet de Bernard de Preuil. Tenez, monsieur.

Luynes lut :

« Mon cher Cadenet, il faut absolument que je remette quelque chose de pressé au roi. Je compte sur toi pour m'introduire. »

— Eh ! mais, dit le favori en fronçant le sourcil, vient-il déjà chercher le prix de sa marchandise ? C'est bien vite !...

— Oh ! monsieur, répliqua Cadenet, je ne le crois pas ; il est incapable d'une indélicatesse.

— Hum !... voir le roi en ce moment... c'est impossible.

Anne d'Autriche se retourna. Peut-être était-ce uniquement parce qu'Estefana en s'approchant de la volière lui avait effleuré le coude.

— Plaît-il, monsieur de Luynes? demanda-t-elle.

— Rien, madame. Je parlais à mon frère.

— Ah !... répliqua la jeune reine, dont l'œil perçant avait vu le billet.

— Monsieur, supplia Cadenet bas à de Luynes, faites quelque chose pour ce brave ami qui nous a obligés.

— Soit, vous avez raison.

Et il s'approcha de la volière.

— Sire, dit-il, ce n'est pas tout d'admirer ces beaux oiseaux, il va falloir les nourrir.

— Ah ! mais oui, dit le roi.

— Est-ce que Votre Majesté ne jugerait pas à propos de voir un peu leur maître ? Il est là, et pourra donner quelque recette particulière.

— Vraiment, il est là ?

— Et même il annonce avoir quelque chose de pressé à remettre à Votre Majesté. Voici sa lettre.

La reine poussa un cri de joie. — Page 568.

La reine fit un mouvement involontaire en échangeant avec Estefana un regard significatif qui n'échappa point à Luynes.

— Eh bien! voyons-le, s'écria le roi, peut-être ce qu'il veut me donner est-il encore une rareté.

— Peut-être! dit vivement la reine.

— Allez chercher M. de Preuil, commanda Luynes, dans l'esprit duquel germaient déjà certains doutes sur cette visite matinale, cette accommodante humeur de la reine et ses petites intelligences avec Estefana.

Et il répéta tout bas :

— Il y a quelque chose.

Cadenet reprit sa course avec des jambes infatigables, comme son bon cœur et sa bonne volonté.

VIII

MÉDECINE AMÈRE.

Mais Cadenet revint bientôt l'oreille basse, la figure pincée. Il écoutait Bernard en se grattant la moustache, et, au lieu de l'amener jusqu'à la volière, il le plaça comme un piquet sous un marronnier à vingt pas.

Le roi, tout entier à l'emménagement des nouveaux pensionnaires, amadouait ceux-ci, taquinait ceux-là pour faire valoir dans des poses variées toutes les richesses de leur plumage.

La reine affectait plus d'attention encore que lui pour la volière, mais sa pensée avide, inquiète, planait à l'entour.

Elle vit du coin de l'œil Cadenet s'approcher de son frère et lui parler bas avec un visage consterné, ce qui jeta une ombre plus épaisse encore sur les traits déjà sérieux de Luynes. Les deux jeunes gens semblaient se consulter, incertains, troublés.

— Remarquez-vous, sire, dit la petite reine en appuyant sa main sur l'épaule de Louis XIII, que pas un de ces oiseaux ne touche au chènevis ni au millet? Assurément, ils demandent une nourriture étrangère, qu'il faudrait connaître.

— Eh bien mais ! puisque le maître est venu pour cela ? dit le roi.

— En effet, ajouta Anne d'un ton plein de nonchalance, le maître... Où est-il donc, le maître des oiseaux ?

Luynes, appelé si formellement, s'approcha du roi.

— C'est qu'il vient ici pour un motif bien plus sérieux que le millet ou le chènevis, dit-il, et que j'hésite à présenter au roi une personne chargée d'une pareille mission.

— Mission ! s'écria le roi effarouché ; il a une mission pour moi, cet homme aux oiseaux ?

— Sire, il a été arrêté ce matin dans un bois par des gens qui l'ont forcé, l'épée sur la gorge, de venir rendre une lettre à Votre Majesté.

— Oh ! oh ! que signifie cela ? dit le jeune prince avec inquiétude.

— Voilà ; — que signifie cela, répondit Luynes, c'est ce que je me demande, et j'hésite.

— Il y a de quoi, certes, murmura Louis ; la commission est au moins singulière, pour ne pas dire suspecte, et le plus prudent serait peut-être de s'abstenir.

La reine se retourna, et, regardant Cadenet, qui mordait impatiemment ses ongles :

— Je croyais, dit-elle, que quelqu'un ici connaissait ce messager ?

— Moi, madame, dit Cadenet.

— Eh bien ! alors, quel homme est-ce ?

— Le plus brave compagnon...

— Mais, monsieur, interrompit sévèrement Luynes, il ne s'agit pas seulement de garantir le messager, garantissez-vous aussi le message ?

Cadenet baissa la tête ; la reine retourna sans dire mot à la volière.

— Voyons, murmura le roi, prenons un parti. Voilà des petites bêtes qui vont finir par tomber de faim. Vous parlez, je crois, madame ?

— Moi, sire, dit Anne, je pensais qu'on peut toujours parler oiseaux avec ce gentilhomme. Est-il gentilhomme, seulement ?

Cadenet, vivement :

— Oui, madame, un de Preuïl ; sa mère était Pontis.

— Ah ! mais, de Preuïl, Pontis, voilà des noms rassurants, dit le roi. N'est-ce pas, Luynes ?

— Certainement, sire.

— Causons toujours avec lui, nous verrons bien.

— Nous verrons bien, ajouta la reine.

Cadenet regarda son frère, qui consentit de la tête, en disant :

— Le roi le permet.

Et Cadenet courut chercher Bernard. La reine respira largement le bon air, tiède et parfumé.

*
* *

Nous avons dit que Bernard de Preuïl était de petite taille, mais bien fait, souple, robuste, et qu'il portait sur son visage une franche et spirituelle bonhomie, dont rendaient témoignage ses yeux bleus limpides, ses lèvres fraîches, toujours entr'ouvertes par un sourire loyal. Cette physionomie plut sur-le-champ à Luynes, qui l'examina en connaisseur, et au roi, dont la défiance était proverbiale.

Quant à la reine, elle tournait le dos et caressait les oiseaux avec Estefana.

Bernard intimidé, presque tremblant,

changeait de pied comme un cheval à la gêne, et ne puisait, on le conçoit, aucun secours dans le regard de Luynes, ni même dans l'attitude empesée de Cadenet.

— Des espèces charmantes, monsieur, dit enfin le roi, charmantes !

Bernard s'inclina bien bas.

— Qu'est-ce que cela mange? continua le prince.

— Sire, ceux-ci, — les bleus, sont carnassiers ; — on leur compose une mouée de cœur de bœuf et de menue viande d'oiseaux pilée avec de l'orge.

— Vraiment ! ils sont carnassiers... dit la reine, encourageant avec un regard plein d'aménité le pauvre garçon glacé par le silence général.

— La reine !, glissa Cadenet bas à l'oreille de Bernard ; et celui ci, un peu rouge, mais surmontant son émotion, répliqua :

— Oui, madame, comme tout oiseau chasseur.

— Quoi ! ils chasseraient? s'écria le roi.

— Sire, c'est la pie grièche des Antilles ; voyez comme elle est armée, voyez la fermeté de l'œil, la vigueur des mains.

— C'est vrai ; vois donc, Luynes.

— En sorte, dit la reine, que ces charmants petits brigands...

— Voleraient, même la perdrix, madame... s'ils étaient instruits par les habiles fauconniers que Sa Majesté a près d'elle.

Luynes fut touché de ce compliment, qui ne sentait ni la flatterie ni la peur, mais plutôt la déférence à d'affectueux souvenirs.

— M. de Preuil, dit-il au roi, est très-bon chasseur au vol, et son opinion a de l'autorité.

Le roi fit un signe de satisfaction, et après s'être un peu consulté, dit à Luynes :

— Demande-lui donc, en retour de ses beaux oiseaux, ce qu'il désire.

Et en même temps le jeune prince regardait Bernard d'un air si engageant, que celui-ci se hasarda :

— Sire, dit-il, je ne demande rien que l'opinion de Votre Majesté sur la conduite qu'il me faut tenir en une circonstance si délicate. M. de Cadenet a-t-il raconté mon aventure ?...

Le roi fronça le sourcil.

— Eh bien! n'en parlons plus! s'écria Bernard. Plutôt que de déplaire à Sa Majesté, je souffrirais mille morts, et comme l'on ne m'en promet qu'une, j'ai neuf cent quatre-vingt-dix-neuf parts de bénéfice.

— Que veut-il dire ? demanda Louis, touché par la bonne grâce de cette aimable figure.

— Il paraîtrait, balbutia Cadenet, toujours épiant l'assentiment de son frère, qu'on l'a menacé de le tuer si, dans deux heures, il n'avait pas rempli son message.

— Pauvre garçon ! dit froidement la reine.

— Le tuer !... Qui donc le tuerait ? s'écria le roi. N'est-il pas homme à se défendre ?... D'ailleurs, de quoi s'agit-il ?

— D'une simple lettre ! soupira humblement Cadenet.

— Pardon, de trois lettres ! reprit Bernard; car il y en a trois...

Le roi releva la tête.

— Trois !... Pour moi seul ?

— Non, sire, une seule pour Votre Majesté, les autres pour la reine-mère et les princes.

— Voilà qui est curieux, n'est-ce pas ? dit la jeune reine en affectant de rire tandis que Luynes réfléchissait profondément.

Louis secoua la tête.

— Peut-on les voir? demanda-t-il.

Bernard montra les trois enveloppes, et le roi, sans les toucher :

— Pourquoi, dit-il, venez-vous à moi au lieu d'aller chez ma mère ou chez les princes?

— Parce que le roi est le maître, parce qu'à tout seigneur tout honneur, et que si Votre Majesté m'eût ordonné de brûler tout ou partie de ces lettres, j'eusse obéi d'abord, sans m'occuper des conséquences.

Le roi se tut ; mais un frisson de joie pâlit sa peau brune, et son regard s'adoucit.

— Il y a plus, continua Bernard encouragé par le changement qui s'opérait peu à peu dans les physionomies, je n'eusse pas pris la liberté de troubler Votre Majesté sans un double motif qui me vaudra une excuse, je l'espère. D'abord, il se pouvait que ces papiers renfermassent un avis utile; ensuite, j'avais fait serment de les remettre à leur adresse.

Le roi regarda Luynes, et cette fois le coup d'œil était clair, assuré comme celui d'un homme résolu à quelque chose.

— Donnez, monsieur de Preuil, dit-il en avançant la main.

— Les trois, sire?

— Non, la mienne, d'abord. Tiens, Luynes, ouvre et lis.

Bernard fit la révérence et se retira courtoisement hors de la portée des voix. Cadenet le suivit. La reine imita leur exemple, et, s'appuyant sur le bras d'Estefana, s'alla reposer sur le banc de marbre placé en face de la volière, et elle s'assit de manière à tout voir, sinon à tout entendre, dans la scène qui allait se passer.

Luynes décacheta lentement la lettre, et à peine eut-il parcouru les premières lignes, que le roi le vit rougir et donner toutes les marques d'une émotion qui n'était pas feinte.

— Eh bien! qu'y a-t-il? s'écria Louis.

— Je me doutais, sire, repartit le favori, que cette lettre devait être difficile à lire.

— Comment difficile?

— A tel point, que je supplie Votre Majesté de lire elle-même. Il s'agit là de choses qui ne sont pas dans les attributions de votre fauconnier.

En parlant ainsi il tendit la lettre au roi, qui la repoussa et répondit, après s'être assuré que nul ne pouvait les entendre :

— Nous sommes convenus de lire, lis.

Le favori s'approcha du prince, qui s'adossait, le front penché, au dernier pilier de la vaste volière, et d'une voix mesurée, discrète, il commença la lecture :

« Sire, vous avez quinze ans, vous êtes homme, c'est un peuple que Dieu vous a donné à nourrir, et non pas des chiens ou des gerfauts. »

Louis fit un mouvement. Le lecteur s'arrêta.

— Je croirais prudent, dit-il, de ne pas aller plus loin.

— Pourquoi non? murmura le roi avec un triste sourire. C'est une leçon, un peu amère, comme les médecines que M. de Souvré me forçait à prendre quand j'étais petit. C'est bien mauvais, mais salutaire; va!

Luynes regarda rapidement autour de lui, à droite, Bernard et Cadenet à moitié perdus sous les feuillages, à gauche la jeune reine qui jetait des fraises aux oiseaux par les mailles de la cage, et semblait oublier l'univers pour ce puéril amusement.

Il reprit :

« Est-ce votre dessein que le vaste royaume conquis par le héros votre père soit chaque jour écorné par une bande d'étrangers, traîtres et voleurs qui s'abritent derrière le manteau royal que vous seul en France avez le droit de porter? »

Le roi frémit, laissa échapper comme un murmure de douleur qui suspendit la lecture encore une fois. Il regarda Luynes d'un air abattu et ne proféra que ce seul mot : Va!

En vain Luynes interrogea-t-il de nouveau le groupe formé par Estefana et la reine. Pas un regard, pas un signe de curiosité.

« Faudra-t-il, poursuivit le jeune homme, que vos peuples vous confondent dans la haine et le mépris qu'ils portent aux conseillers de votre mère? Prenez-y garde, Louis. Régnez. Les ambitieux vous disent qu'il n'est pas temps encore. Bientôt la France vous dira qu'il ne l'est plus. »

— Oh! s'écria le roi frémissant et pâle, en arrachant la lettre des mains de M. de Luynes, qui donc ose m'écrire ainsi?...

— Eh! pensa Cadenet de loin, on dirait que cela va mal.

La reine s'était retournée; elle avait surpris ce mouvement convulsif, cette pâleur de Louis et un fugitif éclair avait illuminé son visage. Puis, comme après l'éclair, tout était redevenu calme et uniforme sur son front d'enfant.

Louis relut silencieusement la lettre, sans prendre souci de dissimuler ses angoisses au confident qu'il chérissait le plus.

— Voilà donc, murmura-t-il, la pensée populaire telle qu'elle court par les chemins! Et c'est vrai, n'est-ce pas. Luynes? C'est vrai, car celui qui m'écrit ainsi ne me veut pas de mal ; il n'est pas l'ami des *autres*, il n'est pas mon ennemi.

— Je ne crois pas, sire.

Louis appuya une main sur son front.

— Qu'avez-vous? s'écria Luynes, qui crut le voir chanceler.

— Sais-tu, repartit le roi d'une voix troublée, il m'a semblé voir passer mon père sous ces noirs ombrages, et il me regardait sévèrement.

— Sire, s'écria de son banc la jeune reine, que décide-t-on? voilà quelques-uns de nos prisonniers qui languissent. C'est l'heure du repas peut-être?

Louis tressaillit. Il rejeta en arrière ses longs cheveux, et sans répondre à ce qu'on venait de lui dire :

— Luynes, fais avancer ce jeune homme, commanda-t-il d'une voix brève.

Cadenet, sur le signe de son frère, poussa Bernard en avant et lui murmura :

— Tiens-toi bien !

— Monsieur, dit le roi, vous me jurez que ces lettres vous sont venues de la façon que vous l'avez raconté ?

— Oh! sire!...

— Et que vous ne soupçonnez même pas de quelle part elles peuvent venir?

— Je le jure sur mon salut éternel.

— Le contenu de celle-ci... vous en doutez-vous ?

— Pas plus que des autres, sire, s'écria Bernard éperdu, mais rayonnant d'une franchise irrésistible.

— Eh bien, reprit le jeune prince avec calme, faites près de la reine ma mère comme vous avez fait près de moi : rendez-lui la dépêche qui porte son nom. Luynes vous accompagnera et vous servira d'introducteur. Quant à la lettre destinée à MM. les princes, notamment à mon cousin de Condé, faites selon les circonstances. Adieu, monsieur.

Le roi se retourna vers Anne d'Autriche.

— Excusez-moi, madame, dit-il précipitamment ; j'ai affaire chez moi, je rentre. Venez, Cadenet.

Et il partit, hâtant sa marche, de sorte qu'il eut bientôt disparu aux yeux de la reine, qui recueillait avidement chaque nuance de sa voix, chaque tressaillement de son visage.

***

Luynes avait bien employé son temps pendant l'échange de ces rapides adieux. Il avait tout vu ; mais ses idées flottaient encore, semblables aux brouillards qui planent sur la montagne avec l'apparence d'une réalité gigantesque, et que le pied d'un enfant déchire et dissout au passage.

Comment donner un corps à ses soupçons? Quel nom donner ensuite à ce corps?

Il hésitait, bien malheureux de ne pas deviner, lorsque la reine fit un pas vers lui et l'appela du doigt.

— Monsieur, lui dit-elle avec un regard à la fois timide et scrutateur, vous êtes le meilleur ami du roi, voilà pourquoi je me hasarde à vous parler comme je fais. Notez bien que je ne vous demande aucune confidence, je respecte avant tout les secrets de Sa Majesté; mais enfin, je suis sa femme, ses peines m'intéressent ainsi que ses joies, et je viens de remarquer beaucoup d'émotion sur son visage. Me suis-je trompée ?

— Non, madame, répliqua Luynes, qui sentait l'importance de ne point perdre une parole, un geste de cet entretien, dont sa sagacité lui révélait l'immense portée. Il ouvrit donc deux yeux perçants, deux oreilles avides.

— Eh bien ! poursuivit la reine, je répète que je ne questionne pas, je vous supplie même de ne me rien dire de ce qu'il y avait dans cette lettre. Seulement, confiez-moi si je dois m'en alarmer ou m'en réjouir ; dites-moi sincèrement s'il peut en résulter un détriment ou un avantage pour nous.

Ces paroles, accompagnées d'un regard qui pénétrait jusqu'au fond de l'âme, d'un regard lumineux et puissant comme celui de toute femme qui veut savoir, éclairèrent enfin les ténèbres dans lesquelles se débattait l'esprit du favori, depuis le commencement de cette intrigue.

Il s'était demandé cent fois en une heure à qui pouvait profiter l'impression produite par ces lettres sur le jeune roi et par conséquent de quelle personne pouvait émaner un pareil avis. Et voilà que devant lui apparaissait la femme isolée, humiliée, la reine reléguée loin du trône, la bru éclipsée par sa belle-mère, l'exilée espagnole réduite à regretter sa patrie. Luynes faillit se frapper le front pour se punir de n'avoir pas deviné plus tôt.

De la réponse qu'il allait faire, et qu'on attendait, et qui pouvait signifier tant de choses conciliantes ou hostiles, dépendait tout l'avenir de ce favori.

On lui demandait une signature pour un traité d'alliance ou une déclaration de guerre à outrance. Il s'agissait de choisir et de choisir sans hésiter, car l'hésitation même était un aveu.

— Madame, répliqua Luynes, si je m'arrogeais le droit de révéler un secret de mon maître, je vous donnerais le droit de mépriser mes services ; mais sans rien révéler, je puis vous dire que le roi vient de recevoir un avis important.

— Bon à suivre ou non ? demanda fermement la reine. Je tiens à votre opinion ; je la veux... .

— La voici, madame. Il faut que la personne qui a écrit ainsi au roi soit bien puissante ou bien cachée, car l'avis est hardi. Mais, quant à moi, je le trouve noble ; et si, au lieu d'être fauconnier, j'étais roi, je le suivrais.

— Bien, dit la reine, qui n'avait cessé d'épier la vérité dans les yeux de son interlocuteur ; bien, voilà qui me rassure. Merci, monsieur de Luynes. Eh bien, si telle est votre opinion, n'userez-vous pas de votre pouvoir sur le roi pour lui conseiller son avantage ? Comprenez-vous que je parle ainsi, moi, la reine, sa femme ?

— Je le comprends et le ferai ! répliqua Luynes qui s'inclina ébloui, sur la main que lui offrait Anne d'Autriche avec un radieux sourire. En devinant la ruse, il avait découvert le génie.

Elle s'éloigna, pressant avec ivresse le bras d'Estefana.

— N'allons-nous pas chez la reine-mère, monsieur ? dit timidement Bernard, dont la voix réveilla enfin le favori. Excusez-moi si j'insiste, mais on m'attend chez moi, et l'on me croit en danger.

— Le danger n'est que trop réel, pensa Luynes, si la lettre à la reine-mère a été rédigée par la main que je connais maintenant.

IX

MOMENT CRITIQUE

Quelle n'eût pas été l'inquiétude du brave du Bourdet s'il eût pu savoir au milieu de quelles complications ce malheureux Bernard allait faire son apparition chez la reine-mère !

C'était par une de ces journées fatales où l'atmosphère des cours, saturée depuis longtemps des vapeurs de toutes les passions mauvaises, se dilate et vibre dans une effrayante immobilité. Qu'un souffle naisse, il devient ouragan ; qu'une étincelle jaillisse, elle se fait incendie.

Mais, en attendant, tout cela couve et fermente. La nuée épaissit, envahit le ciel, et malheur à la créature qui n'a pas cherché son nid, à la plante qui n'a pas affermi sa racine et courbé sa tête !

A cent pas de ces paisibles jardins d'où nous sortons, l'orage est imminent. Chacun le pressent et s'y prépare.

Dans les galeries voisines du cabinet de la reine-mère, les courtisans se sont d'abord inquiétés de la longueur du conseil. Ils ont vu avec défiance s'y rassembler ceux des ministres et des favoris que désigne surtout la haine du peuple, M. d'Espernon, inquiet, malgré sa suite, le maréchal d'Ancre, mal rassuré par son cortège royal. Les gardes sont consignés, les Suisses rangés en bataille devant leur caserne.

Il est vrai que la sédition a éclaté dans Paris, et que tout y remue. Mais ce qui alarme le plus les observateurs clairvoyants, c'est l'attitude [des maîtres, qui, au lieu de songer à réprimer cette effervescence de la capitale, semblent concentrer leurs forces et leurs plans à l'intérieur du palais, pour quelque sérieuse entreprise.

Et puis, ce qu'on appelle le conseil est terminé. Les conseillers se promènent çà et là dans les galeries ou regagnent leurs demeures.

Seuls, la reine-mère, le maréchal d'Ancre et M. d'Espernon avec le garde des sceaux Mangot et le ministre Barbin, continuent à s'entretenir bas au milieu du grand cabinet dont toutes les portes sont ouvertes, de sorte que rien n'est plus étrange, plus inquiétant peut-être que ce conciliabule de gens qu'on voit de loin, mais qu'on n'entend pas, et dont les figures, malgré tout l'effort de la diplomatie, cachent mal une douloureuse préoccupation.

Le bruit court dans la galerie que le prince de Condé s'est ému des pétitions du peuple et qu'il doit venir, avec une nombreuse ambassade, exposer à la reine des griefs depuis longtemps envenimés.

D'autres assurent que le duc de Vendôme, fils aîné de Gabrielle et du feu roi, frère naturel de Louis XIII, est en marche avec ses gentilshommes pour apporter à la reine-mère les plaintes du parlement au sujet de l'agression dont M. d'Espernon s'est rendu coupable le matin même. Et ce prince, aimé des Parisiens, qui n'ont pas oublié sa mère, ne doute pas d'obtenir justice, soutenu qu'il est par le droit et la faveur de tout un peuple qui compte sur lui.

Voilà donc la guerre civile bien engagée, bien certaine.

Les vieilles rancunes dérouillent leurs épées, la Ligue, au besoin, retrouvera ses gothiques arquebuses, et si les huguenots s'en mêlent, il reste bien quelque part des tronçons de poignard usés à la Saint-Barthélemy.

Dans un angle de la galerie le plus rapproché du cabinet de Marie de Médicis, plusieurs dames s'entretiennent à voix basse, oiseaux tremblants qui frissonnent de la tempête prochaine. Parmi elles, la comtesse de Sept-Églises attend la fin des délibérations de la reine, pour donner les ordres nécessaires à son service de dame d'honneur.

En face d'elle, dans l'angle opposé, un groupe d'homme affairés commentent les nouvelles. Il y a des Français, des Italiens, des Espagnols. Les Français soupirent, les Italiens craignent, les Espagnols espèrent.

Car pour les premiers il s'agit de la patrie, pour les seconds de la fortune, pour les derniers de la conquête.

Un homme représente particulièrement ce parti dangereux, auquel la faiblesse inexplicable de la reine-mère et la torpeur du jeune roi assurent l'impunité. C'est un cavalier de moyenne taille, mince, élégant, jeune de façons et de tournure, au teint légèrement bistré qui révèle sa Castille. Ses yeux saillants laissent transparaître une paillette de feu rouge sous leur noire prunelle, et son regard emprunte à ce mélange de pourpre et de jais les fauves chatoiements d'un œil de tigre. De larges pommettes qui montent jusqu'à la paupière, comme pour en dérober le jeu en certaines circonstances, des dents irrégulières sous une lèvre arabe, le front bombé de l'obstination, le nez busqué du dominateur, voilà toute la figure. L'ensemble est plutôt beau que médiocre, plutôt effrayant que beau.

Quand il regarde le groupe de femmes, assurément belles et attrayantes, qui posent vis-à-vis de lui, son œil ne voit rien, et pourtant il brille. C'est qu'il n'y a là que sa femme. Quand il observe le groupe de causeurs présidé par la reine, ce même œil voit tout, et pourtant vous le diriez mort. Là est sa fortune, sa vie.

Cet homme s'appelle le comte Luis Calderon de Siete-Iglesias.

Un souci rongeur le dévore en ce moment. Les secrets de la France se discutent devant lui, sans lui. Ce n'est pas que sa faveur pâlisse. Jamais la reine-mère n'a eu pour lui de plus caressants sourires ; jamais le maréchal d'Ancre, son protecteur, ne lui a plus promis. Quant à M. d'Espernon, à son retour du Palais, il avait fait prier le comte de l'attendre après le conseil pour une communication importante. Mais n'importe, il se trame à dix pas de lui quelque grave événement : les joueurs combinent un coup décisif pour le gain d'une partie dont on n'ose ne pas le prévenir. Et pourtant il a fait dire à la reine qu'il avait à lui transmettre un avis de son gouvernement. Et il attend!

L'Espagne est humiliée.

Mais non, l'étoile de l'Espagne se rallume, le maréchal d'Ancre se retourne, cherche des yeux en clignotant, aperçoit don Luis et l'appelle. Un officier des gardes empressé devine le signe et court chercher l'Espagnol dont le cœur est soulagé. Le voilà du conseil secret.

La reine-mère, belle et grande avec ses traits plus allemands qu'italiens et l'exubérante majesté de sa beauté d'automne qui resplendit dans le velours, accueille gracieusement la profonde révérence du nouveau conseiller. Le mauvais français qu'elle parle est un affront de plus pour le pays auquel elle doit sa couronne.

— On m'avertit, monsieur le comte, murmura-t-elle sans changer de visage, que vous avez reçu ce matin de fraîches nouvelles d'Espagne. Vous auriez dit à M. le maréchal d'Ancre, qui me l'a répété, que S. M. Philippe III rendrait un grand service au roi de France en occupant son trône seulement une heure.

— Je l'ai dit, madame, répliqua l'Espagnol.

— Serait-il indiscret de demander pourquoi ?

La Castillan prit un air de componction.

— Non, madame, car si j'ai là-bas mon roi, j'ai ici une reine, dont vous êtes la tutrice et la mère. Et jamais péril plus grand n'a menacé la maison de France, du moins voilà ce que don Rodrigue, mon oncle, m'a écrit ce matin et que j'avais hâte d'apprendre à Votre Majesté.

— Ch'o detto! s'écria M. d'Ancre.

— Basta! basta! dit la reine, sans qu'aucun des interlocuteurs fit cette remarque bizarre que le salut de la France se débattait en ce moment entre un Espagnol et deux Italiens.

Puis elle ajouta :

— Si le danger était si grand, pourquoi notre allié ne nous avertissait-il pas ?

— Parce que, madame, dit don Luis, l'Espagne se fait une loi de n'intervenir jamais dans les affaires de ce royaume sans en avoir reçu l'invitation la plus formelle de Votre Majesté.

Un sourire narquois passa sur les lèvres caustiques du maréchal d'Ancre.

— Parfandious! s'écria d'Espernon, l'on commence par aider sa reine, et puis après l'on compte avec le cérémonial.

— Ce n'est pas ainsi chez nous, répliqua gravement l'Espagnol ; nul ne sauve reine ou roi sans ordre. On risquerait trop de les offenser en doutant de leur toute-puissance ; d'ailleurs, on offenserait Dieu, qui seul suffit à protéger les rois.

— C'est assurément très-noble, dit d'Espernon railleur ; mais, chez nous, les rois préfèrent la méthode française.

— Vediamo, interrompit la reine, ce danger découvert par l'Espagne et que nous ignorons.

— Madame, dit solennellement don Luis, il se lève en ce moment deux armées en France, le savez-vous ?

— Deux armées!... sous quels drapeaux ?

— Au nom des princes, agissant au nom du roi.

Les cinq membres du conciliabule échangèrent un rapide regard qui n'chappa point à l'Espagnol : il révélait à la fois l'ignorance, la stupeur et la terreur.

— Est-ce bien possible ! murmura la reine.

— A ce point, madame, répliqua froidement don Luis, que le roi d'Espagne en lève une de son côté pour assurer ses frontières... et voler, en cas de besoin, au secours de la reine, sa fille.

— Et nous hésiterions après cela ! s'écria le maréchal, qui semblait triompher de ce nouvel avis, comme s'il arrivait à l'appui du sien.

— Leur prétexte ? demanda la reine timidement.

— Diverses subtilités, dit l'Espagnol, que la vérité embarrassait.

— Allons, madame, il faut en finir, du courage, glissa d'Espernon à l'oreille de Marie de Médicis, N'attendez pas que cette armée soit en bataille. Otez-lui ses chefs.

— C'est un homme hardi — Page 578.

— Faites-*nous* libres une bonne fois, souffla Concini à l'autre oreille.

— C'est l'affaire d'un moment pour arrêter tous les princes, ajouta d'Espernon. Il suffit de douze hommes résolus commandés par moi, et je dispose d'au moins soixante.

— J'ai en bas deux cents épées pour les conduire à la Bastille, dit Concini en italien à sa royale compatriote.

La reine hésitait, soupirait, regardait le tapis. L'Espagnol surveillait ardemment le beau jeu de l'Espagne. Brelan de guerres civiles !

C'est à ce moment si peu opportun que Luynes entra, guidant Bernard, Bernard dont les yeux éblouis ne distinguaient dans cette foule que de l'or et du bruit.

***

La reine-mère aperçut la première le favori de son fils. Elle sentit que de ce côté encore lui arrivait une mauvaise nouvelle ; mais, satisfaite de gagner quelques minutes sur la terrible mesure qu'on lui proposait, elle sortit du cercle et vint au-devant de Luynes presque à la porte du cabinet.

— Madame, lui dit le fauconnier, j'ai l'honneur d'amener à Votre Majesté, de la part du roi, un jeune gentilhomme chargé de lui remettre une dépêche pressée, M. le baron Bernard de Preuil.

Marie de Médicis fit un signe, Bernard approcha, malheureux et triste comme un hibou en plein soleil.

— De la part de mon fils, tout est bien venu, dit la reine très-haut pour que pas une oreille n'en perdît une lettre ; donnez cette dépêche.

— Peut-être, balbutia Bernard, au comble de l'embarras, et retenant encore sa lettre tout en cherchant des yeux Luynes, son soutien, peut-être serait-il prudent d'instruire Sa Majesté de la manière dont cette missive m'est tombée entre les mains.

Luynes savait trop bien la cour pour accepter une responsabilité aussi périlleuse. Il se tut.

— La manière importe peu, dit la reine ; donnez donc.

Bernard tendit l'enveloppe en s'applaudissant de tant de bienveillance et de facilité. Mais que devint-il quand, en se relevant pour profiter de l'audience et bien admirer sa belle reine, il ne vit que des sourcils contractés par la stupeur, puis des joues pâlissantes, puis des yeux étincelants, et enfin un tremblement de fureur qui changeait la majesté en Euménide !

— Ah çà ! se demanda-t-il, est-ce que j'aurais oublié un de mes petits serpents dans cette enveloppe ?

La reine crispa ses mains dans un accès de colère, et, appelant Luynes :

— Monsou Louines, articula-t-elle d'une voix stridente, ne dites-vous pas que c'est le roi qui m'envoie ceci ?

Ceci fut prononcé de façon à faire rentrer sous terre un million d'amateurs d'oiseaux et autant de fauconniers.

Luynes répliqua tranquillement :

— Ce n'est pas *ceci*, madame, que Sa Majesté m'a chargé de vous faire parvenir, mais c'est monsieur qu'il m'a ordonné d'amener à vous.

— Et qui est monsieur ?

— Bernard de Preuïl, murmura le pauvre messager.

— C'est un homme hardi ! gronda la reine avec un regard de lionne blessée qui n'expliquait que trop bien le sens et la valeur du message.

— Mon Dieu, madame, se hâta de dire Bernard, on ne peut plus alarmé de ce préambule, daignez vous souvenir que j'allais vous apprendre comment j'ai été chargé de ces malheureuses lettres.

Et il conta son histoire de la forêt, des hommes masqués, du serment. Jamais narrateur ne fut plus écouté, moins cru.

Le récit était pourtant naïf et bien fait pour intéresser, car dans le groupe des dames placées près de la reine, on eût pu voir la plus jeune, la plus belle, pâlir, se troubler, se dissimuler derrière ses compagnes. C'était la comtesse de Sept-Églises, en proie à l'inquiétude, et à la compassion plus dangereuse encore.

La reine balançant sa tête avec dédain :

— Voilà une histoire invraisemblable, murmura-t-elle en se retournant vers le maréchal d'Espernon. Qu'en pensez-vous, messieurs ?

Et elle leur passa la lettre, qu'ils parcoururent avec les mêmes témoignages d'indignation.

— Mauvaise affaire, pensa Bernard.

— Quoi ! une sommation de quitter le pouvoir, à vous ! la reine ! murmura d'Espernon.

— Sait-il bien ce qu'il a apporté là ? dit le maréchal pâle de colère et s'approchant.

— Pas plus que je ne le savais en portant au roi la lettre qui était pour lui, répliqua Bernard piqué de ce ton hautain.

— Il en a porté une au roi ! s'écria la reine-mère épouvantée, — surtout quand Luynes eut baissé la tête pour dire oui.

— Et j'en ai encore une à remettre, fit Bernard croyant donner une preuve de plus de sa bonne foi ; sur ce, il tendit sa troisième épître.

— *A M. de Condé !*

— *Aux princes !* épela d'Espernon.

— Ouvrez ! ouvrez ! commanda la reine frappée une fois de plus par ces noms malencontreux.

— Ah! le coquin allait aux princes, grommela le maréchal d'un air de bas soupçon humiliant comme un coup de houssine.

— Eh! monsieur, je fusse allé au diable! dit Bernard fatigué de ces roulements d'yeux et de ces demi-mots menaçants :

— Et il dit qu'on l'a arrêté au coin d'un bois, reprit l'un en ricanant.

— Et qu'on l'a failli tuer, interrompit l'autre avec un grincement de mauvaise augure.

— Et qu'on l'a fait jurer sur une croix d'épée.

— Comme si un brave homme jurait contre sa conscience, fit d'Espernon avec mépris.

Bernard sentit le rouge lui monter au visage.

— Ma foi, monsieur, je suis aussi brave homme qu'un autre, et j'ai juré, dit-il, bien juré. J'aurais voulu vous y voir!

— La fable est heureuse, fit la reine.

— La fable est heureuse, répétèrent les courtisans.

— Mais toute fable cache une vérité, reprit Marie de Médicis d'un ton de froide menace, et nous allons aviser au moyen de lui faire avouer ses complices, à lui ou aux siens.

Le comte de Siete-Iglesias se mêla au concert.

Il avait, non sans trouble, pris sa part de la lecture, et l'Espagne avait peut-être été maltraitée par le correspondant, car don Luis ajouta :

— Je connais deux moyens qui font parler tout le monde : la prison d'abord, la question ensuite pour lui ou les siens.

— Ah! s'écria Bernard, révolté de ces paroles, et du noir sourire qui les avait accompagnées, ni prison ni torture ne m'arrachera une syllabe de plus que ce que j'ai dit. Quant aux miens, ils ne sont pas plus lâches que moi, et je vous défie de faire parler même le bonhomme du Bourdet, mon beau-père, même mon petit frère Aubin.

Il s'arrêta. En face de lui, sous l'ombre d'un rideau, derrière le rempart des dames d'honneur, une adorable figure de femme pâle, éplorée, lui faisait signe de se taire, un doigt sur la bouche, avec une irrésistible expression de prière et d'effroi.

La vision disparut, comme il cherchait à la voir mieux, et soudain entra dans la galerie le capitaine des gardes, M. de Thémines, qui cherchait la reine, et vint lui dire à voix basse :

— M. le prince, madame. Il entre au Louvre suivi de gens auxquels il vient de promettre vengeance.

Le duc d'Espernon et le maréchal se regardèrent avec anxiété. La reine hésitait encore, lorsque le baron de Vitry se fraya un passage à travers les groupes, et s'approchant à son tour :

— M. de Vendôme, dit-il, descend de chez lui pour aller porter au roi la plainte du parlement.

— Lui! parler au roi! s'écria Marie épouvantée; jamais! jamais! je ne veux pas qu'on parle au roi!

— Vous en tenez deux dans le Louvre; donnez vos ordres, murmura le maréchal.

— Rappelez-vous que tout est prêt, dit d'Espernon. Si vous tardez, l'occasion va passer.

— Il le faut donc. Eh bien, qu'on les arrête tous les deux!

— Madame, dit M. de Thémines un peu troublé, un premier prince du sang! la chose mérite un ordre bien en règle...

— Et signé! dit Vitry. M. de Vendôme est fils du feu roi!

— Vous aurez ces deux ordres, messieurs, répliqua la reine en emmenant avec elle le maréchal et les deux officiers.

— Il n'est plus temps de rien ménager, dit d'Espernon bas à l'Espagnol. Savez-vous ce que m'a dit le premier président tout à l'heure?

L'Espagnol approcha son oreille, le duc y versa le secret.

— Et vous restez ici tranquillement, murmura don Luis livide, quand il ne faudrait pas que cet homme fît un pas, un geste, sans que nous en fussions informés!

— J'y ai ai pourvu déjà, répliqua d'Espernon; soyez calme!

Les portes du cabinet se fermèrent sur cette scène de confusion.

*
* *

Luynes s'était prudemment dérobé pendant la bagarre, afin d'aller tout annoncer au roi. Les courtisans avaient disparu au premier roulement du tonnerre.

Bernard, tremblant, désorienté, n'avait pas bougé de place ; il lui semblait voir passer et repasser des ombres ; tous ces capitaines, toutes ces colères, toutes ces épées étaient pour lui seul. Il se croyait déjà arrêté, se voyait bientôt condamné, puis torturé, peut-être bien ne se trompait-il pas.

Soudain une main frôla son épaule, une autre main lui ouvrit doucement les doigts qu'il tenait serrés comme sur la poignée d'une épée.

Il fit un mouvement. C'était l'inconnue au regard pénétrant, à la bouche enchanteresse dont le signe l'avait averti un moment auparavant.

— Derrière vous, lui dit-elle bien bas, il y a une porte, celle de la chambre aux parfums, qui donne sur l'escalier des jardins ; ouvrez-la ! fuyez ! et ne tardez pas une seconde ! Si la reine revient, vous êtes perdu !

Il la regardait, immobile, hébété, ivre.

— Allez donc ! s'écria-t-elle, vous avez la clef dans la main ; allez donc ou je suis perdue comme vous !

Il se retourna d'un bond, palpa la serrure, ouvrit, s'élança, chercha vaguement encore une fois la céleste apparition ; mais tout était brouillard, délire, ténèbres autour de lui comme en lui. Après s'être heurté, froissé, déchiré à des murs, à des meubles à des rampes il sentit tout à coup l'air frais sur son front, le grand jour sur ses yeux, des pieds, des épaules qui meurtrissaient son épaule et ses pieds ; il était hors des Tuileries, en plein soleil, en pleine foule, au milieu de gens hurlant, bondissant, aussi fous que lui.

Paris se révoltait en faveur des princes arrêtés, et Bernard, libre et sauf, se rappelait qu'il avait un père et un frère près du Pont-Neuf, aux *Fils-Aymon*.

X

ORAGE.

uel autre qu'un Parisien pourrait comprendre ce qu'est Paris un jour d'orage populaire ? Et le comprendre, c'est encore bien loin de l'exprimer.

Les cloches en branle, les chariots arrêtés en travers des rues ; ce silence soudain des bruits pacifiques ; ce bruit soudain des courses effarées de l'émeute, suivi des marches mesurées, solennelles de la troupe armée ; plus de femmes, plus d'enfants ; portes closes ; des regards sombres derrière un volet ; l'éclair d'une arme jaillissant du fond noir des boutiques, — et puis, tout à coup, explosion de clameurs, de voix, de multitudes, coups de feu sinistres qui violent l'air, puis la solitude blanche, funèbre du pavé que jonche çà et là un cadavre. Oh ! Parisiens, qui connaît tout cela mieux que vous, qui de vous ne le connaît pas ?

A peine l'arrestation des princes fut-elle sue, que toute la ville comprit la portée du coup d'État, et se divisa aussitôt en plusieurs partis suivant ses intérêts ou ses haines. La princesse de Condé, la mère, descendit seule à pied dans la rue, et appela le peuple à venger son fils, qu'elle disait assassiné par le maréchal d'Ancre.

La jeune duchesse de Vendôme, suivie de ses gens, enflammait de son côté la colère des Parisiens, à qui elle rappelait que son mari était fils d'Henri IV, et qu'on allait l'exiler, le tuer peut-être pour le punir d'avoir voulu révéler au roi, son frère, les complots des étrangers.

Et le peuple, irrité de voir maltraiter ainsi ceux qui s'étaient proclamés ses défenseurs, frémissait, s'agitait, s'armait.

Autour du palais et de la maison du président, se formaient des groupes d'écoliers, de bourgeois et de ceux qui, plus intelligents, criant moins et observant plus, savaient l'endroit bien choisi pour l'observation. Mais déjà d'autres groupes, à figures basses, suspectes, venaient occuper les abords de cette maison; on devinait en eux des suppôts de quelque puissance masquée envoyés là pour surveiller d'abord, pour agir ensuite; et quelles actions attendre de pareilles figures?

Peu à peu, ces étranges gardiens firent peur aux honnêtes gens, à l'émeute elle-même, et demeurèrent seuls maîtres de la place, grossissant d'heure en heure, recrutant dans leurs rangs des soldats aussi bizarres qu'ils étaient eux-mêmes de bizarres bourgeois. Et ces rassemblements finirent par prendre pour la maison de M. de Harlay un caractère si alarmant que le bailli du Palais fit tout à coup sortir ses archers et ses gens, au nombre de cent hommes bien armés, bien résolus, qui détachant ces groupes dangereux de la muraille où ils semblaient vouloir s'incruster, dégagèrent les portes, s'y placèrent en sentinelles avec un service régulier comme devant une place de guerre, en sorte que la vue des épées bien affilées, des mèches bien ardentes décida promptement la retraite de ces loups qu'on avait envoyés guetter l'occasion pour entrer dans la bergerie et dévorer sinon les brebis, du moins le berger.

La tourbe s'éloigna, emportant dans les plis de son manteau fangeux bien des espérances plus fangeuses encore; et dans la maison de ce juste, intrépide et tenace, rien n'avait remué, pas même un verrou, rien n'avait tressailli, pas même son cœur.

Cette nuée passa donc en sifflant sur ces murs que menaçaient tant de haines, et s'épandit par les rues pour se dédommager du mal qu'elle n'avait pu faire.

Chose étrange! dans cet immense Paris, de vertige et de fièvre, le seul endroit peut-être que la sédition eût respecté, c'était le but véritable de la sédition. Rue de Tournon, à l'hôtel du maréchal, où la paix était revenu depuis les scènes de la matinée, cette paix s'était installée si bien qu'on eût dit le lit de la mollesse habité par la sécurité.

Dans le grand cabinet de la maréchale, tous les rideaux bien clos laissent avarement pénétrer la clarté du jour; un rayon égaré, glisse timidement sur la tapisserie et va solliciter, à l'angle d'un grand cadre, le haut relief des fleurs dorées où la lumière attache son étincelle. De larges rosiers, des résédas, des jasmins respirent dans cette ombre; sur les meubles, sur les cheminées, sur les dressoirs, c'est un entassement de merveilles semées de bizarreries: l'avarice et la superstition décorent ce splendide palais! Un lingot d'or mal façonné en statue se dresse, flanqué de cailloux pris dans le lit du Jourdain, au milieu d'amulettes juives et de papyrus, vendus pour des talismans sacrés à la crédule Florentine; un sublime tableau de Raphaël, présent du pape, a pour pendant un mauvais petit cadre noir bourré de douteuses reliques enchâssées, sous verre, dans des gaufrures de carton doré. L'angle principal du cabinet forme un dais sous lequel brûle, dans une des lampes de Saint-Marc, l'éternel feu consacré à la madone favorite; mais çà et là des petits autels dédiés aux saints les plus amis de Leonora balancent la madone par le luxe des ornements et des offrandes. La vaste salle est devenue trop petite pour le nombre des idoles. Car la maréchale adore tous ses jours de bonheur représentés par les saints patrons qui y correspondent, et, comme une païenne de Tyr ou de Lampsaque, elle a ses dieux mauvais qu'il faut fléchir à force de prières et d'encens.

L'œil, fatigué du spectacle de tant d'incohérences, veut-il chercher un endroit plus calme pour se reposer, c'est auprès de la fenêtre, dans un fauteuil lourd comme un édifice qu'il trouvera la maîtresse, la fée singulière de ce pandémonium.

Mince et petite, si frêle qu'elle plie à chaque mouvement, à chaque pensée, la maréchale, à peine remise de l'alerte de la matinée, s'est étendue ou plutôt s'est ensevelie dans ses coussins, d'où sa tête brune et ses bras maigres parviennent seuls à s'échapper. Quelque chose cache ses pieds; c'est le jeune comte son fils, enfant de douze ans, qui dort roulé dans une peau de léopard, le front perdu sous les plis de la robe, une main sur les genoux de sa mère. Léonora, oubliant celui-là, roule et caresse dans ses doigts inquiets un bracelet de cheveux blonds, les cheveux de sa fille qu'elle a perdue.

Sans la lueur de la lampe qui brûle, sans un bruit bizarre qui grince dans cette chambre, on dirait une salle de Pompéi découverte après mille ans, avec ses morts tout assis et tout vêtus, avec ses richesses cueillies dans les trois parties du monde, alors qu'il y avait autant de dieux frileux autour du foyer d'un riche que de rois esclaves dans le vestibule de César.

Mais ce bruit annonce la vie. C'est la plume infatigable du secrétaire-intendant de Leonora, du signor Corbinelli, Italien au crâne pointu, aux yeux doucereux, aux mains crochues, lequel, modestement perché sur un tabouret qu'a dédaigné la petite chienne Philé, noircit de chiffres un papier que la maréchale est obligée d'appeler à l'aide de sa mémoire pour dresser l'inventaire de sa fabuleuse richesse.

— Voyons, dit Leonora, le compte des articles est-il fait?

Corbinelli se mit à lire sa liste :

Immeubles.

« Au marquisat d'Ancre : total des biens en terre et domaines, un million de livres. »

— Et les intérêts depuis trois ans? dit la maréchale.

— Madame, ils ne figurent pas au bilan.

— On les aura détournés pour quelque jeu, quelque sottise. Toujours on me trompe, Corbinelli; mais cela finira une bonne fois.

« — Lésigny et les annexes, deux cent mille livres ; l'hôtel rue de Tournon, et son mobilier, quatre cent mille écus; la maison du faubourg, cent mille livres. »

— C'est un million cinq cent mille livres ?

— Oui, madame. « Les charges à la cour, y compris celle de premier gentilhomme, l'intendant de la maison de la reine, de dames d'atours, plus celle du gouvernement de Normandie, et l'office de maréchal, deux millions de livres, si on les vendait. »

— Oui, mais les vendre, c'est dire qu'on veut se retirer, interrompit Leonora d'un air sombre; se retirer, c'est céder. Cependant il faut bien partir, n'est-ce pas, Corbinelli?

Elle lança un regard fauve à travers la vitre de l'autre côté de la rue.

— Il faut bien fuir devant ce cordonnier. Si l'on ne fuit pas, on meurt. Oh! ne secoue pas la tête, Corbinelli, on meurt, te dis-je; cet homme a un regard mortel. Tu sais bien qu'il existe des créatures douées de ce pouvoir terrible; leur œil vous attire, vous saisit, vous garde et vous tue.

— Mais, madame, je crois bien que celui-là est plutôt tué par vous que vous ne le serez par lui. N'entendîtes-vous point les bâtons, ce matin?... Ha! ha! comme ses os craquaient! J'oserais répondre à madame la marquise qu'il crève en ce moment dans quelque coin.

— Non! dit Leonora; non! il reviendra; je le verrai encore là, sous ces ignobles lambris de sa baraque. Et s'il est mort, Corbinelli, il reviendra plus que jamais! Ah! je ferai dévotion à Saint-Antoine-de-Padoue, qui arrête les fantômes ! — Nous disions deux millions pour les charges de cour.

— « Pierreries, vaisselle, meubles, un million. Argent comptant...

— Est-ce que le maréchal dit jamais ce qu'il a d'argent comptant? J'estime six cent mille écus, et toi?

— Moins, madame, moins, dit l'Italien.

— Tais-toi! tu le défends toujours! Tu es un drôle, un veillaque! Sais-tu ce qu'il dépense, malheureux, avec les dés, les cartes et les maîtresses!

— Jésus! M. le maréchal!

— Tais-toi ! je sais ce que je sais. On me trouve vieille, on me trouve laide, on me trouve triste, et il faut bien qu'on se divertisse ailleurs. Ce jeune homme!... beau jeune homme! éclopé, rachitique, malsain!... J'en connais une de ses maîtresses, — la plus fidèle, — la goutte; celle-là ne le trahira pas... elle l'accompagnera au tombeau?

Leonora se mit à rire avec un éclat sinistre, et Corbinelli se contenta de grimacer, tremblant d'être trop bien ou trop mal avec l'un ou l'autre de ces époux toujours en guerre.

— Oh! mais, reprit Leonora, je le laisserai à Paris, moi, parmi ses fêtes, parmi ses honneurs, parmi ses femmes. J'irai là-bas, au soleil, et ce ne sera pas long. A propos, il ne revient pas. Tu vois qu'il ne revient pas? Il a dit qu'il allait au Louvre pour affaire. Oh! pour sottise! Que fait-il au Louvre? y est-il, seulement? Il n'y est pas. Il court. On me le ramènera pâle, malade, ou bien déchiré de quelque bon coup d'épée, car il est exécré. — Peut-il en être autrement avec la vie qu'il mène? — Jamais tranquille, jamais assouvi. Comme s'il pouvait dévorer toute cette France à lui seul! aussi voulait-on l'égorger encore ce matin. Qu'il s'arrange!...

On gratta aux portes du cabinet. Corbinelli se leva et courut voir :

— Qui est là? demanda Leonora irritée.

— C'est la Vienne, madame, le baigneur.

— La Vienne? que vient-il faire ici? est-il fou de me déranger à l'heure de ma sieste?...

— Bon! s'écria une voix maigre et enjouée derrière la porte, moi qui craignais d'arriver trop tard et d'être grondé. J'entre, n'est-ce pas, madame?

— Entre, puisque tu es là.

— Et moi je me retire? demanda Corbinelli.

— Va-t'en, nous achèverons demain. Il reste l'état des placements étrangers... Et tout l'argent sur Florence.

Corbinelli salua, ou plutôt rampa, et sortit après avoir introduit le baigneur.

*
* *

Celui-ci, grosse tête sur un petit corps, bras courts, jambes torses, physionomie de chat et de singe, fit son apparition avec une aisance qui révélait une longue habitude des grandeurs.

Il était vêtu comme dut l'être le cuisinier de Sardanapale, comme le fut sans doute celui d'Apicius, comme plus tard l'a été Vatel, comme l'est aujourd'hui Pascal, lorsqu'il daigne faire dîner lui-même quelque grand de la terre, bonnet blanc, pourpoint de neige, tablier de fin lin relevé à la ceinture par un étui de couteau.

La maréchale le regardait ébahie.

— Il y a donc festin ici? s'écria-t-elle.

— Sans doute, répliqua la Vienne. Ne le savez-vous pas?

— Encore quelque tour du maréchal, répliqua la Florentine.

— Précisément; il m'a fait mander ce matin. Il sait bien, ce digne seigneur, qu'on ne mange nulle part que chez moi ou par moi, et il veut que son cuisinier prenne une leçon.

— Pourquoi faire, bon Dieu!... on ne mange que trop ici; et c'est toi qui corromps tout Paris avec les bacchanales de ta coquine de maison.

— Vous avez la cour à souper ce soir. Trente convives! dit la Vienne en se frottant les mains, comme s'il eût été ravi du compliment.

— Ah! c'est trop fort! s'écria Leonora rouge de colère. Va-t'en! toi, tes festins et tes convives!

— La, la, dit la Vienne, qui savait parler à cette malade et l'apaiser par la douceur, comme un enfant; ne vous emportez pas, madame la maréchale; je ne voulais pas vous déranger, moi. Mais ces bélîtres de l'office prétendent que tout est sens dessus dessous chez vous. Vous parliez de bacchanales! ce n'est pas dans ma maison, allez, qu'il y en a aujourd'hui. Si vous aviez vu Paris quand je l'ai traversé pour venir ici : une chaudière d'enfer!... Calmez-vous... Nous avons passablement de cavalerie, et l'on parlait chez moi tantôt de faire sortir un canon pour effaroucher un peu ces marauds de bourgeois. Soyez raisonnable. Nous aurons un joli souper. Je ne suis venu que pour vous donner une idée galante. Mettez donc sur la table ces deux gros paresseux de vases d'or de Benvenuto, qui ne font rien sur le dressoir de votre salle. Je les emplirai de vin épicé à ma façon, que ces aimables seigneurs boiront bouillant quand vous aurez quitté la table. C'est nouveau. J'ai inventé cela hier. Votre souper fera autant de bruit que le medianoche de madame de Verneuil, vous savez, où tous les pages et les laquais se sont battus en sortant... C'était à mourir de rire.

— Je suis malade, grommela Leonora.

— Raison de plus pour vous distraire, illustre dame. A propos, votre vin de Chypre n'est pas en bon état. Je l'ai examiné. Je fais venir de mon malvoisie. Votre maître d'hôtel est Italien, c'est tout dire. Vous n'aurez jamais une bouteille supportable. Jamais l'Italie n'a su faire ni garder un vin. Vous êtes décidée à avoir une maison italienne, soit ; mais que la bouche au moins soit française. Je prends donc les vases de Benvenuto.

Les nerfs de Leonora commencèrent non à se calmer, mais à se soumettre, broyés par le bavardage de la Vienne. Elle ferma les yeux, s'allongea sur son fauteuil, rêva, et le laissa dire.

— A propos, continua-t-il, ne vous effrayez pas, madame la maréchale, j'ai eu encore une idée : vous verrez un esturgeon vivant dans votre nacelle de cristal de Murano. Si les Vénitiens vous ont envoyé cette curiosité, ce n'est par pour la laisser s'emplir de poussière dans le garde-meuble. Je l'ai fait emplir de belle eau de Seine, moi, et l'on y admirera sur un lit de coquilles le monstre que des pêcheurs de Poissy m'ont apporté ce matin. Quatre pieds neuf pouces entre l'œil et la fourchette de la queue ! Il se débattra quand il verra toutes ces lumières et entendra tous ces cris d'admiration. Voilà pourquoi je vous prie de n'avoir pas peur... ni ce jeune seigneur non plus, ajouta-t-il d'un air caressant en saluant le petit comte de la Pêne, qui se réveillait à mesure que s'endormait sa mère... Oh ! mais ! il est brave, lui, fils d'un maréchal de France !

Il n'y avait que la Vienne au monde pour oser dire une phrase comme celle-là.

Tout à coup un murmure sinistre gronda dans l'air et vint s'engouffrer comme une plainte sous les tapisseries de la chambre de la maréchale. Un bruit d'éperons et de pas précipités retentit dans le vestibule. On entendit crier les portes, le comte de Siete-Iglesias entra chez Leonora précédant les huissiers qui devaient l'introduire.

Leonora bondit, réveillée en sursaut.

— Allons, madame, allons ! dit le comte d'une voix vibrante comme le glas d'une cloche d'alarme.

— Comte ! c'est vous.

— Moi, qui viens de la part du maréchal vous prendre et vous emmener.

— Qu'y a-t-il donc ?

— M. le Prince arrêté ; M. de Vendôme enfermé dans sa chambre, au Louvre ; le peuple en armes, la ville en feu.

— Et Concini ? s'écria Leonora pleine d'angoisses.

— Il voulait venir vous chercher ; je lui ai conseillé de rester au Louvre ou de chercher un abri plus sûr que sa maison. Allons, madame, allons, si dans cinq minutes vous êtes encore chez vous, l'émeute y sera aussi.

— Mais je ne puis me sauver, ce serait lâche, dit la frêle créature, dont le cœur était un cœur de lion.

— Aimez-vous mieux qu'on vous tue et qu'on massacre votre fils ?

Leonora prit son fils par la main, dans un élan de terreur.

— Vos pierreries, votre argent comptant, dit le comte.

— Oui, oui, Corbinelli !... prends ce coffret, petit. Corbinelli ! le traître s'est enfui peut-être...

— Vite ! dit l'Espagnol.

— Corbinelli !... rugit la maréchale.

— Mes gens sont en bas et vous porteront le plus précieux. Mais alerte ! alerte !

La maréchale ouvrit ses armoires, fit, défit des paquets, prit, rejeta des boîtes, sa tête s'exalta, sa raison s'égara.

— Ah ! madame, dit don Luis d'une voix tremblante, vous vous perdez, vous me perdriez avec vous si je vous laissais faire. Allons, enfant, sois homme pour une minute, viens avec moi. Ta mère te suivra, j'en suis sûr.

L'enfant comprit et s'élança vers la porte. La maréchale au désespoir trépigna sur ses coffrets, sur ses reliques, mais suivit son fils et poussa de sourdes imprécations. On descendit ainsi l'escalier ; mais il était trop tard, la foule, semblable aux lames échevelées qui déferlent sur les grèves dans la tempête, fondait à la fois sur la maison, par la rue, par les jardins, par le voisinage. Picard, ressuscité, conduisait l'émeute. Sa voix infernale dominait toutes les autres.

Tout, cette fois, était bien perdu. — Page 586.

— Nous sommes morts! dit Leonora.

Le comte jeta autour de lui un regard sûr et rapide.

— Comment ne sont-ils pas encore montés? se demanda-t-il en prêtant l'oreille, qui peut les retenir en bas?

Il s'approcha de la fenêtre, mais aussitôt recula et ferma le rideau en pâlissant. Le peuple avait reconnu dans la cour l'un des valets qui avaient battu Picard, et ce malheureux, saisi, déchiré, hurlait en vain pour implorer grâce. Voilà ce qui occupait en bas la populace.

— Il faudrait fuir pendant qu'ils massacreront ces gens-là, pensa l'Espagnol; oui, ils courent tous du même côté. Dirigeons-nous de l'autre! Venez, madame. Portez l'enfant, dit-il à deux de ses écuyers, et ils avaient fait la moitié du chemin quand un homme, pâle comme la mort même, les cheveux hérissés, l'écume à la bouche, accourut, et, se jetant aux pieds de la maréchale :

— Sauvez-moi, dit-il, sauvez-moi... Ah! monsieur le comte de Siete-Iglesias, vous ici!... quel bonheur!

— Hugues! s'écria l'enfant.

— Hugues, votre capitaine, qu'ils veulent égorger comme ils égorgent les autres, dit le misérable, fou de terreur.

Un bruit formidable de vociférations et de

coups furieux annonça les chiens altérés qui couraient sur cette piste. Le comte ferma la porte avec sang-froid, et dit à ses gens :

— Aidez-moi à pousser ce bahut en travers. Là... Maintenant, madame, sortons par le petit escalier. Passez devant, vous autres.

— Oui, sortons, s'écria Hugues. Ah ! monsieur le comte, c'est vous qui nous aurez sauvés...

Une clameur effrayante partit de la cour voisine. Hugues ! Hugues ! criaient mille tigres affamés de carnage. Ils sont pendus. Au tour de Hugues, maintenant ! qu'on nous livre Hugues !

Don Luis s'arrêta court et dit au capitaine :
— Entendez-vous ?

Le malheureux ne répondit que par un frisson d'épouvante.

— Vous comprenez, par conséquent, reprit froidement l'Espagnol, que c'est à vous qu'on en veut, et qu'en vous montrant avec nous vous nous faites tous égorger sans vous sauver.

— Mais où irai-je ? bégaya Hugues, éperdu.

— Hugues ! Hugues ! hurla le peuple en secouant la maison, dont les parquets tremblaient sous le poids et les secousses.

— Allez où vous pourrez ; mais ne nous suivez pas, dit l'Espagnol, inflexible comme un dieu d'airain.

— Oh ! s'écria Hugues en s'approchant du comte avec un regard que rien ne saurait traduire. C'est à moi ! à moi que vous refuseriez la vie ?...

— Eh bien ? fit l'Espagnol, après ?

— Même si je vous rappelais le couvent de Boissise ? murmura Hugues tout bas ; même si j'invoquais le nom de ma sœur ?

— Allons donc, maître, répliqua don Luis avec un mépris féroce, entre nous deux et ce souvenir-là, il y a deux ans et dix mille pistoles, dont vous avez eu votre bonne part. Ce qui est payé doit être effacé. Croyez-moi, laissez-là ces souvenirs ridicules, et jouez des bras, des jambes. Passage !

Il achevait à peine quand la porte barricadée craqua sous les efforts des assaillants.

Don Luis courut à l'extrémité opposée, sur les cris de ses écuyers, qui tenaient une issue libre. Là était le salut. On voyait dans la cour la tête des chevaux du comte encore respectés, grâce à la bonne contenance des écuyers qui criaient : Espagne !

Mais, par les trous de la porte enfoncée, apparaissaient déjà des coutelas, des bras tendus, de même que derrière les chevaux et l'escorte espagnole, accourait une bande nouvelle, guidée par Picard ivre de vengeance et infaillible dans sa haine.

La maréchale ferma les yeux et serra son fils sur son cœur. Tout, cette fois, était bien perdu.

— Ah ! mes amis, hurla Picard, les voici, les voici ! je ne m'étais pas trompé. Sus ! sus aux Concini ! Pendant que les autres expédient là-haut le capitaine, culbutez ces chevaux ! En avant !

— Un moment, cria l'Espagnol en s'avançant pâle et l'œil en feu — ces chevaux, auxquels vous touchez, prenez y garde ! c'est l'abri sacré de l'Espagne ! dont je suis, moi, le représentant.

Les masses hésitèrent ; elle n'avancèrent plus.

— Soit ! répliqua Picard, mais on ne veut rien vous faire à vous, monsieur l'Espagnol. Seulement, la Concini que voilà et son petit louveteau, c'est l'Italie, et non l'Espagne. Quant au terrain qu'ils foulent, c'est la France, si je ne me trompe ! Retirez-vous donc, vous, vos chevaux et vos gens. Mais à nous la France ! à nous les Concini ! prenons-les !

Le peuple applaudit par des rires effrayants à cette logique sinistre. La maréchal saisit alors de ses bras défaillants l'écharpe de don Luis, et la dénoua en s'y cramponnant.

— Cette femme a raison, murmura le comte, de se suspendre à mon écharpe ; elle nous sauvera tous !

Aussitôt, par une inspiration digne de ce noble pays où le crime lui-même a sa grandeur, don Luis déroula l'écharpe et l'étendit sur le pavé depuis les pieds de la maréchale jusqu'aux pieds de ses chevaux.

— Allez! dit-il, madame, ce morceau d'étoffe c'est l'Espagne encore. Au nom de l'Espagne, je demande pour moi et ceux que je protége, passage et salut au peuple français! faites ce que vous voudrez des autres.

La foule si intelligente comprit et ne résista pas.

Picard rugit de colère, mais ce fut tout. Il sentait bien que tel prince le soutenait tout bas quand il s'agissait de piller le maréchal d'Ancre, qui le désavouerait et le laisserait prendre en cas d'insultes aux Espagnols.

Dón Luis, en un clin d'œil, remit la maréchale à ses écuyers, prit lui-même l'enfant en croupe et fendit au galop la foule, qui cède toujours à l'audace, quand l'audace accompagne l'esprit.

— Si ces Ancre-là, pensait-il en gagnant au large, ne me sont pas reconnaissants plus tard, il faudra que je sois bien maladroit.

Le peuple, pour se dédommager, recommença à crier Hugues! et à chercher sa proie, mais il ne trouva qu'une escouade de cuisiniers, précédés par la Vienne, dont la figure, si connue, si populaire, excita les rires comme ses casseroles et ses marmites excitaient l'admiration.

On laissa passer la Vienne et ses marmitons sur l'ordre de Picard, à qui l'illustre cuisinier avait serré les mains, et qui n'eût pas ri de si bon cœur s'il eût su que la Vienne emportait dans ses casseroles toutes les pierreries de la maréchale et cachait, sous l'auvent d'une marmite énorme et sous un complet costume de marmiton, le malheureux capitaine Hugues. Celui-ci plus livide que son tablier, faillit tomber à la renverse, lorsqu'en sortant de l'hôtel, il vit accrochés aux deux piliers de la porte deux cadavres qui semblaient attendre le sien.

Dix minutes après, la riche maison était déménagée de fond en comble, et, tandis que les plus vigoureux pillards se sauvaient avec leur butin, les moins heureux se dédommageaient en démolissant les murailles et en brûlant ce qu'ils n'avaient pu démolir.

XI

PASSE-TEMPS ET PROPOS DE GRAND CHEMIN.

Pendant que le soleil éclairait ces horribles scènes, il éclairait aussi les champs, les bois; il dorait les nuages qui courent dans l'azur, il mûrissait la vendange sur les coteaux, et fécondait l'eau verte dont les gouffres diaphanes nourrissent un peuple qui, lui aussi, fait la guerre civile.

Mais sur terre, quel beau spectacle! La route s'allonge en tournoyant sous l'ombrage des pommiers et des ormes. Les derniers rayons du soir font au loin pétiller, comme des feux follets, les vitres des châteaux sur le penchant des collines. Ce petit bruit universel que l'oreille entend et que l'esprit ne définit pas, c'est le bruit de l'air, de la vie. Il pénètre avec la lumière, avec la chaleur, il est à l'âme ce que la verdure est aux yeux, un rafraîchissement, un repos.

Sait-on bien le bonheur de l'homme qui sort de la ville, fatigué de voir des maisons, dégoûté de la boue, des cohues, des tumultes, froissé à force d'avoir été heurté? Ses muscles tendus si longtemps pour l'incessante lutte qu'il faut soutenir contre les obstacles, sa volonté raidie, ses passions irritées, tout cela s'émousse et se détend, quand, après les barrières et les laides banlieues, il voit s'élargir l'horizon, et sent un air nouveau chasser de sa poitrine et de son cerveau les noires vapeurs de la cité brumeuse.

Elle est si belle et si riche cette campagne, ceinture de Paris! Elle a pour tissu les moissons, les vergers, les humbles chaumières brodées de mousse, le fleuve bleuâtre, guilloché de saules et de roseaux. Puis, sur cette ceinture magique, s'arrondissent en relief comme des onyx, des sardoines ou des malaquites, les montagnes moelleuses, polies, ciselées, les fiers châteaux, les vieilles églises. En sorte que l'orgueil du pays natal accompagne le Parisien à quelques lieues hors de sa ville.

Certes, ce n'était pas d'orgueil que battait le cœur de trois voyageurs courant à cheval sur la route de Melun. Ils songeaient peu aux magnificences du soleil, aux splendeurs du paysage. Uniquement occupés de pousser leurs chevaux hors de l'enceinte des maisons : l'un, c'était du Bourdet, recommandait à Bernard de ne point ménager sa monture; l'autre, c'était Aubin, secouait de ses genoux un petit cheval trop pacifique pour un maître si ardent à courir.

Trois heures et demie sonnaient à Charenton, quand ils traversèrent la Marne. La route était déserte, la verdure joyeuse et fraîche. L'œil de ces fugitifs absorba aussitôt l'impression salutaire, et leurs montures, non moins intelligentes du véritable intérêt de la créature, passèrent du grand trot au pas, soufflèrent puissamment deux tourbillons de vapeur, et à partir de ce moment ne songèrent plus qu'aux tentations de l'herbe grenue et des broutilles croustillantes, dont l'arôme et les tiges flexibles caressaient leur naseaux.

On comprend, sans que nous ayons à l'expliquer, qu'après sa miraculeuse évasion du Louvre, Bernard était allé embrasser son beau-père et son petit frère, que du Bourdet avait frissonné des pieds à la tête au récit des aventures de Bernard, qu'il l'avait même perdue cette tête trop éprouvée dans une si cruelle matinée, et que, sans perdre une minute, sans retourner chez le président, trop bien gardé par les mauvaises figures signalées plus haut, le digne homme avait payé généreusement dame Salomon, s'était réconforté à la hâte, lui et ses fils, d'une rôtie trempée dans un bourgogne bien sucré ; puis aidant à faire les valises et gourmandant la lenteur de tout le monde, avait enfourché son bon cheval Jonas, espèce d'alezan d'une couleur bien plus capricieuse que son caractère.

Et les jeunes gens ayant imité son exemple, on avait laissé les oiseaux et le chariot à la garde du laquais champenois et du voiturier normand, le cidre et le vin, fort bien ensemble, grâce à ce trait d'union qu'on appelle un bon fromage.

Du Bourdet trotta sans se retourner jusqu'après Charenton ; là, rassuré par le calme et la solitude, plus encore par le bruit de la sédition qui lui garantissait un voyage sans poursuite, le bonhomme consentit à sourire et à respirer.

Aubin regardait tendrement son frère, qui, rêveur, peut-être fatigué, s'était laissé conduire par son cheval et paraissait dormir plutôt encore que songer.

— Bernard, dit du Bourdet, je gage que vous pensez au bonheur que vous avez eu. Ah ! Bernard, vous avez raison de vanter votre chance ; c'en est une inimaginable d'avoir réussi à sortir de l'antre sans y laisser un peu de votre peau ! Mais, j'y songe, vous nous avez mal conté cela. Dites-nous donc, maintenant, que le danger... Eh ! que vois-je là-bas... cette poussière... Hum !...

— Des moutons, mon papa, répliqua Aubin en se levant sur les étriers.

— Dieu le veuille ! J'aime mieux des moutons que des chevaux derrière nous. Voyons, cher Bernard, dites-moi encore la fin de l'histoire, vous savez, au moment où vous vous êtes trouvé tout seul dans cette galerie maudite. C'est palpitant.

— Eh bien ! monsieur, répondit Bernard avec un complaisant sourire, on m'a ouvert la porte d'une chambre noire, par laquelle j'ai gagné le jardin, puis le quai. Voilà tout.

— Très-bien ! très-bien ! mais, qui cela vous a ouvert ? Je me disais à moi-même : Bernard oublie quelque chose dans sa narration, et je cherchais quoi. Je suis l'homme du détail, moi, vous savez. A présent, je me rappelle. Qui donc vous a ouvert ? quel dieu ? quelle déesse ?...

Bernard rougit... et pouquoi ? Enfin, il rougit ; et au lieu de dire la pure et simple vérité, il répliqua :

— J'avoue que je n'ai pas bien vu ; je sais qu'on m'a parlé, je sais qu'on m'a glissé une clef dans la main, et que je me suis échappé. Voilà tout.

— Voyez, Aubin, dit doctoralement le bonhomme, ce que c'est que l'esprit humain ; peu de chose ! Comptez donc sur la force de votre génie ! Ayez donc l'orgueil de votre supériorité ! Enivrez-vous donc de cette fumée qu'on appelle l'intelligence ! Au moment critique, la fumée s'échappe. Là où une simple brute ne perdrait pas un coup d'œil, que dis-je ? un coup de dent, — car on voit les bêtes brouter dans le plus imminent péril, — eh bien ! là, une cervelle humaine se détraque ! Voilà votre frère, un homme bien organisé, sur qui le danger produit une telle impression, qu'il ne distingue pas même le bienfaiteur dont l'élan généreux lui sauve la vie. Ah ! misérable humanité !

Aubin écouta cette superbe dissertation sur la vanité de la puissance humaine, avec ce respect et cette bonne foi que l'enfant, hélas ! ne perd jamais sans perdre le plus précieux bonheur de sa vie.

Quant à Bernard, il se laissa écraser ainsi sans se défendre. Encore un coup, pourquoi ne disait-il pas la vérité ?

N'avait-il pas vu, en effet ? Ne se souvenait-il de rien ? La fumée motrice, comme disait du Bourdet, s'était-elle échappée de son cerveau ? Malheureusement pour Bernard nous ne saurions douter, qu'en cette circonstance, l'honnête et loyal oiseleur n'ait commis un mensonge énorme. Jamais mémoire ne garda plus fidèlement un souvenir, une image ; jamais âme ne grava en traits plus profonds la reconnaissance du bienfait. Et si Bernard ne révélait pas sa bienfaitrice, s'il ne consentait à retracer ni son sourire, ni son geste, ni l'expression de son regard enflammé, c'est qu'il craignait, même en présence d'un père et d'un frère, que cet aveu bruyant, banal, entrecoupé de commentaires maladroits, peut-être railleurs, ne profanât si vite le charme et la fraîcheur de cette vision, et n'affaiblit le contour déjà trop incertain d'une image qu'il s'efforçait de retenir vivante et inaltérable au fond de son cœur.

Mais plus une âme se couvre, plus elle excite l'attaque. Du Bourdet revint à la charge avec opiniâtreté.

— Eh bien, dit-il, moi, tout ému que je puisse être en des circonstances périlleuses, je ne manque pas trop de sang-froid ; je suis assez content de moi-même. Tenez, ce matin, après l'algarade de la rue de Tournon, quand Aubin évanoui penchait dans mes bras, comme un épi coupé, *purpureus veluti cum flos succisus aratro*, je crois que le moment n'était pas agréable, n'est-ce pas ? je crois qu'on eût eu le droit de perdre la tête. Cependant, je suis en mesure de vous raconter jusqu'aux plus menus détails de la rencontre que nous avons faite.

— Il est vrai, mon papa, dit Aubin, que vous connaissiez déjà la personne que vous rencontriez, M. La Fougeraie, votre vieil ami ; cela aide la mémoire ; tandis que mon frère...

— Ramassez votre filet, Aubin, et laissez tomber la bride, cela reposera votre cheval, que vous mettez en écume, je ne sais trop pourquoi... car, enfin, nous ne risquons plus rien, j'imagine. Vous m'écoutez, n'est-ce pas, Bernard ?

— Certes, monsieur, dit le jeune homme, réveillé encore une fois.

— Il n'y a pas de doute à cela. Je connais La Fougeraie, et cela facilite la mémoire, mais la dame qu'il accompagnait, sa parente, cette aimable personne dont je n'ai pu voir le visage, qui ne peut être que charmante, — j'en juge d'après son cœur... — Voulez vous que je vous dise la couleur de sa robe, les broderies de sa housse, et jusqu'à ses gants ?

— Oh ! oh ! ses gants, murmura en riant Bernard, pour dire quelque chose.

— Oui, ses gants, reprit du Bourdet ; car, d'après Cicéron, il y a corrélation entre les souvenirs par l'intermédiaire et l'analogie des choses, *constat, e serie rerum inter se junctarum* ; et je dis donc les gants, parce que les gants couvrent la main, et que j'ai admiré plus d'une fois, en me retournant, la main nerveuse et souple qui étreignait ce petit drôle sur le manteau moelleux de la dame.

— Voilà une bienfaitrice, s'écria Aubin, envers laquelle ma mémoire est bien ingrate, sinon mon cœur. Mais, cependant, il m'est resté d'elle, je ne sais comment, un souvenir agréable et qui m'attache à elle sans que j'y puisse résister.

— Quoi donc ? demanda Bernard.

— Un parfum, reprit Aubin, que son manteau, sans doute, a laissé sur mon pourpoint, et que j'aime, il faut l'avouer, au point de me surprendre chaque minute à le chercher avec un flair avide. Malheureusement, cette charmante odeur s'efface par degrés, et le grand air aura bientôt dissipé jusqu'au dernier atome de ma reconnaissance.

— Eh! petit sensuel, dit du Bourdet, comme vous caquetez!

— Voyez, mon frère, ou plutôt respirez, reprit Aubin en se penchant, plein de grâce et de tendresse dans les bras de Bernard, tandis que leurs deux chevaux, épaule contre épaule, se souhaitaient un muet bonjour.

Bernard embrassa l'enfant, et respira dans ce baiser l'odeur de son col blanc et frais.

— C'est étrange, murmura-t-il, l'œil un moment ranimé par une sensation qui engourdit jusqu'à son cœur.

— Quoi donc? dit du Bourdet, peu expert à deviner les idées qu'un demi-mot révèle, qu'est-ce qui est étrange?

— Il y a, en effet, encore un reste de parfum sur le collet et la poitrine d'Aubin, répondit Bernard troublé... et je m'étonnais qu'après si longtemps cette odeur fût encore sensible.

— Allons, allons, s'écria le bon père, qui n'avait vu dans cette courte scène qu'un charmant tableau d'amitié fraternelle. Je crois que maître Aubin saura faire son petit câlin pour conquérir les bonnes grâces de son frère.

— C'est conquis, répliqua Bernard sincèrement.

— Oh! tant mieux! dit le bonhomme avec une gravité touchante, tant mieux! Que le petit se fasse chérir du grand, que le grand protège le petit : c'est la seule grâce que je demande à Dieu désormais.

— Comme vous demandez cela tristement! s'écria Aubin ; ne voyez-vous pas, mon papa, que Dieu vous a déjà dit oui. Réjouissez-vous donc, au lieu de courber ainsi la tête.

En effet, du Bourdet se laissait aller à un accès de sombre mélancolie, à un souvenir désormais douloureux comme une sourde plaie au cœur. Il songeait à l'engagement terrible qu'il avait pris envers le président. Il étendait, avec la triste rapidité de l'imagination humaine, un crêpe de deuil sur les dernières années, — peut-être déjà comptées, — d'une vie qu'hier encore il espérait si heureuse.

— Ah! mes enfants, reprit-il lentement, ma tristesse vient de ce qu'après une grâce accordée par ce Dieu miséricordieux, j'aurai trop vite à lui demander une nouvelle grâce, puis après cette dernière, une autre encore ; car nous vivons dans un temps où chaque minute écoulée est un danger de moins, où chaque minute à venir est un danger de plus!

— Allons! allons! mon papa, dit Aubin tout bouleversé par cette subite invasion de la tristesse, est-ce que vous oublieriez vos leçons de philosophie? Est-ce que vous me donneriez le mauvais exemple, vous, de qui j'ai appris qu'il ne faut rien craindre ni rien ambitionner en ce monde?

— Jamais la vie a-t-elle été plus belle? s'écria Bernard dans un de ces transports qui jaillissent du cœur... libres, saufs, heureux!... Ne sommes-nous pas tous bien heureux, dites?

— Oui, balbutia du Bourdet, faisant effort sur lui-même... Oui, nous le sommes!

— Et, même ajouta Bernard, redoublant de vivacité, d'entrain, pour mettre en déroute le nuage opiniâtrément fixé sur le front du père, il m'arrive, à moi, un bonheur de plus.

— Quoi donc?

— J'ai faim! oui, j'ai faim, et je me sens tout autre ; mes idées s'épanouissent, j'aime la route, j'aime les maisons, j'aime l'univers!

— Vous aimeriez peut-être aussi une bonne omelette et quelque quartier de volaille rôtie? dit du Bourdet, redevenu souriant ; eh bien, à Montgeron, où nous allons entrer dans vingt-cinq minutes, nous dînerons, si vous voulez.

— Volontiers. Qu'en dit Aubin?

— Aubin, s'écria l'enfant d'une voix pleine de joyeux rires, dit qu'il remplacerait volontiers par l'odeur et la solidité d'une aile de poulet le parfum qu'il n'a plus sur sa man-

che. Aïe, l'aile ; que dis-je à présent, l'aile !...
Je l'avais autrefois quand nous n'étions que
deux, mon père et moi. Mais maintenant
mon frère aîné est revenu, je passe au pilon
de la volaille.

Cette critique du droit d'aînesse acheva de
dérider tous les fronts. L'allusion aux poulets
rôtis fut également comprise, même des chevaux, qui traduisirent poulet par avoine ; car
ils prirent un trot rapide et montèrent allégrement la côte assez raide de Montgeron.

On ne s'occupa plus qu'à examiner avec
soin les extérieurs d'auberge, pour deviner
laquelle fournirait en moins de temps le bon
repas qu'on réclamait. Mais si l'estomac propose, l'auberge dispose. Les broches ne tournaient plus ; les foyers étaient morts. On ne
trouva dans Montgeron qu'un poulet froid, du
veau froid, des flancs de viande froids également, et encore ne fut-ce qu'à l'extrémité
du village, au moment où l'on regrettait de
n'avoir pas fait halte à Villeneuve-Saint-Georges.

Bernard eut une inspiration. Il fit ses emplettes, qui consistaient en un quartier de
bœuf piqué figé dans la gelée, comme un navire dans le Zuiderzée en décembre ; deux
bouteilles de vieux mâcon tirant sur le jaune ;
pain, menues salaisons et une tarte aux prunes destinée à Aubin : celle-là sortait du four.
Bernard ordonna que toutes ces bonnes choses
fussent placées sur une table, à condition que
la table serait dressée en plein gazon, en plein
air, sous des poiriers, qui laissaient filtrer les
derniers rayons du soleil.

Et tandis que les chevaux dévoraient l'avoine promise, les voyageurs, dont l'un avait
été délégué pour assister au repas des animaux, dressèrent leur couvert et préparèrent
les parts.

*
* *

C'était à gauche de la route, à l'endroit où
les bois commencent et montent jusque dans
le ciel bleu. A droite, la vue plongeait sur
une vallée et découvrait, au-delà de la rivière,
les prairies vertes que l'Orge arrose, et les
coteaux de Juvisy et d'Athis. Une tiède vapeur montait des plaines échauffées par cette
journée sereine. De loin venait un chant
plaintif, celui des bateliers descendant le
fleuve sur leurs trains de bois et se perdant
derrière le village dans le détour que fait la
Seine.

— Nous allons faire un petit repas délicieux, dit du Bourdet.

— Et tel que ne le font pas les Parisiens
à cette même heure, repartit Bernard. Ah !
voici Aubin. Les chevaux ont-ils fini l'avoine ?

— Oui, monsieur.

— Déshabitue-toi de dire monsieur, dis :
mon frère, ou même Bernard, sinon je ne
t'achéterai plus de tarte chaude. Assieds-toi, et buvons tout d'abord à notre santé.

— Aussi à la santé de votre future, dit le
bonhomme, car il me semble que nous parlons bien rarement d'elle.

— Nous n'avons pas eu le temps ! s'écria
Bernard avec une nuance d'indifférence qui
n'échappa pas à Aubin, car le spirituel enfant regardait son frère à la dérobée.

— Et puis, dit-il alors en levant son verre,
si mon papa le permet, je porterai la santé
d'un absent qui nous est bien cher et qui nous
attend peut-être aux Bordes à l'heure qu'il est.

— Qui donc ? demanda Bernard.

— Mon oncle Pontis, donc, répliqua Aubin.

— Oh ! oui, dit du Bourdet, deux verres à
sa santé, à son bonheur !

— Je bois d'abord, monsieur, ajouta Bernard, car j'aime tendrement le frère de notre
bonne mère, mais il y a douze ans que je ne
l'ai vu, et je ne le connais pour ainsi dire
pas. Parlons de lui, voulez-vous ? cela nous
aidera à bien dîner.

XII

D'UN ONCLE MALHEUREUX, D'UNE TANTE POLIE ET D'UNE NIÉCE INCOMPARABLE.

t d'abord, reprit Bernard, partagé entre
le plaisir de calmer sa
faim et le désir de
satisfaire sa soif, expliquez-moi comment
nous ne l'avons pas
vu depuis douze ans,
ce cher oncle Pontis ?

— Oh ! que de raisons je vais avoir à vous

donner! répliqua du Bourdet. Cependant il faut bien les donner toutes et les donner bonnes. En effet, depuis le jour de mon mariage avec votre chère mère, il s'est tenu bien loin de nous, mon digne beau-frère. Il est un peu sauvage, disons-le, et puis, c'est un homme attaché à ses devoirs.

— Il est lieutenant du roi à Grenoble, je crois, dit Bernard ; pourquoi à Grenoble seulement, car c'est un gouvernement un peu humble pour un officier du mérite et de la réputation de M. de Pontis? Ce nom-là est bien connu, allez, je l'ai entendu prononcer partout, même sur les mers.

— C'est lui qui a choisi Grenoble ; le Dauphiné est sa patrie. Quant à l'obscurité des fonctions qu'il exerce, nul que lui ne pourrait l'expliquer. Aimé, estimé du feu roi, qui l'avait pris dans ses gardes, chéri de M. de Crillon, qui l'employait dans les occasions difficiles, toujours loyal, toujours sans peur, le chevalier de Pontis pourrait, devrait peut-être, à l'heure qu'il est, tenir le bâton de maréchal de France. Mais, mes enfants, l'homme ne fait pas seul sa vie ; ce fil mythologique n'est pas toujours l'ouvrage d'un tisserand de bonne volonté. Souvent, dit Eschyle, un brin de laine vile rompt, en s'y enroulant, le fil d'or le plus pur.

— Mon oncle a été malheureux, dit Bernard. On lui aura nui ?

— Je crois, repartit du Bourdet, qu'il est un peu l'artisan de son malheur, et ce malheur se compose de deux parts distinctes : fatalité, remords.

— Remords !... s'écria Bernard, des remords dans cette âme généreuse !

— Il y a là, continua du Bourdet gravement, une vieille histoire que la famille a dû cacher à des enfants, mais qu'elle peut révéler à des hommes. Aubin profitera de la circonstance. Un secret confié à propos suffit pour mûrir une jeune tête.

— Oh ! mon papa, dit l'enfant, traitez-moi en homme, vous ne vous en repentirez pas.

— Et puis, ajouta le père, cette révélation n'est pas seulement une confidence que je vous fais, c'est une précaution qui devient indispensable. En vous prévenant comme je vais le faire, j'empêcherai que par inadvertance vous rappeliez à votre oncle des événements dont la mémoire le ferait trop souffrir.

— J'écoute, et je profiterai comme Aubin, dit Bernard.

Toutes les têtes se rapprochèrent, bien qu'autour de cette table l'espace fût libre sur la terre comme au ciel, et que nul regard, nulle oreille ne songeassent à intercepter, soit la confidence, soit l'expression des physionomies qui allaient la réfléter.

— Eh bien, Bernard, continua du Bourdet, la fatalité dont votre oncle a été victime, la voici : Il a tué quelqu'un dans un duel, et ce quelqu'un, mort si douloureusement, était, à ce qu'on dit, le meilleur ami de Pontis. Vous frissonnez ; cependant un pareil malheur n'est pas rare, à une époque où la noblesse de ce royaume cherche toujours quelque querelle dans l'ivresse, et trouve toujours à son côté une épée pour trancher la discussion.

— Son ami ! murmura Aubin.

— L'épée est aveugle comme l'ivresse et la colère, reprit du Bourdet. On tue un ami ne croyant tuer qu'un homme ; c'est après, que le regret se change en remords.

— Et vous pensez, monsieur, dit Bernard, que c'est la douleur qui a jeté M. de Pontis dans la solitude ?

— J'en suis sûr, il n'avait pas de secret pour votre mère, sa sœur aînée. Il l'aimait tendrement, et lui a confié la plus grande partie de cette déplorable affaire.

— Qui eut lieu... y a-t-il longtemps ?

— Ce fut, dit-on, à Fontainebleau, dans le palais même, aux environs de l'Orangerie, la veille du jour où vint mourir à Paris la belle Gabrielle.

— Cet ami de M. de Pontis était sans doute un officier, un gentilhomme comme lui ? demanda Aubin.

— C'était un jeune seigneur accompli, dont la fortune était immense, la naissance quasi royale, un ami du feu roi, que toute la cour recherchait pour son esprit, sa magnificence et sa rare beauté. On l'appelait Espérance, une sorte de surnom sous lequel il dissimulait, disait-on, l'origine la plus illustre. Ce jeune homme était surtout aimé de

Bernard entendit quelque chose sauter. — Page 596.

M. de Crillon, qui, après sa mort, quitta la cour et se retira chez lui à Avignon. L'histoire de ce combat mystérieux ne s'est jamais répandue. Je l'ai sue, moi, à cause d'un commencement d'enquête que la ville de Fontainebleau avait cru devoir faire, et qui fût arrêtée court par ordre du roi.

— Je comprends parfaitement, dit Bernard. Le roi, qui aimait ce jeune seigneur, aura pris M. de Pontis en disgrâce.

— Nullement... Le roi a tout fait pour rappeler à lui votre oncle et lui faire oublier son malheur; car, je vous le répète, l'amitié qui unissait ces deux gens était proverbiale à la cour. Espérance avait sauvé la vie à Pontis, il le protégeait, il le logeait. De son côté, Pontis eût donné mille vies pour son protecteur. En sorte que nul n'a jamais bien compris la cause de cette lutte fratricide. Pontis fut nommé deux ans après lieutenant dans les gardes. Il fit avec le roi toutes les campagnes de Savoie. Il avertit Sa Majesté des complots de M. de Biron, auquel même il résista l'épée à la main, un jour que le maréchal voulait forcer l'armée à trahir son maître. Mais au lieu de revenir à Paris recevoir la récompense de services si éminents, il continua de vivre obscurément en province. Il voyageait beaucoup, et se tint éloigné de la cour avec une obstination que peut-être maintenant vous comprendrez, car ses regrets sont ineffaçables, car ils ont creusé une plaie éternelle en son cœur, et vous remarquerez que jamais votre oncle ne boit de vin, que jamais il ne rit, que jamais il ne prononce le mot *espérance*, usant d'une périphrase lorsque l'idée représentée par ce mot vient à s'offrir dans la conversation.

***

Ce récit avait jeté comme une teinte de deuil sur le joyeux festin savouré par nos trois voyageurs; et puis le soir, avec sa brume bleuâtre, avec son religieux silence, commençait à tomber du ciel. Du Bourdet, secouant la fraîcheur de ses épaules, demanda son manteau à Aubin, sur qui la confidence avait produit l'effet annoncé. L'enfant, recueilli, sérieux, méditait. Bernard, involontairement, se trouvait mieux d'une disposition d'esprit mélancolique. Quelque chose réclamait en lui cette harmonie. Et dans les profondeurs du crépuscule, il retrouvait plus aisément le dessin vague de son gracieux fantôme.

La Seine dormait, au bas du coteau, sous les mourantes lueurs du couchant cuivré; elle ressemblait, dans sa courbe élégante, à un cimeterre égyptien dont la lame, posée sur un tapis sombre, reflète le ciel bleu dans sa nappe d'opale. Tous ces bois, naguère encore diaprés de lumière, s'étaient éteints, confondus en une masse profonde; l'horizon s'estompait dans un brouillard violacé; les clochers montaient, sévères et noirs, dans les dentelures nacrées du ciel.

Bernard fit amener les chevaux, qu'une heure de repos et de repas avait rafraîchis et égayés. Chacun, sans communiquer ce reste d'inquiétude, donna un dernier regard à la route de Paris, et on pénétra d'un trot relevé dans les épais massifs de la forêt de Sénart.

***

Ce premier moment de course fut silencieux, chacun des trois voyageurs en profitait pour se livrer à ses réflexions particulières. Et peu à peu l'influence des ténèbres rapprochant les trois angles du triangle, on se reprit à se coudoyer, on combattit les tristesses de l'ombre par un entretien plus vif.

Du Bourdet revint encore une fois à son thème favori.

— Il faut avouer, Bernard, s'écria-t-il, que vous me donneriez, si j'étais soupçonneux, des doutes sur l'état réel de votre esprit, de votre sincérité, même. Nous n'avons pas bu à la santé de votre future, et vous ne m'avez adressé sur elle aucune question. Où donc est cette ardeur du mariage, cette soif du bonheur intérieur qui se trahissaient à chaque ligne dans vos lettres? Ne souhaitez-vous plus ce bonheur depuis que vous l'avez sous la main? Faut-il que je m'écrie avec Horace:

Qui fit Mecenas...

— Ne vous écriez rien, cher monsieur, répliqua Bernard, qu'on entendit rire franchement à cette apostrophe, mais qu'on ne vit pas rougir, grâce à la profonde nuit. Non, pas de conjectures qui vous soient désobligeantes, ni en latin, ni en grec, ni même en français.

— Eh bien, alors, comment se fait-il que, remis, ainsi que nous le sommes, de nos secousses, elles étaient de nature à nous désarçonner, je l'avoue, mais, enfin, l'équilibre est rétabli; comment, dis-je, revenu à l'état ordinaire, ne vous inquiétez-vous pas un peu de ce qui vous attend au bout de la route, que nous aurons achevée dans trois heures?

Bernard sentit qu'il fallait cette fois répondre, et catégoriquement.

— Rien ne vous prouve, monsieur, reprit-il en riant toujours, que je ne m'en inquiète pas, mais chacun s'inquiète à sa manière; moi, je ne vois rien que de très-gai dans tout cela. Se marier, épouser une fille que vous dites aimable, jolie, honnêtement riche, et douée d'une foule de vertus et qualités, c'est réellement trop peu alarmant pour que je vous fatigue de questions à tous propos. D'ailleurs, je sais que la demoiselle s'appelle Sylvie, qu'elle est d'une bonne famille de Touraine, les des Noyers, noblesse d'épée

par les hommes et de robe par les femmes.
— Naturellement, dit Aubin.

Et ici l'enfant se mit à rire si follement que l'exemple gagna les trois cavaliers, et que leurs chevaux, étonnés de ces éclats bruyants, prirent un temps de galop dans le sable épais de la route.

On se remit, cependant ; mais cette explosion d'hilarité avait compromis tout le sérieux de l'explication pour au moins une grande lieue.

— Il ne faudrait pas trop vous habituer aux coqs-à-l'âne, dit du Bourdet à Aubin ; c'est un genre d'esprit vulgaire et qui a ses inconvénients.

— Oui, monsieur, répliqua Aubin, on risque quelquefois d'être pendu comme, ce matin, le cordonnier Picard.

— Il vaut encore mieux se marier ! s'écria Bernard. Ainsi, monsieur, vous me voyez toujours le même, — sauf examen, n'est-ce pas ? Car enfin, vous n'avez rien noué que sous cette condition !

— Sans doute ! sans doute ! répliqua du Bourdet, je n'ai même rien noué du tout. C'est vous qui, après confrontation, expertise et réflexion, déciderez souverainement. Je ne vous aurai là-dedans rendu qu'un seul service : celui de découvrir la petite perle. Voilà, du moins, mon avis. Et une perle isolée ; sans famille. — Précieuse condition !

— Oui, monsieur, dit Bernard ; car je ne saurais trouver aucune famille qui pût se comparer à la mienne. Quel père vaudrait celui que j'ai ?

— Merci, Bernard, merci, balbutia du Bourdet tout ému et fort heureux de l'obscurité, grâce à laquelle cette émotion ne se trahissait que par un tremblement de sa voix.

— Quant au nom de mère, continua Bernard, on ne peut plus le donner à personne quand on a perdu la mère que nous avions, n'est-ce pas, cher Aubin ? Il reste donc à mademoiselle Sylvie des Noyers une tante. Ce n'est pas gênant.

— Et un frère, ajouta du Bourdet, un frère qui n'est guère plus gênant que la tante ; car on ne le voit jamais, et depuis deux ans nous n'avons pas réussi à le rencontrer, quelques instances que j'aie faites. Il est au service, à l'armée, on ne sait où. Je ne le crois pas un héros, entre nous soit dit, car la tante, scrupuleuse personne, ne laisse jamais la conversation se fixer longtemps sur ce sujet.

— Ah !... la tante est scrupuleuse, l'est-elle réellement beaucoup, je veux dire trop ? demanda Bernard.

— C'est une aimable vieille dame, d'un monde fort étudié, fort raffiné, même.

— Vous m'avez raconté souvent, cher monsieur, et j'ai lu, je m'en souviens, à Madagascar, des récits fort intéressants des parties d'hombre que vous faisiez, elle et vous, tandis que mademoiselle Sylvie brodait ou bâillait, la pauvre fille, c'était édifiant.

— Je voulais vous prouver ainsi la monotone tranquillité de notre vie aux Bordes. Sylvie sortait du couvent. Elle avait gardé l'espèce de pruderie mystique que les pensionnaires y contractent, comme toute fleur éclose dans la serre prend une sorte de pâleur terne, bien vite dissipée par l'air et le soleil. Moi, voyant ce calme, cette régularité, cet isolement absolu, connaissant les principes de la tante chez laquelle le frère avait mis sa sœur au sortir du couvent, je me suis pris à penser, sachant aussi qu'il y a dans un coffre que j'ai vu six mille pistoles bien comptées, auxquelles la tante doit joindre cinquante mille livres en bonnes rentes, — j'ai pensé, dis-je, que vous aviez là, si vous vouliez, une aimable petite compagne toute trouvée pour votre retour, et j'avouerai qu'après vous en avoir fait l'ouverture, que vous accueillites très-bien, je me suis arrangé par degrés de façon à préparer l'esprit de la jeune personne.

J'ai lu tout haut vos lettres lorsqu'elles contenaient des choses convenables pour une oreille de jeune fille. J'ai vanté les mérites que vous avez ; l'on sait votre bien qui est au soleil, et je pense pouvoir vous dire que vous serez admirablement reçu, ayant peut-être été attendu avec quelque impatience.

— Voilà qui est à merveille, répondit Bernard, en étouffant un soupir que nul ne soupçonna, tant le geste et le débit de son exclamation brillaient de joyeux entrain. Maintenant, que dit maître Aubin? Donnera-t-il son consentement à ce mariage?

Bernard croyait faire la meilleure plaisanterie du monde, et s'attendait à quelque réplique aussi joyeuse. Mais l'enfant, d'une voix calme et circonspecte, se contenta de répondre sèchement :

— Monsieur, je suis bien petit pour donner mon avis; et si je le donnais, on ne m'écouterait pas.

Ce ton bizarre surprit le frère aîné. Mais du Bourdet prit complétement le change, et, attribuant cette réserve à la seule modestie, complimenta Aubin de sa réponse. L'incident se termina là.

*
* *

Cependant la route avait fini par se dévider sous les pieds des chevaux; les tours et les clochers de Melun apparurent dans la nuit.

Nos trois cavaliers firent un détour assez long par les bois pour éviter la ville, et bientôt, retrouvant le bord de la rivière, entrèrent vers l'ouest dans un chemin creux bordé de peupliers, qui les conduisit au château des Bordes.

Il faut dire aussi que le cœur de Bernard battit bien fort lorsqu'il vit les toits aigus des pavillons carrés du petit domaine où sa jeunesse avait grandi, où vivaient ses plus frais souvenirs de bonheur, et où, si souvent, il avait embrassé sa mère, qui cette fois, n'arriverait plus au-devant de lui les bras ouverts.

En entrant dans le chemin de traverse, Aubin siffla d'une façon particulière, et bientôt l'on entendit comme un grognement mêlé d'éclats joyeux; puis les fenêtres s'éclairèrent au rez-de-chaussée, une lumière courut dans le parterre, à travers les arbres, et avant qu'on eût distingué encore ni une voix ni une figure humaine, Bernard entendit quelque chose sauter, en fourrageant l'herbe, jusqu'à l'étrier du petit Aubin, puis recommencer ses gambades et ses caresses dans les jambes du cheval Jonas.

— C'est mon vieux basset Ramonneau, dit du Bourdet, le favori de la maison, le maître de chasse d'Aubin. Vous le rappelez-vous, Bernard, ce chien que m'a donné La Fougeraie?

— Parfaitement; et, si je ne me trompe, j'aperçois la bonne Marcelle qui se hâte là-bas avec sa lanterne.

— Et qui pousse en avant le bataillon des laquais et des servantes, ajouta du Bourdet, de peur que nous ne soyons pas reçus avec tous les compliments et les honneurs qui nous sont dus. Je gage, Bernard, que Marcelle, qui ne devrait pas nous attendre, car je ne lui ai rien fait dire, a deviné notre arrivée, grâce à ses calculs et supputations, et que la broche tourne comme autrefois chez Marc-Antoine, à qui son cuisinier tenait toujours un souper prêt à point, quelle que fût l'heure de son caprice.

En parlant ainsi, l'on était à vingt pas du château, et Marcelle, qui par un détour avait su arriver la première, tenait l'étrier de son maître tout en saluant respectueusement Bernard et en envoyant un baiser à Aubin.

Bernard embrassa la bonne femme, dont le visage rayonnait de joie.

Marcelle, avec ses cinquante-cinq ans, ses cinq pieds deux pouces, sa vaste poitrine, était tendre et faible de cœur comme une enfant. Elle pleurait, et criait des ordres confus à faire damner toute la maison.

— Laurent, les chevaux! Germaine, les valises! Antoine, le feu aux cheminées! A la cuisine, Bastien! Le couvert, André!

Et cependant elle tenait trois brides, cherchait à accrocher un porte-manteau, et ses clefs sonnaient dans sa poche comme les grelots d'un cheval pressé.

— Là, là! dit du Bourdet, Marcelle va rendre fou tout le monde. Tenez, Bernard, il fait bien nuit, mais vous pouvez voir le changement que j'ai fait dans le parterre.

— Je cherche, dit Bernard, écarquillant ses yeux en vain.

— Ne regardez pas; écoutez.

— En effet, j'entends de l'eau, ce me semble...

— Vous verrez demain une jolie fontaine que nous avons en face du château, et dont les eaux traversent toute la prairie jusqu'à la rivière ; mais ce n'est rien cela, vous en verrez bien d'autres demain ; nous visiterons les bâtiments nouveaux, et les garennes, et les cent arpents que j'ai achetés derrière le verger, avec vos économies, Bernard, en sorte que vous êtes maintenant le maitre d'un château qui fait le centre exact d'un cercle de six cents arpents, autrefois bien morcelés par le voisin. Vous verrez demain comme vous êtes bien tenu et riche, mon cher Bernard.

— En vérité, monsieur, répliqua le jeune homme d'un air humilié, on dirait que vous me rendez des comptes.

— Si j'en rends ! parbleu, oui, mon fils ; j'en rends, et m'en flatte ! N'est-ce pas le moment de l'inventaire, quand le propriétaire se marie ? Ce que je vous dis, ce soir, le notaire de la future vous le demandera peut-être demain. A propos, Marcelle, a-t-on des nouvelles de mesdames des Noyers ? Tout est il préparé, comme je l'avais commandé, pour les recevoir ?

— Ces dames sont arrivées après-midi, répliqua Marcelle ; et je les ai fait conduire aux Fossés, selon les ordres de monsieur. Je puis dire qu'elles n'ont manqué de rien, et, à l'heure qu'il est, elles dorment dans de bons lits, après un souper comme le roi n'en fait pas de meilleur au Louvre... A propos, mon petit Aubin, tu l'as vu, le Louvre : est-ce beau, hein ?

— Oh oui ! nourrice, c'est bien beau, va, répliqua Aubin.

— Ah ! ces dames sont déjà ici, reprit Bernard, tandis que du Bourdet se frottait les mains.

— Vous voyez, Bernard, tout marche, tout marche, nous ne nous endormons pas, nous autres vieux. Ces dames, à partir du moment où je leur avais fait des propositions de mariage s'étaient, selon les convenances, retirées à la ville, pour attendre quelque chose de définitif. Elles viennent passer huit jours à ma maison des Fossés, comme pour prendre le lait à la ferme. Vous les verrez là d'une façon tout à fait indépendante. Si on se convient, la noce se fera vite ; sinon, elles retourneront à la ville comme s'il ne s'était jamais agi de rien. Ne trouvez-vous pas tout ce plan dressé de la bonne manière ?

— On ne saurait plus délicatement, dit Bernard.

— Eh bien ! mon cher enfant, avez-vous faim ? Non. Alors couchez-vous sans perdre de temps, et venez me prendre demain vers sept heures, et nous irons rendre visite aux dames, qui nous inviteront sans doute à déjeuner. Je vais vous conduire à votre chambre.

— Toujours la même ? demanda Bernard.

— Certes ! de l'autre côté du palier, en face de la mienne.

— Permettez-moi seulement d'aller rendre une visite au portrait de ma mère qui est chez vous ; je ne dormirais pas sans avoir reçu le bonsoir de cette chère image.

— Venez, dit du Bourdet brusquement pour cacher le trouble de son cœur.

Il amena les jeunes gens dans sa chambre, où souriait, en effet, le portrait de leur mère. Tous trois s'embrassèrent tendrement sous son regard qui semblait revivre.

— Maintenant, s'écria du Bourdet, une caresse à l'oncle Pontis, qui vous appelle du fond de son cadre.

— Qu'il est jeune, qu'il est riant ! dit Aubin.

— Ce portrait-là le représente à vingt ans, répliqua le père, un an avant l'aventure que vous savez. L'oncle était jeune, alors, alors encore il riait ; mais, pardonnez-moi, je me sens plus impressionné que je ne le voudrais, pardonnez-moi, j'ai le cœur très faible. Ne soyez pas comme moi, Aubin ; il faut qu'un homme soit fort. Allez, allez dormir, mes enfants ! Et vous, Bernard, faites-vous beau demain matin pour la présentation.

XIII

ENTREVUE.

près une nuit étoilée le soleil reparut à l'autre rive de la Seine, et ses premiers feux teignirent en rose la façade du château des Bordes, qu'on put alors distinguer avec ses jardins et son riant horizon.

Le corps de logis, à deux étages, était flanqué de deux ailes en tourelles, surmontées d'un long toit conique en ardoises. Pour ornements, la chaux teintée d'ocre formait ses refends en quadrilatères sur le champ de briques. Les hautes fenêtres à petites vitres carrées et deux perrons à balustres de pierres donnaient à la façade un caractère de noblesse en même temps que de simplicité; le parterre, constellé de fleurs robustes et violentes de ton, comme les roses d'Inde, les amarantes, les marguerites blanches, les mauves, étalait son gazon dru et vert, rafraîchi chaque nuit par un large ruisseau bordé de cressons et de pourpiers.

Derrière le château montaient les grands arbres d'un parc immense, et derrière ce parc on eût pu distinguer la ferme, séparée par les cent arpents de plaine dont le bonhomme du Bourdet avait parlé la veille au soir à son beau-fils.

Du parc à cette ferme le chemin était ravissant, sous les pommiers et les vieux poiriers à cidre.

On eût dit un tapis de verdure à bandes brunes. Ces bandes, parfaitement égales, c'était la double ornière tracée dans l'herbe par le passage des chariots, après la moisson.

Mais le domaine avait encore d'autres richesses. Adossée à la ferme, sans en ressentir les incommodités, s'élevait une petite maison blanche et gaie, décorée de pampres dans lesquels montaient et éclataient des fusées de roses pâles, mêlées aux raisins déjà rougis. Cette modeste habitation, destinée aux amis que l'ample hospitalité du château n'eût pu loger sous le toit du maître, renfermait deux appartements complets, meublés à la mode du dernier siècle, et offrait à ses hôtes la liberté la plus absolue, la plus riante, comme supplément de béatitude.

En effet, soit que l'habitant voulût se distraire au spectacle des travaux champêtres et admirer les lourds chevaux à l'œil sournois dans l'ombre des écuries, les brebis dans l'immense hangar, les innombrables pigeons tourbillonnant autour du colombier, soit qu'il préférât la promenade des bois et des allées moussues, il n'avait qu'à pousser la porte de communication qui ouvrait sur la cour de la ferme ou à traverser le chemin qui séparait la maison du taillis; mais de quelque côté que l'œil consentît à se poser, il ne trouvait que calme, solitude, douce verdure, immense étendue de la nappe du ciel, douce perspective de la plaine bigarrée; toujours un oiseau fendant l'air, toujours un lièvre arpentant la plaine, toujours un lapin grattant et grugeant dans l'épaisse broussaille de ronces et d'églantiers qui hérissait le fossé des bois et donnait à la petite maison des pampres son nom : *les Fossés*.

**

C'est là, s'il plaît au lecteur, que, laissant Bernard auprès de ses oiseaux rares qui sont arrivés dans la nuit, nous irons, dans les parfums et la rosée, donner un coup d'œil à cette partie si intéressante du domaine. Qu'il vienne donc, le lecteur, en notre société, par le parc, d'où l'on descend au moyen d'un petit pont un peu roide; par le chemin des pommiers, rouges de pommes; par la plaine, où repousse vaillamment le trèfle dans lequel chantent les cailles. La maison blanche rit tout à coup sous un bouquet de chênes. Poussons la porte en treillage de la haie touffue. Respirons... entrons.

Un petit jardin de trente toises carrées précède l'habitation. Tout y pousse pêle-mêle; c'est le potager de la ferme; c'est un verger aussi; c'est encore un promenoir ombragé. Des sureaux énormes s'y confondent avec des groseillers nains; sur l'arbre s'épanouissent ces larges corbeilles de graines noires, sortes de tartes sucrées par le soleil, que viennent picorer les fauvettes friandes. Sur l'arbuste, des grappes oubliées de groseilles noircies par la maturité semblent provoquer les verdiers, les pinsons, les grives, et dans les allées étroites, car à la campagne, si l'homme perd du terrain, la nature le rattrape aussitôt, des touffes de pensées, de thym, de liserons, disputent le pas à d'énormes soleils, d'abord parasites, qu'on a laissés grandir pour la joie des enfants du fermier qui en croqueront les pepins comme des noisettes.

Ce jardin, dont nous n'énumérerons pas les légumes, rassurez-vous, lecteur, avait sa pelouse et ses espaliers. Il avait son berceau de chèvre feuillés, son labyrinthe, son kiosque. Ces curiosités, il les possédait en tout temps. Mais au jour dont il s'agit, vous y eussiez trouvé une autre curiosité, que nous qualifierons d'incomparable.

*
* *

C'était une vieille dame de soixante ans, petite et sèche, roide comme un busc, coiffée d'un de ces étranges bonnets plissés, à tuyaux, datant de Henri II, que les religieuses de nos jours revendiqueraient, sans l'espèce de houppe de soie qui le surmontait comme une aigrette. Dans sa robe à fleurs quinquagénaire, la bonne dame ne ressemblait pas mal à un vieux portrait de Velasquez. Visage anguleux, ridé, œil sans cils et sans sourcils, cheveux blancs dissimulés sous le bandeau de fin linge, bouche circonspecte aux lèvres bienveillantes, dont le sourire, hélas! rapprochait désastreusement le nez et le menton, séparés autrefois par deux remparts de dents à jamais démantelés.

La tante des Noyers, car c'était bien elle, ne manquait pourtant ni de majesté, ni d'une certaine bonne grâce inséparable du savoir-vivre. Peut-être perdait-elle de ses avantages debout, en plein jour, forcée de soutenir encore une démarche, une tournure, et de mouvoir ses bras trahis par de vilaines manches collantes. Mais on sentait que la même figure devait gagner cent pour cent à trôner dans un fauteuil, alors que toute la personne, dégagée du soin de se tenir en équilibre, se réduirait à un visage affable et à deux petites griffes délicates, agiles, excellant à traduire toutes les nuances d'une conversation de bonne société.

Elle marchait pour le moment dans la grande allée du jardin, cherchant à ne pas perdre une ligne de sa taille, scrupuleusement habillée par sa servante à six heures du matin, et faisant tous ses efforts pour faire franchir la haie à son regard vif et sûr, car il lui importait de ne pas être surprise par l'arrivée du prétendu et de son père.

Aussi la voyait-on se retourner à chaque instant tout d'une pièce, et interroger, — le front soucieux, — une fenêtre du premier étage derrière laquelle, entre-bâillée qu'elle était, le soleil levant se glissait sans cérémonie pour visiter une forme blanche, vermeille, alerte et ronde, qui dans ses mouvements brusques faisait gonfler et voltiger le rideau.

— Cette petite fille n'aura jamais fini de s'habiller, dit la tante. Et l'*on* va venir, et elle se présentera toute seule. C'est impossible. — Manette!

Manette était la servante, qui travaillait en haut à la toilette de sa maîtresse, et qui, à la voix perçante de la tante, vint sous le rideau montrer un visage grêlé d'assez mauvaise humeur.

— Sylvie ne descendra-t-elle pas? demanda madame des Noyers. Qu'on se hâte!

— Me voici, me voici, ma tante, répliqua sous le rideau une autre voix pleine d'impatience.

Et, dans le triangle noir que découpa l'étoffe en se relevant, l'on eût pu voir d'en bas paraître et s'effacer une tête malicieuse, ombragée de boucles brunes qui caressaient les épaules d'une dryade de l'Albane.

— Au fait, murmura la vieille dame en recommençant un tour d'allée, se parer, se rendre aimable, c'est un devoir pour Sylvie; d'ailleurs, le jeune homme ne paraît pas encore; ce qui, soit dit en passant, peut s'appeler un retard. Six heures et demie! Ah! la jeunesse d'aujourd'hui!...

Constatons qu'alors une visite se jugeait tardive à six heures et demie du matin, et que la jeunesse donnait déjà aux tantes des sujets de récriminer.

Mais bientôt, en poussant jusqu'au labyrinthe, véritable guérite d'observation, madame des Noyers vit quelque chose de grisâtre, mêlé à du noir, se détacher sur le fond vert des feuillages, aux environs du château.

Ses yeux, perçants comme à vingt ans, devinèrent les visiteurs qu'elle attendait, bien qu'ils fussent éloignés d'au moins deux mille pas, c'est-à-dire d'un gros quart d'heure.

Alors, elle frappa dans ses mains, appela Sylvie! Sylvie! avec tant de vigueur et d'obstination, que la jeune fille si désirée accourut, accrochant sa dernière épingle et redressant les plis de sa robe neuve.

La tante gourmanda vivement sa lenteur, examina la tenue et posa un baiser sur le front blanc que Sylvie mit au niveau de ses lèvres avec une révérence.

Les épaules de la dryade avaient complétement disparu sous la guimpe modeste d'une jeune fille. Mais les boucles soyeuses se jouaient sur un cou d'ivoire. Mais deux yeux mutins, fourrés de cils touffus, mais une bouche de pourpre à coins profonds, un menton modelé sur celui de l'Hébé antique suffisaient, avec un corps d'une printanière fraîcheur, pour enorgueillir la plus ambitieuse mortelle.

Madame des Noyers s'appuya sur le bras de Sylvie, dont les yeux s'emportaient déjà par-dessus la haie.

— Allons, allons, mademoiselle, ce n'est point de ce côté qu'il vous faut regarder. Oui, l'on vient ; oui, c'est possible, mais que vous importe ? N'oubliez pas que vous êtes censée ne rien savoir, moi pas plus que vous. Après tout, que résultera-t-il ? Rien peut-être. C'est le plus probable. Un jeune homme qui revient de voyage a tant vu de choses ! Il en peut souhaiter voir tant de nouvelles encore, qu'une jeune personne niaise comme vous ne sera pas un ragoût bien friand pour lui.

A ce mot de niaise, Sylvie baissa la tête comme pour s'humilier en demoiselle bien apprise. Mais elle rougit au point que son oreille se changea en une feuille de pourpre, et son œil brun lança de côté un tel éclair de malice ou de dépit que le diable seul eût pu traduire un si singulier regard.

— Profitons, poursuivit la tante, des cinq minutes qui nous restent, car ces messieurs sortent seulement du grand parc et ne vont pas vite. Non, certes, ils ne vont pas vite. Ils ne se hâtent pas très-chaleureusement. Ne regardez pas.

L'œil de Sylvie avait désobéi dix fois déjà avant la recommandation.

— Ils observent les formes, ma nièce. Imitons-les. Comme il est convenu que cette entrevue n'est qu'une rencontre fortuite, gardons-lui le caractère de l'imprévu. Ne parlez que si l'on vous interroge, mais faites-le librement, de peur de paraître embarrassée par quelque arrière-pensée. Et puis, ne me quittez pas, à moins que je ne vous en donne l'ordre. Ne témoignez pas non plus au jeune Aubin trop de bienveillance familière, ce serait indiquer comme une préférence qui sentirait sa fraternité anticipée.

Sylvie, évidemment, n'écoutait pas un mot de ces sages prescriptions ; ses prunelles, ardentes, infatigables, roulaient à l'ombre de ses cils, et attrapaient incessamment quelque bribe du paysage et des figures qui le peuplaient.

Déjà l'on entendait par-dessus les épines et les sureaux le murmure des voix qui s'approchaient de la maison.

Sylvie pétillait, trépignait sous la pression de la main prudente qui n'enchaînait que l'élan de son corps.

— Oui, ils approchent, murmura la tante s'éloignant de la haie par une manœuvre habilement calculée ; mais écoutez-moi toujours, Sylvie : Au cas où ce jeune homme aurait quelque mérite personnel, n'oubliez pas qu'il convient non-seulement que vous n'en témoigniez rien, mais même que vous combattiez cette impression en vous-même.

— Ah ! par exemple, s'écria Sylvie, rongeant ou plutôt secouant son frein, pourquoi combattrais-je une bonne impression ?... enfin, ma tante...

— Alors, mademoiselle, dit la tante, surprise de ce mouvement séditieux qu'elle voulut réprimer par quelque sévérité, tâchez d'inspirer vous-même une impression favorable à un jeune homme qu'on dit sage et plein de bons sentiments. Je doute que vous y parveniez avec cette pétulance qui s'allume bien mal à propos chez vous, et que je n'avais pas encore remarquée.

Mais voilà que ces messieurs entrent dans le jardin. J'ai encore le temps de vous dire que le parti qui se présente n'est pas de ceux qu'une honnête jeune fille laisse échapper sans le regretter longtemps. Conduisez-vous donc si modestement, si convenablement, qu'en cas de déconvenue les torts au moins ne soient pas de votre côté.

Sylvie tendit la main. — Page 603.

Sylvie avait repris son calme et son immobilité comme un bon soldat devant l'ennemi. Elle vit à cinquante pas et détailla Bernard d'un seul coup d'œil, sans pourtant que nul pût dire l'avoir vue lever les yeux, et, le cœur ému, la tête froide, elle répliqua :
— Merci, ma tante, je tâcherai.
Bernard, paré d'un habit tourterelle, et, mieux encore, de sa radieuse jeunesse, flanqué d'Aubin qui le tenait par la main, suivait du Bourdet dans l'allée principale. Le bonhomme n'avait pas adressé de recommandations à son beau-fils. A la vue des dames il lui avait serré les doigts, et pour toute harangue :

— Observez, épluchez, soyez impitoyable, lui avait-il dit, et ne vous décidez que si la somme du bien vous paraît l'emporter sur celle du mal dans la proportion de quatre-vingts à vingt. Par exemple, ne dépassez pas ce terme, déjà fort satisfaisant dans l'analyse de toute créature humaine.
Puis, le digne beau-père se lança en avant et apostropha d'un vigoureux :
— Eh! bonjour, mesdames! les dames qui tressaillirent dans toute la rigueur des convenances.
— Quoi! c'est vous! cher monsieur du Bourdet! si matin! répliqua la tante, précédant aussi sa nièce, qui, fixée, enracinée à sa

place, gardait à un pouce près la distance voulue.

— Oui, chère madame des Noyers, nous sommes arrivés cette nuit.

— Je l'ai appris ce matin avec bien de la joie.

— Et aussitôt levés, nous avons formé le projet de vous apporter nos hommages. Vous permettrez bien que je profite de l'heureuse rencontre pour vous présenter mon fils Bernard, comte de Preuil, qui nous revient sain et sauf après de si terribles pérégrinations.

Du Bourdet s'effaça, Bernard s'avança dans l'allée, jusqu'au point suffisant pour faire une révérence bien réussie à la vieille tante.

La révérence réussit à souhait de part et d'autre. Madame des Noyers se releva satisfaite.

— Bernard, ajouta du Bourdet, la jeune personne que vous voyez derrière madame des Noyers, est sa nièce, mademoiselle Sylvie des Noyers, qui permettra aussi qu'on la salue.

La tante s'effaça comme avait fait le père. Sylvie s'approcha, décemment rouge et guindée ; elle salua d'un air modeste et poli à la fois. Bernard tâcha d'être aimable.

Les parents observèrent, et après la cérémonie l'un et l'autre avaient sur les lèvres un sourire de bon augure.

— Chère madame des Noyers, dit du Bourdet lorsque Aubin eut aussi rempli ses devoirs, j'ai à vous remercier d'avoir consenti à venir prendre le lait de la ferme que votre médecin vous ordonne depuis si longtemps. Vous faisiez des façons désobligeantes. Avez-vous donc oublié nos bonnes soirées quand vous n'aviez pas vendu encore le château des Noyers et que vous daigniez voisiner avec nous ?

— Je n'ai rien oublié, cher voisin, et ma visite aux Fossés en est la preuve, répondit la vieille dame, qui sut gré à du Bourdet de lui sauver toute apparence de préméditation. Seulement, je crains que l'arrivée de M. votre beau-fils ne dérange un peu mes plans de solitude. Savez-vous que c'est un jeune homme charmant ? ajouta-t-elle plus bas, en acceptant la main de du Bourdet, qui la conduisait vers un banc du jardin.

— Et Sylvie est, aujourd'hui, fort à son avantage, répliqua le bonhomme du même ton d'intelligence.

— Vraiment, voisin ?

— Fraîche comme une giroflée.

Ils marchaient en disant cela. Bernard se trouva seul en arrière et, voyant Sylvie rester seule aussi, lui offrit la main sans demander permission à personne. Ce deuxième couple suivit le premier.

Aubin secoua la tête étrangement, l'écolier, et se mit à marcher derrière, poitrine effacée, nez au vent, les mains dans ses poches d'habit, avec une expression de physionomie railleuse et boudeuse que rien ne saurait reproduire.

— Cette jeune fille est fort attrayante, se dit Bernard, qui, à la dérobée, détaillait, épluchait même, d'après le conseil de son beau-père. Cela peut bien valoir dix sur quatre-vingts. Oh ! oui ; blanche, grasse, satinée, une main dont la fraîcheur est plus pénétrante que l'ardeur d'une autre main. Eh ! un œil superbe... Oh !... elle a vu que je la regardais... et elle sourit... des dents de nacre. Mettons vingt sur quatre-vingts.

On était arrivé au banc. La tante, déjà assise, donnait ses petits ordres pour la collation du matin. On voyait Sylvie empressée, attentive, épier, absorber le moindre caprice de la vieille dame, et exécuter si prestement, si ponctuellement, chaque opération du service, que tout en elle, de son pied mignon à son sourcil mobile, révélait l'activité, la décision, l'adresse. Et cependant elle s'oubliait si peu elle-même en paraissant s'occuper seulement de tous les autres, que pas un de ses agréments ne manqua d'être mis en lumière, le bras arrondi, la taille souple, les beaux cheveux qu'on écarte, la jambe fine et pure qu'une précipitation de bon goût laisse deviner, la main potelée aux ongles roses qui se pose si spirituellement aux parois de la tasse à crème.

— Oh ! oh ! pensa Bernard de plus en plus intéressé à l'examen, industrie, tact, bonne grâce, ce sont des qualités solides ; mettons vingt points pour ces qualités-là.

Mais ce sont quarante d'acquis, si je ne me trompe : la moitié ! — Il est vrai que les défauts ne se sont pas encore fait jour. Les défauts... diable ! cherchons bien, il doit y en avoir. Et pour commencer, j'en tiens un.

Oui, c'en est un, incontestablement. Elle affecte de faire la bonne âme. Oh ! jamais nièce qui passe sa vie avec sa tante ne se donnerait tout le jour un pareil mouvement pour la contenter. Le soir venu, elle aurait une courbature. Donc, mademoiselle Sylvie, absence de naïveté, hypocrisie. Voilà qui efface dix bons points, pour ne pas dire quinze.

— Vraiment, mademoiselle, dit le malicieux Aubin, qui semblait lire dans le cœur de son frère, si vous nous servez ainsi sans vous servir vous-même, et si vous ne gardez pas un œuf et un peu de crème pour vous, mon papa va me gronder d'accepter tout ce qu'on m'offre.

— Malin singe, pensa Bernard avec un sourire à Aubin.

Et Sylvie, qui surprit ce sourire après l'observation d'Aubin, s'arrêta un moment pour examiner ces deux physionomies et tirer à son tour un diagnostic.

— Défiante, pensa Bernard, astucieuse au besoin.

Mais Sylvie répondit à Aubin, avec une sincérité pleine de grâce :

— M. votre cher père ne vous grondera pas autant, mon cher Aubin, d'accepter ce que je vous offre que ma tante me gronderait si je ne vous l'offrais pas. Préférez-vous me voir gronder ?

Cela fut répliqué si galamment, si finement, qu'Aubin se pinça les lèvres, et que Bernard sourit à Sylvie.

— Allons, allons, pensa-t-il en savourant le bon lait, le pain au beurre et les fruits qu'on lui choisissait sans avoir l'air de choisir, elle est toute aimable, cette fille. Oui, bien décidément, c'est quarante points qu'elle a gagnés sur quatre-vingts.

Mais les autres quarante... hélas ! ne se composeraient-ils pas de ces mérites aléatoires, enfouis, qu'on ne déterre qu'avec le temps, avec le mariage, que souvent même on ne déterre pas du tout... et qu'on ne songe jamais à exiger de la femme qui vous plaît au premier regard, comme cela se rencontre par le monde ?...

Tout en parlant ainsi, Bernard, qui n'était certes pas de complexion mélancolique, se prit à rêver malgré lui, sa tasse à la main, l'œil fixé sur Sylvie, qui perdit toute contenance, se figurant, la pauvre fille, que c'était elle que le regard de Bernard poursuivait ainsi. La tante même commençait à se formaliser.

Du Bourdet appuya son pied sur le pied de son beau-fils, et, croyant lui rendre un grand service en lui fournissant quelque chose à dire au moment où il se réveillerait en sursaut :

— A quoi donc pensez-vous, Bernard ? s'écria-t-il ; on dirait que vous n'êtes plus avec nous. Excusez-le, mesdames ; — pauvre garçon ! — il est bien excusable... — Est-ce que vous vous croyez encore dans la galerie du Louvre ?

Le fait est que, sans s'en douter, c'était bien de là que le pied du beau-père venait de ramener Bernard. Bernard, cette fois, n'analysait plus, il comparait.

XIV

CAS DE CONSCIENCE.

Cependant, comme rien ne dure éternellement en ce monde, pas plus la crème parfumée que les gentillesses de deux prétendus qui se voient pour la première fois, lorsque les assiettes furent nettes et les politesses épuisées, du Bourdet ramena son fils aux Bordes, non sans avoir échangé avec madame des Noyers un coup d'œil et un serrement de mains des plus significatifs.

Il fut convenu tout haut entre les grands parents qu'on se retrouverait au château pour souper, vers la fin du jour. Il fut convenu tout bas que le beau-père et la tante se feraient part réciproquement des impressions du jeune couple. Madame des Noyers reconduisit cérémonieusement les hommes jusqu'aux limites des Fossés. Il se dépensa encore, sur ces frontières, une somme honnête de saluts et de courtoisies. Puis la séparation eut lieu.

Alors la tante et la nièce se trouvèrent seules ; la nièce gardant un silence armé, la tante cherchant ce qu'elle pourrait dire sans rien compromettre ni de ses plans ni de sa dignité.

— Eh bien ! commença-t-elle lentement, supposez-vous, Sylvie, qu'on ait pris de vous une opinion favorable ?

— Ce n'est guère à moi de répondre, ma tante, seulement j'ai agi de mon mieux.

— Pas mal, en vérité. Je suis satisfaite. Oui, vous avez été convenable. Quant à M. de Preuil, je n'en dirai pas autant.

— Quoi ! ma tante...

— Bien distrait... bien singulier... mais les jeunes gens sont inexplicables aujourd'hui... Que vous a-t-il dit, s'il vous plaît, pendant que vous marchiez derrière moi, lui, tenant votre main ?

— Il ne m'a rien dit, ma tante.

— A la bonne heure... c'est au moins de bon goût. Il eût bien dû ne pas vous regarder plus qu'il ne vous parlait.

— Ah ! il me regardait ?...

— Vous l'avez bien vu, puisque vous fûtes forcée de baisser les yeux... cela, un moment, a failli m'irriter.

— Je n'ai pas remarqué, dit Sylvie, rouge de plaisir, et j'eusse plutôt pensé que M. Bernard...

— M. de Preuil, s'il vous plaît, interrompit sèchement la vieille dame. Ce n'est M. Bernard que pour sa famille... Qu'eussiez-vous pensé plutôt, Sylvie ?

— Que M. de Preuil rêvait à autre chose qu'à moi ; j'ai si peu de mérite, vous l'avez dit vous-même, pour attirer les regards de quelqu'un... Du reste, ma tante, oserai-je vous demander à mon tour si je n'ai pas produit une impression désagréable ?

— Le sais-je, mademoiselle ? voilà bien de ces questions de fillette !...

Sylvie, modestement :

— J'avais cru remarquer, madame, répliqua-t-elle, que vous causiez avec M. du Bourdet...

— Bon ! j'irais lui demander, n'est-ce pas : « Que pense votre fils de ma nièce ? » Est-ce au couvent qu'on apprend ainsi le monde ?...

— Excusez-moi, ma tante. J'ai heureusement en vous un guide infaillible pour redresser mes imperfections.

La rusée prononça si mielleusement ces paroles, que la bonne dame en fut charmée. Mais elle ne s'en laissa pas plus pénétrer pour cela. Toutefois, comme Sylvie voyait briller l'animation sur les traits de sa tante, comme elle sentait poindre la bonne humeur du triomphe sous chacune de ses rebuffades, elle devina que le résultat de l'entrevue n'avait pas tourné à son désavantage. D'ailleurs, l'instinct presque toujours sûr de la femme le lui disait mieux encore que tous les raisonnements. A la façon dont une fille est regardée, au degré de chaleur de ce regard, à sa durée, elle mesure, sans erreur possible, l'effet que ses petits agréments ont produit.

Ce fut donc sans bouder, sans questionner plus longtemps, que Sylvie reconduisit la tante dans sa chambre. Elle l'entoura de soins et de mièvreries pendant assez longtemps pour ne pas faire une transition trop brusque entre le zèle de la prétendue qui pose devant son futur et la nonchalance de la nièce quotidienne. Coussins, oreillers, bonne place au soleil, jujubes et recommandations à Manette, occupèrent un gros quart d'heure, après lequel Sylvie, voyant que le sommeil commençait à alourdir les paupières de sa tante, consulta maintes fois l'horloge et la hauteur du soleil. Puis, après avoir chargé Manette de dire, si madame des Noyers se réveillait, que mademoiselle était allée jusqu'au bout du parc, Sylvie se glissa par la porte du bois, plus vive et plus invisible qu'une couleuvre, gagna par un sentier l'avenue principale, s'enfonça dans le taillis jusqu'à ce qu'elle eût rejoint la route des Bordes ; et là, essoufflée, anxieuse, elle se blottit dans l'herbe, au pied d'un hêtre, un livre à la main par contenance ; car, en réalité, elle guettait de loin sous le dôme de feuillages l'arrivée de quelqu'un qui se faisait attendre.

Plusieurs fois elle entendit du bruit dans les broussailles et tressaillit; mais ce n'était rien : peut-être un chevreuil effarouché, peut-être un brin de bois mort tombant de l'arbre ; enfin, à l'extrémité du cintre que formait la voûte ombreuse, c'est-à-dire à l'entrée de la route, sous le bois, elle aperçut un cavalier et se leva rapidement pour s'avancer à sa rencontre.

Celui qui s'avançait n'était ni beau ni séduisant pour faire ainsi courir une jeune fille : casaque râpée, bottes rougies, chapeau farouche comme la figure qu'il ombrageait, laide et vulgaire mine passablement avinée. C'était un soldat, porteur d'une outre aplatie par un trop fréquent usage, et d'une large et longue épée qui battait le flanc de son cheval.

Sylvie s'approcha de cet homme, qui, la voyant, prit un air gracieux :

— Ne venez-vous pas aux Fossés ? demanda-t-elle à voix basse et vivement.

— Oui, mademoiselle.

— De la part de M. le chevalier des Noyers ?...

— Que nous appelons, nous autres, au régiment...

— Il suffit. Vous apportez une lettre aux Fossés ?

— A une respectable vieille dame, sa tante, m'a-t-il dit.

— Et la mienne, interrompit Sylvie. Que vous a dit M. des Noyers, mon frère, en vous expédiant ici ?

— Que je rendrais une lettre à madame des Noyers, aux Fossés.

— Mais qu'avant d'arriver aux Fossés ?...

— Je trouverais une jeune dame sur le chemin du bois...

— A qui vous remettriez une autre lettre.

— Parfaitement, dit le soldat.

— Où est cette lettre ?

— Voici.

Sylvie tendit la main, prit une lettre que le soldat tirait d'un portefeuille gras comme son buffle, et après avoir offert un écu au messager, qui s'épanouit d'aise :

— Bien, dit-elle, continuez maintenant votre chemin. Vous ne m'avez point rencontrée, vous ne me connaissez pas. Allez aux Fossés donner à ma tante la lettre qui est pour elle ; et comme vous ne serez pas encore parti quand je reviendrai, si le vin qu'on vous a offert n'est pas bon, je saurai vous en trouver du meilleur. A propos, mon frère se porte bien ?

— A merveille, ma belle demoiselle. Mais je vous serai obligé de revenir bientôt si vous tenez à m'offrir cette délicieuse bouteille ; car le capitaine ne m'accorde qu'une demi-heure de rafraîchissement aux Fossés.

— Oui, oui, allez ! s'écria Sylvie.

Le soldat partit en chantant. La jeune fille se mit à l'écart, ouvrit la lettre, la lut et la relut avec un sérieux sombre, dont on n'eût pas soupçonné l'expression possible sur cette physionomie éveillée.

Et quand elle eut plusieurs fois secoué la tête avec un pâle sourire, comme pour approuver le contenu de la lettre :

— Oui, murmura-t-elle, mon frère a raison, pourquoi manquer l'occasion favorable ?... Chacun pour soi, en ce monde. Bien fou celui qui écoute, dans l'intérêt des autres, des scrupules que les autres n'ont pas eus envers lui. La conscience ! eh bien, la conscience, en a-t-on eu pour moi ? Duperie ! Il a raison mon frère ; M. Bernard me plaît : il est confiant, il est riche, il peut me rendre heureuse : je l'épouserai.

Elle étouffa un soupir par quelques notes d'un refrain joyeux, puis redevint rêveuse, et s'en retourna effeuillant en mille et mille bribes, plus menues que des miettes de neige, la lettre mystérieuse, dont le vent dispersa le secret dans les bois.

Au détour du chemin elle se retourna encore pour regarder le parc des Bordes, ruisselant de fraîcheur au dedans, éblouissant de soleil au dehors, et dit avec une intention profonde, obstinée :

— Salut donc, mon parc ! bonjour, mon mari !

Elle sauta le fossé d'un bond, qui trahit sa jambe fine et ronde, gagna le talus et disparut.

*
* *

En ce moment, celui qu'elle appelait déjà son mari arpentait au bras de du Bourdet les allées de ce qu'elle appelait son parc.

Du Bourdet s'efforçait de tirer une conclusion quelconque des raisonnements plus ou moins logiques qu'entassait son beau-fils pour faire semblant de raisonner; mais la matière était stérile, ou stérile l'esprit du logicien. Toujours Bernard revenait au point du départ.

— Monsieur, répliquait-il, vous voulez me faire aller plus vite qu'il n'est dans ma nature de marcher. Votre jeune personne est bien, très-bien, et je ne trouve rien à lui reprocher, mais...

— Mais quoi... Bernard?

— Mais... enfin, je ne suis pas amoureux. Vous me répondrez que cela n'est pas nécessaire.

— Eh non! Bernard, non! D'ailleurs, qui vous prouve que vous ne le deviendrez pas en lui faisant la cour?

— Ah! vous voilà bien! s'écria Bernard, la cour! faire la cour!... Est-ce plus nécessaire que de devenir amoureux?

— Mais, sans doute...

— Je conteste!... je nie!... je me révolte!... Faire la cour!... Eh! monsieur, combien de temps?...

— Le temps de connaître votre future femme.

— Erreur! monsieur, erreur! Plus j'irai, moins je la connaîtrai. Songez donc un peu, je vous prie, ce que c'est que faire la cour? Tenez, regardez-moi : j'ai mon habit colombin, des bas gris-perle, des chausses violettes; mon manteau est neuf, les broderies reluisantes, est-ce vrai?

— Parfaitement vrai.

— Avez-vous vu ma figure pendant la visite aux Fossés? Comment l'avez-vous trouvée, dites?

— Avenante, souriante...

— Ma bouche?

— En cœur.

— Eh bien, cher monsieur du Bourdet, je vous arrête là. Supposez-vous que tous les jours de ma vie je me résolve à porter un habit colombin, ces parures et cette bouche en cœur? Non, au grand jamais!... Pas plus que cette jeune fille ne gardera tous les jours sa robe neuve, ses dentelles et son sourire, et son frénétique amour pour sa tante, et cette abstinence pendant le déjeuner... Admettez maintenant que je me mette à ce régime, et elle aussi, pendant quinze jours, pendant un mois, de ce que vous appelez notre mutuelle cour... Nous connaîtrons tous deux, elle mon habit, moi sa robe; elle ma bouche gracieuse, moi sa piété filiale. Mais ce qu'il y a là-dessous, ni elle ni moi, nous ne le connaîtrons que trop tard! Oh! ne secouez pas la tête. Vous sentez bien que j'ai raison.

— Je ne dis pas, Bernard, que vous ayez ce qui s'appelle tort.

— Abrégez donc le temps des épreuves préliminaires. Réduisons la question à ceci : Faut-il que Bernard se marie? ne le faut-il pas?

— Oh! oh! dit du Bourdet, ce n'est pas discuter, cela. Il est bien sûr qu'il faut que tôt ou tard Bernard se marie. Est-ce que tout le monde ne se marie pas?

— Très-bien! c'est tranché! Puisqu'il faut que je me marie, puisque *tard* me causerait infiniment plus de contrariétés que *tôt*... je choisis tôt. D'ailleurs, n'est-elle pas de votre goût, de votre main? ne la connaissez-vous pas pour l'avoir étudiée?

Du Bourdet se récria d'un air solennel :

— Si jamais on pouvait répondre d'une femme, dit-il, si jamais on pouvait se croire le droit de déclarer : Ceci est une jeune fille naïve, candide, ingénue, s'ignorant elle-même, c'est une fleur d'innocence, je le dirais de Sylvie. Au couvent à huit ans, sortie à dix-huit; dix ans, monsieur, dans le sanctuaire de la vertu, de la piété! Pas une mauvaise note! La supérieure l'a renvoyée l'année dernière...

— Comment, renvoyée?

— Parce qu'elle n'avait plus rien à apprendre, et que — ce sont ses expressions — la jeune fille était devenue une femme parfaite. Alors le frère l'a conduite à la tante, qui, venant de perdre une petite-fille à elle, a consenti à prendre Sylvie. Trouvez-moi des renseignements pareils, une fois sur dix mille, je vous en défie.

— Eh bien, fit Bernard en se croisant les bras, que pourrait ajouter à cela une cour aussi longue que la guerre de Troie? Tenez, vous êtes satisfait que je me marie, ne le dissimulez pas.

— Je l'avoue, dit du Bourdet d'un ton pénétré. Vous heureux, il me semble que j'aurai payé toutes mes dettes sur la terre.

— Pas un mot de plus, mon cher père. Le mariage est fait, conclu, paraphé. Mais, de grâce, plus de circuits autour de ce bonheur si pressé. Je suis revenu de voyage, moi, pour me divertir à ma manière, pour chasser, pour pêcher, pour mener bonne vie avec nos voisins.

— Sans rien regretter ailleurs? demanda du Bourdet, tremblant qu'on ne répondit pas à sa question aussi résolûment qu'il le souhaitait. Sans retour sur le passé? sans douloureux abandon des rêves?...

— Oh! s'écria Bernard, qui par degrés se rembrunit, vous finirez par m'en trop demander. Que diable! cher monsieur, si l'on disait au soldat qui escalade un bastion et veut faire bonne figure : — Dis-moi, gaillard, est-ce que tu ne regrettes pas ce bon vin du dimanche et ces minois qui t'agaçaient, et le bon cheval qui galopait si vite, et le ciel qui vermillonnait si doux? — Peste! le moyen serait pitoyable pour engager ce malheureux à s'aller faire casser la tête.

— En êtes-vous là, Bernard, dit le bonhomme, de regarder le mariage comme un arrêt de mort?

— Non pas, mais vous parliez de retour sur le passé, de rêves; quel homme de mon âge n'a pas les siens? Je ne vaux pas mieux que tout le monde, allez. Seulement, d'humeur plus complaisante, je traite les rêves comme les Flamands la fumée. Un gros soupir lancé de mes robustes poumons; un immense éclat de rire, qui dilate ma poitrine, et toutes ces vapeurs se dispersent. Oh! j'ai mes rêves aussi, cher monsieur du Bourdet, et peut-être me sera-t-il salutaire de les combattre au plus vite, ces illusions chimériques, par la réalité du mariage. Vous voyez que je parle avec franchise.

— Vous parlez comme un charmant garçon que vous êtes, répliqua du Bourdet. Mais comme je n'ai en vue que votre bonheur, si quelquefois la fumée vous plaisait plus que le corps...

— A quand le mariage, mon cher père? dit Bernard, riant et décidé en lui serrant les mains avec effusion.

— Eh bien! nous attendrons votre oncle. Il nous donnera son avis. L'avis sera bon, le conseiller étant homme de mérite et d'expérience. En outre, nous ne saurions arrêter rien sous peine de lui manquer de respect. Il est plus pour vous que je ne suis, en sa qualité de frère de votre mère.

— Quand supposez-vous qu'il arrivera?

— J'ai envoyé, voilà trois semaines, ma réponse à sa lettre, dans laquelle il m'annonçait que le roi lui a donné un congé de quinze jours, pendant les réparations de son château-fort. Dans cette réponse je lui mandais votre prochain retour et les projets que vous m'aviez encouragé à poursuivre touchant ce mariage. J'ajoutais que, s'il voulait nous combler de joie, il passerait aux Bordes ce congé, le seul peut-être dont il ait profité depuis qu'il a quitté la cour.

— C'est-à-dire depuis...

— Depuis la mort du feu roi. Trois semaines se sont donc passées sans réponse à ma réponse; or, d'ici à Grenoble, il faut compter neuf jours pour le courrier; neuf pour le retour font dix-huit. M. de Pontis, homme de devoir et d'exactitude, n'eût point tardé au delà de deux jours à me répondre. Donc, si je n'ai rien reçu de lui aujourd'hui, vingt-deux jours après ma lettre, c'est qu'il viendra au lieu d'écrire.

Du Bourdet achevait à peine ces paroles, en comptant sur ses doigts, qu'un bruit confus de cris et de trépignements lui fit tourner l'oreille du côté du château.

Bernard regarda le bonhomme comme pour lui demander, à lui plus exercé par l'habitude, ce que signifiait un pareil vacarme.

— J'entends je ne sais quoi, répliqua Du Bourdet, mais dans ce je ne sais quoi il y a de l'Aubin.

— Eh! s'écria Bernard inquiet, peut-être s'est-il blessé; si nous courions?

— Non, Bernard, ces cris ne sont point alarmants; Aubin aura commis quelque espiéglerie dont Marcelle fait un tumulte, et dont les chiens font une émeute.

— En effet, je me souviens qu'Aubin annonçait l'intention de préparer tous nos harnais et tout l'attirail du chenil, pour une chasse demain : il n'en faut pas davantage.

— Attendez, dit du Bourdet, posant doucement sa main devant les lèvres de Bernard; non, il ne s'agit ni de chiens, ni de chasse, ni d'espièglerie. Voyez, voilà Aubin qui accourt.

On aperçut l'enfant qui arrivait à perdre haleine dans le parterre; trois ou quatre chiens, lancés comme la foudre, le devançaient en massacrant les herbes et les fleurs.

— Que crie-t-il ? car il crie, dit du Bourdet, mais ces damnés chiens crient plus fort que lui.

Bernard secoua son mouchoir en l'air sur la lisière du parc.

— Ah !... mon papa !... fit Aubin pâle et riant, mais à bout de souffle.

— Quoi donc, petit malheureux, te vas-tu étouffer ? Qu'y a-t-il ?

— Mon oncle Pontis ! au château ! acheva l'enfant, qui roula pêle-mêle avec ses chiens dans un massif de fleurs d'automne.

Du Bourdet leva les mains au ciel, Bernard poussa un cri de triomphe, et tout ce monde, essoufflé ou non, prit sa course vers la maison en bousculant et culbutant les chiens, qui bondissaient et hurlaient, fous de la joie qu'ils devinaient chez leurs maîtres.

XV

LE COUP D'ŒIL DE L'ONCLE

'objet de tant de joie et d'empressement, M. de Pontis, n'avait pas encore quitté des yeux son cheval que Laurent, maître général des écuries du château, emmenait par la bride en le caressant.

Nom déjà célèbre dans les fastes de l'armée, M. de Pontis avait mérité sa renommée par une de ces bravoures folles à la fois et intelligentes, comme on en compta plusieurs dans cette période de transformation de la guerre européenne. Au temps de Duguesclin, Pontis, grâce à son indomptable vigueur, eût passé, sous une armure complète, pour un des plus rudes champions de France. Mais depuis que la balle irrésistible ou le boulet vainqueur commençaient à généraliser les chances de mort ou de gloire ; depuis qu'un pygmée ingénieux pouvait terrasser Goliath, les héros, maintenus à distance des projectiles comme le dernier cavalier d'un escadron, voyaient diminuer les occasions, si nombreuses jadis, de s'immortaliser un contre cent par la vaillance et la force. Et comme les escadrons n'étaient guère commandés en ce temps-là que par des princes, il avait fallu des miracles pour que Pontis obtînt le commandement d'un escadron. Sa fortune s'était arrêtée là.

D'ailleurs, nous le savons, il n'était plus ambitieux. Certains souffles contraires courbent prématurément les têtes les plus hautaines. Celle-là était plus que courbée. A le voir de loin, médiocre de taille, ferme et vigoureux, irréprochable dans sa tenue de soldat gentilhomme, la botte bien tirée, l'épée bien pendue, le chapeau bien planté, le gant collé à la main, l'on eût cru pouvoir à peine mettre sur cette figure les trente-cinq années qui composaient son âge. Mais s'il approchait, s'il découvrait son front dévasté, à voir ce pli profond creusé entre ses yeux, la froide fixité de son regard d'oiseau, la courbe sévère du nez, la double ride dans laquelle glissait son épaisse moustache argentée ; à voir la bouche inflexible dont l'arc ne se détendait jamais complètement pour sourire, ce n'était plus la jeunesse, ce n'était plus l'ardent courage qu'on lisait sur ces traits flétris, mais la vieillesse aux mépris stoïques, mais le travail pénible d'un esprit découragé, qui combat chrétiennement le désespoir.

Cette apparition glaça Bernard au premier coup d'œil. Aubin, enfant, n'avait vu dans cet austère visage que la majesté de l'oncle. Du Bourdet ne regretta plus autant ses cinquante ans, dont la fraîcheur enjouée ne marquait souvent que trente-cinq.

Autour de l'enfant bondissaient deux chiens. — Page 614.

Après les premiers embrassements, qui furent tendres et longs ; après l'échange de questions qui renouent les chaînes de famille, interrompues par l'éloignement et l'absence, Pontis, qui déclara n'être point fatigué, fit compliment à du Bourdet sur ses fils, sa maison et sa bonne mine. Les fils, il s'appuyait sur eux ; la maison, il la parcourait ; la bonne mine, elle éclatait aux yeux de Pontis, en avant duquel marchait à reculons le bonhomme, cordialement pénétré de tendresse et de joie.

Aubin muet, ravi, examinait en levant la tête le noble profil, l'encolure martiale et l'épée chevaleresque, dont le lourd pommeau venait parfois l'avertir, à la hauteur de l'épaule, qu'il avait l'honneur de donner le bras à un héros.

Du Bourdet se fit expliquer les réparations des redans, contrescarpes et lunettes de Grenoble, détails dans lesquels Pontis se montra excessivement sobre. On découvrit ainsi que l'art des fortifications n'était pas le thème favori de l'oncle ; ce dernier en revenait plus volontiers aux voyages de Bernard et à la ressemblance d'Aubin avec sa mère.

Quant au sujet principal du voyage, chacun observa que Pontis ne l'abordait point. Il y avait entre l'oncle et les neveux, à cet égard, une singulière sympathie. Du Bourdet, après s'être bien consulté, résolut cependant de donner un premier assaut.

— Cette maison paraît être en fête, avait dit Pontis.

— Ce n'est point extraordinaire, pendant les apprêts d'un mariage, répliqua du Bourdet.

Pontis laissa tomber le mot, sans avoir donné le moindre signe d'intelligence. Aubin faisait toujours sa petite moue jalouse. Bernard semblait se reposer sur l'engagement qu'il venait de prendre, comme l'athlète qui a parfait son tour de force.

— Ah ça! pensa du Bourdet, est-ce qu'il n'y a que moi, ici, qui se soucie de ce mariage? Suis-je à ce point ridicule? mais non; je me crée des fantômes. Tous ces gens-là sont enchantés. Essayons d'une seconde attaque.

— Savez-vous, cher beau-frère, dit-il à Pontis, que vous faites les choses avec une bonne grâce qui en double le prix? C'est tout au plus si le courrier eût eu le temps de vous annoncer aux Bordes... Vous avez dû courir?

— Oui, je me suis hâté, répliqua le chevalier.

— Bernard vous est bien reconnaissant de la peine que vous avez prise pour assister à son mariage.

— Je vous dirai, interrompit Pontis, comme si ce malheureux mot eût encore fait naufrage à l'entrée de son oreille, que mon habitude est de bien marcher sur la route. Mon cheval sait mes goûts, il trotte sans relâche jusqu'à ce qu'il soit las. Alors il s'arrête; la journée est faite. Il a la mesure de mon désir dans ses pieds. Je suis arrivé de la sorte à fournir des étapes de vingt lieues par jour, et ma bête se repose dix-sept heures de suite.

— Oh! pensa du Bourdet dépité, tu t'obstines donc à éluder ma question; je serai plus entêté que toi.

— D'ici au souper, reprit-il, le cheval va faire collation; mais le maître? Est-ce sérieusement que vous avez refusé même de vous rafraîchir?

— Je ne bois qu'en mangeant, répondit Pontis, et ne je mange jamais qu'une fois par jour.

— Oh! mon Dieu! pourvu que ce ne soit pas le matin! s'écria Aubin.

— C'est le matin, en effet, dit l'oncle.

— Quoi! interrompit du Bourdet, se jetant habilement à la traverse. Vous ne souperiez pas ce soir avec nous et ces dames?

— Ah! vous avez des dames? demanda Pontis.

— Sans doute. Mesdames des Noyers. Vous savez, riposta du Bourdet, nos dames...

— Très-bien, très-bien, dit froidement Pontis.

— Elles sont ici, aux Fossés, continua l'avocat, et nous font l'honneur de venir souper au château. Je suis bien heureux, allez, que vous les puissiez voir tout de suite; l'heure approche. Vous aurez faim, n'est-ce pas, mon frère?

— Oh! oui, dit Bernard, par amitié pour la maison.

— Si je ne soupe pas, répondit le chevalier, mon temps n'en sera que mieux occupé. Je serai tout entier à la conversation. J'observerai.

Du Bourdet se mordit les lèvres. Aubin regarda son oncle avec admiration. Bernard, s'interrogeant, ne reprocha point à Pontis cette observation, qu'il se promettait de faire si scrupuleuse. Peut-être Sylvie n'eût-elle pas été enchantée du ton avec lequel fut prononcé ce « J'observerai. »

— Au reste, reprit le bonhomme en prenant à son tour le bras du chevalier et en le cajolant par un aimable sourire, vous savez aussi bien que nous, grâce à mes lettres, tous nos projets; figures, caractères, position sociale, je vous ai tout communiqué, et il ne vous manque plus qu'un coup d'œil pour acquérir la certitude que je suis un peintre de portraits fidèle.

Pontis s'inclina comme pour dire : Je le souhaite.

— Voilà une charmante fontaine, s'écria-t-il; l'eau est-elle bonne?

Et avant la réponse il s'était baissé pour la goûter.

— Excellente; c'est une nouveauté dont je vous fais mon compliment.

— N'avez-vous vu que cela de nouveau en traversant notre pays? dit du Bourdet, qui cherchait à se faire complimenter aussi sur ses mille améliorations de bon propriétaire.

— Qu'y a-t-il encore? demanda Pontis.

— N'avez-vous rien vu?... cherchez bien... de la lisière des bois ici ?

— Je n'ai vu, dit Pontis, que trois choses qui ne sont pas du tout nouvelles, et qu'on voit partout où l'on va : un enfant qui volait des pommes; un homme à cheval qui, déjà ivre, achevait de s'enivrer, et une fille qui recevait un billet doux.

— Une fille qui recevait un billet doux! s'écrièrent Bernard et du Bourdet en riant. En effet, ce n'est pas rare, partout ailleurs, mais ici, dans un désert !

— Bah ! ajouta Pontis avec un sérieux que rien ne saurait rendre, est-ce qu'il n'y a pas des filles même dans les déserts ?

— Je parie que l'on n'en compterait pas, dans un rayon d'une lieue, quatre en âge de recevoir des poulets.

— Ce sera une de ces quatre-là, dit Pontis.

— Où l'avez-vous surprise? demanda Bernard toujours riant.

— Surprise est bien le mot. Car en arrivant, comme je voulais aller revoir une petite rotonde où ma sœur et moi nous nous étions dit adieu à mon dernier départ, j'entrai sous bois avec mon cheval; la bête broutait, moi je rêvais, lorsque, sans songer à guetter, je vis, à travers les feuillages, cette fille arriver sur le chemin, et prendre son billet doux de la main du cavalier. Voilà.

— Comment, du cavalier! Quel cavalier ? demanda du Bourdet.

— Un homme à cheval, celui qui s'enivrait si bien chemin faisant.

— Quelle espèce de fille? interrogea Bernard à son tour.

— Jolie, mignonne, comme elles sont toutes...

— Plus ou moins, dit Bernard, mais de tournure, d'habits ?

— Propre, ajustée.

— Comme une demoiselle ou comme une paysanne ?

— Demoiselle... Mais en vérité, comme vous me questionnez tous !

— Écoutez donc, dit du Bourdet rembruni, je vous accordais tout à l'heure un chiffre rond de quatre fillettes mûres pour les billets doux; mais si vous parlez de demoiselle...

— Je n'en vois pas quatre ici, dit Bernard.

— Je n'en vois même qu'une, dit Aubin, à qui du Bourdet lança un regard écrasant accompagné de ces mots :

— J'aime à croire que vous allez vous taire !

***

Au même instant Marcelle entra dans le parterre, annonçant l'arrivée des dames, et du Bourdet s'élança galamment pour les recevoir; Bernard, entraîné par les convenances, dut laisser l'oncle seul avec Aubin.

Sylvie et sa tante firent alors leur entrée de manière à séduire les plus difficiles observateurs : madame des Noyers, noble et compassée, Sylvie toute gracieuse, toute modeste. Du Bourdet la conduisait.

Pontis, qu'amusait le babil d'Aubin, s'occupait beaucoup plus de son petit neveu que des dames. Il ne se retourna qu'au bruit des pas et à la voix de son beau-frère qui le désignait à madame des Noyers. Celle-ci vint saluer le chevalier, avec toute la grâce bienveillante de ces femmes d'autrefois, qui, jeunes, savaient se faire respecter des vieillards ; vieilles, forçaient les jeunes gens à les aimer. Une douzaine de phrases bien pensées sur l'ancienne cour, autant d'éloges de M. de Crillon disposèrent favorablement Pontis pour la tante. Il ne s'agit plus alors que de lui présenter la nièce.

A la vue du minois frais et piquant de Sylvie, la figure du chevalier exprima si soudainement, si naïvement la surprise, que pour ne s'en pas apercevoir il eût fallu être aveugle. Pontis faillit reculer comme devant une embuscade tout à coup découverte. Ses yeux perçants s'illuminèrent d'un feu sombre. Il appuya ses mains sur ses hanches et s'absorba dans une muette et désobligeante contemplation.

Pendant ce temps-là, madame des Noyers défilait son chapelet.

— Voici ma nièce Sylvie, que j'ai prise au sortir du couvent, bonne petite tête, un peu frivole, mais qui mûrira, etc., etc.

— Je rêve ! pensait Pontis, tandis que la tante, qui avait accompli les cérémonies de la présentation, faisait demi-tour avec sa nièce.

— La trouvez-vous jolie ou non? demanda Bernard, que ce commencement d'inspection gênait un peu.

— Mais... oui, répliqua Pontis, tournant lui-même sur ses talons, pour se débarrasser du neveu comme de la nièce et de la tante.

Bernard, appelé près de ces dames, courut à l'ordre. Du Bourdet, plus clairvoyant, n'avait pas perdu un seul mouvement, une seule impression de Pontis. Il s'approcha de lui brusquement :

— Vous avez quelque chose, dit-il.

— Moi ?

— Vous... et fussiez-vous homme à cacher la vérité, votre figure parlerait quand même.

— Qu'avez-vous? soyez sincère.

— Oh! répliqua Pontis, je connais ces façons-là. Soyez sincère !... et si vous l'êtes, foin de vous !

— Je vous supplie de me répondre net. Vous avez regardé cette jeune fille d'un air si étrange que je vous somme, vous, l'oncle de Bernard, de me dire la vérité.

— La vraie ?... Oh ! monsieur, seriez-vous homme à l'entendre?

— Et à en profiter...

— Eh bien ! soit. Je ne regardais pas cette jeune fille ; je la reconnaissais...

— Vous l'avez déjà vue?

— Tout à l'heure, dans le bois, prenant une lettre des mains du cavalier, et après avoir lu cette lettre, la déchirant en cent morceaux qui ont volé par le chemin.

Du Bourdet écouta cette confidence de l'air d'un homme à qui on lit un arrêt de mort. Mais, nous le savons, chez le digne avocat, le premier choc essuyé, l'âme rebondissait opiniâtre comme un ressort d'acier. Composant son visage, il s'approcha du groupe formé par Bernard et les deux dames.

— Savez-vous ce que me raconte le chevalier? dit-il à brûle-pourpoint à Sylvie en la couvant des yeux.

— Je voudrais le deviner, répliqua doucereusement la jeune fille, surtout si ce n'est pas trop désagréable pour moi.

— En tout cas, ce ne l'est pas pour lui, mademoiselle, continua l'avocat lancé dans la voie des explications à tout prix, car il tenait à se bien poser dans l'esprit du terrible beau-frère. M. de Pontis prétend vous avoir déjà vue.

— Quand donc ? demanda la tante.

Du Bourdet alluma ses yeux aux flambeaux de l'Inquisition.

— Il y a deux ou trois heures, dans le bois, causant avec un cavalier.

Ces trois coups rapides, impitoyables, frappés en pleine poitrine, étonnèrent la jeune fille, qui balbutia :

— Croyez-vous?...

— Il en est sûr, ajouta du Bourdet.

— Comment, comment? interrompit la tante; que signifie cela?... quel bois? quel cavalier?... Sylvie.

— Je vais vous dire, ma tante, répondit la nièce, passant du rouge au blanc si visiblement qu'on eût cru voir monter et descendre le niveau de son sang à travers sa peau diaphane.

— Dites ! dites ! mademoiselle.

— J'étais allée au-devant du courrier de mon frère que nous attendions aujourd'hui.

— C'est vrai que nous l'attendions aujourd'hui, dit tranquillement la tante, et il est venu. Eh bien, après?

— Eh bien ! avant, dans le bois, je lui ai demandé s'il avait une lettre pour nous. C'est alors que monsieur le chevalier m'aura vue.

— Tout s'explique, s'écria du Bourdet radieux, avec un regard intraduisible à l'adresse de Pontis. Cette lettre, le messager l'a remise à mademoiselle ?

— Mais non, mais non, dit la tante. A moi !...

— Mais si, mais si, fit l'avocat, à mademoiselle, puisque mademoiselle l'a lue et déchirée.

— Déchirée ! s'écria madame des Noyers à son tour, allons donc ! la voici...

Et elle tira de sa vaste poche la lettre du neveu, qu'elle déplia comme pour en donner lecture.

— Si j'ai déchiré quelque chose, je ne m'en souviens pas, ajouta précipitamment Sylvie.

L'œil de Pontis brilla. Cette flamme avertit l'intelligente fille, qui reprit naïvement :

— Ou bien ce sera quelque papier insignifiant, quelque papillote vide que j'aurai mise en pièces sans savoir ce que je faisais.

— C'est vraisemblable, dit le conciliant du Bourdet, enveloppant du même regard onctueux Bernard, assez étonné, Sylvie, déjà remise, et Pontis, impassible.

— Rien de plus vraisemblable, répéta Bernard, n'est-ce pas, mon oncle?

— Rien de plus vraisemblable, ajouta Pontis avec le sérieux d'un mort.

— C'est égal, monsieur le chevalier avait raison, s'écria du Bourdet pour conclure, il avait bien vu mademoiselle Sylvie.

— Je dois l'avouer, répliqua Sylvie avec candeur, et voilà ce que c'est que de cacher quelque chose, on est toujours trahi. Tandis que ma bonne tante dormait, la curiosité, l'impatience m'ont prise, la crainte aussi, car ce courrier pouvait apporter de mauvaises nouvelles de mon frère. Et, en ce cas, j'eusse voulu les adoucir à ma tante.

Pontis mordit sa moustache.

— Elles ne sont pas déjà si bonnes ses nouvelles, interrompit madame des Noyers. Mon neveu me mande qu'il a failli périr dans le soulèvement du peuple contre la maison de M. le maréchal d'Ancre, et que, sans le baigneur la Vienne, qui lui a facilité la retraite, c'était fait du dernier mâle de notre maison.

— Hum! la Vienne, pensa du Bourdet fronçant le sourcil à ce nom gros pour lui d'orageux souvenirs.

— M. d'Ancre, est-ce qu'on l'a mis à mal? demanda froidement Pontis.

— Il paraît que non, dit la tante; mais ce qui manque un jour peut réussir un autre. J'ai peur que ces gens-là ne finissent misérablement.

Pontis jeta sur toutes ces figures un étrange coup d'œil qui résumait la scène entière. C'était un tel dédain pour ceux-ci, une si splendide admiration pour ceux-là, que nous dépenserions un chapitre à faire l'analyse des sentiments qu'un haussement d'épaules et un clignement d'yeux lui suffisaient à exprimer.

Les valets avertirent alors que le souper était servi. Chacun se dirigea vers le château : Bernard entre les deux dames, Aubin chassé en avant par son père.

Du Bourdet demeura à l'arrière-garde avec Pontis et lui dit tout bas :

— Vous voyez, beau-frère, que rien n'était plus innocent. Un courrier du frère, contrôlé par la tante! Est-ce que tel n'est pas votre avis?

— Oui, mille fois oui! répondit Pontis; mais elle a déchiré...

— Un brimborion, une enveloppe, assurément.

— Assurément, dit le chevalier.

— Supposons un moment, poursuivit du Bourdet, qu'elle ait reçu du cavalier — voyez jusqu'où je vais! — un mot particulier, c'était de son frère.

— Et elle aurait déchiré une lettre de son frère?

— Ce serait absurde! Voilà pourquoi elle n'a pas reçu et, par conséquent, pas déchiré de lettre, conclut du Bourdet.

— Vous avez raison, il n'y a rien à répondre, s'écria Pontis désarçonné, n'en parlons plus.

On entra au château, on soupa. Pontis fut froid, réservé, mais poli, et combla de caresses le petit Aubin, qui lui énumérait tous les préparatifs qu'il avait faits pour une bonne chasse le lendemain dans la garenne.

Après le repas on reconduisit les dames aux Fossés. Pontis demanda sa chambre. Aubin l'installa, le choya, veilla au feu, aplanit l'oreiller, prépara l'eau de sucre à la fleur d'oranger, et ne quitta son hôte qu'après l'avoir conquis irrévocablement.

Pontis, resté seul, poussa un soupir et murmura :

— C'est égal, elle a lu et déchiré une lettre; et quand on déchire une lettre, même de son frère, c'est qu'on ne veut pas qu'elle soit vue.

Pontis éteignit sa lampe sur cette réflexion.

XVI

OPINION DE L'ONCLE PONTIS SUR LE MARIAGE.

Un rayon d'or glissant par les volets dans la chambre du chevalier le trouva debout, bien disposé à savourer les loisirs de la campagne, et persuadé qu'il était le premier levé de la maison.

Mais il se trompait; en bas s'agitait déjà Aubin, sanglé à la ceinture, botté jusqu'aux jarrets, son cornet de chasse au col, son fouet à la main, et distribuant à droite et à gauche l'ardeur exubérante qui l'avait tenu éveillé toute la nuit.

Cette fièvre, que les chasseurs appellent le feu sacré, dévorait Aubin depuis le jour où son père lui avait confié une petite arquebuse, et depuis le jour surtout, jour mémorable, où il avait foudroyé son premier lièvre au coin du bois.

Il fallait le voir affairé, alerte, battant de ses grosses semelles le pavé de la cour, surveiller la sortie des chiens, l'équipement des valets, sans oublier le panier aux provisions, car il se rappelait que l'oncle mangeait le matin, et probablement en chasseur.

Autour de l'enfant bondissaient deux chiens favoris dont les gambades brutales dépassaient souvent le niveau de sa tête, tandis que, paisible et l'œil vigilant, un autre chien, le basset Ramonneau, lisait son devoir et son plaisir futur dans chaque geste du jeune maître, dans chaque détail de sa toilette.

Une longue habitude avait enseigné à Ramonneau les pratiques d'une journée de chasse, il en devinait le programme à l'intonation d'un ordre, au nombre des valets commandés, au nombre et à l'espèce des chiens ses confrères que couplaient les gardes. Et ce petit calcul, Ramonneau le faisait en tout bien tout honneur; car il savait, l'honnête chien, que jamais une attaque quelconque ne se fût faite sans lui.

Tout basset qu'il était, et, par conséquent, destiné légitimement aux guerres contre le renard et le lapin, Ramonneau avait su, par des qualités aussi solides que brillantes, se rendre indispensable dans une chasse au chevreuil, aussi bien qu'au lièvre.

Il menait un sanglier au besoin : haleine, adresse, persévérance, logique, telles étaient ses qualités solides; ruse, mémoire, imagination, courage, étaient le côté splendide qui, tant de fois sur le champ de bataille, avait valu au brave chien plus d'éloges, de caresses et de butin, que jamais paladin n'en mérita et n'en reçut de Charlemagne.

Aussi, Ramonneau, vieux et considéré, vivait-il dans la maison — voire dans la cuisine — jamais au chenil, où l'appelaient vainement les jeunes chiens ses admirateurs et ses élèves. Et lorsqu'il arrivait à ce Mentor d'honorer l'écuelle commune d'un souffle de son museau dédaigneux, on voyait les plus voraces s'écarter avec respect jusqu'à ce qu'il eût fini de prélever l'os ou la carotte qu'avait distingué son caprice.

Ce respect, que toute brute accorde à la vieillesse et au mérite de ses pareils, Ramonneau se l'était acquis par de rudes coups de dents qu'il savait distribuer avec une rare intelligence. Ni garde ni valet n'eût osé le contredire en rien. Infaillible à la chasse, irréprochable dans sa vie privée, il n'avait pas la banalité des chiens courants, qui écoutent tout le monde ou n'écoutent personne. Ramonneau aimait et craignait du Bourdet, adorait Aubin, auquel il se piquait d'enseigner la chasse, et, en dehors de ces deux personnes, il faisait fi du genre humain. Parfois, peut-être, accordait-il un regard amical et un tressaillement de sa queue à Marcelle, mais quand celle-ci l'avait mérité par quelque attention délicate.

L'auteur supplie ceux qui le liront de ne pas se formaliser s'il accorde plus de lignes au portrait d'un chien qu'à celui de certains personnages. Il alléguera pour son excuse la supériorité incontestable de la race canine sur la race humaine, puis l'importance du rôle dévolu à ce basset dans un chapitre de l'ouvrage.

C'est pourquoi, donnant à Ramonneau le dernier coup de crayon, nous déclarerons qu'il était d'un gris fauve, avec une tête allongée qui respirait la probité, la sagesse, l'intelligence; coiffé d'oreilles immenses et monté grotesquement sur des jambes si tordues et si absurdes, que son aspect faisait éclater de rire tous ceux qui ne regardaient pas ses yeux.

Pontis, en arrivant dans la salle basse, donna le premier bonjour à ses neveux, le second à Ramonneau.

— Voilà un fier chien ! s'écria-t-il.

— Ce n'est pas ici qu'il faut le voir, répliqua du Bourdet, en paraissant à son tour, tout équipé pour la chasse, c'est au bois, c'est à la plaine, partout ailleurs que dans une chambre. Ah ! cher beau-frère, l'ami qui me l'a donné savait bien quel cadeau il me faisait.

— Le coup du matin, monsieur, dit Aubin, s'approchant le flacon d'une main, les verres de l'autre.

— Rien avant le déjeuner, répliqua Pontis; mais plus tôt nous partirons, plus tôt l'appétit sera venu pour le repas.

— Partons! s'écria Aubin.

Les chasseurs se mirent en marche avec cette douce gaieté qu'inspirent toujours la vue de l'espace verdoyant, embaumé, l'espoir du succès, la folle joie des chiens, et le sourire de la chance invisible.

On arriva, après une demi-heure de marche, dans un vaste carrefour au centre duquel s'élevait un châtaignier gigantesque. De là partaient toutes flamboyantes, dans la rosée que buvait le soleil, six allées tapissées de mousse qui s'allaient perdre en l'immensité des bois.

— Tenez, dit du Bourdet à Pontis, nous voici au rendez-vous de la chasse, lieu bien connu de Ramonneau. Voyez comme il m'écoute; il sait par cœur, cependant, l'histoire que je vais raconter. C'était ici que mon vieil ami La Fougeraie venait m'attendre quand nous devions chasser ensemble. Il demeurait alors aux Fossés. Ramonneau était à lui; et pour s'épargner les dix minutes de chemin qu'il y a des Fossés aux Bordes,

La Fougeraie attachait soit son mouchoir, soit son gant, soit même une brisée au collier du basset, et lui disait de m'aller trouver chez moi. Ramonneau arrivait, se montrait; je comprenais et décrochais mon arquebuse. Alors, suivant le chien, j'arrivais à ce rond-point, où La Fougeraie se promenait en long et en large. Plus d'une fois même, je le voyais tirer quelque lapin que Ramonneau avait levé sur sa route. Ah ! temps heureux !... où es-tu? où est ce bon La Fougeraie?... où est notre jeunesse, mon brave chien?

L'animal, pendant ce discours, ne perdait pas de vue le visage de son maître. Il clignait des yeux avec mélancolie, et respirait comme un homme eût soupiré.

— Il me semblait, reprit Pontis, avoir ouï dire à Aubin, hier au soir, que vous aviez rencontré La Fougeraie à Paris.

— C'est vrai, mais comme l'ombre qui passe; la mort du roi l'a ruiné, lui et tant d'autres !

Pontis baissa la tête.

— Et pour vivre, ajouta du Bourdet, La Fougeraie, qui n'a jamais voulu rien accepter de moi, l'ingrat ! s'est placé en qualité d'écuyer chez je ne sais plus quelle comtesse à la cour. Fier !... il l'est plus encore que Ramonneau, il n'a seulement pas voulu me dire le nom de ses maîtres ! Mais, assez de souvenirs, assez de tristesses ! Tenez, voilà le chien qui rencontre; nous sommes ici pour chasser, chassons !

Les chiens, découplés aussitôt, attaquèrent dans l'épaisseur du bois. Aubin prit son frère par la main et lui dit tout bas : « C'est un lièvre, je veux vous le faire tirer, mon frère. Venez, que je vous place à l'endroit où il débûchera. »

Sur ce, les deux jeunes gens partirent comme des flèches, et l'on entendit encore longtemps le bruit de leurs pas et le froissement des feuillages.

Quant à Pontis et à du Bourdet, ils avaient jugé leurs places assez bonnes, sachant, en vrais et sages chasseurs, que la bête revient à son lancer, tandis que les jeunes jambes préfèrent l'émotion du hasard et les surprises de l'imprévu.

Ils se mirent donc l'un et l'autre derrière

un arbre, écoutant la voix des chiens qui s'éteignait insensiblement.

— La bête a pris un parti, nous en avons pour un gros quart d'heure, dit Pontis. D'ailleurs, je ne tiens pas à tuer un lièvre comme au temps où j'avais vingt ans. Asseyons-nous sur cette mousse déjà chaude. Voulez-vous? Rien n'est bon comme de se figurer qu'on chasse.

— Vous êtes donc insensible à tous les plaisirs, cher beau-frère? dit du Bourdet avec une engageante affectuosité. Quoi! pas même la chasse! cette passion dernière des gens qui fuient le monde et ne respirent à l'aise que dans les bois.

— Mon cher du Bourdet, vous vous trompez, répliqua Pontis gravement, j'use de tout, au contraire, mais c'est avec impartialité, sans fureur. Voilà pourquoi, aimant la chasse, mais aimant aussi le soleil, et aussi le repos, je m'arrange de façon à jouir de ces trois biens à la fois. Mon arquebuse et la voix des chiens suffisent à me représenter que je chasse; le soleil, nous ne saurions le nier; quant à cette charmante place d'herbe moelleuse adossée à ce frêne, est-ce que vous en feriez fi?

Du Bourdet répondit avec finesse :

— Non certes; mais voyons, mon ami, vous qui prétendez aimer toute chose également, que dites-vous du mariage de Bernard?

— Oh! oh! asseyons-nous, s'il vous plaît.

— Et vous me répondrez sincèrement, n'est-ce pas? dit du Bourdet avec une amicale insistance.

— Tout de suite.

Ils s'assirent côte à côte, les yeux lisant bien dans les yeux, le bras droit de Pontis passé sous le bras gauche de du Bourdet. Les deux arquebuses s'étendirent prudemment sur un beau lit de fougères.

— Comment êtes-vous si pressé de marier Bernard, dit Pontis, il est donc amoureux?

— Non, pas trop ; mais ne faut-il pas, tôt ou tard, qu'il se marie, repartit le bonhomme commençant par son plus gros argument — imprudence !...

Pontis le lui montra sur-le-champ.

— Je n'admets pas du tout cela, moi, qu'un homme doive se marier. La preuve, c'est que je ne le suis pas.

— Quelle raison en donneriez-vous? dit l'avocat un peu hésitant, dans la crainte des personnalités et, par conséquent, des indiscrétions.

Mais, avec Pontis, les ménagements étaient un luxe inutile. Esprit carré, il se défendait assez par ses quatre angles.

— La raison que je donne, répondit-il, c'est que les femmes sont toutes mauvaises, toutes pernicieuses, et qu'il faut, pour s'attacher à une, être fou comme un amoureux, bête comme un mouton ou bien sûr d'être plus scélérat que la femme elle-même.

Du Bourdet regarda stupéfait l'homme sage qui lui tenait de sang-froid un propos pareil.

— Eh! répliqua-t-il lentement, ne supposez-vous pas qu'on puisse avoir la main heureuse et bien choisir son billet? Votre mère, votre sœur, Pontis! voilà des arguments!

Le chevalier haussa les épaules.

— Est-ce une femme comme ma mère ou ma chère sœur que vous répondez de donner à Bernard? dit-il avec tranquillité. D'ailleurs, j'admets qu'il s'en trouve de bonnes, de parfaites même, êtes-vous content? Eh bien! lorsqu'il faut qu'on s'en sépare, lorsqu'il faut qu'on les perde, répondez? Combien de temps après la mort de ma sœur avez-vous passé la nuit sans sommeil, vos yeux ne se pouvant plus fermer tant ils étaient douloureux à force d'avoir pleuré! Et, tenez, que fait cette larme encore au bord de vos paupières?

Du Bourdet, ébranlé, balbutia :

— Si j'ai eu cet affreux malheur, d'autres peuvent y échapper.

— Allons! s'écria Pontis, est-ce que jamais ce qui est bon survit à ce qui est pire? Est-ce que l'homme ne perd pas toujours en chemin les louis d'or, gardant seulement les sous de cuivre? Mon frère, quand un corps est brillant, superbe, parfait, quand une âme est généreuse et excellente, quand un esprit rayonne et charme, remarquez bien que ces dons précieux sont autant de chances de ruine et de deuil. La mort choisit toujours et choisit bien sa moisson! J'ai vu des créatures belles et adorables comme nul n'en retrouvera ja-

Il piqua son cheval. — Page 624.

mais sur la terre; admirer ces beautés était une extase, respirer le parfum de ces âmes, c'était respirer le bonheur de la vie éternelle. Il m'a été donné de vivre avec le génie, avec la victoire, avec l'amour incarnés dans des corps humains, habités par de nobles âmes qui m'aimaient... Où est tout cela?... Pourquoi suis-je seul? pourquoi voyez-vous mes cheveux blancs? pourquoi, si vous appuyez la main sur ma poitrine, sentirez-vous le vide du désespoir, là où Dieu aurait pu permettre que je sentisse palpiter mon cœur?...

— Cher, bien cher ami, dit du Bourdet, c'est la faute du destin et non d'une femme.

— C'est la faute d'une femme, toujours ! s'écria le chevalier, l'œil troublé, les lèvres tremblantes : méchantes, elles torturent lentement ou assassinent avec férocité, celles-là on les combat, on les tue — elles sont les moins dangereuses. Bonnes, accomplies, elles sèment autant de discordes que de regards. Le feu de leurs passions dévore ceux qu'elles aiment : phares menteurs, elles attirent toujours quelqu'un dans un gouffre ou sur un écueil. Croyez-moi, du Bourdet, tout ce que je vous dis là est bien vrai, et je ne le réduis à des proportions si douces que pour ne pas vous épouvanter en vous laissant apercevoir la vérité terrible qui habite au fond de ma pensée.

En disant ces mots, Pontis fit un effort violent pour chasser les souvenirs funèbres qui étaient revenus se poser sur son front.

— Homme d'un temps héroïque, reprit du Bourdet affectueusement, vous avez eu les gloires et les douleurs des héros de l'épopée. Mais nous autres, pauvres bourgeois vivant obscurément, tombant plus obscurément encore, ne devons-nous pas nous préoccuper uniquement du repas du jour? Les joies qu'il nous faut et qui nous suffisent sont : médiocrité, égalité, habitude. Si Bernard, âme paisible, ne doit pas être, par son mariage, un de ces hommes favorisés du ciel, il ne saurait non plus, en raison même de l'insignifiance de cette union, y trouver de bien grands chagrins. Or, se marier, pour nous, vulgaire, c'est s'établir. Je voudrais qu'il fût établi, je me croirais dégagé du serment que j'ai fait à sa mère, ma dette serait payée ; je pourrais songer à d'autres soins très-graves aussi qui m'occupent. Car, ajouta le digne avocat en pressant avec émotion la main de son stoïque beau-frère, chacun a ses soucis, souvent inconnus, d'autant plus amers qu'ils sont plus inconnus. Cher ami, que ne puis-je vous dire, à vous, ce que j'ai de trouble dans l'âme lorsque je songe aux malheurs qui arriveraient si... à un certain moment, mon fils Bernard n'était pas bien complétement pourvu et en état de protéger mon pauvre Aubin ! Allez, allez, mon bon ami, les petites forces portent souvent de lourdes charges !... Et si Dieu, qui nous soutient par un sourire, détournait seulement la tête... Tenez, Pontis, laissez-moi marier Bernard.

— Oh ! mon ami ! s'écria le chevalier, qui ne put comprendre tout ce qu'il y avait de sublime dans la lutte de ce cœur humain à l'agonie, vous êtes tout absous de ma part. Je suis venu pour faire vos volontés, car personne n'est meilleur que vous ni plus prudent, personne n'aime Bernard autant que vous, et avec plus de sagacité. Moi, je suis un chagrin vieillard, bourrelé de visions funèbres ; vous, au contraire, vous inspirez la joie, la consolation à quiconque peut vous voir et vous entendre. Ces soucis, ces charges dont vous me parlez, est-ce que vous ne les exagérez pas un peu ?... Si, n'est-ce pas ?...

Il ne peut y avoir d'homme aussi heureux que vous sur la terre.

— En effet, répondit du Bourdet avec un courageux sourire que contrariait sa voix étranglée, comme un coup de lointain tonnerre insulte un rayon de soleil, j'exagère mes chagrins ; oui, et je rabaisse mon bonheur. Mais voilà qui est convenu, nous allons mettre les fers au feu et achever promptement cette affaire. La jeune fille a quelque chose comme cent mille livres et du bien en Normandie par sa tante. Vous verrez le frère...

— Eh ! je vois bien autre chose ! s'écria Pontis en indiquant à du Bourdet une forme grise, rapide qui passait à gauche, entre les arbres.

— Le lièvre ! il va sauter, dit du Bourdet en saisissant son arquebuse.

— Tirez ! lui dit Pontis galamment, j'espère qu'il est beau !

L'animal franchissait le fossé, puis l'allée, et se dirigeait vers la route voisine.

— Tirez vous-même, répliqua le courtois avocat... tirez vite !

Pontis abaissa son arme.

— Peste ! ne tirez pas du tout ! cria tout à coup une voix enjouée derrière les feuillages. Ce n'est pas moi qui suis la bête.

Et l'on vit apparaître, au bout du sentier, un cavalier qui gesticulait le plus bruyamment possible.

— Voilà un importun visiteur, dit Pontis redressant l'arquebuse.

— Pardon, monsieur, le chemin du château des Bordes, s'il vous plaît?

— M. de Cadenet ! s'écria du Bourdet.

— Eh ! cher monsieur, dit le jeune homme sautant en bas de son cheval, quelle chance de vous rencontrer au moment où j'étais perdu !

— J'espère que vous ne nous apportez pas de mauvaises nouvelles, murmura le bonhomme, à qui la vue de ce Parisien rappela les dangers de Paris.

— J'en apporte d'excellentes, au contraire, dit Cadenet joyeusement. Ne vous figurez pas que j'eusse accepté une méchante commission près de vous. C'est bien assez de vous avoir fait manquer votre lièvre.

— Soyez le bienvenu mille fois, interrompit du Bourdet un peu rassuré. Mon cher Pontis, je vous présente M. de Cadenet, frère de M. de Luynes, ami du roi. Et je pense que M. de Cadenet connaît assez le nom de Pontis pour que je n'ajoute aucun commentaire.

— C'est tout honneur pour moi de faire connaissance avec un gentilhomme aussi célèbre, répliqua le nouveau venu d'un air de respect et de sincérité qui lui gagna le cœur du chevalier. J'entends les chiens, ce me semble... Bernard chasserait-il avec vous?

— Vous allez le voir avec son frère; mais avant, pouvez-vous me dire si réellement votre présence ici n'a rien dont nous puissions nous inquiéter? nous avons quitté Paris dans de si fâcheuses circonstances... Le savez-vous, beau-frère?

— Aubin m'a conté tout cela, interrompit Pontis, et aussi les visites forcées de Bernard au Louvre; mais il me semble que ce qui est passé est passé.

— C'est à ce sujet que je viens, dit Cadenet. Mon frère a vu dans quel embarras Bernard s'était trouvé chez la reine-mère; il a tout rapporté au roi, qui n'a pas voulu que notre ami fût inquiété pour une affaire dans laquelle il n'était coupable que d'un excès de zèle et de loyauté. J'ai été expédié pour savoir à l'hôtellerie des *Fils-Aymon* ce que vous étiez devenu; on m'y apprit votre départ, rapide comme une fuite; alors M. de Luynes a cru comprendre que vous redoutiez les suites de l'aventure et, entre nous, c'était naturel — il a sollicité du roi sa protection pour Bernard; en sorte que Sa Majesté a dit en ces propres termes — la reine était là : « Luynes, fais assurer ce gentilhomme que je ne souffrirai pas qu'on l'insulte; qu'il vive en paix, qu'il se marie à son aise; et de plus, en retour du plaisir qu'il nous a fait avec ses oiseaux, qu'on lui porte un de mes joyaux en présent de noce. »

— Vraiment! s'écria du Bourdet avec joie.

— Voici l'objet, dit Cadenet en montrant un petit écrin soigneusement enveloppé d'une peau scellée aux armes royales; je crois pouvoir dire que c'est une bagatelle assez précieuse. Allez! je ne voudrais pas recommencer le voyage que je viens de faire au milieu de tous les batteurs d'estrade et fourrageurs qui tiennent la campagne autour de Paris, et détroussent les voyageurs sous prétexte de les surveiller. Le sceau du roi n'aurait pas empêché ces drôles de confisquer la petite boîte.

— Qu'y a-t-il donc pour que cette cavalerie se démène ainsi? demanda Pontis.

— Ah! monsieur, vous ne savez donc pas, dit Cadenet en s'essuyant le front; quoi! vous ignorez tout le remue-ménage dans lequel s'agite notre pauvre cour depuis..... Mais en vérité j'étrangle et suis incapable, par une chaleur pareille, de raconter seulement la moitié de ces événements sans gagner une pleurésie.

— J'en connais le remède, dit du Bourdet. Holà! oh! Antoine, les bouteilles!... Laurent, oh! les paniers!

Les chiens, avec un bruit furieux, venaient de débûcher sur la piste du lièvre, et devant eux Ramonneau, que tous consultaient, interrogeait la voie à l'endroit difficile. Aubin, tout en nage, et Bernard, non moins échauffé, se précipitèrent hors du bois à l'appel de du Bourdet.

Mais, lorsqu'à la place du lièvre ils virent Cadenet, ce furent des cris et des questions à n'en plus finir. On s'embrassa, on se mit à l'ombre. Paniers, bouteilles arrivèrent, et, sous le prétexte d'offrir un rafraîchissement à Cadenet, on se mit à déjeuner, Pontis tout le premier, dont c'était l'heure.

Cependant les chiens couraient toujours, et leurs voix, presque effacées dans les profondeurs de la forêt, se distinguaient à peine du coassement des grenouilles blotties sous les roseaux de la mare voisine.

Cadenet donna d'abord à Bernard le présent du roi, une agrafe de manteau formée d'une grosse émeraude entourée de petits diamants. L'objet se recommandait par le travail plus encore que par la matière, car c'était un joyau florentin du dernier siècle, le roi l'avait reçu enfant du roi son père.

On y lisait, sur un fond d'or, le mot latin *fide* en lettres d'émail.

Bernard rougit de plaisir.

— C'est trop beau, dit-il, une si riche agrafe pour quelques pauvres oiseaux; le roi s'est trompé, beaucoup moins suffisait.

— C'est que le roi n'a pas à choisir, répondit naïvement Cadenet, souvent l'on donne trop faute d'avoir assez peu.

Et il se mit à rire, on l'imita, mais on but à la santé du roi et de ses vrais amis, Pontis avec de l'eau comme toujours.

— Et moi, dit Aubin en regardant son oncle timidement, je boirai à la mémoire du feu roi Henri IV, qui eut tant de bons serviteurs!

Un nuage passa sur le front de du Bourdet, un éclair sur celui de Pontis. Bernard prit une cuiller d'argent et la tendant en guise de gobelet à son frère :

— Verse là-dedans, dit-il, une goutte de vin, une seule, pour que mon oncle puisse boire à la santé de son maître!

Aubin obéit. Pontis prit la cuiller d'une main tremblante, regarda tendrement Bernard et but. — Puis, comme pour en finir avec l'émotion qui avait gagné tous les convives et le dominait lui même :

— Monsieur de Cadenet, interrompit-il, était en train de nous conter des choses singulières qui se passent à la cour.

— Oh! mais maintenant, s'écria Cadenet, j'ai repris des forces ; les chiens chassent, et je ne me sens pas le courage de vous faire perdre moi-même une journée si belle; car je n'ai pour demeurer aux Bordes qu'un congé fort limité. Voici donc le fait : La reine-mère avait fait arrêter M. le Prince et M. de Vendôme, ce dernier prisonnier dans sa chambre. — Bien. — Mais, tandis qu'on menait M. le Prince à la Bastille, quelqu'un, génie, fée, diable, nul ne sait qui, mais il faut que ce soit quelqu'un de la maison, a ouvert la porte à M. de Vendôme, qui s'est enfui.

— Ah bah! s'écrièrent les convives en battant des mains.

— Chut! fit Cadenet. De là, poursuites, cavalerie, arrestations de tout ce qui porte éperons ou manteau, visites domiciliaires, blocus et terreur de toute la campagne. — On rattrapera ou on ne rattrapera pas M. de Vendôme. — En attendant, rattrapons le lièvre, voulez-vous?

Il se leva pour éviter d'en dire plus devant les valets. Bernard le prit par la main et l'emmena en chasse. Pontis garda Aubin. Du Bourdet, après les avoir suivis de loin et assisté à la défaite du lièvre et de nombreux lapins, se consulta, réfléchit qu'il était l'heure de rendre une visite aux dames et s'achemina seul vers les Fossés.

XVII

LA BATTUE AU PRINCE.

Comme il est impossible que tout le monde s'accommode du laconisme trop diplomatique avec lequel Cadenet, ce prudent ambassadeur, venait de raconter l'évasion de César de Vendôme, nous retournerons pour un moment à Paris, et, soit pour le roman, soit pour l'histoire, nous n'aurons point perdu nos pas.

Tandis que la reine-mère, excitée par le maréchal d'Ancre et le duc d'Espernon, enlevait au peuple les deux chefs qui l'eussent dirigé dans la guerre civile, et croyait avoir reconquis par ce coup de vigueur et d'adresse le souverain pouvoir que lui contestait le parti vaincu, le roi, au nom duquel toute cette exécution de ses amis venait d'être faite, se renfermait, irrité, sombre, impénétrable, et Luynes avait seul le secret de ses soupirs, le spectacle de son impuissance.

Invisible aussi, mais infatigable et décidée à tout, Anne d'Autriche veillait.

Alors se passa dans le Louvre une scène qui paraîtrait invraisemblable, bien que vraie, si les témoignages les plus imposants ne venaient prouver une fois encore que les fictions les plus ingénieuses des poëtes sont toujours au-dessous des réalités inscrites dans l'histoire des cours.

Par ordre de la reine-mère, des ouvriers avaient grillé de barreaux épais les fenêtres de l'appartement où était enfermé M. de Vendôme. A cette chambre de M. de Vendôme, dit un contemporain, il y avait une antichambre, et ces deux pièces donnaient chacune par sa porte sur une même montée. La porte de la chambre, bien fermée au double tour de sa serrure ordinaire, était munie, en outre, d'un cadenas, dont la reine-mère avait la clef. Aussi n'entrait-on que par l'antichambre, gardée elle-même par huit archers qui y séjournaient, sans toutefois, par respect, pénétrer dans la chambre du duc. Un exempt, nommé La Borderie, commandait ces huit archers.

Comme le soir fut venu, le prince dit qu'il ne se trouvait pas bien et refusa de souper, de façon que l'exempt, qui devait manger à sa table, fut obligé d'aller souper ailleurs. Il s'inquiéta, et voyant le prince se mettre au lit, courut chez la reine-mère pour lui donner avis de cette indisposition de son prisonnier. On pense bien qu'il recommanda la vigilance à ses archers ; leur tâche était aisée, ils n'avaient à garder qu'une issue, à laquelle nul n'eût pu arriver sans leur passer sur le corps.

Cependant, lorsque après une demi-heure environ, La Borderie revint pour annoncer à M. de Vendôme qu'on lui enverrait un médecin, il ne vit plus personne dans la chambre. La serrure en était bien fermée, le cadenas aussi. Les archers n'avaient rien vu ni entendu. La Borderie, fou de peur, chercha sous le lit, dans les rideaux, croyant à une mauvaise plaisanterie du prince ; mais n'ayant rien trouvé, il se mit à crier : « Je suis perdu ! Fermez les portes du palais ! M. de Vendôme est parti ! »

On comprend l'émotion qui remplit le Louvre à ces étranges paroles, comme si la cour n'eût pas été déjà assez troublée par l'incendie et le pillage de la maison de la maréchale d'Ancre, et les plaintes de cette dernière que l'Espagnol avait ramenée au Louvre; on crie aux armes ! chez la reine-mère, tout le monde y court. Les compagnies des gardes se rassemblent et occupent les barrières. Dans les différents escaliers chacun monte, descend, se précipite, capitaines, exempts, archers, gentilshommes. On visite dans toutes les chambres, on s'appelle, on tremble. La reine-mère, appuyée sur Leonora, pâle et menaçante, fait arrêter et conduire au Fort-l'Évêque le malheureux la Borderie, malgré ses protestations d'innocence et de bonne foi. Les archers de garde commencent à parler sérieusement de quelque intervention magique.

Mais le maréchal d'Ancre, beaucoup moins superstitieux, comprend que le prisonnier ne doit son évasion qu'à certains amis cachés dans le palais. La serrure évidemment vient d'être ouverte, le cadenas aussi, et la reine-mère en retrouve pourtant la clef dans son coffre. Ce coffre, elle ne l'a perdu de vue que pendant sa visite à la maréchale. Quel est le coupable ? Parmi tant de courtisans, de gens de service, parmi tant de pages, de dames, quel est le démon assez adroit pour avoir fait un coup si hardi sans qu'on l'ait aperçu ou même soupçonné ? Qui peut avoir eu intérêt à protéger cette évasion au risque de sa vie ? Les gens du prince avaient tous été éloignés ; l'escalier par lequel M. de Vendôme est parti ne communique qu'avec une aile toujours inhabitée du château. Que croire, que décider ?

Mais le danger n'est pas moins réel, M. de Vendôme a dû se réfugier quelque part. Animé des sentiments les plus hostiles, il peut remuer tout un parti déjà en fermentation. Le peuple est pour lui ; la province, révoltée par les exactions de la vieille cour, l'accueillera comme un libérateur, d'autant qu'il s'est posé en fils d'Henri IV, redresseur des fautes commises contre la politique de son père. Et puis, M. de Vendôme ne dira-t-il pas pourquoi on l'a arrêté ? N'expliquera-t-il pas que c'était au moment où il se rendait chez le roi, son frère, pour lui ouvrir les yeux et mettre à sa disposition les forces d'une nouvelle ligue du bien public.

D'Espernon, Concini se consultent, le comte de Siete-Iglesias se joint à eux, leur raconte l'état d'exaspération où est Paris.

Ces trois hommes liés par le danger qui les menace, et les menace presque seuls, retournent chez la reine-mère et grossissent à ses yeux le péril d'une trop longue inaction.

Il faut que le duc soit poursuivi, traqué. Il faut que sur ses traces, qu'on retrouvera, dût-on éclairer la moitié de sa route par l'incendie de l'autre moitié, il faut à tout prix qu'on lance une armée de cavaliers bien montés, bien commandés. Si le duc est à Paris, on le saura vite aux cris de joie de l'émeute; s'il est hors de la ville, cinq compagnies de gendarmes, d'archers, de gentilshommes dévoués à la reine-mère, sans compter les serviteurs particuliers des trois seigneurs intéressés, sauront bientôt le rejoindre et le ressaisir.

Marie de Médicis, déjà toute troublée par les terreurs et les suggestions haineuses de Leonora, accorde au triumvirat ce qu'il désire.

Aussitôt, pareil à un ouragan que le vent chasse, en le déchirant, sur tous les points du ciel, un gros d'éclaireurs, munis de pouvoirs absolus comme les donne la peur, se répandent autour du Louvre, interrogent, torturent.

On apprend que dans une rue voisine du château un homme a été vu courant à peu près à l'heure où s'était enfui M. de Vendôme. Le signalement de cet homme paraît s'appliquer au duc. Plus loin des gens affirment avoir vu deux chevaux attendant un maître. Un bourgeois bien blême et bien effaré raconte, le cœur défaillant, qu'il a vu un homme changer, en pleine rue, ses souliers pour des bottes qu'on lui offrait : un de ces souliers est retrouvé, c'est celui du prince. Plus de doute : M. de Vendôme a monté à cheval, il a quitté Paris. Porteur de cette bonne nouvelle, l'éclaireur revient au château; plus de deux cents hommes attendaient en selle le résultat de l'investigation. Un mot du maréchal ébranle toute cette cavalerie, qui se divise en plusieurs corps, et, attendu que nul n'a pu, dans Paris, retrouver le fil trop savamment embrouillé des ruses du fugitif par les rues obscures, ces différents escadrons s'élancent par des portes différentes, et commencent leur battue sous les murs de la ville, élargissant le cercle à mesure qu'ils s'éloignent du centre.

Cependant, le prince, qui réellement avait trouvé dans la rue des Bourdonnais un cheval et un compagnon masqué, courait derrière son guide et avait franchi la porte Saint-Antoine, non sans regarder avec un frisson certaine fenêtre éclairée dans la tour du Coin, à la Bastille, peut-être celle derrière laquelle M. le prince de Condé déplorait sa liberté perdue.

Hors de Paris, sur la route de Charenton, M. de Vendôme, qui respirait plus librement, essaya de questionner son compagnon. Mais celui-ci lui fit signe de se taire et de garder son haleine pour mieux courir. Le prince obéit, et courut.

On arriva ainsi à un village que le guide tourna le long d'une pente assez escarpée. M. de Vendôme ne le connaissait pas, mais supposa qu'il pouvait être éloigné de cinq lieues environ de Paris. Là, le premier cavalier s'arrêta sous un bouquet d'arbres, mit pied à terre, et l'on vit dans les ténèbres s'avancer deux chevaux frais, menés par un autre cavalier, dont la monture hennit à l'arrivée de ses compagnons baignés de sueur.

— Voyons, dit le prince, essayant de s'orienter et de distinguer au moins un visage dans l'obscurité, que faut-il que je fasse maintenant? Peut-on parler, ne fût-ce que pour remercier mes libérateurs?

— Vous le pouvez, mon prince, répliqua une voix si douce que le duc en tressaillit. Seulement, parlez bas.

— Mais c'est une femme que j'entends! s'écria-t-il.

L'inconnue s'approcha, souleva les bords de son chapeau et découvrit au prince un si charmant visage, qu'il n'était pas besoin de s'appeler Vendôme, d'être fugitif et reconnaissant pour se sentir ému à son aspect.

— Vous, comtesse! murmura le duc stupéfait de retrouver dans celle qu'il venait d'appeler sa libératrice une des plus zélées parmi ses ennemis. Quoi! madame des Sept-Églises, dame d'honneur de Marie de Médicis, est la personne qui m'a rendu la liberté! Quoi! ce billet glissé sous ma porte pour m'avertir de gagner la rue des Bourdonnais, c'est vous qui me l'auriez écrit! C'est vous qui auriez ouvert ma prison!

— Duc, ce n'est pas moi qui vous ai fait libre, et ce n'est pas moi par conséquent qu'il faut remercier. Je ne suis ici, à votre premier relais, que pour vous apprendre le nom de la personne envers qui vous avez contracté obligation.

— Obligation éternelle! s'écria le jeune prince, si je suis réellement sauvé.

— Mais pour cela, reprit la comtesse, nous perdons beaucoup trop de temps; veuillez monter à cheval, et nous achèverons, en gagnant du terrain, l'entretien que l'on m'a chargée d'avoir avec vous. Nous allons vers Montereau; cela vous convient-il?

— Parfaitement, répliqua le duc étonné. C'est là que j'eusse choisi ma retraite.

Les chevaux quittés rentrèrent dans le chemin creux, où ils disparurent bientôt; les chevaux frais partirent, animés par l'exemple de la comtesse, qui, prenant les devants, attira ainsi le prince sur ses traces. Il était facile de deviner, à la réserve subite, à l'espèce d'hésitation de M. de Vendôme, combien de défiances germaient et grandissaient en son esprit depuis l'apparition de cette femme, dont le nom et les fonctions à la cour inspiraient le contraire de ce qu'il eût désiré ressentir en un pareil moment.

L'écuyer suivait, toujours aussi discret, aussi impassible. Plus d'une fois le prince, qui se voyait sans armes, observa du coin de l'œil l'attitude de son avant-garde et celle de l'escorte, et il récapitulait mentalement le nombre d'ennemis qui avaient intérêt à se débarrasser de lui.

— Mon prince, dit enfin la comtesse lorsque les chevaux eurent atteint la calme et large route qui longeait la rivière, je vous prierai de me donner ici ma dernière minute d'audience. Vous êtes, je l'espère, en sûreté. Le cheval que vous montez est une bête rare qui fournira quinze lieues, s'il le faut, sans vous laisser dans l'embarras. Vous n'avez pas d'argent: voici deux cents pistoles dans cette bourse. La Fougeraie! donnez votre épée à monseigneur; deux bons pistolets sont dans vos fontes, mon prince. Vous allez pousser jusqu'à ce que vous trouviez un nouveau relais sur la route; arrivé à Montereau vous n'avez plus rien à souhaiter: vous y avez des amis et des intelligences.

— Comment sait-on cela? dit le prince surpris.

— La personne qui m'envoie sait tout.

Elle sait, par conséquent, monseigneur, que votre liberté importe au salut du royaume, à la dignité du roi. Elle sait que votre captivité était le triomphe de toutes les intrigues qui ruinent ce malheureux pays. Une fois hors de tutelle, vous pourrez agir comme bon vous semblera. Nulle condition ne vous est imposée, nulle reconnaissance envers vos libérateurs; seulement, voudrez-vous bien charger votre mémoire d'un nom?

— Comtesse!... peut-être me trouvez-vous un peu froid; mais tout ce que j'entends renverse mes idées. Je me demande si je vis et si c'est bien vous qui me parlez, vous, la femme d'un des plus perfides ennemis de ma maison; pardonnez... l'Espagne n'aime pas la race d'Henri IV.

— Je suis l'amie d'une autre personne que peut-être vous jugez aussi votre ennemie; car elle est aussi Espagnole; et pourtant elle vous sauve ce soir d'un danger mortel. Voyez combien les apparences nous déçoivent.

— Le nom de cette personne, je vous en prie.

— Anne d'Autriche.

— La reine! s'écria M. de Vendôme avec stupeur; la petite reine!...

— Votre belle-sœur, monseigneur, que vous n'avez peut-être pas jusqu'ici appréciée comme elle le mérite, et qui, sans vous demander votre amitié, me charge de vous offrir la sienne, persuadée qu'il est temps enfin que tous les enfants du feu roi se serrent autour du trône de Louis XIII, votre frère et votre maître.

A ces paroles prononcées avec une noble simplicité, le duc, en proie à l'émotion la plus vive, et sincère lui-même comme on l'est à cet âge, ne put se retenir de dire à la comtesse:

— C'est un beau trait que je n'oublierai pas, madame. La reine devient ma sœur à partir de ce moment, assurez-la que je lui serai frère respectueux et dévoué. Que puis-je faire pour prouver ma reconnaissance?

— Tout ce qui pourra servir le roi et l'honneur du nom que vous portez tous deux... à l'encontre des rivalités et des haines.

— Veuillez transmettre à la reine le serment que je fais entre vos mains, mains que je trouvais bien belles, madame, avant d'avoir le bonheur de les savoir aussi loyales.

— Eh bien! monseigneur, ma mission est terminée, je vais retourner sur mes pas.

— Emportez mon souvenir et mon amitié à toute épreuve, si jamais le fugitif d'aujourd'hui peut saisir l'occasion de vous la témoigner.

Il lui baisa respectueusement la main et déjà la comtesse allait tourner bride lorsque La Fougeraie l'arrêta :

— Silence! murmura-t-il, écoutez.

— Derrière nous, un galop lointain, dit le duc.

— Plus qu'un galop, monseigneur. Tout une troupe. Entendez-vous trembler la terre?

— Impossible de retourner! s'écria la comtesse, mais nous pouvons nous jeter à droite par la traverse.

— Il est plus simple de courir en avant, dit La Fougeraie. La route est bonne, piquez, monseigneur. Derrière nous, il n'y a pas de chevaux comme les nôtres; et savons-nous ce que nous trouverions dans la campagne?

Le duc baissa la main, la comtesse l'imita épouvantée, et les ardents coursiers commencèrent à dévorer l'espace.

Mais sans doute le bruit de leur course impétueuse fut entendu de leurs persécuteurs, car les échos de la rive opposée répétèrent bientôt un grondement qui redoublait à mesure que s'échauffait la poursuite.

— Eh! dit le duc en se retournant avec quelque inquiétude, il me semble que ces gens-là ne sont pas si mal montés; ils sont loin, mais ils gagnent!

— Ils ne nous rattraperont pas, dit La Fougeraie; mais cette allure enragée va briser madame la comtesse.

— Pauvre femme! murmura Vendôme. Ah! s'il devait vous arriver malheur à cause de moi, je préférerais me livrer tout de suite. Décidément ils gagnent.

— Et moi, monseigneur, dit Marguerite, pâle, bien que résolue, si je savais qu'à cause de moi votre salut fût compromis, je me jetterais à l'instant même dans ces flots noirs qui me font pourtant grand'peur!

— Ah! comtesse!... s'écria le jeune prince, vous venez sans vous douter de faire luire pour moi un éclair! Au lieu de vous tuer de fatigue par une course dont un faux pas de l'un de nous peut nous rendre tous victimes, divisons-nous pour diviser l'ennemi. Coupez à droite dans ces grands bois que je vois, ils vous abriteront comme un port.

— Ce serait sage, mais vous, mon prince, votre plan?

— Le voici, comtesse. Mon cheval est, dites-vous, une bête rare...

— Unique! monseigneur.

— Et, par conséquent, capable de faire ce que d'autres ne feraient pas?

— Comptez-y.

— J'y compte... Adieu, madame et amie, vous allez à droite, moi je vais à gauche : au revoir.

Il piqua son cheval, qui entra en bondissant dans le fleuve. Un petit cri de Marguerite fut couvert par le bouillonnement des flots; puis on n'entendit plus que le mouvement moelleux, aisé des quatre membres vigoureux qui fendaient l'onde comme des rames. Le duc passa fièrement la rivière, tenant ses pistolets au-dessus de sa tête. Il avait mis entre lui et ses ennemis un obstacle infranchissable : il était sauvé.

— Voilà une idée royale, dit La Fougeraie ravi, à la comtesse, qui observait cette traversée avec angoisse; maintenant, songeons à nous, s'il vous plaît. Allons, madame, en avant dans les terres labourées!

Marguerite obéit machinalement.

Les chevaux pénétrèrent dans la glèbe sablonneuse, muette, et gagnèrent ainsi la lisière du bois. Alors commença une corvée des plus rudes, un martyre. Les chevaux se jetant à tort à travers dans les taillis, dans les fourrés, force leur fut bientôt de s'arrêter : ils frémissaient de douleur en s'égratignant aux ronces, et Marguerite, la tête baissée, roulée dans son manteau, pleurait, et, à bout de forces, invoquait un prompt salut ou une prompte mort.

De loin, ils entendirent passer et repas-

Du Bourdet courut à elle. — Page 629.

ser sur la route sonore ceux qui les poursuivaient, et dont les imprécations arrivaient parfois jusqu'à leur retraite, comme des cris d'oiseaux funèbres.

Après un repos, indispensable aux deux chevaux, qui n'avaient pas, eux, l'excitation de l'orgueil et la satisfaction de la conscience, La Fougeraie donna le signal du départ ; on trouva une route praticable, et, d'après ses calculs, l'écuyer crut se diriger vers cette chaîne de petits bois qui vont rejoindre la forêt de Sénart.

Mais, au point du jour, il reconnut son erreur. Les chevaux eussent dû atteindre depuis longtemps soit Boussy-Saint-Antoine, soit même Hyères. Cependant ils se traînaient à peine dans des landes et des bruyères tout à fait inconnues, et le jour était déjà bien avancé qu'ils marchaient encore sans plus de succès.

L'un des deux animaux tomba : c'était la monture de La Fougeraie.

Quelques mouvements convulsifs, une écume sanglante au bord des naseaux, et ce fut tout. La pauvre bête était morte.

L'écuyer ôta au cadavre la selle et le portemanteau qu'il mit sur l'autre animal, de peur qu'on reconnût les maîtres à de si dangereuses marques ; puis, il se mit à tirer par la bride la malheureuse jument de Marguerite, que la comtesse sentait fléchir sous elle.

On trouva chemin faisant une mare où l'on précipita les bagages inutiles ; la jument découragée refusa même de boire.

— Je crois qu'il faut s'arrêter, murmura la comtesse, et qu'on est aussi bien ici qu'ailleurs pour mourir.

— Mourir ! par exemple ! s'écria l'écuyer ; par ce beau soleil levant ! Reposez-vous, madame ; je vais chercher un endroit bien sûr où vous pourrez dormir dans votre manteau, couverte du mien, tandis que j'explorerai les environs, pour trouver soit un asile, soit au moins quelque renseignement sur la marche de nos ennemis.

— Tout ce que vous voudrez ! balbutia d'une voix éteinte la jeune femme. Mais, morte ou non, je ne suis pas moins perdue ; car, au lieu d'être rentrée chez moi en ce moment, je me trouve peut-être à vingt lieues de Paris. Que vont dire le comte, la reine-mère, et que leur dirai-je moi-même ! C'est fait de moi !

L'écuyer promena autour de lui un regard consterné.

— Attendez ! attendez donc ! dit-il soudain. Il me semble que je me reconnais ici. Ce châtaignier, ce rond-point, ces six allées de chasse... Ah ! madame, que parliez-vous de mourir ! Savez-vous où Dieu nous a conduits ?

— Hélas ! mon ami, ce n'est pas au Louvre !

— Non, mais c'est dans le parc de l'ami du Bourdet, de ce vieil ami dont vous avez, l'autre jour, sauvé le fils, et qui, sans le savoir, va s'acquitter aujourd'hui envers vous.

— Est-il possible ? s'écria Marguerite en se redressant, les yeux brillants, les joues rafraîchies par le vermillon de la vie. Quoi ! chez le père de ce jeune homme... et du charmant enfant son frère ?...

— Parfaitement. J'ai chassé ici plus de cent fois ; nous sommes sauvés, vous dis-je. Rassurez-vous, remettez-vous, dormez une heure ou deux sous cet ombrage impénétrable ; moi, pendant ce temps, je m'aventurerai aux Bordes. Mais n'entendez-vous pas au loin des chiens qui chassent ? tenez, des coups d'arquebuse !

— C'est vrai, cachons-nous ! cachez-moi : si l'on me voyait ici, si on me reconnaissait !... si l'on vous reconnaissait vous-même !...

La Fougeraie allait répliquer, quand un chevreuil passa près de lui et fit un crochet effaré. Bientôt l'on entendit la voix d'un chien qui chassait seul en se rapprochant des fugitifs.

— Est-ce que je ne connais pas cette voix-là ? pensa le vieux chasseur, en se courbant jusque sur le sol pour mieux entendre.

La voix approchait toujours. La Fougeraie redoubla d'attention et s'écria enfin :

— Mais si Ramonneau était d'âge à chasser encore, je dirais que c'est Ramonneau !

A ce cri, à ce nom, un chien basset qui suivait une piste dressa l'oreille, se tut, éventa le taillis et accourut sans hésiter jusqu'aux pieds de La Fougeraie, qu'il lécha et mordit avec mille gémissements de joie.

— Ah ! mon brave, ah ! mon bon chien ! murmura le chasseur attendri. Quoi ! c'est toi ! Attends ! attends ! tu seras notre sauveur. Je vous réponds maintenant, madame, que du Bourdet va savoir que je suis ici sans que personne que lui puisse s'en douter.

XVIII

UN RENDU POUR UN PRÊTÉ

Du Bourdet avait jugé avec sagacité le moment favorable pour conclure sa grande affaire. Le consentement un peu arraché à Pontis, celui de Bernard donné libéralement constituaient une position excellente dont il fallait profiter avant qu'un caprice ne la modifiât.

D'ailleurs, l'avocat raisonnait en concience et pensait procurer à Bernard la plus belle affaire de sa vie.

C'est dans de pareilles dispositions qu'il quitta ses compagnons de chasse, dont les jambes infatigables l'eussent d'ailleurs mené un peu trop loin et il arriva aux Fossés, décidé à savoir le dernier mot de la tante.

Celle-ci, après avoir beaucoup grondé Sylvie pour ce qu'elle appelait ses cachoteries de la veille, après lui avoir signalé, par une logique aussi morale que diffuse, les inconvénients qui eussent pu en résulter pour sa réputation, avait fini par se rendre aux raisons de l'adroite petite personne, et la paix était signée.

Du Bourdet tomba donc au milieu de la plus parfaite intelligence : on le reçut à bras ouverts.

Les choses marchent vite en de pareilles circonstances. L'avocat et la tante les poussèrent si bien qu'au bout d'une heure d'entretien les points litigieux étaient arrêtés ; les grands articles, consentis de part et d'autre ; on parla contrat, on fixa une date.

Madame des Noyers déclara que, vu la situation délicate où se trouve toujours une jeune fille promise, le plus tôt serait le meilleur.

Du Bourdet déclara qu'il ne reculerait pas si ce plus tôt était tout de suite.

— Ah! dit la tante, j'ai écrit hier, par le messager, à mon neveu de venir voir son futur beau-frère, c'est dans l'ordre. J'ai insisté pour qu'il se hâtât, toujours à cause de notre position délicate aux Fossés. J'ai tout lieu de croire que nous le verrons arriver demain.

— Eh bien, si l'on signait le contrat demain? s'écria l'avocat.

— N'est-ce pas un peu précipité? dit la tante avec pudeur.

— Demain ! demain, chère madame des Noyers, aussitôt que votre neveu sera ici.

— Puisque vous y tenez tant, dit la vieille dame, j'accepte.

— Je vais écrire à mon notaire, qui, demain soir, pourra souper avec nous aux Bordes, après nous avoir fait signer le contrat.

— J'écrirai alors au mien par la même occasion, répliqua la tante. Justement j'envoie un homme à Melun. Si votre lettre eût été prête, je l'eusse jointe à la mienne. Deux commissions d'un seul coup. Mais il faut que vous retourniez écrire aux Bordes.

— Rien de plus aisé que d'éviter cette perte de temps. Ne sauriez-vous, dit du Bourdet, me prêter une plume et une feuille de papier?

Madame des Noyers appela Sylvie. Celle-ci, qui n'avait pas cessé d'écouter à la porte, ressource prosaïque, mais infaillible des jeunes filles à marier qui tiennent à savoir ce qui les intéresse ; la discrète Sylvie se fit appeler trois fois pour prouver qu'elle était à trois chambres de là, et, sur l'ordre de sa tante, donna au bonhomme tout ce qu'il avait demandé.

Cependant madame des Noyers écrivit de son côté trois lignes d'une écriture et d'une orthographe également vénérables, l'une par sa majesté, l'autre par sa candeur.

Pendant ce temps Sylvie, dont le cœur palpitait avec une vivacité naturelle à toute créature dont les ruses triomphent, battait sur les vitres de la chambre un air de bravoure à la mode, et cherchait, dans la plaine ou par-dessus les cimes des bois, la fumée des coups d'arquebuse qui éclataient bien loin, mais assez fréquemment pour promettre une bonne chasse.

— Nous mangerons du gibier ce soir, dit l'avocat gaiement.

Déjà le messager, prêt à partir pour Melun, tenait ses deux lettres, et buvait le coup de l'étrier, tout en s'imprégnant des recommandations détaillées de la tante, quand un bruit assez étrange se fit entendre au rez-de-chaussée. On eût dit un grincement de lime sur du bois, un murmure d'impatience, une porte agitée par des secousses précipitées.

Sylvie ouvrit la fenêtre pour mieux se rendre compte de l'incident.

— Tiens ! s'écria-t-elle, un chien qui gratte en bas ; qu'est-ce que c'est donc que ce vilain chien-là?

— Un chien? dit du Bourdet, pauvre bête ! Lui ouvre-t-on?

— On lui a ouvert, malheureusement, et il va tout salir ici, ajouta mademoiselle Manette le sourcil froncé.

On avait, en effet, laissé passer l'animal, car son pas claquetant résonna dans l'escalier, et du Bourdet vit entrer le basset Ramonneau poudreux, défrisé par les ronces, mais grave comme à l'ordinaire et remuant la queue avec un regard fixe qui disait : Regarde-moi !

Seulement mademoiselle Manette le tenait de court pour l'empêcher d'imprimer sur le plancher ses pattes humides.

— Ramonneau ! que diable viens-tu faire ici ? demanda le bonhomme. Quoi ! quand on chasse, quand Aubin chasse, Ramonneau n'est pas là ?... Qu'est-il arrivé, bonne bête ? Es-tu blessé ? As-tu quelque épine dans la patte ?

— Ce n'est pas encore cela, dit l'œil sérieux du basset.

— Qu'a-t-il ramassé en courant ? s'écria mademoiselle Manette ; cette loque à son collier ; un gant !

— Plaît-il ? fit du Bourdet dressant l'oreille.

Mademoiselle Manette toucha indiscrètement à cette loque, et aussitôt Ramonneau, la regardant de travers, montra à la vieille fille des dents encore plus longues que les siennes, mais moins jaunes.

— Est-ce qu'il mord ? s'écria mademoiselle Manette effrayée, en quittant la chambre.

— Un gant ! murmura du Bourdet.

Ramonneau, libre enfin, s'était dressé, ses deux petites pattes sur le genou de son maître.

— Voilà qui est plus que singulier, pensa l'avocat, tressaillant malgré lui. Ce gant au collier du chien, ce ne peut être une plaisanterie d'Aubin ou de Bernard... Se souviennent-ils seulement de ce que j'ai à peine raconté ce matin ? D'ailleurs, le gant n'est ni à l'un ni à l'autre ; c'est la main de... mais non... impossible... Cependant l'ardillon de la boucle est bien entré dans la peau, selon l'habitude d'autrefois... Ramonneau !...

Le chien plongea ses yeux dans ceux de son maître.

— Est-ce que tu viens de voir La Fougeraie ?

Ramonneau leva la tête et donna de la voix comme sur une bonne trace.

— Oh ! s'écria du Bourdet, contenant avec sa sagesse accoutumée l'émotion que lui causait cette aventure, il faut que j'éclaircisse la vérité.

Le chien, le voyant debout, s'élança vers la porte en le regardant comme pour lui dire :

— Viens !

— J'y vais, répliqua du Bourdet, ainsi qu'il eût répondu à un homme.

Mais pour couper court aux commentaires de Manette, aux questions obligeantes de Sylvie sur le collier, le gant et l'arrivée du chien, le digne avocat se hâta de leur dire que ce gant n'était autre chose qu'un mauvais morceau de peau dont on avait enveloppé la boucle, afin de ne pas blesser la bête. Il expliqua la visite de Ramonneau par son amour pour ses maîtres et les fatigues de l'âge, qui lui faisaient préférer le repos aux longues chasses. Puis, prenant congé des dames sans trouble et sans précipitation apparente, — il crut du moins s'être bien dissimulé, — il annonça son départ et baisa Sylvie au front.

Au bout du chemin des Pommiers, sentant que la jeune fille, ne fût-ce que par politesse, le suivait des yeux, il entra dans le parc, et comme Ramonneau grognait de le voir ainsi se tromper de chemin et obliquait sans cesse vers la forêt :

— Décidément, dit-il, c'est La Fougeraie qui m'attend, et qui m'attend à l'endroit accoutumé. Pourquoi pas aux Bordes ? pourquoi pas ostensiblement ? La Fougeraie n'est plus d'âge à faire avec moi toutes les petites câlineries de la joyeuse jeunesse. Qu'est-il encore arrivé ? mon Dieu !

On voit qu'il ne manquait pas de sens notre avocat, et que deux vieux chasseurs peuvent quelquefois correspondre bien ingénieusement avec un chien pour télégraphe.

Du Bourdet suivit son basset, qui le mena droit au carrefour du Châtaignier. Là, il regarda sur sa gauche, comme autrefois, et dans la découpure d'une ramée de frênes, il vit son vieil ami qui l'attendait les bras croisés.

Bien que la présence de La Fougeraie eût été aussi prévue que possible par des supputations d'une grosse demi-heure, du Bourdet sentit à son aspect une agitation pareille à un violent accès de fièvre. D'ailleurs, il y avait, on le conçoit, dans l'attitude de l'écuyer beaucoup plus de gêne et de trouble qu'il n'en fallait pour inspirer l'inquiétude.

Cependant du Bourdet commença par ouvrir ses bras à son ami.

— Chut! lui dit La Fougeraie. Es-tu bien sûr que personne ne te suive?

— Tu te caches donc? demanda l'avocat.

— Le plus possible... Mais ne reste pas comme cela en évidence au milieu de l'allée, entrons sous bois, asseyons-nous.

— Comme tu es pâle! Aurais-tu faim?

— Je tombe... Mais ce n'est pas de cela qu'il s'agit.

— Attends, attends, je crois que j'ai conservé sur moi ma bouteille de brandevin : je ne veux pas te voir pâle comme cela, tu me bouleverses... Bois un coup... et dis-moi pourquoi tu erres ainsi dans les bois, chez nous, sans entrer dans la maison?

La Fougeraie but et raconta. Il raconta en homme habile qui ménage ses effets. Les effets, hélas! ne manquaient pas dans un récit pareil. Il n'avait pas parlé trois minutes, que le plus pâle des deux n'était plus La Fougeraie. Et cependant l'écuyer n'avait pas encore dit un mot de sa maîtresse.

— Quoi! murmura l'avocat, qui ne savait encore que la moitié du désastre, toi, à ton âge, te mêler dans d'aussi affreuses conspirations!...

— Et mon devoir?

— Et ta vie! Sais-tu que si la reine-mère pouvait apprendre que tu as trempé dans l'évasion de M. de Vendôme...

— Me blâmerais-tu?

— Moi, je t'admire. Mais tu m'épouvantes. Et puis il y a un mot que je n'ai pas parfaitement compris dans ta dernière phrase, le mot *devoir*. Quel devoir avais-tu donc à remplir en agissant si témérairement?

— J'obéissais à ma maîtresse, qui dirigeait tout le complot.

— Quoi! cette dame masquée...

— Qui a pris ton petit Aubin dans ses bras, oui.

— Oh! elle est charmante. Mais...

— Mais elle complote, veux-tu dire?

— Vois-tu, La Fougeraie, défions-nous des grands, ils nous ruinent et tirent toujours leur épingle du jeu. Ainsi, te voilà vagabond, affamé, menacé de mort, peut-être, tandis que la dame est bien tranquillement à table dans son cabinet.

— Tu te trompes, du Bourdet, la dame est en ce moment moins à son aise encore que moi. Elle n'a pour cabinet qu'un buisson, pour festin qu'une mûre sauvage. Et quand, moi, je risque mon col, elle risque, outre sa vie, son honneur!

— Son honneur!... sa vie!... s'écria du Bourdet. Bah! elle s'en tirera, te dis-je. Mais où l'as-tu laissée?

— A six pas d'ici, derrière un massif de jeunes chênes, d'où elle nous entend, si Dieu lui a conservé la force d'entendre encore.

— Ah! murmura du Bourdet pétrifié, comme si la voûte du ciel eût craqué sur sa tête.

Mais il se leva tout à coup.

— Cette pauvre dame, dit-il, il faut la secourir.

— J'ai compté sur toi pour cela.

— Il faut lui trouver un asile.

— Lequel?

— Du Bourdet s'arrêta, frissonnant, refroidi jusqu'à la glace.

— Lequel? oui. On vous poursuit, n'est-ce pas?

— Toute la campagne est sillonnée de cavaliers qui cherchent le prince!

— Je le sais, Cadenet nous l'a dit en déjeunant ce matin.

— M. de Cadenet est ici! s'écria derrière les arbres la voix effrayée de la comtesse, qui, au même instant se montra, chancelante, les traits altérés.

Du Bourdet courut à elle, lui prit les mains, s'inclina respectueusement devant ce malheur et cette touchante beauté.

— Quoi! même ici, nous trouverions quelqu'un de connaissance! reprit Marguerite. Vous voyez, La Fougeraie, que nous sommes bien perdus et que c'en est fait de votre dernier espoir!

L'écuyer baissa la tête, après avoir jeté sur son ami un regard humilié.

— Quel espoir aviez-vous donc? demanda du Bourdet, les interrogeant tous deux d'un œil de compassion.

— Rien! rien! interrompit vivement la

comtesse, avec un geste significatif pour imposer silence à l'écuyer.

— Je comprends, dit du Bourdet, et je m'étonne d'avoir compris si tard. Il faut me pardonner, madame, je suis un bien pauvre homme. Mais j'ai bon cœur, si je n'ai pas le cœur très-brave. Votre espoir à tous deux, c'était moi, n'est-ce pas? l'asile que vous attendiez, c'était ma maison?

— Non! non! dit la comtesse pâlissante.

— Oui, dit La Fougeraie, et malgré la générosité de madame, je dois te dire que si tu nous manques, nous sommes morts.

— Eh bien! est-ce que je ne suis pas là? s'écria du Bourdet avec un effort héroïque pour sourire. Quant à la maison, sans ce bouquet d'arbres, on pourrait la voir d'ici.

— Monsieur, dit la comtesse, si nos ennemis nous retrouvaient chez vous, vous risqueriez trop!

— Allons donc, madame! fit du Bourdet. Croyez-vous que j'aie peur? D'ailleurs, on peut si bien vous cacher!

— Vous avez chez vous quelqu'un qui me connaît, vous dis-je, M. de Cadenet...

— D'abord, je le crois galant homme. Ensuite, je le défie de soupçonner seulement que vous êtes ici.

— Comment feras-tu? dit la Fougeraie.

— Une chose toute simple, je vous introduirai à la nuit par le petit jardin.

— Deux personnes! c'est beaucoup dans une maison! dit la comtesse, les hôtes, les domestiques...

— Ah! j'avoue que j'eusse aimé mieux que vous ne fussiez qu'un ou une, reprit du Bourdet. Car, pour que la chose réussisse, il faut que je ne me confie à personne, pas même à mes fils.

— Non! non! dit Marguerite.

— A personne! ajouta La Fougeraie.

— Eh bien! mes pauvres amis, — pardon, madame, je crains que deux prisonniers ne soient bien difficiles à cacher dans une maison où toutes les clefs sont toujours sur les portes. Je vous cacherai, ce n'est pas douteux, c'est convenu; mais si un bruit vous trahit, si un mouvement vous décèle, que dirai-je? Ah! je tiens l'idée, j'ai le plan! tout est arrangé!

La Fougeraie serra les mains de son vieil ami.

— C'est pour madame que je t'implore, dit-il tout bas; quant à moi, ne t'en occupe pas.

— Es-tu fou? est-ce que si l'on te prenait, toi, l'écuyer, la maîtresse ne serait pas compromise? Laisse-moi faire, seul; j'ai la tête en bon état, je me suis remis. C'est toujours comme cela, je ne vaux rien qu'après cinq minutes. Voici donc ce que nous ferons : A la nuit tombante, madame entrera par l'allée de l'espalier, j'aurai écarté tout le monde, je la mènerai dans la chambre qu'habitait ma femme. Personne n'y entre jamais. C'est un lieu sacré. Toi, mon bon La Fougeraie, tu prendras le bateau et passeras dans l'île, où la cabane de mon pêcheur t'offre un lit vacant pour huit jours. Le pêcheur est absent, la cabane fermée. Combien de temps avez-vous besoin de demeurer ici?

Marguerite joignit les mains.

— Oh! monsieur, dit-elle, s'il n'y avait un danger terrible à partir sur-le-champ, je demanderais, demi-morte que je suis, un cheval pour retourner à Paris.

— Mais les espions, les guetteurs, les batteurs d'estrade? Vous seriez arrêtée ce soir.

— C'est vrai.

— Tandis que, demain, vingt-quatre heures auront tout aplani. Le duc arrêté ou échappé, toute cette bande d'éperviers se retire.

— Et demain soir, ajouta La Fougeraie, quand tout le monde chez toi sera couché de bonne heure, au signal de madame, — un coup de sifflet, que je connais bien, — je repasserai l'eau avec mon bateau et viendrai la rejoindre. Sa jument sera reposée, tu nous trouveras un cheval, nous partirons pour Paris, sans nous égarer cette fois!

— C'est convenu.

La comtesse regardait avec une douce familiarité cette aimable figure de du Bourdet, que le bonheur de rendre service avait faite resplendissante.

— Seulement, dit-elle, d'ici à ce soir, le pauvre La Fougeraie sera mort de faim.

— Bah! s'écria l'écuyer, je vous sais en sûreté, je n'ai plus besoin de rien.

— La joie creuse, au contraire, reprit du

Bourdet, mais c'est un mal inévitable. Si j'étais assez maladroit pour revenir tout à l'heure avec des provisions, adieu le secret ; je serais vu de quelque berger, de quelque garde. Il faut jeûner jusqu'à ce soir, sans le jeûne pas de salut! Ainsi, voilà qui est bien entendu : à la nuit tombante, je viendrai chercher madame ; cela ne tardera pas. D'ici là, je vais m'occuper de l'île et du bateau de La Fougeraie ; j'aurai l'œil à tout, reposez-vous sur moi, et ne me remerciez pas d'avance surtout, cela nous porterait malheur.

**

Tout se passa comme il l'avait prévu, tant ses mesures furent bien prises.

Les jeunes gens et Pontis, surpris de ne le pas voir rentrer, quand eux-mêmes étaient rentrés si tard, chargés de gibier et bien las, envoyèrent aux Fossés chercher des nouvelles. La réponse fut que M. du Bourdet devait être aux Bordes depuis près de quatre heures.

L'inquiétude gagna toute la maison. Chacun se mit en campagne, on appela, on alluma des flambeaux. Les uns craignaient une entorse ; mais avec une entorse on répond. Pas de réponse aux cris. Du Bourdet profita du moment, il amena ses hôtes mystérieux à la petite porte, tandis qu'il n'y avait plus personne à la maison.

La Fougeraie se glissa sous les osiers et gagna son bateau. Du Bourdet, prenant par la main la jeune comtesse que brûlait la fièvre, il la conduisit à la chambre de sa femme.

Et comme elle le remerciait avec effusion en s'excusant des embarras qu'elle allait lui donner :

— Mauvaise hospitalité, dit-il ; vous dormirez peut-être bien mal, car nous sommes ici fort bruyants, nous sommes en noces.

— Qui donc se marie? demanda-t-elle avec intérêt.

— Mon fils Bernard.

— Ah! murmura-t-elle d'une voix émue, quand donc ?

— Nous signons le contrat demain.

Le retour des jeunes gens appela du Bourdet hors de l'appartement. Il dit adieu à la comtesse, et, dans les ténèbres, ayant rencontré sa main, il s'étonna de la trouver maintenant si tremblante et si froide.

— Pourvu, se dit-il, que la pauvre femme n'aille pas tomber malade ici !

XIX

RÉVÉLATION.

La comtesse avait passé dans son asile une nuit à peu près sans sommeil, mais non sans repos et sans douceur.

Un peu effrayée d'abord des grands rideaux, à l'ombre desquels s'étaient fermés les yeux de madame du Bourdet, Marguerite s'assit dans un vaste fauteuil, et regarda, s'enhardissant peu à peu, chaque détail de la chambre à peine éclairée par une veilleuse abritée derrière un paravent.

Conservée par les soins pieux du bonhomme et de ses fils, telle qu'elle était du vivant de la mère, cette chambre représentait bien, dans son ameublement et ses distributions, le caractère décent et cultivé de sa première habitante. Marguerite retrouva là toute une vie paisible, laborieuse, racontée par les muets témoins qui l'avaient assistée à chaque instant du jour : la table à coudre, la vieille armoire sculptée, les livres de piété dans l'encoignure d'ébène, et le coffre aux incrustations d'argent niellé, destiné à renfermer les joyaux, les parfums, et les dentelles séculaires, et l'horloge bergamasque, et les pots à fleurs, vides, hélas! comme la chambre ! Les murs étaient tapissés d'une tenture flamande, dont les arbres, les eaux et les personnages, naïvement entremêlés de légendes latines en lettres gothiques, représentaient la vie d'une sainte, moins sainte assurément sur la terre, et qui n'avait pas été reçue avec plus de joie par les anges au ciel.

La comtesse, après avoir passé les premières heures dans une contemplation torpide, se trouva si heureuse de ce rêve, si rafraîchie par ce silence, qu'elle n'eût pas consenti à étendre la main pour toucher aux fruits et au poulet placés à sa portée sur un guéridon, de même qu'elle n'eût point fait un pas pour aller trouver le lit le plus moelleux. Il lui semblait qu'au moindre mouvement toutes ses articulations se fussent dénouées. Les vapeurs du sommeil tourbillonnèrent insensiblement de son cœur à son cerveau, et elle dormit sans s'en douter, ou du moins sans percevoir la secousse ordinaire du réveil. Car, aux premières lueurs du matin, la petite veilleuse brûlait encore, et deux grands rayons bleuâtres, pareils à deux grands regards d'azur, traversaient la chambre de part en part. C'était l'aube se glissant par les deux losanges des volets. Huit heures s'étaient écoulées ainsi avec la rapidité d'une seule.

Marguerite revit alors cette chambre sous un aspect moins sombre. Peu à peu le rayon bleu blanchissait, il finit par se dorer. Prisme éblouissant, il alla caresser chaque facette des cristaux placés sur la table, et suspendit un rubis enflammé à toute dorure, à tout relief poli qu'il rencontrait en chemin. Enfin, ce jour velouté qui, pour des yeux surpris n'eût été qu'une nuit opaque, dessina toutes les formes et toutes les couleurs dans la chambre de la comtesse. Bien plus, elle tressaillit en s'apercevant elle-même dans un miroir de Venise, en face duquel, la veille, elle avait rencontré son fauteuil.

L'impression qu'elle ressentit alors fut son véritable réveil. Car elle avait retrouvé la force de penser, et par conséquent de souffrir. Une fatigue écrasante, un balancement vertigineux d'une tempe à l'autre n'étaient que des douleurs risibles auprès de l'inquiétude mortelle qui la reprit. Ainsi donc, elle était bien là, dans une maison étrangère, se cachant, tremblant, et à Paris on la cherchait ; le comte, son mari, s'irritait, la soupçonnait et délibérait sa perte. Cette idée fut l'une des plus cruelles tortures qu'elle eût jusqu'alors endurées. Elle se leva, grâce à une volonté désespérée qui fit jaillir de chacun de ses membres une douleur aiguë, et n'entendant aucun bruit dans la maison, rien au dehors que le chant des coqs et le premier gazouillement des oiseaux, elle s'approcha de la fenêtre. Un irrésistible besoin d'air pur lui fit ouvrir le petit loquet de fer, seule fermeture usitée à cette époque. Marguerite, encore abritée par les volets hermétiquement clos, put respirer à l'aise la fraîcheur balsamique des fleurs et des gazons ; elle s'accouda sur la barre de fer qui formait appui, et ses premiers regards, s'échappant par la découpure des volets, jouirent délicieusement de la verdure des bois et de la fauve rougeur du ciel.

Bientôt cette infaillible consolation de la nature au réveil pénétra comme par son front jusqu'au plus profond de son âme. Et alors, se sentant jeune, forte, devinant Dieu sous ces vapeurs d'or, elle réfléchit que le désespoir ne changerait rien à sa situation ; que, prisonnière pour éviter de plus grands malheurs, elle devrait s'estimer bien heureuse d'avoir trouvé une si charmante et si sûre prison. Ce parterre diapré de fleurs qu'elle voyait en abaissant son regard, ces fontaines murmurantes, dont la fraîcheur montait jusqu'à elle en blanches fumées, tout cela n'était-il pas son bien, sa récréation pendant une journée ?

Il fallait donc vivre, et vivre résignée, joyeuse même, profiter du rayon de soleil, amasser des forces, du courage pour les fatigues et les chagrins à venir. Quoi de plus propre à rasséréner une âme que la vue de cette maison où tous les bonheurs semblaient s'être donné rendez-vous ?

Marguerite alors commença une visite dans sa prison. Marchant d'un pas furtif, essayant son adresse sur les portes, elle pénétra dans une chambre contiguë à la sienne. C'était un grand cabinet sans issue, où elle trouva l'antique toilette de la défunte, et ses robes, et tout ce luxe de soins et d'innocente recherche d'une femme habituée à plaire, que la mort avait surprise encore en sa jeunesse. Puis les beaux fruits et la collation la tentèrent ; elle trempa ses lèvres dans quelques gouttes de vin d'Espagne, à la santé du bon La Fou-

Elle écoutait encore. — Page 636.

geraie, à celle aussi de l'hôte généreux qui lui avait ouvert sa maison.

Et, ce verre à la main, elle vint s'asseoir près de la fenêtre, rêveuse, se disant que l'aventure était bien étrange, et qu'il y avait là, tout près d'elle, des gens que peut-être elle coudoierait un jour, sans qu'ils se doutassent du hasard qui, pendant vingt-quatre heures, les avait réunis à elle sous ce toit sacré. Ce jeune homme, par exemple, ce Bernard qui allait se marier, et dont au Louvre elle avait sauvé la liberté, lui qui ne la connaissait pas, ne se souvenait pas seulement d'elle, combien elle le surprendrait si, plus tard, masquée, en quelque fête où elle le trouverait avec sa jeune femme, elle l'abordait, et, lui prenant le bras, lui racontait en détail tout ce qu'elle avait vu chez lui : le buis bénit oublié sous le Christ, la statuette de marbre jauni sur le bahut d'ébène, les dessins des rideaux, les figures grotesques des chenets. Qui sait? Quelque épisode du jour des fiançailles qu'elle surprendrait dans le jardin par les losanges de son observatoire.

Elle pensait ainsi, les yeux vaguement fixés vers le parterre, quand elle entendit ouvrir une porte sur le palier, en face de sa chambre. Un pas d'homme craqua dans l'escalier, une autre porte s'ouvrit au rez-de-chaussée ; le bruit de ce pas continua dans le sable et s'éloigna peu à peu de la maison. Marguerite vit alors, au milieu des arbres, passer quelqu'un autour duquel sautaient deux chiens. Le promeneur si matinal se retourna pour regarder le ciel : C'était Bernard !

Le jeune homme ne se doutait guère qu'on le vit si distinctement, et qu'on analysât chacun de ses gestes avec l'intention d'y trouver l'empressement et la belle humeur d'un amoureux qu'on marie. Cependant la comtesse avait commencé par cette idée. Mais Bernard sembla prendre à tâche de lui donner le change. Il allait et venait, les mains derrière le dos, lentement, imprimant chaque pas dans le sable avec la scrupuleuse attention de n'en point faire un plus creux que l'autre, sorte d'occupation qui, si elle n'annonce pas un esprit bien troublé, ne prouve pas non plus une gaieté bien folle.

La comtesse remarqua, quoique la distance fût assez grande, la petitesse de ses pieds, chaussés déjà sans doute pour la noce. Elle vit que Bernard, nu-tête, avait de beaux cheveux châtains, le col rond et frais, l'œil pur. Et elle se dit que si la fiancée était jolie, ce serait un couple agréable.

Tout à coup une voix enjouée, qui, du seuil de la maison, appelait Bernard, fit tressaillir et presque trembler la comtesse ; car cette voix ne semblait monter si rapidement à elle que pour l'interrompre dans les pensées où elle s'abandonnait.

— Hé ! cher Bernard, s'écriait cette voix, tu rêves déjà aux amours ! Si matin ! Oh !...

Bernard hâta le pas, son interlocuteur le joignit à moitié chemin. C'était Cadenet, les yeux encore bouffis de sommeil et quelque peu négligé dans ses atours.

— Ai-je dormi ! dit-il, je dors encore, et il me semble que sans le besoin de causer, j'irais dormir une heure de plus.

— Tu vas de travers, répliqua Bernard en riant ; assieds-toi ou cours, c'est le seul remède.

— Mon cher, j'ai le sang lourd, je me fais vieux. Trois seaux d'eau froide sur la nuque ne me réveilleraient plus comme une seule goutte autrefois. Ah !... dans ma jeunesse, c'était comme cela que me réveillait le frère aîné quand je dépassais l'heure. Plauf !... un coquemar, cinq litres. Eh bien ! cela rend peut-être les enfants vigilants, mais ils se rattrapent en devenant hommes. Nous sommes seuls, causons donc, nous n'en aurons plus le temps une fois les cérémonies commencées.

— Viens t'asseoir sur ce banc, sous les fenêtres de ma mère, répliqua Bernard.

La comtesse se rejeta en arrière, comme si le rempart des volets n'eût pas été là pour l'empêcher d'être aperçue. Mais en vain se tenait-elle loin de la fenêtre, les voix provoquantes vinrent l'y chercher.

— Causons raison, dit Cadenet d'un ton de voix si jovial que Marguerite frémit, et voulut fermer la fenêtre en pensant que les jeunes gens allaient peut-être dire des folies. Mais il eût été bien imprudent de faire un pareil bruit dans une chambre inhabitée.

— Je me boucherai les oreilles, dit-elle, quand la conversation prendra un tour embarrassant.

— Ainsi, continua Cadenet, tu te maries, c'est à n'y plus revenir.

— Mon ami, à deux heures on dîne, et, un quart d'heure avant, le contrat sera signé ; si le beau-frère arrive plus tôt, on signera plus tôt.

— On a vu peu d'amoureux aussi enragés que toi, dit Cadenet. Quoi ! à peine débarqué, tu épouses ? Peste ! et la vie de garçon, tu ne la connais pas.

— A quoi bon la connaître ?

— J'oublie que je parle à un amoureux. Est-elle jolie ta femme ?

La comtesse écouta.

— Assez, je crois.

— Comme tu dis cela négligemment ! Peut-être tiens-tu plus aux qualités sérieuses ?

— Mon ami, je ne sais pas si elle a des qualités sérieuses.

— Alors, que sais-tu donc ? Tu me réponds singulièrement, Bernard.

— Je te réponds comme je puis. Que m'importe à moi tout ce que tu me demandes. Je me marie, voilà tout.

— Ah ça ! mais tu ne parles plus du tout en amoureux.

— Est-ce que je le suis ? s'écria Bernard.
— Oh ! fit Cadenet ébahi. Eh bien ! alors, pourquoi te maries-tu ?

La comtesse s'approcha jusqu'au bord de la fenêtre, son front touchant le bois des volets. Elle jugeait sans doute que la conversation n'était plus inquiétante.

— Mon ami, reprit Bernard — tu es mon ami, n'est-ce pas ? tu me l'as prouvé en m'avouant hier que ton frère Luynes t'avait chargé de savoir de moi le secret du complot de ces maudites lettres. Cette confiance en moi te vaudra la mienne. Je me marie d'abord pour faire plaisir à mon beau-père, ensuite pour me hâter de couper court à certaines chimères, qui finiraient par me tyranniser si je les laissais pousser dans le jardin de ma pensée, comme on dit chez les Topinamboux, qui sont fort poëtes, entre nous, autant que M. de Malherbe, ce n'est pas peu dire.

La comtesse colla son oreille brûlante sur le rebord de pierre.

— Quelles chimères donc ? demanda Cadenet. Il y en a de plusieurs sortes.

— C'est vrai, pensa Marguerite.

— Chimères de toutes sortes, répliqua Bernard ; car M. du Bourdet te le prouverait par son *Traité des Conséquences* : Qui dit chimères d'amour, dit toutes les chimères possibles.

— D'amour ! Tu vois bien que tu es amoureux ! s'écria Cadenet triomphant.

— Oui, mais de qui ? dit froidement Bernard.

La comtesse retint son haleine ; l'appui de la croisée l'étouffait ; elle sentait son cœur frapper et repousser le bois. Cependant elle restait.

— De qui ? Voilà la question, murmura Cadenet, tâche de la résoudre.

— Je ne la résoudrai pas, mon ami, Dieu m'en garde. Vois-tu, ce sont des rêves qui demeurent admirables, merveilleux tant qu'ils sont renfermés là, et qui ne sortent des lèvres que ridicules, grotesques, absurdes. Il y a plus, lorsqu'ils se produisent, ce n'est pas sans un péril très-grand pour celui qui les a conçus. Car ils rencontrent presque toujours pour confident un jeune homme, un cœur vaillant, un esprit aventureux comme toi,

par exemple, qui, au lieu de leur dire : « Cache-toi, rêve ! évanouis-toi, chimère ! crève, bulle de savon ! » se met à sourire, à pincer amoureusement sa bouche et à dire : « Oh ! mais c'est charmant, Bernard. Il faut poursuivre cela, Bernard. Sus ! sus ! Bernard, en avant ! » Et puis, Bernard va, poursuit, il court après la bulle. Elle éclate ; et ce n'est plus une bulle, c'est un bel et bon artifice qui fait explosion et vous met le cœur en quatre. Voilà Bernard estropié de cœur pour le reste de ses jours.

Cadenet se mit à rire de toutes ses forces. La comtesse ne rit pas.

— Je ne vois point, reprit Cadenet après un long silence de son ami, que cela te force à te marier. Au contraire, tu es jeune, quand tu perdrais deux ou trois belles années à courir après la bulle.

— Là ! que disais-je ? interrompit Bernard. Tu me le conseilles, tu vois !

— Si la bulle est jolie !

— Oh ! ce n'est pas cela qui lui manque, répondit tristement Bernard.

— Et si elle veut bien se laisser prendre... il me semble que tu es de force à bien courir. D'ailleurs, est-ce si difficile que cela ? Ce n'est pas la reine, après tout.

— Ce n'en est peut-être pas bien loin, soupira Bernard.

La comtesse se releva si précipitamment, que son front effleura le volet. Le bois gémit. Mais les bruits montent. Celui-là obéit à la loi physique. On ne l'entendit point en bas.

— Comment ! dit Cadenet, tu aimes à la cour, scélérat ! mais tu n'as fait qu'y montrer le nez. Conte-moi cela, conte-moi cela en détail.

— D'abord, je n'ai pas parlé d'amour : rêve, chimère, fumée, voilà ce que j'ai dit. Et encore je me rétracte. Ah ! Cadenet, comme il faut que je me marie vite ! Si tu savais, quand la flamme de ces yeux-là vient brûler dans mon souvenir... Vois-tu bien, je deviendrais ambitieux, j'irais faire la belle jambe au Louvre comme vous autres, je vendrais mes terres pour acheter le droit de couper le pain ou de remplir le gobelet de la reine-mère... je serais commun, bête et malheureux comme vous tous ! rien que pour revoir cette figure, rien que pour sentir encore cette main sur mon épaule, rien que pour entendre cette voix me dire : « Mais partez donc ! »

La comtesse se redressa, pourpre, les yeux troubles; ses mains s'attachèrent à la barre de fer froide dont le contact calma en elle comme la douleur d'une brûlure. Elle n'entendait plus, elle écoutait encore.

— Dis-moi qui? fit Cadenet; son nom, à cette idole, pour qui tu te sacrifies sur l'autel du petit dieu jaune?

Marguerite pâlit, appuya une main sur son cœur, et attendit dans une angoisse mortelle la réponse de Bernard.

— Si je le savais, répondit le jeune homme, je ne te le dirais pas; et ne t'ai-je pas déclaré tout à l'heure que ces passions-là dévorent ceux qui ne savent pas les étouffer par le silence. Si je le savais moi-même le nom de cette femme, de peur d'une déception, de peur d'être bafoué par elle, moi, un paysan ! Tiens, je ne me marierais pas aujourd'hui. Je serais marié depuis hier !

Au moment où la comtesse buvait avidement ces paroles, la tête inclinée, le corps penché sur la fenêtre, trois coups discrètement frappés à sa porte la réveillèrent et la firent bondir.

— C'est moi, du Bourdet, dit le bonhomme à voix basse du dehors.

Marguerite ouvrit précipitamment. Son trouble était si visible, son pas si vacillant, qu'il en fut effrayé.

— Êtes-vous plus souffrante, madame la comtesse? demanda-t-il en entrant avec précaution. Vous avez mal dormi?... je l'avais prédit.

— Cher monsieur du Bourdet, répliqua-t-elle avec feu en lui pressant les mains... comme vous êtes bon de songer ainsi à moi, qui ne suis chez vous que comme un embarras, un tourment, un trouble-fête !

— Ah ! mon Dieu ! pensa l'avocat, la fièvre s'échauffe. Serez-vous bien en état de partir ce soir ? ajouta-t-il avec la peur qu'elle ne répondît : non.

— Oh ! oui ! dit-elle, oui ! à tout prix !

Vous trouvez toujours qu'il le faut, n'est-ce pas?

— Sans doute, ce serait plus raisonnable. Cependant, si vous étiez hors d'état...

— Moi !... mais non, au contraire.

— Il me semblait démêler en vous certaine agitation. Vous avez eu trop chaud à ce que je vois.

— Ah !... parce que j'ai entr'ouvert la fenêtre, dit-elle en rougissant. Oui, j'ai eu besoin d'air... Mais à part cela je suis bien, très-bien. Voyez, j'ai fait honneur à votre festin, j'ai bu à votre santé, cher, excellent monsieur du Bourdet.

— Ce m'est bien de l'honneur, madame, et je voudrais reconnaître votre bonté par une présence plus assidue; mais si vous saviez quel démon que cet Aubin, toujours attaché au pan de mon habit et que je chasse vingt fois par heure. Tout présentement je l'ai surpris me guettant; et pour venir vous voir sans inquiétude, j'ai dû m'enfermer à clef. Le drôle attend à la porte, je gage.

— Ah ! mon Dieu !

— Ce n'est pas que je craigne, au moins. Il se ferait hacher plutôt que de dire un mot. Son frère aussi. Et j'avais pensé à les instruire...

— Oh ! monsieur ! s'écria Marguerite en joignant les mains, jurez-moi sur votre salut que vous n'en ferez rien avant que je sois partie?

— Bien ! bien ! calmez-vous, madame, dit le bonhomme; je vous le jure. Aussi bien est-ce le plus sage. Mais il va donc falloir que je vous quitte. Ce sera pour une partie de la journée. Voudrez-vous bien patienter, j'ai mille devoirs pour aujourd'hui. Cela se conçoit, le contrat se signe à deux heures. J'ai à relire les actes, à donner la main à ces dames. Mon Dieu ! ne frappe-t-on pas à ma porte?

— Hélas ! oui.

— La voix d'Aubin !... Enfant maudit !...

Il prêta l'oreille.

— Mon papa, dit la voix, qui traversa les deux chambres, mon oncle vous appelle !

— Et M. de Pontis, que je fais attendre ! s'écria du Bourdet, tout bouleversé. J'y vais, petite harpie !

— Allez! monsieur, allez! répliqua Marguerite d'un air de résignation triste. Toute la fête de votre maison ne peut cependant manquer par ma faute.

— Madame, je me retire, puisque vous m'y autorisez; après le dîner je remonterai aussitôt. D'ici là ne comptez pas sur moi, car trop de monde m'épierait. Ce soir, à sept heures, tout sera prêt pour votre départ. La campagne paraît plus libre aux environs. A propos, La Fougeraie va bien et vous envoie ses respects. Ce soir, sifflez-le comme c'est convenu, il attend ce signal pour vous amener le bateau. Vos chevaux seront sur l'autre rive, c'est plus prudent.

Il parlait encore, le digne homme, elle le congédia.

— A propos, dit-il, enfermez-vous ici, madame, car moi je ne puis fermer ni ma chambre, ni le cabinet qui la sépare de celle-ci; et là, sur le palier, précisément en face de votre porte, est la chambre de mon fils Bernard.

— Bien, monsieur, bien, ne craignez rien, nul ici ne songe qu'à la noce.

Elle s'enferma, revint à la fenêtre et écouta encore; on n'entendait plus rien.

***

Alors, seule et libre, elle put s'abandonner à toutes ses pensées. Le flot amer et doux débordait de ce cœur qui jamais n'avait aimé, et sentait tout amour autour d'elle.

— Quoi! se dit Marguerite, voilà ce que fait de moi la misérable destinée! Livrée à un méchant et avide étranger qui me tuera quelque jour pour trouver une plus haute alliance, une plus riche dot, je pouvais, moi, dont la vie est à jamais perdue, je pouvais, si Dieu l'eût permis, rencontrer sur ma route ces honnêtes, ces riantes figures, reflets purs des cœurs les plus généreux. Ce petit domaine verdoyant eût été à moi; j'eusse aimé, s'il eût été mon mari, ce brave, ce noble Bernard, âme si candide, qu'elle ne soupçonne pas même sa valeur. Ce digne avocat au Parlement, qui me plaît au point que je l'embrasserais toujours, serait mon père; j'appellerais frère ce petit enfant blond qui a dormi sur mon sein; ma chambre, ouverte au soleil, ma chambre, où les cris de joie entreraient librement comme le chant des alouettes, ce serait cette chambre-ci, plus sombre encore du malheur que je traîne après moi qu'elle ne l'est du deuil qui m'a précédée. Au lieu d'attendre sans amour sa fiancée qui va venir, quelque petite sotte, nuage équivoque à son horizon, Bernard, heureux par moi, se promènerait avec moi et notre frère le long de cette fontaine où baignent ces beaux nénuphars, ces frais asphodèles. Le chien qui jappe là-bas ne donnerait qu'à moi ses regards tendres, il lécherait mes mains, il serait le compagnon de mon cheval, celui-là même qui tantôt va m'emporter d'ici, où jamais plus je ne reviendrai!

En songeant ainsi, la jeune femme renversa sa tête sur le dossier du fauteuil, et il lui prit une de ces violentes douleurs qui, devant le trône de Dieu, font absoudre les pauvres âmes coupables d'avoir un instant douté.

Combien demeura-t-elle de temps absorbée par ces regrets amers? où prit-elle la force de surmonter sa souffrance? Peut-être se ranima-t-elle au bruit des voix dans le parterre, et des félicitations et des accolades. Les familles, les voisins, les notaires étaient arrivés. On n'attendait plus que le frère de la fiancée.

Elle entendit la voix de Cadenet qui disait à Bernard :

— Je t'assure qu'elle est charmante.

Un coup de stylet dans la poitrine eût fait moins de mal à Marguerite que ces mots de politesse.

— Voilà le frère qui arrive, dit du Bourdet à Bernard. On l'a conduit dans sa chambre, où il se débotte. Nous allons signer tout de suite, allez vous habiller, il est temps.

— J'y vais sur-le-champ, répondit Bernard.

— Un moment, interrompit Cadenet, ta femme veut te parler.

— Sa femme! murmura Marguerite avec un mouvement de cœur qu'elle ne comprit ni ne réprima. Voyons-la donc cette charmante, ajouta-t-elle avec mélancolie. Voyons-la, sa femme.

Sylvie sortait pimpante et blanche du bosquet voisin. Sa main droite s'étendait vers celle de Bernard, sa gauche ajustait les plis raides d'une robe fraîche comme elle; mais quand Marguerite eut aperçu ce visage riant qu'inondait le soleil, que paraient les fleurs, ses yeux brillèrent de colère, sa bouche s'ouvrit pour proférer une malédiction. Un tremblement convulsif secoua ses membres comme ceux de la gazelle qui vient d'apercevoir un loup.

— Sylvie des Noyers! s'écria-t-elle en s'appuyant au volet. Quoi! ma compagne du couvent, la fugitive de Boississe!... Cette femme deviendrait la femme de Bernard!... Non! non! non! Je ne laisserai pas s'accomplir le malheur de ce jeune homme. Non! je ne souffrirai pas cette honte dans la maison qui me donne l'hospitalité!

Bernard et Sylvie parlaient bas, se souriant. On les regardait, on leur souriait aussi.

— Il faut que j'appelle M. du Bourdet, dit Marguerite, dont la tête en feu commençait à s'égarer; mais comment? où? que faire? Ah! mon Dieu! Bernard va monter à sa chambre, puis il redescendra, et il signera... ce sera fini!

Une idée subite, une généreuse folie, un transport invincible s'emparèrent de la comtesse. Elle saisit un crayon, une feuille de papier, et d'une main que secouait chaque battement de son cœur, elle écrivit ces mots à peine lisibles :

« Au nom de votre mère irréprochable, bienheureuse, n'épousez pas Sylvie sans montrer ceci à votre père. »

Bernard déjà saluait sa fiancée, il allait la quitter pour monter chez lui.

Marguerite tira ses verrous, traversa la chambre de du Bourdet, vola sur le palier, glissa la feuille sous la porte de Bernard, et rentra d'un bond dans sa retraite. Sa robe bruissait encore sur les balustres de la rampe quand Bernard gravit les premiers degrés.

XX

DÉROUTE.

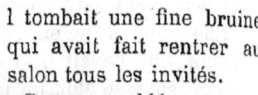l tombait une fine bruine qui avait fait rentrer au salon tous les invités.

Cette assemblée peu nombreuse, composée d'éléments mal liés entre eux, formait trois groupes dans l'un desquels on remarquait du Bourdet, les notaires et deux amis du voisinage, gros propriétaires venus exprès de huit lieues, et dont les chevaux faisaient bombance à l'écurie, tandis que les maîtres attendaient impatiemment la fin des cérémonies du contrat qui devait amener le commencement du dîner.

La tante, Sylvie, Pontis, Cadenet et plusieurs autres conviés composaient le second groupe.

Madame des Noyers, parée comme elle l'avait été pour sa propre noce, ne brillait pas, elle éblouissait.

Certains vieux diamants et saphirs montés du temps de François II coulaient en cascades mêlés à des flots d'or, sur son corsage, derrière son collet à tuyaux gauderonnés.

Au milieu de ces magnificences apparaissait sa figure sèche, bigarrée comme l'écorce d'un orme dans laquelle un capricieux lapidaire eût enchâssé deux escarboucles.

Les escarboucles étaient les yeux de la vénérable dame, qui scintillaient d'une joie légitime, à l'approche du moment où toute bonne tante se débarrasse d'une nièce bien-aimée.

De Sylvie nous ne dirons rien, sinon qu'elle était calme en apparence, un peu émue en réalité, et frissonnante à chaque mouvement du dehors.

Cadenet essayait de la distraire par les charmes de sa conversation.

La tante expliquait à Pontis, qui l'écoutait

gravement, les mérites de son neveu le capitaine, celui dont le retard suspendait la cérémonie. Le capitaine, esclave de la discipline, avait été retenu par son service.

Assurément, dans cette bagarre de Paris, il avait dû recevoir quelque horion qu'il dissimulait, étant naturellement dur au mal.

Elle ajoutait qu'en l'embrassant tout à l'heure, elle l'avait trouvé fatigué, maigri; que sa jeunesse était un peu orageuse; mais qu'à cela près, on n'eût pu trouver un meilleur cœur. Elle concluait en disant qu'il s'occupait de sa toilette et qu'il allait paraître.

Pontis opinait de la tête. Cadenet payait en révérences et minaudait gracieusement avec Sylvie.

Le troisième groupe, formé de frondeurs, — le mot alors n'était pas inventé, — occupait l'angle le plus désert du salon.

C'étaient les intimes, ceux qui croient avoir acquis par une longue série d'années et de mauvais procédés, le titre d'ami, dont le privilége est d'écharper leur ami sans miséricorde. Ceux-là s'en donnaient à cœur joie sur la fraise de la tante, sur la mine confite de la future et sur la précipitation avec laquelle on bâclait ce mariage.

Aubin, assis non loin de là, de trois quarts, regardait d'un autre côté, ouvrait ses deux oreilles et apprenait le monde.

De temps en temps apparaissait et disparaissait la robuste Marcelle, parée aussi, rouge comme un coquelicot, dirigeant vers quelque table quelque laquais porteur de plateaux, ou chassant un chien ambitieux de la noce.

Elle ne manquait jamais, dans toutes ses évolutions, d'envoyer à Aubin un clin d'œil ou un sourire, ou son baiser accoutumé, que le petit drôle interceptait au passage sans sourciller, comme un droit de transit ou une redevance.

C'est au milieu de ce tableau d'intérieur, auquel manquait son principal personnage, que ce personnage vint se placer à son tour.

Bernard, le visage bouleversé, la démarche incertaine, entra, chiffonnant dans sa main un papier, cherchant des yeux son beau-père, et n'accordant ni le regard ni le salut d'usage à la fiancée, aux parents, aux amis.

Il ressemblait bien plus à un voyageur égaré qui cherche sa route qu'à un marié qui paraît sur le théâtre de son bonheur.

En le voyant si distrait, l'œil atone, Sylvie cessa d'écouter les billevesées galantes de Cadenet. Celui-ci hasarda quelques plaisanteries sur l'air effaré de son ami, mais les plaisanteries pâlirent bien vite.

Pontis détourna son attention des propos mal variés de la tante. La tante se pinça.

Aubin se planta debout comme en arrêt. Les amis railleurs prirent un sérieux fatidique.

Bernard ayant eu les dix secondes nécessaires pour remettre un esprit troublé, se dirigea vers son beau-père, à qui les deux notaires, gens impassibles, n'avaient pas permis encore de se retourner, le tenant chacun par une aiguillette du pourpoint.

— Monsieur, lui dit-il, un mot, je vous prie.

— Qu'y a-t-il, Bernard? demanda l'avocat sans rien voir de ce que tout le monde avait vu sur la figure du jeune homme.

Celui-ci amena son beau-père à l'écart, et lui dit :

— Il m'arrive une bizarre aventure, monsieur.

— En effet, vous êtes tout singulier.

— Regardez un peu cela, s'il vous plaît.

Et il lui mit le papier dans les mains. Du Bourdet en commença la lecture.

— Qu'est-ce que cela?... « Au nom de votre... » Hum!... Eh!... Oh!... Ah! mon Dieu!...

— On nous regarde beaucoup, interrompit Bernard, et peut-être ne faudrait-il pas gesticuler trop ouvertement. Prenez garde.

— Que diable ai-je lu là? D'où cela vous est-il tombé?

— Je l'ai trouvé en entrant dans ma chambre, à l'instant, par terre.

— C'est quelque mauvaise plaisanterie.

— J'aime à le croire; mais enfin, ce n'est pas moins étrange; et comme il m'est recommandé de vous en faire part, je vous en fais part.

— Il faudrait un peu savoir de qui vient la missive. Je la trouve impertinente.

— Et anonyme. Je suis payé pour me défier des anonymes, ajouta Bernard, surtout lorsqu'ils me poursuivent jusqu'en ma maison.

— Je vais montrer le papier à madame des Noyers, dit l'avocat, cela ne peut pas nuire.

— Eh! monsieur, si c'est une plaisanterie, elle va désobliger ces dames; si ce n'en est pas une, ne vaut-il pas mieux aviser? Mais prenons un air moins tragique, car on s'étonne beaucoup autour de nous.

Il y avait de quoi s'étonner; du Bourdet, au lieu de répondre, venait de s'arrêter court, il s'était frappé le front, comme à la suite d'une révélation soudaine.

— Vous dites, demanda-t-il à Bernard, que ce papier s'est trouvé dans votre chambre?

— Sur le parquet, presque sous mon pied, quand j'ai ouvert la porte.

Du Bourdet se frappa le front une seconde fois.

— Ce ne peut être qu'*Elle*, murmura-t-il.

— Plaît-il, monsieur?

— Rien. Demeurez ici, Bernard. Prenez la mine la plus naturelle que vous pourrez. Causez avec tout le monde, surtout avec ces dames...

— Et vous, monsieur?

— Moi, je monte chez moi, j'ai à consulter... quelques lettres... des documents... une écriture que me rappelle celle-ci. Attendez mon retour, sans laisser rien pénétrer de ce qui nous occupe.

— Parfaitement, soyez tranquille.

Bernard revint tout souriant dans le second groupe, où il s'épuisa en politesses et en gracieusetés, dont tout le monde fut dupe, excepté Aubin, Pontis et Cadenet.

— Qu'avais-tu donc? demanda ce dernier à la première occasion qui se présenta de prendre son ami à part.

— Une note pressée qu'on apportait à mon beau-père.

Cadenet, satisfait, retourna plaire aux dames. Pontis s'approchant à son tour :

— Vous avez fait une entrée lugubre, mon neveu, dit-il. Était-ce quelque mauvaise nouvelle?

— Mon père vous contera cela, répliqua Bernard avec un charmant sourire.

L'oncle tordit sa moustache et se tut. Aubin prit son frère par la main, comme pour lui montrer des fleurs apportées par Marcelle.

— Mon frère, dit-il, vous n'avez rien qui vous inquiète, n'est-ce pas?

— Non, petit garçon, non. Mais ce qui pourrait m'inquiéter, c'est ta sombre figure.

— Ah! mon frère, reprit l'enfant, c'est qu'il se passe de sombres choses dans la maison.

— Quoi donc?... fit Bernard réprimant un mouvement de surprise.

— Mon frère, on dit que chaque fois qu'une ombre revient sur la terre, c'est pour annoncer un malheur à ceux qu'elle aimait de son vivant, et une ombre est revenue ici!

— Es-tu fou, enfant? L'ombre de qui?...

— L'ombre de notre mère, repartit Aubin, dont le visage prit une expression mystérieuse et solennelle.

Bernard tressaillit. L'enfant ajouta :

— Cette nuit, j'ai vu sous la porte une lumière dans sa chambre. Ce matin, j'ai ouï des bruits au-dessus de ma tête, et une petite toux pareille à celle de ma bonne mère, vous savez. Oh! que j'ai eu peur!

— Je vous gronderais si je ne vous aimais tant, dit Bernard, plus ému qu'il ne voulait le paraître. Qui peut vous meubler la tête de ces contes sinistres? Une ombre ne fait pas de bruit, Aubin, et une mère ne reviendrait pas effrayer son enfant. D'ailleurs, souvenez-vous, une fois pour toutes, qu'il n'y a pas d'ombres.

L'enfant secoua la tête avec incrédulité.

*
**

Un grand bruit de voix et de sièges heurtés interrompit ce dialogue. La tante des Noyers poussa une exclamation.

— Mon neveu!.. arrivez enfin... Cher Monsieur de Preuil, je vous présente mon neveu, le baron des Noyers.

Bernard saluait, et saluait affectueusement le nouveau venu, dont la figure s'efforçait d'être aussi agréable que sa parure était soignée.

Tout à coup Aubin poussa un cri, devint pâle, et, reculant épouvanté, saisit Bernard

— Monsieur! dit la comtesse tremblante. — Page 650.

d'une main, son oncle Pontis de l'autre, en disant :

— Sauvez-moi, mon frère! sauvez-moi, mon oncle! c'est le capitaine Hugues!

Cette scène imprévue altéra singulièrement, comme on le pense, le charme de la présentation. Le capitaine parut surpris lui-même, et son hésitation ne produisit pas un bon effet sur Bernard et sur Pontis.

— Il est vrai qu'on m'appelle le capitaine Hugues en temps de service, balbutia le baron, mais ce nom-là n'est pas fait pour effrayer les petits enfants.

— C'est celui qui voulait me faire fouetter rue de Tournon, dit Aubin, celui qui voulait faire pendre le cordonnier Picard. Comprenez-vous maintenant, mon frère, que l'ombre venait m'annoncer un malheur?

Et tous les traits de l'enfant exprimaient une frayeur si vive, ses yeux imploraient si éloquemment l'aide de ses défenseurs, que Pontis demanda au capitaine des explications sur le fait dont on l'accusait.

— Monsieur, je me souviens à présent, répondit Hugues en faisant signe à sa tante et à sa sœur de calmer leur inquiétude; l'enfant se promenait avec son père, on les avait soupçonnés d'insulter M. le maréchal d'Ancre, et...

— Nous savons cette histoire, du Bourdet

nous l'a souvent contée, répliqua Pontis en fronçant le sourcil. Vous êtes au marquis d'Ancre, monsieur, à ce qu'il paraît ?

— Capitaine d'une compagnie franche.

— A la solde dudit maréchal, insista Pontis.

— Il est vrai.

Un silence général accueillit cette déclaration et prouva une fois de plus à Hugues qu'il servait une cause aussi impopulaire en province qu'à Paris.

— Mais enfin, ajouta-t-il, avec un certain dépit, je ne voudrais pas que ce charmant petit garçon, mon parent bientôt, me gardât rancune. Monsieur est gentilhomme, sans doute ?

— Je suis l'oncle de Bernard, répliqua Pontis en arrêtant son neveu qui l'allait nommer... et je suis assurément gentilhomme.

— Eh bien ! reprit Hugues en se redressant, monsieur vous dira, mon petit ami, qu'une consigne est une consigne...

— Les enfants comprendraient mal ce mot-là, dit Pontis assez sèchement, mais Aubin ne gardera pas rancune à M. des Noyers ; d'autant que le danger n'existe plus.

— Et n'a jamais existé, se hâta de dire la tante ; car, assurément, mon neveu n'eût pas fait de mal à un enfant.

— J'en réponds bien ! s'écria Sylvie.

— Et moi, j'en suis sûr, dit Bernard conciliant et affable comme le protecteur qui caresse un chien méchant afin de rassurer l'enfant qui en a peur.

Mais Aubin, au lieu de répondre à tous ces encouragements, à toutes ces avances, se cachait, plus hostile que jamais, derrière son oncle. L'incident perdait pourtant de sa gravité première, et le capitaine, à force de compliments et de protestations onctueuses, adoucissait en sa faveur les intéressés et l'assemblée, lorsque du Bourdet reparut, et l'enfant s'alla jeter dans ses bras.

Ce n'était plus le Janus de la paix, le doux et riant masque de la Comédie, mais bien le Chremès refrogné, hérissé de sourcils, de moustaches, portant une tempête dans chaque ride de son front, et que de rides, bon Jupiter !

— Comment vais-je en finir avec ces gens-là ? disait du Bourdet.

Cependant il n'avait pas encore vu le capitaine. Aussitôt qu'il l'aperçut, et que le silence universel lui eût appris ce qui venait de se passer :

— Quoi ! monsieur est votre neveu ? dit-il à la tante, effarée de l'apostrophe ; eh bien ! voilà qui m'achève : *finis coronat opus*.

Hugues, tout épanoui, crut conjurer ce nouvel orage, d'autant plus aisément qu'il avait en face de lui un homme raisonnable.

— Je ne crois pas, dit-il agréablement, que notre mauvaise rencontre de l'autre jour ait fait sur monsieur la même impression que sur son fils. On sait les nécessités pénibles de la vie, quand on a exercé longtemps les honorables fonctions de...

— Défenseur de l'orphelin, dit le bonhomme avec une sorte d'agression sauvage, qui stupéfia jusqu'à Bernard, et qui scandalisa madame des Noyers, innocente victime de ce chaos.

— Vous n'êtes pas généreux, mon voisin, dit-elle aigrement. Il me semble que mon neveu a suffisamment réparé ses torts, si torts il y a.

Du Bourdet s'arrêta comme un général qui médite une grande manœuvre en présence de l'ennemi. L'issue du combat dépendait d'une résolution prompte.

— Le terrain qu'on m'offre me convient, pensa-t-il, nous allons les battre sur ce terrain.

— Madame, répliqua-t-il du même ton bourru, vous appelez cela des torts ; vous êtes bien modeste. Être fouetté, être pendu ! Je voudrais savoir comment vous auriez pris la chose si Bernard eût été à la place de monsieur votre neveu, vous à ma place et mademoiselle Sylvie à celle d'Aubin.

— Monsieur, c'est inconvenant, riposta la tante, dardant son col étique hors de ses tuyaux empesés.

— Comment, inconvenant? dit du Bourdet, enchanté du brandon qui chauffait la querelle; il me semble que vous n'êtes pas polie.

— Je défends mon neveu, monsieur.

— Et moi, mon fils. Votre neveu est assez grand pour se défendre, tandis que mon pauvre Aubin...

— La, la, ma tante... mon frère... dit Sylvie tremblante.

— Je suis calme, sois tranquille, murmura Hugues.

— Taisez-vous, petite sotte, répondit la vieille dame exaspérée.

— Mon beau-père est comme je ne l'avais jamais vu, dit Bernard à Pontis.

Celui-ci s'approcha de l'avocat.

— Je vous avertis que si vous tenez à ce mariage, vous allez le faire manquer, lui glissa-t-il à l'oreille; prenez garde.

— Il faut parbleu bien qu'il manque! répondit du Bourdet, et aidez-moi vite.

— Ah! c'est différent; il fallait donc le dire, s'écria Pontis enchanté. Eh bien! attendez, attendez.

— Le fait est, reprit-il tout haut, qu'il serait fâcheux, pour une famille comme la nôtre, comme la vôtre, madame, qu'une union se formât entre deux jeunes gens dont les proches se haïraient.

— Comment! mais personne ne se haïra, n'est-ce pas, mon frère? s'écria la désolée Sylvie, pareille à la Sabine conciliatrice.

— Moi, je ne hais personne, et j'aime tout le monde ici, répliqua Hugues amicalement.

— Celui-là y tient, pensa Pontis.

— Jamais mon jeune fils ne pourra vous voir avec plaisir, dit du Bourdet.

— Vous le convertirez, lui repartit le capitaine.

— Moi, j'ai involontairement de mauvaises dispositions contre vous, et cette scène de la rue de Tournon...

— Allons, allons, interrompit la tante, vous manquez de dignité, mon neveu, en vous laissant dire de pareilles choses.

— M. du Bourdet ne parle pas comme il pense, dit Sylvie en en appelant à Bernard par un coup d'œil chargé de tendres prières.

— Non, murmura Hugues les sourcils froncés, non, monsieur ne dit pas ce qu'il pense, et je vois très-clairement qu'il pense quelque chose qu'il ne nous dit pas.

— Peut-être! s'écria imprudemment du Bourdet.

Sylvie pâlit; la tante faillit bondir au visage de l'avocat.

— Et que penseriez-vous? dit-elle avec une fureur qui parut tellement respectable à l'honnête du Bourdet, que celui-ci répliqua du ton le plus affectueux et le plus poli:

— Rien, absolument rien, chère madame des Noyers, sinon que vous êtes une excellente et respectable dame...

— Mais, en vérité, dit Pontis à qui l'avocat venait de faire un signe, nous avons l'air de nous quereller, tandis que nous nous expliquons à l'amiable.

— Laissons ces messieurs s'expliquer! s'écria Sylvie, dupe de ces courtoisies. Venez, ma bonne tante.

— Oui, chère enfant, oui, partons.

— Mais, pas ainsi, — pas seules, — dit du Bourdet civilement.

— M. Bernard nous accompagnera, reprit Sylvie.

— Non, permettez, dit Pontis, que Bernard reste avec nous jusqu'à la fin de ce petit orage.

Cadenet s'offrit avec empressement.

— Ce sera moi, ce sera moi, dit-il, et je vais arranger les choses de mon côté.

Un regard de travers de du Bourdet le glaça au milieu de ses transports officieux.

— Cela va mal, pensa-t-il en prenant la main de la tante et celle de la nièce pour les conduire dans le jardin.

Qu'on juge pendant cette scène de la position des conviés, qu'on apprécie celle non moins douloureuse des notaires; tous s'éparpillèrent comme des feuilles desséchées sous le souffle de l'aquilon. Et Marcelle songea que son dîner manquerait si le mariage ne manquait pas. Aubin disparut comme un sylphe.

Quand les quatre hommes se trouvèrent

seuls dans le salon, du Bourdet et Bernard debout, Hugues en face d'eux, Pontis tranquillement assis :

— Messieurs, dit le capitaine humilié, furieux, il me semble que, malgré toutes vos diplomaties, le sens de votre conduite se résume en une insulte à ma sœur et à ma tante. Quelle chicane cherchez-vous, je vous prie, dites-le-moi bien vite, afin que je sache à quoi m'en tenir et à qui m'en prendre ?

Bernard fit un mouvement. Du Bourdet lui fit signe de se taire ; il alla près de son oncle, qui lui dit tout bas :

— Allez-vous-en faire un tour.

Bernard regarda chacun, et retrouvant dans les yeux de son oncle une persistance impérieuse à laquelle il jugeait convenable de céder, il sortit.

— Et vous laissez partir le seul qui devrait me répondre ! s'écria Hugues.

— Je suffirai, dit l'avocat d'un ton décidé. Formulez votre question.

— Elle est toute simple : Vous reculez devant le mariage que vous avez sollicité.

— C'est vrai, répondit du Bourdet.

Pontis tisonnait.

— Et vous cherchez des défaites, ajouta Hugues.

— C'est encore vrai.

— Parce que vous n'avez pas de bonnes raisons.

— Je n'en ai qu'une, dit du Bourdet, mais elle est excellente, j'en réponds.

— Il faudra voir.

— La voici : votre sœur a été pensionnaire des Feuillantines de Boissise.

— Oui, après ? dit Hugues d'une voix altérée.

— Eh bien, ne savez-vous pas ce qui est arrivé à une pensionnaire de ce couvent ?

— Tiens, tiens, tiens ! dit Pontis se parlant à lui-même, j'avais donc raison, comme toujours.

Hugues fit un effort pour rester calme.

— Dites, murmura-t-il.

— Cette pensionnaire a disparu quinze jours de son couvent. Ne sauriez-vous nous dire ce qu'elle est devenue pendant ces quinze jours ?

— Voilà une impertinente question, bégaya le capitaine désarçonné.

— Pas de gros mots ! dit du Bourdet. Répondez-moi ou laissez-moi répondre... Vous vous taisez ? Eh bien ! je continue. Un seigneur espagnol, le comte de Síete-Iglesias, passe pour en savoir plus que personne à cet égard...

— C'est une calomnie infâme ! s'écria Hugues, et je prouverai...

— Vous ne prouverez rien du tout, répliqua doucement du Bourdet. D'ailleurs, je ne vous accuse pas, moi, et je vous crois assez malheureux.

— L'honneur de ma sœur sera vengé dans le sang de ceux qui la calomnient ; et si vous n'êtes plus d'âge à me comprendre, j'essayerai l'oreille de mon futur beau-frère.

— Un moment, dit l'oncle en se levant et en s'approchant à pas mesurés du capitaine. Vous en dites trop long pour moi, cher monsieur, et tout ce que vous dites sent son matamore et son Espagnol d'une lieue. Mon beau-frère est avocat ; mais moi je suis soldat, et je n'aime pas les menaces. S'il vous faut absolument du sang, comme vous dites, me voici. J'en ai plus que vous n'en répandrez en un jour. On m'appelle Pontis.

— Monsieur le chevalier de Pontis ! murmura Hugues avec l'involontaire respect que jamais spadassin n'a refusé à une main qui passe pour être malheureuse.

— Lui-même, répliqua le chevalier appuyant alors sur chacune de ses paroles, et je vois, hélas ! que vous sentez ce que mon nom veut dire. Profitez-en, faites une retraite honorable ; ce qui vous arrive avec votre sœur, arrive toujours. Toutes les femmes en sont là. Nous ne vous suspectons pas, nous vous déclarons innocent de complicité dans le petit piège que la jeune personne tendait à mon imbécile de neveu. Ainsi reconnu et déclaré prudhomme, allez-vous-en bien tranquillement ; nous ne dirons rien à la tante, nous ne dirons rien même à mademoiselle Sylvie. Mettons cette rupture sur le compte de votre aventure de la rue de Tournon, cela vous rapportera de bons gages. Madame la maréchale d'Ancre desserrera les cordons de sa bourse.

— Ah! monsieur, vous m'accablez! dit Hugues.

— C'est vrai, j'ai tort. Mais en tout cela, voyez-vous, il y a cent aiguillons cachés que vous ne sentez pas comme nous. Allons, monsieur des Noyers, sans rancune, et meilleure chance.

— Monsieur, encore un mot. Votre parole que vous ne poursuivrez pas l'avenir de Sylvie pour cette faute?

— Je la donne! s'écria du Bourdet. Bernard ne saura jamais la vérité, ni Cadenet, ni pas un de ces jeunes fous, qui en gloseraient.

— C'est plus qu'elle ne mérite, murmura Hugues, et, quant à moi, je vous proteste de ma reconnaissance. Mais dites-moi le nom du misérable dénonciateur qui a trahi le secret de cette enfant!

— Question oiseuse, répliqua Pontis, ces choses-là ne s'avouent jamais, on est trop enchanté de les apprendre. Allez donc, et arrangez toutes vos petites affaires vous-même, ajouta-t-il en saluant le capitaine, qui sortit du salon.

Les deux beaux-frères se regardèrent.

— Eh bien! qu'est-ce que je vous disais hier? s'écria Pontis. — Les femmes sont-elles scélérates, hein?

— Hélas? hélas!...

— Mais, où diable avez-vous appris tant de belles choses depuis une heure?

— Chut!... voici Bernard, vous saurez tout quand il ne sera plus là.

— Mon cher neveu, dit Pontis au jeune homme, rassurez-vous, tout est arrangé : votre mariage est aussi manqué que possible.

XXI

OU BERNARD REMONTA DE L'EFFET A LA CAUSE.

une pareille nouvelle annoncée avec cette aisance cavalière, Bernard fut si stupéfait qu'il ne put rien répondre. Il regarda seulement son beau-père comme pour lui en demander la confirmation.

— Mon Dieu, oui, mon cher Bernard, répliqua du Bourdet, l'affaire était déjà mal prise quand vous nous avez quittés. Elle s'est envenimée par la mauvaise humeur de M. des Noyers, un peu par la nôtre, il faut le dire.

— Mais enfin, vous aviez quelque raison valable, dit Bernard, pour en venir à un pareil esclandre?

— Oui et non, c'est toujours avec raison qu'on se querelle, vous savez...

— Mais cette dénonciation que je vous ai apportée, elle signifiait quelque chose, peut-être?

— Je ne dis pas non, au fond, reprit l'avocat embarrassé; toutefois, je ne voudrais rien affirmer. Cependant, comme les explications n'ont pas été aussi satisfaisantes que nous l'eussions désiré...

Pontis comprit qu'il était temps d'intervenir, car à force de chercher des mensonges, on finit presque toujours par laisser échapper la vérité.

— Le fait essentiel, dit-il, c'est que M. le capitaine Hugues des Noyers a pris congé, que la rupture est acceptée de part et d'autre, et que vous êtes libre comme devant. Voilà.

— Tout cela est incroyable, pensa Bernard qui se garda bien d'ajouter un mot.

— Et maintenant, ajouta du Bourdet, on dirait, à votre figure renversée, que vous regrettez ce mariage contre lequel hier vous aviez tant d'objections. J'avoue cependant que ces objections et l'air de victime avec lequel vous marchiez au bonheur, ont influé singulièrement sur la conduite que votre oncle et moi nous avons tenue dans le cours de la discussion.

— Eh bien! s'il regrettait mademoiselle Sylvie, s'écria Pontis, ce serait un joli garçon!

Bernard regarda son oncle avec tant de pénétration, que du Bourdet se hâta d'ajouter:

— La jeune fille est agréable, l'union convenable, mais puisque c'est rompu, pourquoi en parler?... Oh! si Bernard veut renouer à toute force, s'il nous y oblige, s'il se déclare contre nous... c'est différent.

— Eh! non, messieurs, répondit le jeune homme, je ne veux rien renouer. Je n'étais pas amoureux, vous le savez mieux que personne, mais...

— Je trouve encore un mais, dit Pontis.

— Je n'ouvrirai plus la bouche, monsieur, persuadé que toujours, hier comme aujourd'hui, M. du Bourdet n'a eu en vue que ma satisfaction et mon bonheur; cependant...

— Bon ! il y a un cependant aussi, répéta le chevalier.

— Celui-là, vous allez le comprendre. Si jamais je rencontrais ces dames, quelle contenance ferai-je ?

Du Bourdet répondit :

— Vous les salueriez très-gracieusement, vous leur demanderiez des nouvelles de leur santé, et vous feriez bien attention une autre fois à ne plus les rencontrer.

— Bon, voilà pour la tante et la nièce ; mais pour le neveu, qui me fait l'effet de tortiller sa moustache avec des mouvements trop nerveux ?

— Celui-là, dit Pontis, vous attendrez qu'il vous salue. Et il vous saluera.

— Très-bien, c'est tout ce que je voulais savoir. Je ne suis pas curieux, moi.

Les deux beaux-frères échangèrent un regard.

— Si nous chargions Bernard, dit Pontis, de congédier vos amis, et de les faire dîner au besoin ?

— Plus de la moitié sont déjà partis, monsieur.

— Mais l'autre moitié, dit du Bourdet. On leur doit d'autant plus d'égards qu'ils ont eu plus de persévérance.

— On m'éloigne encore, pensa Bernard. Oh ! je saurai pourquoi. C'est trop de mystère en un jour !

Je vais encore hasarder un *mais*, ajouta-t-il tout haut. Que dirai-je à ces amis persévérants pour leur expliquer la rupture ?

— Oh ! ne parlez pas de rupture, dit du Bourdet. Annoncez un malentendu, une crise de nerfs de la jeune personne, quelque fierté de M. des Noyers, qui aurait emmené ces dames.

— Le fait est qu'elles ne sont plus dans le parterre, interrompit Pontis. M. de Cadenet les aura reconduites aux Fossés.

— Enfin, Bernard, dites tout ce que vous voudrez, pourvu que vous ne compromettiez personne.

— Des défaites, n'est-ce pas, monsieur ! toujours des défaites ?

— Oui, Bernard, oui.

— Eh bien ! je vais faire la corvée, reprit le jeune homme ; mais vous, messieurs, ne m'aiderez-vous pas ?

— Nous vous rejoignons dans dix minutes.

Bernard s'éloigna en répétant :

— Il y a quelque chose de grave, ou ces deux fortes têtes, mon beau-père et mon oncle, sont tombés en enfance depuis une heure.

Pontis prenant l'avocat par la main et lui montrant Bernard qui partait en secouant la tête :

— Il n'est pas dupe ! s'écria-t-il.

— A moins d'être une brute, comment le serait-il ? Nous ne lui disons rien qui ait le sens commun.

— Vous êtes bien imprudent ou bien poltron, répliqua Pontis ; moi, je lui aurais tout dit. Comment voulez-vous que ce garçon connaisse les femmes, si vous manquez une pareille occasion de les lui enseigner.

— Monsieur, j'ai la bouche close par des raisons trop graves.

— Pas close pour moi, j'imagine ; car, enfin, je suis plus intrigué que Bernard, et vous m'avez promis la vérité.

— La voici. Elle va bien vous réjouir, car elle justifie vos opinions mieux que si vous l'eussiez inventée pour les besoins de votre théorie sur les femmes.

— Il parait certain que cette petite coquine de Sylvie...

— Eh ! mon Dieu oui. Elle était pensionnaire au couvent de Boissise, il y a deux ans ; pétulante, audacieuse, impatiente de liberté. Quand elle paraissait au parloir, elle y faisait toujours quelque petite conquête. Un jour, elle y trouva certain seigneur espagnol...

— Ce Luis Calderon Siete-Iglesias, interrompit Pontis devenu sombre, un de ces bandits qui mangent notre pays en détail.

— Oui, mon frère, un de ces misérables, répondit du Bourdet très-bas en pressant la main du chevalier avec toute l'énergie de son amour pour le bien et pour la patrie. Or, il est beau, ce Castillan, Dieu lui a donné ce masque pour dissimuler l'âme la plus hideuse qu'il ait enfermée jamais en un corps.

— Je vois que nous avons les mêmes idées sur ce sujet, dit froidement Pontis. Continuez... Il vint donc au parloir?

— Oui. La reine mère et le maréchal d'Ancre lui destinaient, en récompense de ses scélératesses, une jeune fille belle, riche, noble, pensionnaire en ce couvent, et le drôle, faisant le difficile, avait voulu voir d'avance... Il avait peur d'être volé par la France, cet Espagnol.

— Rien n'est défiant comme un larron, dit Pontis. Alors, à ce parloir...

— Il vit d'abord la jeune fille qu'on lui destinait, mais elle était bien modeste, bien tremblante, bien peu empressée de se marier; tandis qu'il y avait là deux charbons ardents, deux lampes, deux phares, les yeux de mademoiselle Sylvie des Noyers, qui semblaient dire à tout ce qui reluisait : Épousez-moi donc!

— Je l'avais assez bien jugée; je suis content de moi, dit Pontis en caressant sa moustache.

— Il résulta, reprit du Bourdet, que ces flammes attirèrent l'attention de l'Espagnol; la fille était séduisante, affriolante; il répondit aux feux par des feux. Elle se figura qu'il ne demandait qu'à l'épouser. Il lui fit savoir que cela pourrait venir, mais qu'il avait besoin d'être un peu aidé. Elle l'aida beaucoup; et, un certain jour — ou plutôt un certain soir — elle lui donna rendez-vous sur la crête d'un mur en belles pierres de liais, qui forme frontière entre les Feuillantines et les Espagnols.

— Comme les Pyrénées, dit Pontis.

— Moins haute. M. Siete-Iglesias y vint; mais il paraît qu'au lieu de séjourner sur cette cime, il la fit franchir à la pensionnaire.

— Je gage qu'elle n'a pas donné l'alarme?

— Hélas! non. Pendant quinze jours elle fut absente, et cette absence fut dissimulée avec le plus grand soin par les supérieures. Cela se conçoit. Mais deux ou trois compagnes de Sylvie connaissaient le secret, la fiancée du comte d'abord, et ces naïves enfants se disaient tout bas que Sylvie était devenue comtesse de Siete-Iglesias.

— Il y avait bien quelque chose de vrai, au fond, interrompit Pontis?

— Oui; mais quinze jours après, Sylvie revint ramenée par son frère. Il paraît, dit-il, qu'elle avait été gravement malade, blessée.

— D'une chute en bas de ce mur...

— Cependant, leur honneur une fois sauf, les dames des Feuillantines se hâtèrent de se débarrasser de Sylvie. Ce fut alors qu'elles la rendirent au frère, et que celui-ci parvint à la placer chez sa tante, excellente dame, qui se paya de toutes les mauvaises raisons qu'on lui donna. Vous comprenez bien que, à voir mademoiselle Sylvie modeste, prude, pincée, toujours accrochée aux jupes de sa vénérable tante, je n'allais pas soupçonner, moi, toutes ces fourberies.

— Oh! je les eusse devinées, moi! s'écria Pontis.

— Vous êtes organisé pour cela, mon frère. Bref, je la crus une merveille. L'événement m'a donné tort; mais, Dieu soit loué! nous voilà hors du bourbier. Qu'elle aille se faire marier ailleurs!

Pontis croisa les bras.

— Elle n'est que vicieuse, dit-il, pas encore méchante. Si elle réussit à trouver quelque niais à plumer, elle se conservera inoffensive et deviendra peut-être bonne; sinon, gare! J'ai connu de ces femmes-là, mon frère, qui sont devenues furies avec l'adversité. Mais quelque charmante que soit votre histoire, elle ne m'instruit pas du point essentiel... Qui vous l'a racontée?

— Ah! dit du Bourdet en se grattant la barbe. Voilà.

— Vous hésitez... N'en parlons plus, répliqua Pontis vivement.

— Oh! ne supposez pas qu'avec vous j'aie l'ombre d'une défiance; mais on m'a fait promettre.

— Respectez vos serments. Seulement, si j'interrogeais, c'était pour vérifier la pureté des sources auxquelles vous avez puisé cette vérité. Ce n'est pas que je veuille réhabiliter la demoiselle, non, mais il y a des vérités bien troubles, monsieur du Bourdet.

— Ah! jamais source plus pure... Savez-vous de qui je tiens ce fait?

— Ma foi non, puisque vous refusez de me le dire.

— Je le tiens de la jeune femme qui était destinée au comte de Siete-Iglesias, de celle qui, après cette aventure, ayant reçu l'ordre de la reine mère de prendre cet homme pour époux, retrouva en lui le ravisseur de sa compagne.

— Mais, pardon, vous n'aviez pas ces renseignements-là il y a une heure, comment vous sont-ils arrivés... du ciel?

Du Bourdet appuya un bras sur l'épaule de Pontis.

— La comtesse est ici, murmura-t-il à voix basse.

— Bah! Où cela?

— Cachée...

— Pourquoi cachée?

— Voilà ce que j'avais promis de taire... mais à vous... Eh bien! elle se cache pour n'être pas surprise par ceux qui cherchent M. de Vendôme.

— Qu'a-t-elle à craindre, elle qui est dans leur parti?

— C'est ce qui vous trompe. L'évasion du prince a été conduite par elle.

Le visage de Pontis exprima une telle surprise que du Bourdet en frissonna. La surprise chez un homme trempé comme celui-là, c'était l'effroi chez un autre.

— Oui, continua du Bourdet, elle, aidée de mon ami La Fougeraie, a tout fait. La comtesse se cache dans la chambre de ma femme, et La Fougeraie, blotti dans l'île chez le pêcheur, attend la nuit pour retourner à Paris avec elle.

— Et vous ne me disiez pas cela tout de suite! s'écria Pontis; imprudent! Savez-vous bien à quoi vous nous exposiez tous, avec ce silence?

— Vous m'effrayez!

— Mon frère, je ne resterai pas deux heures de plus en cette maison. Non que je n'approuve, et de tout mon cœur, votre conduite généreuse. Peut-être connaissez-vous mon dévouement et ma tendresse pour le sang de notre feu roi. Mais ce que vous ne savez pas, ce que vous ne pouvez savoir, c'est que si par malheur on découvrait que vous avez trempé dans l'évasion du prince, oh! vous en êtes complice par l'hospitalité donnée à ses amis; si l'on rapprochait de cette évasion ma présence ici et la rupture de ce mariage, qui alors ne paraîtrait plus qu'un prétexte... ce serait fait de moi, voyez-vous!

Du Bourdet regarda son beau-frère avec stupeur. Il ne comprenait pas ce grand cœur, cette âme de bronze, ce type de chevalerie palpitant de peur à l'idée de perdre soit sa lieutenance à Grenoble, soit la faveur du gouvernement. Son visage exprima si naïvement cette impression, que Pontis l'y lut comme dans un livre ouvert.

— Mon frère, reprit-il d'un ton calme et plein de noble solennité, ne jugez pas trop légèrement une conduite que vous ne sauriez comprendre. Il m'est interdit de vous l'expliquer. Apprenez seulement que je ne m'appartiens pas. J'appartiens, pour une cause sacrée, à quelqu'un dont, depuis six ans, le signe, l'appel sont suspendus incessamment sur ma tête. Le jour où *il* m'appellera, j'ai à jouer un rôle si grave, si terrible, que vous comprendrez alors pourquoi je ne puis le compromettre par une imprudence comme serait celle qui m'inquiète en ce moment; car, mon frère, s'il ne s'agissait alors que de ma vie, que de mon honneur, j'en ferais le sacrifice, rien que pour vous épargner la pâleur que je vois s'étendre sur votre visage. Mais il s'agit de bien autre chose; ma destinée est liée à de grands événements. Embrassez-moi, mon frère, et commandez mes chevaux, dans une heure, je veux être loin d'ici.

La foudre semblait avoir écrasé du Bourdet. Il regardait le chevalier avec une stupeur sous laquelle vivait une pensée étrange.

— Quoi! se disait-il, lui aussi a donc un secret?

Mais déjà Pontis, comme tout homme résolu, avait marché à l'exécution. Il donnait ses ordres, il visitait ses chevaux, il faisait préparer ses valises. Du Bourdet le suivait machinalement dans ses tours et détours: on avait tout oublié, mariage, affaires, Bernard.

— Je te sauverai malgré tout. — Page 662.

Mais Bernard ne s'oubliait pas. Après avoir congédié les invités, enchantés de fuir, fût-ce à jeun, une maison où régnait la discorde, le jeune homme avait concentré toute sa logique sur ce seul point :

— On me cache quelque chose, et ce quelque chose a été découvert ici, dans la maison, lorsque mon beau-père a remonté à sa chambre.

Il est rare qu'une volonté circonscrite dans un petit cercle ne triomphe pas de tous les obstacles. Bernard en fit l'épreuve. Il n'avait pas creusé son idée dix minutes que l'étincelle en jaillit.

— Ce papier, s'écria-t-il, qui l'avait mis sous ma porte? voilà ce que mon beau-père a cherché à découvrir lorsqu'il est rentré chez lui. Il y a donc quelqu'un de caché dans la chambre de M. du Bourdet.

Tout à coup il se rappela les terreurs d'Aubin, et sa confidence à propos de l'ombre errante, et des bruits qu'il avait entendus.

— Voilà la vérité, s'écria-t-il, allons droit à elle.

Il s'élança aussitôt dans la maison et monta chez son beau-père. Rien dans la chambre, rien non plus dans le cabinet qui précédait la chambre de sa mère; mais celle-ci était soigneusement fermée.

Il était accouru si précipitamment qu'il

avait dû faire quelque bruit. Il palpa la serrure, ébranla même la porte, regarda, écouta dessus, dessous; mais rien ne se fit voir ni entendre. Désappointé, ému, las, il retourna dans la chambre du beau-père et s'assit en réfléchissant.

Mais alors il vit de loin, sous la porte mystérieuse, une ombre, puis un clair. Il courut. Plus rien. Cependant il avait bien vu.

Que faire? Interroger M. du Bourdet, peine perdue... Ouvrir de force cette porte... indiscrétion condamnable. Bien plus, sacrilège!... Cette chambre de sa mère!... l'ombre qu'il voyait là... grands dieux!... peut-être une ombre sacrée?...

Le frisson superstitieux d'Aubin se glissa dans ses veines. N'était-ce pas la protection maternelle qui avait envoyé sur terre un avis sauveur à son enfant?

Bernard, un moment atterré, se releva, essuya son front qu'une idée fraîche venait de traverser tout à coup. Il descendit aux offices, où il trouva Marcelle gémissant sur le désastre du dîner perdu.

— Écoute, bonne Marcelle, lui dit-il, en partant pour mon grand voyage, je t'ai rendu la clef que j'avais pour entrer chez ma mère.

— Oui, monsieur Bernard, celle du cabinet de ses toilettes, où tant de fois je vous ai vu baiser ses robes en pleurant.

— L'as-tu toujours?

— Oui... mais la porte n'ouvre plus, on a rabattu dessus la tapisserie à l'intérieur.

— Donne toujours. C'est une relique; j'y tiens. Donne, et, surtout, tais-toi.

Marcelle fouilla dans son trousseau, détacha la clef, Bernard s'en empara et disparut.

Il était déjà dans le petit escalier que Marcelle n'avait pas encore rattaché le trousseau à sa ceinture. Il fit jouer cette clef, fendit avec son couteau de chasse la tapisserie qui faisait obstacle, et pénétra dans le cabinet, pâle à la fois d'impatience et de terreur.

Au craquement de la tapisserie, au bruit de son pas, un cri répondit dans la chambre voisine. Bernard s'élança; la porte ouverte laissa entrer une lueur grisâtre, à la faveur de laquelle le jeune homme vit fuir une femme, et comme il s'approchait, cherchant à la rassurer, elle se retourna, et il reconnut la bienfaitrice qui l'avait sauvé dans la galerie du Louvre.

Éperdu, glacé par cette apparition qu'il pouvait croire fantastique, il demeura béant, les bras ouverts, l'œil fasciné.

— Monsieur, dit la comtesse tremblante, vous venez de commettre une action indigne d'un honnête homme; vous violez l'hospitalité.

— Oh! madame, c'est vous! c'est donc bien vous! murmura Bernard les mains jointes.

— Je n'ai pas même le droit de vous dire: sortez! ajouta la comtesse, dont les yeux se mouillèrent de larmes amères, car vous êtes chez vous!...

— Oh! je vous en supplie, s'écria-t-il en tombant à genoux, acceptez le serment que je vous fais. J'ignorais que vous fussiez ici. La simple curiosité m'a conduit dans cette chambre... Voyant qu'on me cachait quelque chose, ne comprenant rien à la rupture de ce mariage... à cet avis que j'ai trouvé... Quoi!... madame!... c'était vous!...

La comtesse cacha son visage dans ses mains.

— Suis-je assez malheureuse! dit-elle.

— Malheureuse pour m'avoir sauvé, pour m'avoir fait libre! Oh! répondit Bernard, ne refusez pas les bénédictions que je vous offre à deux genoux; recevez-les avec l'hommage de tout mon respect, de toute mon âme.

— Mais, monsieur, en découvrant ma retraite, vous me perdez!...

— Quoi! vous me jugez assez vil, assez misérable pour ne pas garder un secret! votre secret. Mais, madame, c'est moi qui vous implore, c'est moi qui vous conjure de ne pas révéler mon indiscrétion, mon crime. Oui, c'est un crime d'avoir pénétré jusqu'à vous; mais je vous jure sur ce crucifix que s'il vous fallait ma vie en expiation, je la donnerais à l'instant!

La comtesse regardait, rassurée, de l'angle où elle s'était réfugiée, ce jeune homme qui n'avait pas dépassé le seuil et courbait son front jusqu'à terre.

— Ce n'est pas votre vie, mais votre silence, que je demande, non-seulement pour aujourd'hui, mais pour toujours, répliqua-t-elle avec une douce voix dont le cœur de Bernard fut inondé comme d'un baume magique.

— Silence inviolable, éternel, répondit-il. Et vous, madame, daignerez-vous me promettre mon pardon ?

— Oui.

— Et le silence aussi, car si mon beau-père savait ce que je viens de faire, j'aurais à rougir devant lui comme je rougis devant vous.

— Je me tairai.

— Eh bien ! madame, merci, merci de toutes les forces de mon cœur. Oh ! quelle que soit la cause qui vous amène sous ce toit, je la bénis, j'en remercie Dieu, qui vient d'envoyer tant de joie dans cette chambre où j'ai tant pleuré !...

En disant ces mots, dont l'expression ravie de son visage doublait l'éloquence et la chaleur, Bernard se retira lentement à reculons, salua la comtesse avec un religieux respect, et disparut après avoir refermé doucement la petite porte.

XXII.

DETTE D'HONNEUR.

l était temps pour Bernard de reparaître. On le cherchait de tous les côtés. Aubin l'avait suivi et le retrouva sous le vestibule du petit escalier pour lui annoncer le prochain départ de l'oncle Pontis.

Ce second coup acheva d'étourdir Bernard, qui ne ressemblait déjà que trop à un homme ivre. Et comme il s'apprêtait à questionner le plus raisonnablement possible Aubin, dont l'œil intelligent le questionnait lui-même, un autre interlocuteur arriva, qui, par ses démonstrations bruyantes, par ses accolades et le luxe de sa gesticulation, remit Bernard dans son assiette ordinaire.

C'était Cadenet, revenu des Fossés, où il avait accompagné les dames, et il rapportait de son excursion toutes les nouvelles qu'on pouvait désirer.

Il raconta la fureur toujours croissante de la tante, ses nobles indignations, l'humiliation de Sylvie, son incrédulité à toutes les consolations que Cadenet lui avait prodiguées, puis le retour de M. Hugues des Noyers et la conversation qui s'en était suivie.

Cadenet avoua qu'en revoyant le capitaine, en l'entendant annoncer la rupture complète et définitive, il s'était attendu au ricochet et préparé à y riposter convenablement, mais que, par une singulière disposition de l'esprit du capitaine, toute la colère de celui-ci était tombée sur Sylvie, à laquelle, outre un certain nombre de regards foudroyants, il avait décoché plusieurs mots amers ; que Sylvie ne s'était plus courbée, qu'elle avait rendu éclair pour éclair, sarcasme pour sarcasme, et que le neveu avait emmené la nièce à l'écart pour vider cette sorte de querelle.

Cadenet, en homme délicat, était venu au secours de la pauvre tante abandonnée, à laquelle il s'était efforcé de prouver qu'il n'y avait rien là que d'ordinaire ; que dans cette affaire on ne pouvait rien reprocher à personne. Il avait osé lui soutenir que sa vivacité à elle, madame des Noyers, était peut-être la seule cause de la rupture ; qu'elle l'avait pris sur un ton si dur, si haut, avec du Bourdet, que l'amour-propre s'était mis de la partie : qu'à dater de ce moment la paix avait été rompue.

Et la bonne dame, après y avoir réfléchi, ne s'était pas refusée à reconnaître que tous les torts venaient d'elle... qu'elle le sentait bien, mais qu'il lui serait trop dur, en sa qualité de femme, et de femme âgée, de les avouer, de s'en excuser.

Là-dessus elle s'était mise à pleurer, ce qui avait fendu le cœur sensible de Cadenet, et l'avait singulièrement excité à prendre la fuite.

Mais, qu'alors, le neveu et la nièce étaient revenus en scène, remis, consolés, et avaient déclaré que si ce mariage-là ne se faisait pas, un autre allait se faire, un autre tout prêt, et dont on entendrait parler avant peu.

Là-dessus, la tante avait redressé la tête,

et entrepris de gourmander son neveu qui avançait de pareilles énormités sans la consulter ni obtenir son consentement. Les trois alliés s'étaient vivement chamaillés, et Cadenet, pendant l'action, avait prudemment battu en retraite.

Tel fut son récit, que Bernard écouta à peine. L'esprit du jeune homme flottait entre tous ces événements dans une atmosphère composée de joie, de crainte, d'impatience, dont les atomes si contraires l'imprégnaient de leurs influences et le faisaient ressembler tantôt à un penseur absorbé, tantôt à un derviche en extase, tantôt à un maniaque. Mais Cadenet, emporté par la fougue du récit et le flot des commentaires, ne faisait guère attention à tout cela; d'ailleurs, il eût interprété l'agitation de son ami comme une conséquence de la rude épreuve à laquelle on venait de le mettre.

— De sorte, acheva-t-il, que tu ne te marieras pas encore cette fois-ci. Mon Dieu, tu me diras que la pauvre petite Sylvie est un morceau de roi. Ta mine contristée m'apprend tes idées à ce sujet. Eh bien, oui, je l'accorde; mais songe donc à ce que c'est que la liberté. Ah! ah! ce mot te ranime, tes yeux brillent, mon gaillard. C'est que c'est bien beau, vois-tu, la liberté! La liberté d'un Parisien! tu ne connais guère cela, toi.

— Oh! je veux le connaître, s'écria Bernard dans un de ces élans de joie qui, depuis sa dernière vision, faisaient s'emporter son cœur.

— A la bonne heure, Bernard, c'est parler cela. Eh bien! j'ai mon plan. Ne t'enterre pas trop ici, aux Bordes, c'est un séjour charmant, mais monotone. Tu auras toujours bien le temps de courir des lièvres; on garde cela pour l'époque de la vie où les jambes commencent à refuser le service...

— Oui, j'irai vivre à Paris, répondit le jeune homme.

— J'allais te le proposer. Figure-toi que je loge chez la Vienne, le baigneur par excellence. Tu as ouï parler de la Vienne, hein? Qui ne sait ce nom-là dans tous les coins du monde où l'on trouve un gourmand, un sybarite, un amoureux! Ah! dame, je ne te dirai pas que j'occupe sa plus belle chambre, et que j'y fais une dépense pareille à celle de tous les potentats qui hantent la maison.

Non, la chère est parfois maigre; mon frère ne peut pas me donner beaucoup, lui qui a tant besoin de faire une figure respectable. Mais enfin nous avons notre écu de temps en temps, et les aventures, et notre cheval.

— Comment, votre cheval? Ton cheval, tu veux dire?

— Oui, mon cheval, lorsque c'est moi qui monte dessus. Mais quand c'est M. de Luynes qui l'occupe, c'est le cheval de M. de Luynes. Pauvre bête! elle fait un rude service!

— Le même cheval pour deux?

— Mon frère est un homme d'ordre, et puis chacun de nous a sa housse, en sorte que cela déguise la bête, et personne ne se douterait que c'est la même. Eh bien! mon bon Bernard, tu viendras avec moi chez la Vienne. Je t'y retiendrai une chambre; tu verras la belle vie que nous ferons. Te voilà bien avec le roi. Ce n'est pas d'un gros rapport, mais enfin tu auras par ci, par là, quelque entrée à la cour, quelque invitation aux cérémonies. Nous avons d'assez belles femmes là-bas.

— Je le crois, murmura Bernard en délire.

— Peste! ne t'enflamme pas comme cela. Et puis, si je te procure quelque aubaine, moi qui suis au bon bout de la table, ne va pas le crier par trop haut! Mon frère le saurait, vois-tu, et il est moral en diable, le frère aîné. Lorsque nous méditons une folie quelconque, Brantes ou moi, on se cache, oh! mais, comme du premier président!

— N'aie pas peur, répliqua Bernard, nous ferons en effet la plus belle vie, la plus douce... Ah! Cadenet, tu es un homme charmant, il faut que je t'embrasse!

— Embrasse, mon ami, embrasse. Tu as en ce moment un superflu de sensibilité à dépenser, je conçois cela.

— Oh! non, tu ne le conçois pas, pensa Bernard, et tu ne le concevras jamais. Ce paradis qui vient de s'épanouir en mon cœur, jamais je n'y laisserai pénétrer un regard profane.

Comme ils parlaient ainsi, Aubin revint. Il précédait du Bourdet et Pontis.

Bernard, réveillé en sursaut, courut au devant de son oncle, auquel il prodigua toutes les expressions du sincère regret que lui causait ce départ prématuré.

Pontis était sérieux, préoccupé, presque tendre.

— J'ai reçu de Grenoble, dit-il, des nouvelles qui me forcent à retourner en hâte. D'ailleurs, mon cher neveu, vos affaires ne périclitent plus maintenant ; vous êtes sorti de l'ornière. J'espère bien que vous n'allez pas tout de suite entamer un nouveau mariage. A moins, toutefois, que M. du Bourdet ne retrouve quelque merveille...

— Beau-frère, vous me raillez, je crois, dit le bonhomme en serrant la main du chevalier.

— A Dieu ne plaise !... Mais ne sont-ce pas les chevaux qui vont là-bas, devant nous, sous la grande allée du parc?

— Oui, répliqua du Bourdet, je les ai envoyés les premiers, j'ai pensé que vous me laisseriez vous accompagner jusqu'au bout du parc. Je veux jouir de votre présence le plus longtemps possible.

— Certes, et je vous remercie.

— Et puis, ajouta du Bourdet plus bas, il faut que vous me débarrassiez pendant quelques heures de Bernard et de Cadenet, le temps que je fasse évader ma prisonnière. Toutes mes mesures sont prises pour que les témoins gênants soient éloignés à ce moment-là. Ne me renvoyez les jeunes gens que vers sept heures et demie, à la nuit close.

— Très-bien, répondit haut l'oncle Pontis. Voyons, ajouta-t-il, est-ce qu'on m'abandonne ainsi seul sur les chemins ? ne me fera-t-on pas la conduite ?

— Oh ! mon oncle, s'écria Bernard, je n'osais vous le demander.

— Venez, venez ; mais vous, monsieur de Cadenet, venez aussi, ne fût-ce que pour ne pas laisser Bernard rentrer seul.

— De grand cœur, dit Cadenet, et je vous remercie, monsieur le chevalier, pour l'honneur que vous me faites.

— J'en suis, mon papa, n'est-ce pas ? s'écria Aubin.

— Ma foi, oui, je n'y vois pas d'inconvénient ; mais non, les soirées sont fraîches. Vous êtes tout agité, tout pâle, maître Aubin.

— Oh ! mon papa ! je me porte si bien !

— Vos petites pattes sont moites, vous avez la fièvre, restez avec moi. Ah ! vous boudez, c'est donc une corvée de me faire compagnie ?

Aubin balança un peu ses épaules en signe de rébellion, puis il prit son parti et resta dans l'infanterie tandis que Bernard et Cadenet se disposaient à monter à cheval.

Du Bourdet et Pontis continuèrent leur route sous les ombrages du parc.

Le soir approchait, de larges bandes rouges traversaient les éclaircies du feuillage et enflammaient à l'horizon les plaines sillonnées de ces longs fils que l'automne accroche à la cime des luzernes après les avoir promenés dans l'air.

— Mon cher frère, mon ami, dit du Bourdet au chevalier, votre départ me laisse triste et le cœur vide. J'éprouve le besoin de vous demander à vous revoir bientôt. Il me semble que nous ne nous séparons pas dans des conditions ordinaires.

— C'est à quoi je pensais, répliqua Pontis. Mais qui nous empêche de nous retrouver promptement? Vous êtes libre, vous ; un voyage en Dauphiné vous effraie-t-il? Si vous saviez comme l'automne est beau dans nos montagnes ! Venez voir la vallée du Graisivaudan, qui dort sous les pampres et les mûriers ; nous monterons à la Chartreuse ensemble ; le père gouverneur est mon bon ami. Venez, venez donc ! mon cœur aussi vous appelle auprès de moi.

— Eh bien ! s'écria du Bourdet, je ne reculerai pas. Oui, j'ai non pas le désir, mais la soif de m'éloigner d'ici. Nous avons eu tantôt, à votre sujet, un entretien que je voudrais reprendre. J'y joindrais, aidé par la solitude, encouragé par votre amitié valeureuse, j'y joindrais mes confidences : — Oh ! cher frère... ce pauvre ciron qu'on appelle moi est gros de douleurs, de misères... Il me semble qu'en m'appuyant sur votre bras, qui a soutenu des rois, je me relèverais plus fort, plus calme, et que rien dans la vie ne serait plus capable de me faire trembler.

— Voilà deux fois que vous me tenez ce langage, dit Pontis surpris, et peut-être m'en devriez-vous une explication plus fraternelle.

— Oh! nous voilà au bout du parc, dit l'avocat avec mélancolie, c'est fini, *hic terminus*. Ce sera aussi le terme de mes sottises. Je suis un peu de la nature des lièvres, je passe ma vie à mourir de frayeur. Allons, laissons tout cela, mon digne ami, ce serait un crime d'empoisonner par mes honteuses faiblesses la joie de ce suprême embrassement.

En achevant ces mots, du Bourdet ouvrit les bras à Pontis, qui l'étreignit tendrement et sentit sur sa poitrine palpiter un cœur bondissant qui cherchait à étouffer des sanglots.

Cette émotion, qu'il condamnait, lui stoïque, il se sentit tellement près de la partager, que, par un mouvement brusque, il se dégagea de l'étreinte, et, après avoir embrassé Aubin, il mit rapidement le pied à l'étrier.

— Ce n'est pas un adieu que nous échangeons, ajouta-t-il, mais un rendez-vous. A bientôt, chez moi, à Grenoble, entendez-vous, Bernard; votre beau-père me l'a promis. Entends-tu, Aubin, je te ferai goûter de la crème dans nos montagnes.

L'enfant bondit de joie et frappa dans ses mains avec transport. Bernard, lui, n'était pas si ardent à accepter une partie qui contrarierait celle que Cadenet venait de proposer à Paris. Mais Pontis ajouta:

— Maintenant que nous avons renouvelé connaissance, veuillez, tous, tant que vous êtes ici, petits et grands, me regarder à l'occasion comme votre père. Oui, votre père. Vous avez beau secouer la tête, du Bourdet, malgré vos cinquante ans et mes trente-cinq, c'est moi qui suis le plus âgé de vous tous.

Il les salua sur ces mots avec une grâce triste et tendre, et comme sa vue se troublait, comme sa voix était devenue moins ferme, il piqua son cheval et mit d'un seul élan quelques toises entre le présent et l'avenir.

Les deux jeunes gens le rejoignirent, et se placèrent, l'un à sa droite, l'autre à sa gauche. Du Bourdet regarda longtemps, longtemps, les cavaliers, jusqu'à ce qu'ils eussent tourné le coin de la forêt. Alors il prit la main d'Aubin et revint aux Bordes, combattant sa disposition à la tristesse par la perspective d'une prochaine réunion.

Il se disait aussi que l'heure venait, silencieuse et sombre, où il allait pouvoir rendre la liberté à la comtesse. Il ne s'agissait, pour être tout à fait délivré lui-même, que de franchir un espace de soixante à quatre-vingts minutes.

— Je vais faire coucher Aubin, pensa-t-il. Les domestiques sont avec Bernard. Marcelle, seule en bas avec la cuisinière, ne me verra pas sortir du jardin. Un signal à La Fougeraie pour qu'il amène son bateau et tout est fini.

Au moment où il approchait du château, il vit Marcelle debout devant l'avenue; elle attendait avec une sorte d'impatience, et accourut au-devant de son maître dès qu'elle put le distinguer dans l'ombre.

— Monsieur, dit-elle, il vient d'arriver un homme qui voudrait vous parler.

— Comme tu me dis cela! Quel homme?

— Je ne sais trop; est-ce un soldat? est-ce un bourgeois? tout ce que je puis dire, c'est qu'il n'a pas une physionomie très-rassurante.

— Allons donc. Un voleur?

— Oh! je ne dis pas... le cher homme... Non! non! Mais enfin vous allez voir; il attend dans la salle, et semble très-pressé de vous trouver.

Du Bourdet la précéda. Il ouvrit la porte de la salle, où, près de la table, assis, et à peine éclairé par le flambeau que Marcelle y avait déposé, il vit le nouvel hôte qui l'attendait.

— Ah! s'écria celui-ci en se levant. Enfin! c'est vous, monsieur du Bourdet... ne me reconnaissez-vous pas?

— Attendez, fit l'avocat ému, car il se souvenait vaguement, et ce souvenir tremblait dans une vapeur semblable à une auréole sinistre.

— Monsieur le bailli du palais! murmura-t-il enfin.

— Moi-même... sommes-nous bien seuls?

— Mais oui... répliqua du Bourdet en pâlissant. Viendriez-vous de la part...

— De M. le premier président, oui.

L'avocat sentit ses jambes fléchir, son front

s'emplir de bourdonnements et de vertiges. Il regarda le messager, dont les bottes poudreuses, l'habillement maltraité, les traits fatigués et les armes toutes prêtes, n'annonçaient rien que de menaçant. Il se remit pourtant, et dit à Marcelle qui attendait sous le vestibule :

— Couchez Aubin... Laissez-nous.

Puis il ferma soigneusement la porte et revint au bailli, qui l'examinait de loin.

— Vous voyez, peut-être, au désordre de ma personne, dit ce dernier, que je n'ai pas accompli sans difficulté mon voyage de Paris ici. J'ai dû pour dépister ceux qui assurément m'ont suivi, feindre de m'arrêter à Verneau, dans une auberge. Puis de là, tandis qu'on me croyait endormi, je me suis échappé par la fenêtre, et, à travers champs, l'œil bien ouvert, la main à l'épée, je me suis glissé jusqu'ici.

— Toutes ces précautions, murmura du Bourdet, étaient-elles donc si nécessaires ?

— Les routes sont infestées de gens suspects...

— Qui cherchent à reprendre M. de Vendôme, sans doute.

— Qui cherchent peut-être à prendre autre chose, monsieur, répliqua le bailli. Mais ce quelque chose, Dieu soit loué ! j'ai réussi à le leur soustraire ; le voici :

— Une lettre.

— De monseigneur de Harlay !

Le bailli donna sa lettre à du Bourdet, qui la reçut d'une main tremblante, et lut, à la clarté de la bougie, les mots suivants, digne reflet de l'âme vigoureuse qui les avait dictés.

« Mon ami, mon fils, l'heure est venue. Si c'est l'heure du sacrifice, je compte sur votre dévouement ; si c'est l'heure de la punition des coupables, remerciez-en Dieu comme je le fais déjà. Mademoiselle de Coman est plus résolue que jamais. Elle va parler ; mais cette fois, sa voix, appuyée de votre témoignage, persuadera toute la France. Et s'il se représentait quelqu'un de ces puissants obstacles qui déjà ont arrêté le cours de ma justice, j'ai en réserve un autre témoignage qui nous donnera la victoire, même sur les plus puissants ennemis. Dieu vous soutienne ! Je vous attends. »

Une sueur froide tomba en perles amères du front de du Bourdet sur ce papier fatal.

— L'épreuve est douloureuse, murmura-t-il ; ayez pitié de moi, mon Dieu !

— Eh bien ! monsieur, reprit le bailli après un pénible silence, quelle réponse rapporterai-je à monseigneur ?

Du Bourdet se tut, sa poitrine était gonflée, sa tête appesantie retombait.

— Monsieur le bailli, dit-il enfin, j'ai promis, j'irai. Ne doutez pas que j'y aille. Mais... mais ce premier moment est dur... J'étais très-heureux ici, voyez-vous.

Le bailli s'inclina. Homme de cœur, homme vaillant, il comprenait que la noblesse d'un sacrifice est toujours en raison de sa difficulté.

— J'irai donc, reprit du Bourdet. Mais faut-il absolument que je parte tout de suite ?... J'ai beaucoup de choses à achever... Je n'ai pas préparé encore mes affaires. Je voudrais bien embrasser mon fils aîné qui est absent.

— Je vous prie, au contraire, dit vivement le bailli, de ne point vous mettre en route avant le jour. Attendez à demain. Je vous l'ai dit, les chemins sont occupés, gardés ; seul, je réussirai à me démêler dans l'ombre ; mais avec un compagnon, — il n'osa dire : tel que vous, — je ne répondrais plus de l'événement.

— Oh bien ! j'attendrai à demain. Merci, répliqua du Bourdet. Logez-vous ici ?... Mon cher monsieur, avez-vous besoin de quelque chose ? Pardon si je ne vous ai pas offert tout d'abord, mais j'ai été un peu troublé.

— Je n'ai besoin que de votre réponse, dit le bailli, et d'un renseignement. Vous partirez donc demain au matin, pour être chez M. le premier président à quatre heures du soir ?

— Oui.

— Bien ! Maintenant, connaissez-vous un chemin couvert, ignoré, qui me conduise à Verneau, où j'ai laissé mon cheval ?

— Suivez le mur de mon jardin, prenez la première allée du bois, longez la prairie, et toujours tout droit jusqu'au clocher du village.

— Cela suffit, je vous rends grâces ; il ne reste plus qu'à vous prier de brûler en ma présence la lettre de monseigneur.

— La brûler !... se défie-t-il de moi ?

— Eh! monsieur, monseigneur ne se défie pas de vous et ne craint personne; mais je crains, moi; je crains pour vous. Qui m'assure qu'à ce moment même on ne m'a pas suivi, découvert, et qu'on ne cherche pas à savoir ce que je suis venu faire chez vous? Oh! je ne prétends rien pénétrer des secrets de monseigneur, mais je puis vous assurer que depuis sa grande querelle avec M. d'Espernon au palais, — vous y assistiez, je crois, — notre président n'a pas cessé d'être environné d'espions plus menaçants les uns que les autres. Or un espion se change bien vite en assassin, en bandit de grande route. Et votre maison est bien isolée!... Ce que je vous en dis, faites-en votre profit, monsieur; car, pour moi, si l'on m'attaque, je saurai bien me défendre. D'ailleurs, maintenant, j'ai fait ma commission et je ne risque plus que ma vie; ce n'est rien.

— Vous avez mille fois raison, répondit du Bourdet, ébranlé par ces peintures peu rassurantes. Une pareille lettre ne peut rester entre mes mains; j'ai des enfants, moi, pour lesquels il faut que je me conserve.

Il la relut avec les mêmes angoisses, et l'approchant de la flamme, la vit dévorée, s'envoler en flocons noirs par la vaste salle.

— Me voilà déjà plus tranquille pour tout le monde : adieu donc, dit le bailli. Par bonheur la nuit est noire; ne me conduisez pas, je trouverai ma route. A demain!

— Veillez bien à vous! lui recommanda du Bourdet.

— Et vous aussi! répondit sourdement la voix du bailli, qui avait déjà glissé comme un spectre derrière les lilas et les touffes du parterre.

XXIII

LUCTUS ET PLURIMA MORTIS IMAGO.

La nuit descendait, brumeuse et froide, enveloppant dans ses plis mouvants les grands arbres du parc, les allées du parterre, et noyant dans une vapeur sinistre fleurs, fontaines, maison, comme pour ensevelir à jamais les événements terribles qui couvaient sous son noir manteau.

Un vent aigre et sifflant passait au front des chênes avec un douloureux murmure. Ces vastes têtes ondoyaient renversées, frissonnantes comme les génies désolés du domaine. Parfois leur plainte, développée sous le souffle furieux du vent d'ouest, prenait des accords déchirants qui eussent été compris d'un esprit superstitieux, car ils criaient : Malheur! oh!... malheur!

Du Bourdet remontait lentement l'escalier qui conduisait de la salle au premier étage. Son flambeau à la main, hésitant sans le vouloir à chaque marche, il allait cependant, poussé par la destinée invincible.

Plusieurs fois il avait prêté l'oreille pour essayer de distinguer au loin le pas du bailli. Puis, ressaisi par ses propres inquiétudes, il oubliait le messager du président, la gravité du message, sa promesse, son devoir, pour écouter la voix intérieure, voix confuse, menaçante, qui l'avertissait de l'invasion de toute une légion de douleurs.

En entrant dans sa chambre il aperçut Aubin endormi sur les coussins du grand fauteuil. Sans doute l'enfant avait résisté à Marcelle; il avait refusé de se coucher avant d'avoir embrassé son père. Du Bourdet devina que le petit mutin s'était obstiné à attendre son retour, et que, pendant la visite du bailli, pris par le sommeil, dans l'obscurité, il était tombé sur le premier meuble venu, où il avait tout oublié.

Du Bourdet posa son flambeau sur la table, et au lieu d'aller, comme il l'avait résolu, délivrer la comtesse qui devait l'attendre, il s'arrêta devant cette douce figure vermeille qui dormait, penchée, inondée de ses cheveux blonds.

Là était sa joie, au bonhomme, là son espoir, là sa vie. Pour cette tête frêle, il avait travaillé, médité, souffert. Le sourire de l'enfant, une de ses saillies, chaque révélation d'une faculté nouvelle, sont aux pères les salaires envoyés par Dieu comme à-compte sur l'avenir.

Du Bourdet aimait avec passion ce petit écolier rieur et pensif à la fois, qui, par ses

MARIE DE MEDICIS
Reine de France
Née à Florence le 26 Avril 1575 Morte à Colog. le 3 Juil. 1642

grâces mignonnes, rappelait la jeune fille, qui annonçait l'homme par les éclairs du génie et les révoltes de la volonté. Il l'aimait tant, qu'il s'avouait, se trouvant seul en face de lui, que rien sur la terre ne lui tenait également au cœur; que si Dieu lui ordonnait de quitter les biens de ce monde, biens dont sa munificence l'avait largement pourvu, la seule chose qui le pousserait à trouver Dieu moins juste, ce serait d'avoir montré à un homme un tel trésor de joie pour l'en séparer sans pitié.

Or, du Bourdet, frappé au cœur par le souvenir de sa promesse au président, se demandait s'il ne serait pas prudent de laisser Aubin aux Bordes pendant le voyage qu'il lui fallait faire à Paris; il se demandait aussi avec des palpitations douloureuses si ce voyage n'allait pas durer plus longtemps qu'un jour; si M. de Harlay n'allait pas exiger tout un sacrifice; si les formalités interminables d'une confrontation, d'un récolement, des instructions, des témoignages, si tout cet infernal dédale de la procédure dont les plus savants ne connaissent jamais l'issue n'était point destiné à lui prendre bien des jours, à lui confisquer toute sa vie. Que deviendrait pendant ce temps Aubin, l'âme de ce père désolé? Bernard veillerait sur lui, mais Bernard lui-même ne finirait-il pas par être englobé dans les évolutions, dans les spirales du serpent? Où allait-il? où pouvait-il espérer de s'arrêter, celui qui partait, misérable ver de terre, désarmé, nu, pour combattre ces géants qu'on appelait une reine, un maréchal de France, le duc d'Espernon? Titans qui avaient détrôné Jupiter, et dont le pied écraserait leur accusateur, sans que leur œil daignât seulement s'abaisser pour le démêler dans sa poussière.

Toutes ces réflexions, suggérées par le sommeil placide de l'enfant, avaient donné à la physionomie de du Bourdet une expression de calme et de majestueuse tristesse qui l'eût rendu méconnaissable à lui-même si son visage lui fût apparu soudain dans un miroir. La lutte contre les douleurs morales donne à l'homme, quand il s'y montre courageux, le seul reflet de divinité par où la créature humaine puisse rappeler le Créateur.

Du Bourdet finit par triompher de ses doutes. Il se souvint de Dieu, des bienfaits sans nombre qu'il en avait reçus. Il espéra dans son patron le président, vaillant appui aux jours de bataille, vaste expérience, qu'un peu d'amitié stimulerait à sauver du péril son humble assistant. Enfin il se rappela qu'un plus impérieux, plus imminent devoir réclamait son sang-froid, son adresse. Marguerite devait s'impatienter dans sa prison. L'heure était propice. Sans doute La Fougeraie, aux aguets dans l'île, attendait le coup de sifflet pour amener son bateau. Du Bourdet se dirigea vers la chambre de la comtesse.

Sa main touchait la clef du cabinet contigu à cette chambre, lorsqu'un bruit singulier attira son attention au dehors. Ce bruit n'était pas isolé, il ne partait pas d'un seul endroit. Multiple, varié, il appelait l'oreille du côté des fenêtres, puis des portes, il semblait venir de la cour, du parterre, il grossissait en approchant.

Du Bourdet s'arrêta étonné pour écouter mieux.

Alors une vitre de la fenêtre ayant grincé, puis éclaté sous une pression étrange, du Bourdet y courut et vit la main d'un homme qui tirait par cette brèche les verrous du châssis. La croisée s'ouvrit, l'homme entra et alla ouvrir l'autre fenêtre et la porte du palier par lesquelles pénétrèrent, avec des froissements d'armes et de manteaux, trois autres hommes qui occupèrent le vestibule.

L'avocat se crut d'abord la proie d'un de ces affreux rêves dans lesquels la poitrine étouffée dégage en cris douloureux les vapeurs que l'oppression a poussées vers le cerveau. Ces visiteurs sombres, silencieux, inoffensifs jusque-là, qui se rangeaient militairement à leurs postes, ne lui paraissaient pas une vision assez vraisemblable pour qu'il se crût éveillé.

Mais en s'approchant de la fenêtre, du Bourdet vit en bas, dans l'ombre, un groupe de gens armés qui causaient vivement et semblaient délibérer; d'autres arrivaient par le parterre. Un casque les précédait, reluisant comme un astre lugubre. Du Bourdet se souvint des terreurs du bailli, de ses prédictions alarmantes; il comprit tout, et poussa un cri d'angoisse qui réveilla Aubin.

L'enfant, troublé par le sommeil et voyant son père si tremblant et si pâle, se mit à crier aussi. Du Bourdet lui appuya sur les lèvres une main glacée. Aubin tressaillit et se tut, mais se cramponna au bras de son père en le suppliant du regard.

Le bruit augmentait du côté de l'escalier, des voix confuses s'interrogeaient. On distinguait le son des hallebardes, des crosses de mousquets heurtant les degrés et la rampe. Quelques cris éclataient au loin, et s'éteignaient tout à coup, sans doute ceux des domestiques surpris et bâillonnés par les assaillants.

Dressant l'oreille, sentant ses cheveux se roidir sur son front, l'avocat étreignit Aubin, souffla la bougie et reculait instinctivement vers la porte voisine quand il entendit agiter doucement cette porte, qui s'entr'ouvrit, et une voix fiévreuse, saccadée, celle de Marguerite, lui demanda bien bas :

— Qu'y a-t-il donc, monsieur? quel est ce bruit? Nous a-t-on découverts?

Au même instant, un grand fracas se fit entendre sur le palier. Une armoire venait de voler en éclats.

Du Bourdet réprima un nouveau cri d'Aubin, ouvrit tout à fait la porte du cabinet, jeta l'enfant dans l'ombre, repoussa du pied et des épaules cette porte, à laquelle il s'adossa, prêt à défaillir, et heureux, cependant, d'avoir éloigné son fils de la scène effrayante qu'il pressentait. Il attendit.

Des pas lourds résonnèrent dans sa chambre. Il entrevit des formes noires qui tâtonnaient dans les ténèbres ; il sentit le souffle de ces ennemis, qui avançaient les bras étendus.

— Allumez un flambeau ! dit une voix sèche, ferme, qui éclata, au milieu de ce demi-silence, comme le coup de foudre dans le nuage.

Du Bourdet vit luire à l'embrasure de la fenêtre une lanterne sourde d'où jaillit une vive clarté, celle d'une torche portée par un des envahisseurs.

Sept ou huit de ces hommes garnissaient la chambre, dans les attitudes bizarres où les avait surpris le rayon lumineux, alors qu'ils cherchaient à s'orienter au milieu des ténèbres.

Mais, sur le seuil, un vaste manteau, pareil à un suaire, surmonté d'un casque tel que les portaient à cette époque les gentilshommes dans le combat, se tenait droit et silencieux, une main, on le devinait, sur le pommeau d'une arme qui faisait saillie sous les plis du manteau.

Du Bourdet devina que cet homme était le chef qui venait de demander la lumière.

Ce sombre personnage, après avoir considéré durant quelques secondes, et la chambre et du Bourdet, qui se soutenait à la corniche de sa cheminée, fit un signe à l'un de ceux qui attendaient ses ordres, et l'homme ainsi interpellé s'approcha de du Bourdet.

— Que me voulez-vous, messieurs ? balbutia le bonhomme, promenant autour de lui des regards effarés.

— Nous sommes délégués pour faire perquisition chez vous comme dans toutes les habitations du voisinage, dit l'homme couvert d'un chapeau à larges bords, et de qui du Bourdet, trop égaré d'ailleurs, ne distingua point les traits, parce que le flambeau ne l'éclairait que par derrière, et projetait l'ombre en avant.

— Faites, messieurs, articula d'une voix défaillante le malheureux avocat, qui se sentit perdu, puisque la perquisition ne pouvait manquer de le révéler coupable... Mais... au sujet de quoi feriez-vous cette enquête ?

— Vous le savez aussi bien que nous : on cherche, de la part du roi, M. le duc de Vendôme.

— Il n'est pas ici ! s'écria du Bourdet en joignant les mains... Je jure qu'il n'y est pas entré.

— Vous le jurez ? demanda le terrible questionneur.

— Je le jure ! repartit du Bourdet levant sa main avec empressement.

Celui qui venait de parler se tourna vers l'homme au casque comme pour lui demander un avis ou prendre son ordre.

La même voix claire et stridente sortit de dessous la visière.

— Ce que dit monsieur peut être vrai, répliqua le chef. Vous n'avez jusqu'à présent reconnu rien de suspect chez lui. Je vais achever de l'interroger.

Du Bourdet entendit ces paroles comme une harmonie céleste.

Son espoir se changea en joie lorsqu'il vit le personnage masqué étendre le bras vers ses acolytes, qui s'inclinèrent et sortirent de la chambre, où du Bourdet se trouva seul avec ce gentilhomme si indulgent. Et déjà il s'apprêtait à le remercier par quelques mots pleins de reconnaissance, lorsque l'inconnu l'arrêta d'un geste et lui dit en baissant la voix :

— Il ne s'agit pas de M. de Vendôme ; qu'avez-vous fait de l'homme qui est venu vous rendre visite tout à l'heure ?

Du Bourdet frissonna.

— Quel homme, monsieur ?..

— Le bailli du Palais ! reprit l'autre avec le même ton ferme et mystérieux.

— Il... il est parti, dit du Bourdet, qui sentit le danger de mentir.

— Bien. Que venait-il faire chez vous ? Dépêchez-vous de répondre, je suis pressé.

— Il venait pour affaires...

— Il venait envoyé par M. le premier président. Où est la lettre qu'il vous a remise de sa part ?

Un tremblement nerveux secoua les épaules

et les genoux de l'avocat. Par les fentes de la visière, on voyait luire deux prunelles d'un brun rouge, semblables à celles d'une panthère dans un taillis.

— Monsieur! balbutia du Bourdet.

— Donnez-moi cette lettre!

— Je ne l'ai plus, je l'ai brûlée.

— C'est toujours ce qu'on répond d'abord. Mais souvenez-vous que je n'ai pas de temps à perdre. Cette lettre?

— Sur mon honneur, sur mon âme, je l'ai brûlée, monsieur. Les morceaux, les cendres, sont encore en bas dans ma salle. Je vais vous les montrer si vous voulez.

Un mouvement convulsif agita, derrière le grillage du casque, des traits dont on devinait la pâleur.

— Si vous avez fait cela, dit la voix courroucée, si vous avez réellement brûlé cette lettre, je vais bien le savoir. Qu'y avait-il dans cette lettre du président, dites?

Du Bourdet s'agita pour protester contre l'idée de commettre une pareille trahison.

— Dites, répéta la voix d'un ton de maître.

Du Bourdet secoua la tête lentement; il n'avait pas la force de répondre non.

Un silence d'une demi-minute, une demi-éternité, s'étendit dans cette chambre comme l'avertissement de la mort.

— Eh bien! reprit le gentilhomme masqué, puisque vous refusez de répondre, c'est moi qui vais vous dire ce que renfermait cette lettre, par laquelle M. de Harlay vous mandait à Paris.

Du Bourdet tressaillit.

— Cette lettre, continua l'inconnu, ne vous invitait-elle pas à venir prêter votre aide aux dépositions nouvelles d'une certaine prisonnière... qu'on appelle mademoiselle de Coman?

L'avocat joignit les mains et faillit tomber à la renverse en apprenant que ce secret du président était à la merci d'un pareil dépositaire.

— Vous savez donc tout? s'écria-t-il épouvanté, comme s'il eût parlé à l'une des puissances infernales...

— J'en sais assez pour vous forcer à me dire le reste, continua la voix de plus en plus pressante et voilée.

— Monsieur!... je ne vous comprends pas...

— Laissez là ces détours, cette frayeur; car si vous me répondez en homme sincère, vous n'avez rien à redouter de moi. Je vous apporte, au contraire, une récompense, une brillante récompense de la franchise que vous me témoignerez et du service que vous me rendrez par cette franchise.

Ces flatteuses insinuations, loin de rassurer du Bourdet, poussèrent au comble son épouvante.

— Allons! vivement, reprit le masque. Avez-vous le projet de vous rendre à l'invitation du président? Devez-vous aller à Paris?

— Je...

— Prenez garde de mentir! et comprenez bien que je ne me contenterai pas d'un leurre!

— Mais enfin, monsieur, qui êtes-vous, pour me demander ce que nul n'a le droit d'exiger de moi?

— Je suis un homme qui veut que vous n'alliez point à Paris, que vous n'y rendiez pas de témoignage pour ou contre personne, et qui vous récompensera si vous lui cédez, ou qui vous punira si vous entrez en lutte.

— Me punir!... s'écria du Bourdet; mais je ne dois compte à personne de ma conscience.

— Il est une puissance en ce monde avec laquelle on compte toujours, répliqua le masque lentement sans sortir de sa réserve glacée, cette puissance, c'est la mort.

L'avocat frissonna.

— Si vous allez à Paris, si vous servez le président de Harlay dans la cause qu'il soutient, vous êtes un homme mort... Allons, décidez-vous, et donnez-moi des garanties.

— Dieu me défend de vous obéir, monsieur, répliqua du Bourdet, tremblant de tous ses membres.

— Il vous commande donc de mourir, alors,

répliqua l'inconnu d'une voix terrible, qui éclata naturelle pour la première fois.

Aussitôt, un cri sourd partit de la chambre voisine, puis un bruit de meubles heurtés, de paroles étouffées, de mouvements brusques.

Du Bourdet se retourna, saisi d'un effroi nouveau.

— Quelqu'un était là? dit l'inconnu ; quelqu'un nous écoutait?

— Monsieur, c'est mon fils... un enfant, qui aura pris peur de ne plus me voir.

— Ouvre cette porte.

— Oh! ne faites pas de mal à mon petit Aubin !

— Ouvre, te dis-je, si tu tiens à la vie !

La main du gentilhomme sortit du pli de son manteau, armée d'un lourd pistolet.

— Entrez ! monsieur, entrez-y vous-même, s'écria du Bourdet vaincu par l'angoisse et se cachant le visage.

Le masque, son flambeau levé, voulut tourner la clef dans la serrure. Une résistance imprévue l'arrêta.

— On a tiré des verrous en dedans ! s'écria-t-il Tu te jouais de moi, misérable !

— Ouvrez ! dit du Bourdet en collant sa bouche à la porte. Ouvrez, madame. Ouvre, Aubin ; ouvre donc, mon enfant, pour nous sauver tous les deux.

Rien ne répondit, qu'un épouvantable silence.

— Oh! je devine, rugit l'inconnu ; ceux qui se cachaient là m'ont entendu, et ils fuient, emportant la lettre que tu m'as refusée. Malheur à qui je vais trouver derrière cette porte !

Il prit un élan furieux, et d'un coup de pied pareil au choc d'une catapulte, il fendit la porte en deux morceaux, par l'ouverture desquels, se ruant avec une avidité farouche, il vit une fenêtre ouverte, un drap fixé au balcon, et deux formes humaines s'éloignant rapidement dans le brouillard.

— Ils sont partis ! s'écria du Bourdet stupéfait, mais heureux au fond du cœur.

— Je l'avais bien dit, ils s'évadent, ils m'échappent ! mort ! mort ! à quiconque veut fuir !

On entendit les pas des soldats, le cliquetis des armes, une course dans le parterre. Au même instant, à la porte du petit escalier, retentissaient les cris de Marcelle, qui appelaient son maître, qui appelaient son cher Aubin et dominaient tout le tumulte.

— Marcelle! on nous le tue!... à moi!... au secours ! au meurtre ! répondit du Bourdet devenu fou à l'idée que ces misérables allaient reprendre et peut-être assassiner son fils. Il s'élança du côté de la fenêtre avec des sanglots déchirants.

Mais le masque se retournant vers la porte et l'entrée, occupée par ses compagnons :

— Messieurs, dit-il d'une voix tonnante, je viens de me convaincre que les complices de M. de Vendôme sont bien dans cette maison. Rébellion ! rébellion au roi ! Tout ce qui résistera, tout ce qui criera, tout ce qui fuira — tuez !

Cette seconde troupe se répandit comme un torrent furieux dans la maison.

— Oh ! bourreau ! s'écria du Bourdet resté seul avec son adversaire, tu mens à la face du ciel ! Est-ce mon pauvre enfant de onze ans qui se révolte contre le roi ?

L'inconnu leva son pistolet jusqu'à la hauteur du cœur de sa victime.

— Oui ou non, murmura-t-il d'une voix sombre, — iras-tu demain à Paris ? — Oui ou non serviras-tu le président contre nous ?

— Je répondrais si je voyais mon fils, dit le malheureux père dans l'agonie du désespoir.

On entendit au dehors l'explosion de plusieurs coups de feu dans la direction de la rivière ; du Boudet se redressa, son œil s'emplit de menace et sa bouche de malédictions.

— Ils ont frappé mon enfant, dit-il.

— Parle ! répéta le masque.

— Tue-moi donc ! c'est lâche de me faire ainsi souffrir !

— Répondras-tu, misérable ?

— A Dieu seul ! répliqua du Bourdet appuyé au mur, les yeux au ciel, l'âme déjà sur les lèvres, tandis que le canon de l'arme s'approchait de sa poitrine.

— Tu ne parleras qu'à Dieu? je n'en demande pas davantage, dit l'assassin avec un féroce sourire.

Le coup partit. L'infortuné leva les bras vers le Maître éternel de souveraine justice auquel il recommandait son enfant et sa vengeance. Puis il ferma les yeux, glissa sur le parquet et tomba mort en travers du seuil.

L'inconnu fouilla froidement le cadavre, et, n'ayant pas trouvé ce qu'il cherchait :

— La mort, dit-il, vient d'éteindre le secret des vivants! c'est au feu maintenant d'étouffer le secret de la mort!

Il approcha la torche ardente des rideaux et des éclats de la porte brisée; puis, jetant la cire embrasée sur ce monceau de débris, il s'élança hors de la chambre pour demander compte à ses soldats des fugitifs qu'ils avaient dû ressaisir.

*
* *

Cependant Marguerite, après avoir glissé miraculeusement de la fenêtre à terre, avait couru tenant Aubin par la main; elle gagnait haletante le bord de la rivière. Derrière elle on appelait, on criait, elle courait toujours. Soudain, des coups de feu retentirent, les balles passèrent sur sa tête; elle redoubla de vélocité, mais l'enfant qu'elle menait s'arrêta comme un poids inerte, et quand elle l'eut traîné pendant trois ou quatre pas, elle le sentit plié, immobile, le crut évanoui de frayeur, et, généreuse autant que hardie, elle le prit dans ses bras en disant :

— Je te sauverai, malgré tout!

Déjà elle apercevait le chemin de halage, les talus de la rive, l'eau sombre, et distinguait le bruit des avirons qui lui annonçaient le salut. Agile, fière de ses forces décuplées par le dévouement, elle gagnait du terrain sur ses persécuteurs; mais ses mains, qui soutenaient l'enfant, glissèrent le long du petit corps dans une humidité noire et chaude; elle approcha son visage de la poitrine d'Aubin; plus de souffle! Son visage se recula, mouillé aussi, tiède aussi comme ses mains :

c'était du sang! le sang de la pauvre victime qu'une balle venait de frapper à ses côtés.

Marguerite poussa un cri, chancela, étendit les mains comme pour appeler un sauveur; son fardeau lui échappa, et elle roula inanimée, près de l'enfant, dans le sable.

Environ une demi-heure après, revenait par le parc Bernard tout joyeux, tout épanoui. Il riait avec Cadenet. Des coups de feu grondant au loin dans cette nuit profonde le surprirent d'abord et lui firent lever la tête. Une lueur fauve grandissait par degrés au-dessus des arbres. Les deux amis coururent inquiets : le château brûlait, abandonné, désert, majestueux dans son horreur.

Bernard s'élança éperdu au milieu des flammes, appelant, criant. Il n'y trouva que les cadavres de son père et de Marcelle; mais Aubin, mais Marguerite, où étaient-ils? Le désordre du cabinet voisin, les draps brûlant à la fenêtre, lui indiquèrent une trace. Il la suivit, penché, rugissant, jusqu'à ce que, l'incendie lui éclairant cette piste sanglante, il découvrit qu'elle aboutissait au rivage.

Là, des pas de femme, d'homme, des trépignements pareils à ceux d'une lutte, du sang à flots que buvait le sable, des empreintes sinistres de mains crispées révélaient une épouvantable agonie. Au bas, l'eau coulait, rapide, profonde, muette, emportant sa part du secret!

Bernard, dans cette solitude flamboyante, dans ce chaos, dans ce massacre, perdit, par une faveur de Dieu, la raison et le sentiment de la vie. Après avoir fouillé, épelé, baisé mille fois ces derniers vestiges de son malheureux frère, il tomba sur l'herbe sanglante et ne rouvrit plus les yeux.

— Oh! murmura Cadenet, l'enfant a été assassiné comme le père, comme la fidèle servante, et cette eau silencieuse roule aussi des cadavres! Qui sait s'il n'y a pas là quelque horrible vengeance? Ce n'est qu'à Paris, avec le secours de mon frère, que je pourrai protéger et sauver ce malheureux Bernard!

Il prit dans ses bras le corps inanimé de son ami, le fit charger sur un chariot fermé qu'il escorta à cheval, et, le lendemain au soir, ce triste équipage entrait furtivement rue de la Cerisaie, chez le baigneur la Vienne.

XXIV

DE FLORENTINE A CASTILLANE ET RÉCIPROQUEMENT.

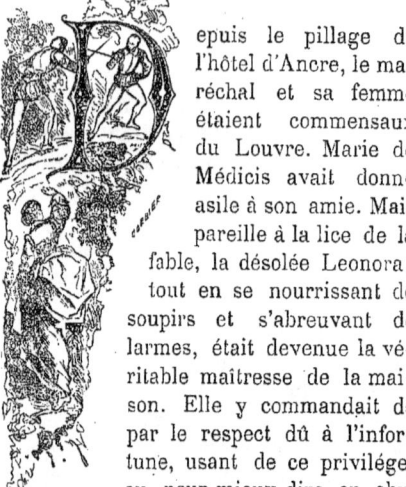

Depuis le pillage de l'hôtel d'Ancre, le maréchal et sa femme étaient commensaux du Louvre. Marie de Médicis avait donné asile à son amie. Mais pareille à la lice de la fable, la désolée Leonora, tout en se nourrissant de soupirs et s'abreuvant de larmes, était devenue la véritable maîtresse de la maison. Elle y commandait de par le respect dû à l'infortune, usant de ce privilége, ou, pour mieux dire, en abusant envers tous ceux qui avaient le malheur d'être moins malheureux qu'elle.

Rien n'avait pu la consoler. Tant de richesses perdues à jamais, tant d'affronts subis ne lui paraissaient, disait-elle, qu'un prélude des coups du sort.

En cela elle ne se trompait pas.

La reine, pleine de compassion, commandait la docilité par son exemple. Comme les dommages soufferts par la maréchale étaient bien réels, on essaya de lui donner quelques compensations. En ce temps de fantaisies despotiques, les princes usaient parfois envers leurs peuples de ménagements naïvement paternels. De simples mesures administratives faisaient peur à ceux qui, peut-être, n'eussent point reculé devant une Saint-Barthélemy.

Ainsi, la reine fit prier les curés de Paris de déclarer au prône qu'elle verrait avec plaisir la restitution des objets volés à la maréchale lors du pillage de son hôtel. On engageait donc les fidèles à rapporter ce qu'ils avaient pris. On les assurait de l'indulgence divine et de la gratitude royale.

Cette prescription bizarre n'eût pas manqué son effet, sans les railleries et les avertissements de Picard le cordonnier, qui courait le quartier disant à ses voisins que jamais piége plus grossier n'avait été tendu à des rats ou à des belettes ; que la restitution d'un objet volé constituait un aveu du vol, que l'aveu suffisait pour amener la condamnation du voleur, et qu'à moins d'être cent fois plus stupide qu'un quadrupède, on n'irait pas se jeter ainsi la corde au cou. Il ajoutait que sa morale était bien désintéressée, puisque, dans ce pillage, lui, Picard, n'avait rien gardé ; ce qu'on savait être parfaitement exact, attendu que le cordonnier, aspirant à la gloire des vieux Romains, devait à ses modèles de refléter quelqu'une de leurs vertus. Le désintéressement pouvait être une de ces vertus-là.

On écouta Picard. Peut-être n'avait-il pas tout à fait tort. Leonora, une fois instruite du nom de ses voleurs, eût su retrouver l'occasion de leur faire payer le dommage. Cette grande ville aux maisons barricadées, aux rues tortueuses, aux cryptes inconnues, aux logements indéchiffrables, ce vaste abîme formé d'un demi-million de petits gouffres tous plus mystérieux et plus ingénieux les uns que les autres, garda le secret des pillards et recéla les objets volés.

Cependant, au Louvre, la reine voyait grossir les nuages de mélancolie sur le front de sa favorite. Logée près de l'appartement du roi et de la jeune reine, Leonora critiquait amèrement la disposition des chambres, leur ameublement ; elle discutait les moindres détails du service, se plaignait d'être une charge pour le château, affectant d'y camper ; rappelant à chaque minute tel objet, indispensable à ses habitudes, que les bandits parisiens lui avaient pris, et qui n'avait pas d'équivalent au Louvre. Elle regrettait ses reliques, ses petits autels, pleurait ses tableaux, haussait les épaules à l'aspect de ceux — fort rares, il est vrai — qui tapissaient la royale demeure. Elle querellait continuellement les capitaines de service, à cause du bruit que faisait la relevée des postes de garde. Bref, elle était insupportable à elle-même et odieuse à tous les autres.

Concini, le maréchal, affectait une conduite opposée. Il jouait la résignation, exagérait ses pertes pour grandir sa magnanimité. Il assurait avoir laissé plus de deux millions dans les caves de l'hôtel, rue de Tournon. Ses lamentations, débitées d'un ton d'acteur tragique, désespéraient la reine, qui cherchait tout bas les moyens d'indemniser cette noble infortune.

Une bonne idée lui fut offerte, par qui? l'histoire ne nous l'a pas dit, c'est dommage. L'auteur d'une pareille invention mériterait d'être connu. On décida qu'un chariot des plus vastes parcourrait au pas, conduit par un seul charretier, les rues de la ville; qu'il ferait ce trajet vers le soir. Une petite échelle appliquée derrière permettrait aux pillards repentants de monter sur le chariot pour y déposer les plus lourds objets : les plus légers pourraient être restitués par les fenêtres. L'obscurité, la solitude favoriseraient l'acte de repentir. De cette façon, chacun pourrait soulager sa conscience sans compromettre sa sûreté.

Le moyen réussit. Un nombre raisonnable de poteries brisées, de coffres forcés, d'ustensiles de métal tombèrent dans le chariot; mais ce ne fut pas la majeure partie : une foule de hardes, de meubles précieux, de pièces de vaisselle d'argent ou d'or furent brûlés à domicile ou jetés en miettes, moitié dans le chariot, moitié dans la boue, ou convertis en lingots, et nullement restitués. La haine qu'on portait au maréchal d'Ancre était si grande, que beaucoup de ces restitutions furent faites sous l'empire de la conscience, ou par la peur du châtiment temporel, mais faites avec de telles restrictions, que mieux eût valu ne restituer rien. Les tableaux crevés et grattés, les statues tronquées, les étoffes graisseuses, les bouteilles vides, les tonneaux défoncés ou empestés, telle fut généralement la restitution faite par la ville de Paris à la maréchale d'Ancre.

Et lorsque le chariot revint au Louvre, lorsque, bien seule avec ses intimes et son mari, Leonora fit tirer dehors toutes ces guenilles, tous ces débris, son cœur gonflé d'amertume éclata de colère. Elle rentra dans sa chambre au désespoir, épouvantant sur son passage tous ceux qui avaient formé les plus belles résolutions de la plaindre ou de la féliciter.

Marie de Médicis se hasarda d'entrer dans la caverne de la lionne. Mais tous ces éclairs, tout ce tonnerre de rugissements lui firent peur. Elle se réduisit à ébaucher quelques consolations banales, à formuler quelques promesses pour le moins aussi vagues.

Concini essaya aussi, non des consolations, mais des conseils. Leonora le foudroya d'un regard et le réduisit au silence. Et comme la reine lui reprochait doucement son exaspération, peut-être un peu païenne :

— Il vous est bien aisé de parler avec ce calme, dit Leonora tremblante de rage. Vous avez vos meubles, vous. On vous bâtit un palais, outre ceux que vous possédez. Entrée pauvre à Paris, très-pauvre, vous le savez, vous disposez aujourd'hui des biens de tout un peuple. Moi, qui avais amassé quelque chose à force d'ordre et de sagesse, je m'en vois dépouillée par vos gens, par vos sujets. Cependant, je vous ai donné un trône, et vous ne me rendez pas même en échange la sûreté due au moindre bourgeois de vos villes. Où sont mes meubles? où sont mes joyaux, mes pierreries que vous admiriez vous-même, que vous m'avez donnés vous-même, fait monter vous-même, et auxquels, peut-être, je tenais tant à cause de cela? Car j'ai du cœur, moi, je ne suis pas une ingrate, moi, je me souviens des bienfaits, moi. Mes pauvres tableaux de Raphaël, où sont-ils? mes bronzes de Jean de Bologne, et mon dressoir de Benvenuto! et mes reliquaires! et mes génies familiers! Les brigands ont tout volé, tout déchiré! tout vu! Ils ont vu l'intérieur de ma maison! Oh! profanation! oh! misère!... C'est dans la ville où règne une Médicis que pareille insulte a été faite à Leonora!

La reine et Concini se regardaient muets et effrayés. Marie ne songeait pas même à se mettre en colère, tant sa favorite l'avait habituée à souffrir de pareils emportements.

Mais Concini voulut venger la majesté un peu trop oubliée de sa reine.

— Il me semble, dit-il à sa femme, que vous allez trop loin dans votre douleur. Ce n'est pas à la reine qu'il faut vous en prendre,

— Voilà un plaisant conseiller. — Page 665.

mais à Dieu... Vous êtes aussi bien la sujette de l'une que vous l'êtes de l'autre.

Leonora se redressa, blême et furieuse :

— Voilà un plaisant conseiller, dit-elle, qui ose me faire la leçon! Le belître oublierait-il qui je suis, et qui il est? sous sa casaque de maréchal de France, on dirait qu'il se prend au sérieux! Concino, mon drôle! rappelez-vous la misère et les chausses percées que je vous raccommodais; rappelez-vous les journées sans pain, et la main, votre main aujourd'hui couverte de bagues, que vous tendiez à toute aumône. Oh! ne faites pas le personnage avec moi, je suis l'artisan de bien des fortunes, de la vôtre surtout. Supposez-vous qu'avec cette figure vous eussiez réussi à autre chose qu'à mourir de faim? Qui vous a prôné, poussé, empêché de faire mille sottises? Qui a soufflé dans votre cervelle creuse les quelques idées que vous avez eu l'air d'avoir? Ah! vous faites l'homme patient, vous! l'homme courageux! Qui sait? vous avez peut-être quelque bourse secrète où puiser; vous avez peut-être des consolations cachées? Un si beau gentilhomme! visage de pâte molle; corps tordu, rompu et vaillant comme son épée de maréchal; de belles dames vous aideront, n'est-ce pas? Moi, je suis vieille; moi, je ne vaux plus la bière où vous méditez de me mettre afin de recommencer la vie. C'est qu'il y pense, le scélérat ! Je le devine bien, allez ; mais vous n'en êtes pas encore où vous croyez, vous et ceux qui vous soutiennent !

En achevant ces mots elle se jeta dans un fauteuil, inondée de larmes et déchirée par les sanglots.

La reine et Concini se regardèrent encore, tandis que la malheureuse Florentine essayait de dissimuler une douleur qu'elle taxait de honteuse faiblesse.

— Oh ! si je pleure, s'écria Leonora, c'est de fureur, ce n'est pas de chagrin.

— Il ne faut pas pleurer du tout, répondit la reine, tu es avec des amis qui te chérissent.

La Florentine haussa les épaules.

— Des amis qui t'apprécient, continua Marie, et qui sauront te rendre ce que tu as perdu.

— Au centuple, dit Concini, croyant la calmer.

— Taisez-vous, maraud ! lui cria Leonora en se relevant, tout vient de vous. Cette haine du peuple de Paris, ce n'est pas contre moi qu'elle est dirigée, c'est contre vous seul. Le peuple sait bien que je ne fais pas de mal, moi, il sait bien que je suis brave et sobre ; mais vous, il vous exècre, il vous méprise, vous, un veillaque, un coureur d'aventures, à votre âge ! vous qui vous donnez des tournures de prince, des airs de roi !

Le maréchal tressaillit. La reine pâlit.

— Il n'y a de roi de France que le roi, dit-elle en se pinçant les lèvres.

— Et vous blasphémez, ajouta Concini.

— Allez au diable ! vous d'abord, riposta Leonora debout, le menaçant du regard et des ongles ; vous m'agacez les nerfs, vous ! vous me faites bouillir le sang, vous ! Cela vous étonne ? statue de plâtre qui n'avez que de l'eau dans les veines ! Commencez par sortir de chez moi, si vous ne voulez pas que j'achève la liste de vos vérités.

Le maréchal, soit colère, soit prudence, ne se le fit pas répéter, il sortit.

— Quant à vous, madame, reprit Leonora, vous ne me donnez pas le change avec vos protestations. Ce n'est pas cette monnaie que j'aime. Je ne m'en paye point. Je dévoue mon sang, ma vie, mon âme, et ne fais point de discours. Il est possible que vous l'ayez oublié, mais tant pis pour votre conscience !

— Vous le rappelez trop souvent pour que je l'oublie, dit enfin la reine poussée à bout. Votre caractère devient impossible à supporter. Votre mari ne le dit pas, mais...

— Oh ! madame, ne vous occupez pas de mon mari. Entre lui et moi seuls le débat s'agite. Si j'ai des torts envers mon mari, soyez indulgente, ne fût-ce que par mémoire. Avez-vous montré plus de patience envers le vôtre que moi envers Concini ?

— Ma mie ! s'écria Marie de Médicis, dont les yeux s'enflammèrent.

— Criez si vous voulez, repartit Leonora ; celle de nous deux qui criera le plus fort finira, croyez-moi, par avoir raison devant le monde.

Ces mots, perfidement calculés, firent passer un frisson dans les veines de la reine-mère. Elle les comprit si bien que, pour n'en pas amener l'application, elle fit sa retraite, laissant Leonora triompher à l'aise.

Mais tant d'émotions finirent par dompter cette nature débile. L'âme seule avait une véritable force de résistance, le corps tomba dès que la lutte fut finie. Leonora, presque évanouie, demeura immobile sur son fauteuil, sans appeler, sans respirer trop largement, dans la crainte de faire éclater sa poitrine malade.

Un quart d'heure se passa pour elle dans cet état de prostration. Elle finit par y trouver quelque repos, quelque charme. L'univers l'abandonnait, c'était une satisfaction : l'univers avait tort, elle seule valait quelque chose en ce monde.

Soudain, au-dessus de sa tête, elle entendit un bruit de pas, de chaises remuées, des rires étouffés par l'épaisseur du plafond.

Qui donc osait rire si près d'elle, alors qu'elle ne riait pas ?

C'était dans l'appartement de la jeune reine : le roi habitait le premier étage, tandis que la maréchale logeait aux entre-sols.

Bientôt les rires et les voix firent place à un bruit d'instruments ; les instruments mirent en mouvement des pieds agiles qui commencèrent à trépigner au-dessus de la tête de Leonora. Cette musique vive et sautillante, ces danses inopportunes réveillèrent la Florentine, qui fronça le sourcil.

Elle appelle ses femmes et les interroge. On lui apprend que la reine fait danser un fandango dont le roi a composé la musique.

L'idée qu'on rit là-haut, qu'on s'y amuse, tandis qu'elle souffre et se désespère, développe en elle une fièvre de rage dont les accès se multiplient selon la fréquence et la vivacité des passes et des ritournelles. Toute la personne de Leonora tremble comme dansent les hôtes du jeune roi. Seulement ce qui est joie et plaisir là-haut est souffrance et colère au-dessous. Ce supplice devient intolérable. Leonora, poussée au délire, appelle, appelle : tous ses gens arrivent, Corbinelli à leur tête.

— Montez là-haut, Corbinelli, commande la maréchale, et dites au roi que j'ai mal à la tête, que je souffre horriblement, et le prie de faire un peu moins de bruit pour ses voisins.

Ces mots, qu'elle a prononcés dans un paroxysme de fureur, paraissent si étranges que chacun se regarde avec épouvante. Certes, le roi de France est peu de chose en comparaison de madame la maréchale, mais tel le pense qui ne se chargerait pas de le dire en face. Corbinelli se gratte le front, hésite et recule devant l'énormité de la mission.

Toutefois Leonora veut être obéie, elle se retourne, et trouvant l'Italien cloué sur le parquet à la même place, elle lui décoche un regard qui le fait bondir jusque hors de l'appartement.

Justement, comme il cherchait un moyen de tout concilier, Corbinelli aperçut M. de Luynes qui montait l'escalier pour se rendre chez son maître. Il le happe au passage, et, avec mille grimaces d'amitié, lui glisse la commission toute enduite du meilleur miel que jamais aient distillé des lèvres italiennes ; puis, il s'enfuit et ferme sa porte comme le mineur qui vient de mettre le feu à un fourneau de mine et se place à l'abri de l'explosion.

Luynes, se voyant seul dans l'escalier, sourit, médita un instant, puis acheva de monter chez le roi, dont le visage exprimait une satisfaction peu ordinaire : sa musique venait d'avoir du succès.

— Tant pis pour qui n'a pas entendu ! s'écria le jeune roi en apercevant son favori, à peu près du même ton qu'Henri IV eût mis à dire : « Pends-toi, brave Crillon ! nous avons combattu à Arques... »

— Où étiez-vous donc, monsieur de Luynes, demanda Anne d'Autriche avec un sourire, que vous n'avez pas entendu cette ravissante musique?

— Madame, j'étais allé voir mon frère Cadenet, qui est malade chez lui, répliqua Luynes.

— Il loge chez la Vienne, je crois?

— Oui, madame.

— Va-t-il mieux?

— A peu près de même, continua Luynes.

— Tu eusses pu rentrer un quart d'heure plus tôt, ajouta le roi radieux. Tu entends bien qu'on ne va pas recommencer pour toi.

— Oh! l'on recommencera, j'espère, s'écria la reine.

— J'ai été arrêté sur l'escalier, dit Luynes négligemment, sans quoi je me fusse trouvé ici avant le concert.

Cette précieuse parole n'était pas lancée pour être perdue. Elle ne le fut pas.

— Comment, sur l'escalier? demanda la reine, avertie par un regard d'intelligence. Qu'y a-t-il donc sur l'escalier?

— Il y a l'appartement de madame la maréchale, répondit Luynes.

— Que t'importe ? dit le roi.

— Sire, c'est que madame la maréchale est souffrante ce soir, continua le favori, et qu'elle envoie demander à Votre Majesté de faire moins de bruit au-dessus de sa tête.

Un murmure contenu par le respect gronda autour du roi qui rougit. Anne d'Autriche, elle, devint pâle et consulta Luynes d'un coup d'œil comme s'il eût dit une chose impossible à croire. Luynes s'inclina pour toute réponse à ce coup d'œil.

Louis XIII semblait boire le calice avec sa résignation accoutumée. Lorsque toutes les nuances de la colère, de la honte et de la timidité se furent succédé sur son front et ses joues, il dit tout bas à la reine :

— Si madame d'Ancre est souffrante, nous

ne recommencerons pas notre musique, qu'en pensez-vous?

— Oh!... sire, s'écria l'Espagnole bouillante de colère, en lui serrant la main de sa petite main nerveuse et blanche, je supplie Votre Majesté de ne pas répéter haut ce qu'elle vient de me dire, car je ne voudrais pas pour ma vie, pour mon salut, qu'une oreille de mon pays pût l'entendre. Je suis fille de roi, sire!

— Et moi, ne suis-je pas fils de roi aussi bien que vous? dit Louis XIII.

— Alors, répondez autre chose, interrompit Anne d'Autriche, pour que nous ne soyons pas humiliés devant nos serviteurs.

— Faites comme il vous plaira, madame, reprit le jeune roi après un moment de silence; moi, j'ai horreur de querelles qui aboutissent toujours à ma mère.

— Votre Majesté m'autorise à répondre?

— Vous êtes fille de roi, vous l'avez dit, faites.

Anne d'Autriche s'approcha de Luynes, qui se tenait dans un coin de la salle, épiant cette scène conjugale sans paraître s'occuper que de la musique et des éloges qu'on en faisait.

— Monsieur, lui dit-elle, prévenez madame la maréchale que si nous la gênons au Louvre, nous qui pourtant ne sommes pas gênants, elle est libre d'aller partout ailleurs.

Luynes tressaillit, son œil intelligent et calme sembla dire à la reine que c'était là une déclaration de guerre peut-être prématurée.

— On commence toujours par l'escarmouche, répliqua Anne d'Autriche, non moins intelligente que son messager. Allez, monsieur!

Luynes sortit de l'appartement. Mais il n'avait pas descendu trois degrés que sa position lui apparut nette au point d'en être effrayante. Irait-il lui-même jeter à Leonora ces mots terribles? Se ferait-il une ennemie de cette valeur, de ce caractère, sans avoir des protecteurs plus solides? Il se rappela l'adresse avec laquelle Corbinelli s'était débarrassé de sa commission et résolut de lui rendre la pareille. L'Italien, impatient du résultat, passait précisément alors une tête indiscrète hors des portes du vestibule,

Luynes l'aperçut et l'appela d'un air riant.

— Eh bien! dit-il, j'apporte la réponse.

— Entrez! entrez! s'écria Corbinelli, je vais vous introduire.

— Non, inutile; le roi et la reine font dire à madame la maréchale que, puisqu'elle souffre de cette musique, elle ferait sagement d'aller coucher ailleurs.

Il s'enfuit sur ces mots. Corbinelli resta ébahi, plus embarrassé que jamais. Un coup irrité du timbre de Leonora le remit en présence de la réalité douloureuse. Il fallait s'exécuter et répondre, car en haut la musique et la danse venaient de recommencer plus enragées que jamais.

La maréchale, au reçu de la réponse royale, jeta du feu par les yeux, grinça des dents, et, dans un transport de rage auprès duquel toutes les crises précédentes n'étaient que des minauderies:

— Eh bien, oui! s'écria-t-elle, j'irai coucher ailleurs! Tout le monde conspire contre moi; fuyons le monde!

Elle fit jeter quelques hardes dans un coffre, commanda le silence à Corbinelli et à deux femmes de son service qu'elle désigna pour l'accompagner, et s'étant fait amener son fils qu'elle prit par la main, elle sortit du Louvre à pas précipités.

— Où allons-nous? se hasarda de demander le tremblant Corbinelli, à qui l'air frais de la nuit et le vent de la rivière tiraient des yeux de grosses larmes.

— A l'auberge, comme des bohèmes que nous sommes! s'écria Leonora. Suivez-moi tous, je sais le chemin!

XXV

LA MAISON DU BAIGNEUR

Ce n'était pas peu de chose au dix-septième siècle que la maison d'un baigneur renommé comme la Vienne.

Le luxe et la recherche du bien-être, circonscrits à un petit nombre de maisons princières, n'avaient pas moins d'attraits qu'aujourd'hui pour les esprits délicats, pour les tempéraments exigeants, et pourtant nulle part ces pratiques du goût le plus élégant, ces minuties du sybaritisme ne trouvaient place au milieu des mœurs à peine civilisées de l'Europe, parmi les nécessités de défense personnelle auxquelles tout habitant d'une grande ville se voyait assujetti par l'absence de police, par la fréquence des querelles religieuses ou politiques, et par l'habitude des guerres civiles.

Le luxe, les arts, les raffinements de la sensualité naissent d'une sécurité parfaite. Les sages prétendent même qu'ils sont les satellites de la lâcheté.

Or, au dix-septième siècle, Paris à peine sorti de la Ligue, tout chaud encore de trois siéges et maigre de deux famines, ne connaissait que ses verrous, ses barricades, ses portes de chêne à clous de fer et ses trappes dans les maisons, et ses escaliers à vis dans lesquels un seul homme pouvait se défendre contre cinquante, et ses fenêtres basses et grillées, et ses recoins noirs, et ses caveaux, et les puits, indispensables en cas de blocus, mais qui suaient le froid dans la maison ou servaient de receleurs à tout assassinat.

Et puis, comme les maisons, les mœurs trahissaient leur caractère. Partout terreur ou défiance. Les Parisiens se levaient à l'aube, se couchaient à la nuit, entassés pêle-mêle dans leurs rues tortueuses, pour avoir chacun plus près de soi un défenseur en cas d'attaque, se surveillant mutuellement d'un côté de la rue à l'autre, par les fenêtres, qu'une planche de huit pieds jetée comme un pont suffisait souvent à réunir ; mal éclairés, soit par le soleil, soit par la pauvre lampe ou chandelle du soir, que venait rogner encore le couvre-feu ; ce peuple parisien destiné à étonner l'univers par son élégance et son bien-être ne savait pas se défendre contre les plus vulgaires misères de la vie.

Cependant il était riche, cependant il était prodigue ; quand on songe aux merveilleux hôtels bâtis dans des rues de quatorze pieds de large quand on revoit ces palais enchantés dont les abords étaient un cloaque et une fondrière sans place possible pour le passage d'un chariot, on se demande si ces Lucullus ne jouissaient pas à l'intérieur d'une vie commode et intelligente. C'est à cette objection que répond victorieusement la maison du baigneur.

En effet, quel homme du monde, quelle femme riche et élégante, quitterait de nos jours son hôtel, son boudoir pour le plus parfait appartement de la plus honorable hôtellerie ? Que de biens n'y regretteraient-ils pas ! Que de soupirs ne poussent-ils pas quand un voyage les y condamne ! Jamais prisonnier sevré de toutes les douceurs de la vie n'a gémi plus amèrement ni plus lamentablement regretté sa liberté et sa maison.

Cependant, au dix-septième siècle, et même au dix-huitième, sous Louis XIV, comme sous Louis XIII, la maison du baigneur offrait seule aux raffinés, aux ennuyés, aux gens de goût comme aux gens de plaisir, aux gens trop sains comme aux malades, l'accomplissement de tous les souhaits que peut former l'épicuréisme. C'était l'hôtellerie élevée à une puissance d'imagination et de bien-être que nul particulier isolé n'eût pu ni su atteindre.

On y vit des rois. Henri III, Henri IV y firent des séjours. Plus tard, Louis XIV, jeune galant et déjà splendide, y vint furtivement, il est vrai, mais il y vint, chez un la Vienne qui, sans doute, était le fils du nôtre.

Une ordonnance pleine de politesse et de générosité, un service exact, discret, des vins choisis dans tous les crus du monde connu, des cuisiniers riches des recettes de l'Allemagne, de l'Italie, héritiers des traditions bizarres, quelquefois divines, du moyen âge et de l'antiquité, des distributions intérieures exécutées pour la première fois sous l'inspiration des grands seigneurs qui sont architectes-nés, car pour être architecte, il faut connaître à fond toutes les nécessités, toutes les splendeurs, toutes les circonstances possibles de la vie, puis une position toujours heureuse dans la ville, des jardins, des bains, des étuves grecques, romaines, moresques, russes ; un amas des plus exquis parfums de l'Orient, tempérés ou mélangés par la sensualité ou la prudence italienne ; la solitude pour les malades et les amants ;

la compagnie, les musiques, les bals pour les cerveaux brûlés ou les cerveaux vides; des fleurs jetées sous les pieds comme de l'herbe; des brasiers de bois de senteur; des lambris sculptés dans le chêne ou le marbre, au choix de l'habitant, sur les dessins d'un moine ou d'un païen, d'après Titien ou d'après Arétin, *ad libitum;* enfin, l'enivrement et l'ivresse, l'esprit et la matière, l'excès ou les réparations, le mal ou le remède, Eros ou Esculape, tel était le programme d'une maison de baigneur. Puissent les illustres de la profession nous pardonner du fond de leur tombeau tant d'articles omis par notre pruderie bourgeoise dans la nomenclature dont ils s'enorgueillissaient alors, et grâce à laquelle ils s'enrichissaient sans trouble de conscience, *cum privilegio.*

On comprend qu'un pareil établissement fût au centre d'un quartier ce qu'est le cœur dans une créature humaine. Tout y afflue, tout en reflue. Aussi voyait-on pendant le jour litières, carrosses, chevaux et mules rouler, tourner, piaffer, courir aux environs de la rue Saint-Antoine pour aboutir par des détours plus ou moins pudibonds à la maison de la rue de la Cerisaie. Et plus d'une bourgeoise cachée derrière ses petites vitres à losange, soulevant un sombre rideau, regardait, admirait, enviait, peut-être, ces magnificences toujours un peu entachées d'illicitisme, ce qui ne les rendait, hélas! que plus attrayantes.

Quant à la maison elle-même, qu'on se figure un vaste triangle appuyé à deux rues et formé de bâtiments d'une architecture capricieuse, dont les seules règles étaient l'élégance qui charme l'œil, et la commodité intérieure qui rend la vie facile en toute occasion. Du reste, chaque corps de bâtiment avait des entrées soit sur une des rues, soit sur le beau jardin qui s'étendait au milieu selon les dispositions de la maison romaine ou du patio espagnol, qu'on trouve encore aujourd'hui dans toute l'Andalousie.

L'endroit le plus fréquenté de cette maison était le jardin, au centre duquel une fontaine de marbre rafraichissait de son jaillissement éternel le plus fin et le plus verdoyant gazon.

On entrait alors sous de grandes allées tournoyantes de sycomores, d'ormes séculaires et de mélèzes à l'abri desquels respiraient librement des lilas, des rosiers énormes, des noisetiers, des aubépines, des seringats. Les plate-bandes, entretenues avec une minutie hollandaise, renfermaient toutes les fleurs connues. La saison les y semait à pleines mains. Récoltait qui voulait. Mais nous entrons en novembre, ne parlons plus de fleurs.

**

Le soir était venu. La maison, si bruyante, si peuplée, commençait à s'assoupir. On n'entendait plus dans les environs ni cris de laquais, ni hennissements de chevaux, pas plus qu'à l'intérieur on n'entendait de chants et de rires. La Vienne sortit de sa chambre tout paré, tout superbe; il venait de s'occuper un peu de lui-même après s'être, pendant le jour, occupé de tout le monde.

Les portes fermées, les volets clos, les feux éteints, cette maison ressemblait presque à une autre. La Vienne aussi, habillé en gentilhomme parisien, ressemblait à un homme ordinaire.

Il entra dans la cuisine qui resplendissait comme en un jour de cérémonie. C'étaient les seules flammes qu'on remarquât encore dans la maison. Mais elles se piquaient d'honneur, et jamais parfums plus provoquants ne s'en étaient exhalés, même pour flatter un odorat royal.

La Vienne parcourut chaque détail du festin qui s'apprêtait; il approuva, il corrigea, il modifia certains ordres et passa de sa cuisine en une petite salle au rez-de-chaussée qui lui servait à lui de cabinet, de salle à manger, de refuge.

Là était dressé un couvert pour six personnes; non pas de ces maigres et mesquins services comme on les tolère aujourd'hui dans l'étroitesse de nos logements, dans l'avarice de nos dépenses, mais une table longue et large, équarrie aux angles, couverte du plus fin linge de Hollande à fleurs, garnie de flacons magnifiques, de vastes plats d'argent, de faïences précieuses, meublée de hors-d'œuvre merveilleux, en attendant le corps du service. On y voyait les petites huîtres vertes de la côte picarde, engraissées et onctueuses sous leur double coquille, les olives farcies de chair de cailles, les hachis d'écrevisses et de langouste mêlés des saucissons exquis de Lombardie. La salle, chauffée par un grand feu clair, resplendissait de la lumière des cires roses, plus odorantes de leur seule pureté que si on les eût parfumées. Les magnificences de ce service se reflétaient dans quatre miroirs de Venise, placés dans les quatre pans coupés de la salle, et de bons sièges à dos larges et bas, d'un damas vert et or, chatoyaient en face de la flamme ou tranchaient de leur ombre vigoureuse sur la nappe étincelante de blancheur.

La Vienne était occupé à visiter pièce à pièce l'ordonnance de son couvert, quand il fut interrompu par un appel joyeux et par un coup amicalement frappé sur son omoplate, que Phidias eût trouvé un peu convexe.

— Eh! monsieur de Cadenet, serviteur! s'écria-t-il; vous voilà exact à l'heure, c'est d'un gentilhomme courtois. Je n'attendais pas moins de la bonne amitié dont vous m'honorez.

— Mon cher la Vienne, vous avez dit huit heures; huit heures sonnent encore.

— Profitons de ce que nous sommes seuls pour parler de votre ami blessé. Comment va-t-il ce soir? que dit le médecin?

— Rien de nouveau; ni bien, ni mal; il dort. Mais je prétends, moi, que la nature fait sournoisement son travail, et que tout ira de mieux en mieux, sans le secours de la médecine.

— Eh! monseigneur de Cadenet! le malade n'a-t-il pas pour médecin ce fameux docteur, la jeunesse? la jeunesse, mon gentilhomme! quel savant, quel réparateur! Du reste, cette blessure n'était pas dangereuse, hein?... Je ne vous ai pas questionné, par discrétion... Coup d'épée?... coup de pistolet... hein?...

— Un peu de l'un, un peu de l'autre, dit Cadenet en clignant de l'œil avec mystère.

— Chut! dit la Vienne, je puis bien vous répondre que nul ici ne s'en doute, que pas un de mes garçons ne soupçonne un double habitant dans votre chambre, si ce n'est, toutefois, mon premier aide... Oh! celui-là, c'est le silence en personne. Comment nommez-vous le silence? Vous savez, le représentant du silence, un dieu grec, comme qui dirait le dieu Comus par rapport à la cuisine.

— Harpocrate, mon cher la Vienne.

— Très-bien; je tâcherai de le retenir. Et bien, cet Harpocrate, n'eût pas été plus muet que mon garçon, n'est-ce pas?

— Il a de bons exemples sous les yeux, maître, il a le vôtre. Est-ce que vous commettez jamais une indiscrétion, vous?

— Jamais! et je sais tout, cependant!

— Absolument tout; c'est là que brille votre mérite, sinon, si vous ne saviez rien, comme nous autres, simples mortels... A propos, me direz-vous au moins avec qui vous avez le projet de me faire souper? Les préparatifs sont engageants.

— Voyons, dit la Vienne se croisant les bras avec complaisance, ne devinez-vous pas un peu?

— Ma foi non.

— Une dame! cherchez laquelle.

Cadenet soupira:

— Je sais bien laquelle ce n'est pas, dit-il. Ce n'est pas, je le gage, celle qui est venue ici plusieurs fois depuis un mois, ou qui a envoyé demander de mes nouvelles, tandis que je faisais le malade pour rester près de mon ami. Ce n'est pas elle, n'est-ce pas, la Vienne?

— Non... Mais si ce n'est pas une dame qui vient pour vous, mon gentilhomme, c'en est peut-être une qui vient pour moi.

— Pour vous, mon gros la Vienne?

— Hé, hé! cela vous surprend-il à ce point?

— Oh! non! non, répliqua civilement Cadenet, imbu des préceptes de la civilité que commande à tout convive le respect de l'amphitryon... Je vous crois fort capable de vous réjouir à l'occasion.

— Oh! ne confondons pas, dit magistralement le baigneur. Il ne s'agit point ici de se réjouir. Une femme, pour moi, signifie ma femme.

— Tu es marié?

— Parfaitement... Chut!

— Depuis quand? mon Dieu!

— Depuis dix jours.
— Tu caches donc ta femme ?
— Pas encore assez !... Cache-t-on jamais assez les topazes, les émeraudes, les perles ?
— Peste ! voilà une femme précieuse. Où l'a-tu pêchée, ta perle ?
— En bon lieu, ne vous déplaise. Vous comprenez que, pour m'être remarié, et remarié si vite, il faut que j'aie trouvé l'occasion belle.
— Je le crois, vous êtes difficile, la Vienne, et vous avez le droit de l'être, vous qui avez vu tant de femmes aux prises avec les périls de l'occasion et qui connaissez la fragilité de ces charmants morceaux de verre qui veulent trop souvent passer pour diamants.

La Vienne se balançant avec aisance :
— Il me fallait, dit-il, une femme exprès pour moi, quelque chose d'inconnu, de vaporeux, sans être insipide, la candeur provinciale comme fond avec des broderies parisiennes dessus. Eh bien ! j'ai trouvé cela.
— Heureux la Vienne !
— Un moment !... Dix mille pistoles de dot et le double d'espérances.
— Oh ! oh ! mais quelque vingt-neuf ans et onze mois.
— Dix-huit.
— Vous n'aurez pas tenu absolument à la beauté, vous êtes raisonnable, vous.
— Je n'y tenais pas, c'est vrai, mais cela s'est rencontré avec le reste.
— Quoi, jolie ?
— La tête de l'Amour sur un corps de Sirène.
— Ah ça, mais, la Vienne...
— Et de l'esprit !... un démon !...
— Voyons, voyons... il faut pourtant rabattre quelque chose...
— Ajoutons, au contraire, ajoutons toujours, dit le baigneur en se frottant les mains ; car depuis dix jours que le mariage a été accompli, je ne découvre que perfections et félicités. Cordieu ! que les hommes sont bêtes ! Moi qui suis resté dix ans sans oser me remarier ! Vous avez remarqué, peut-être, vous qui vivez dans la maison, que je partais me coucher tous les soirs à neuf heures depuis dix jours.
— Ma foi, je ne l'avais pas remarqué, mais depuis votre confidence, j'avoue que je le conçois.
— Oh ! mais, ce n'est pas pour me coucher que je me retirais à neuf heures, c'était pour aller retrouver ma femme, qui loge à Vincennes, en attendant de faire son entrée ici.
— A Vincennes, avec sa famille, peut-être ?
— Elle n'a pas de famille, autre chance ! elle n'a qu'un frère.
— Ah ! un frère.
— Un gentilhomme, un ami à moi.
— A merveille.
— A qui j'ai rendu un service ; entre nous, je lui ai sauvé la vie...
— Peste ! c'est un service, en effet.
— Et il m'en a récompensé en me donnant sa sœur. — Mon ami, m'a-t-il dit, rien ne saurait m'acquitter envers vous, je vous donne ce trésor.
— Voilà un galant homme.
— Charmant. Vous allez souper ce soir avec lui.
— Bon, merci, je lui serrerai la main de grand cœur.
— Et aussi avec sa sœur, avec l'ange, avec la perle, avec madame la Vienne ; car voilà la surprise que je vous ménageais. Je vous traite en ami, excusez-moi — vous m'avez quelquefois honoré de ce nom, vous et M. votre frère de Luynes — et votre frère M. de Brantes, dont cette maison connaît bien des galantes histoires et des vôtres, monsieur de Cadenet... Chut !...
— Bon la Vienne ! Quoi ! tu me fais l'honneur de m'offrir ainsi la primeur de ton repas de noces ? Tu es un homme sans pareil.
— Je vous sais homme bien élevé, bien courtois, monsieur de Cadenet, et je ne montrerais pas ainsi ma petite femme un peu niaise et rougissante à d'autres seigneurs moins discrets. Les uns la feraient rougir beaucoup trop ; avec les autres, elle désapprendrait trop vite de rougir.
— Tu parles en garçon d'esprit. Je respecte toutes les dames, mais ta femme a droit doublement à mes respects, pour toi d'abord, pour ses mérites et vertus ensuite.
— Vertus, oui ! mérites, oui ! dites-le, répétez-le, seigneur, car j'avouerai que cette

— Vous me faites l'honneur de venir ici? — Page 679.

éducation-là m'a réconcilié avec les éducations de couvent.

— Ah! madame la Vienne sort du couvent?

— Des Feuillantines de Boissise.

— Hein?

— Près Melun.

— Plaît-il?

— Dont elle était la meilleure pensionnaire et le modèle. Là, quand on a nommé Sylvie, on a tout dit.

Cadenet poussa un cri si étrange à ce nom, que la Vienne allait lui adresser une question qui eût été embarrassante; mais un certain bruit se fit entendre dans la cour, et l'attention de la Vienne appelée ailleurs abandonna tout à fait l'incident.

Un garçon entra courant dans la salle et annonça que madame venait d'arriver.

En effet, Cadenet n'eut que le temps de se ranger derrière la porte qui s'ouvrait toute grande, et une femme, couverte d'une longue mante de velours et de fourrures, sous laquelle frissonnait sa robe d'épais satin, une femme, d'une tournure et d'une démarche coquettes à ravir, posa son pied cambré sur le parquet de la salle et promena un regard curieux, satisfait sur les merveilles dont elle se voyait entourée.

C'était Sylvie des Noyers. Son frère Hugues

la suivait, riant et respirant avec appétit les parfums et la chaleur.

Cadenet s'aplatit dans son encoignure; il eût désiré vivement que la muraille fût d'argile et assez molle pour être traversée d'un coup d'épaule.

Avec Hugues, venaient deux autres convives, bonnes figures de bourgeois de Vincennes; la Vienne embrassa sa femme, complimenta les autres, serra dans ses bras le beau-frère, et Cadenet voyait avec angoisse approcher le moment où toutes ces politesses seraient épuisées et où l'on se souviendrait de lui pour le présenter à son tour.

Mais Hugues, en tournant autour de la table pour y glaner une olive ou une huître, se trouva tout à coup face à face avec l'ami de son ex-beau-frère. Il le vit, le reconnut, et faillit reculer jusque sur le buffet.

— Bon! pensa Cadenet; celui-là du moins aura eu le temps de se remettre; mais la pauvre femme, mon Dieu! — la perle rougissante, — quelle occasion pour devenir rubis!

Hugues, au contraire, était devenu blanc à faire pitié. Son regard, qui avait essayé d'abord de flamboyer, s'éteignait peu à peu comme une lampe tarie... L'huître tomba de sa main droite, l'olive farcie resta oubliée dans sa main gauche.

Cadenet eut pitié de cette situation.

— Me prenez-vous pour un croquant? lui dit-il à voix basse. Prévenez vite votre sœur.

Ces mots ranimèrent le capitaine; il se releva, sourit tendrement à Cadenet, respira comme un phoque au soleil, et manœuvrant avec habileté parmi les bourgeois, les chaises et les valets qui dressaient le premier service, il put arriver à Sylvie, lui prendre la main, et lui glisser à l'oreille:

— Attention!

Ce mot militaire réveilla la jeune femme comme un appel de trompette. Son œil émerillonné courut chercher le danger qu'on lui signalait, et elle vit Cadenet assez à temps pour ne pas tomber trop lourdement assise sur sa chaise. Hugues la soutenait par le poignet. La Vienne la conduisait par l'autre jusqu'à la rencontre de leur dangereux convive, qui, en s'inclinant beaucoup plus bas qu'il n'eût fait pour une reine, chatouilla l'orgueil du baigneur, épargna un conflit de regards à la pauvre Sylvie, et se sauva lui-même du péril.

Néanmoins, il ne put éviter la remarque ingénieuse que fit la Vienne en lui montrant le visage enflammé de sa femme.

— Trouvez-moi à Paris, dit malicieusement le baigneur, des demoiselles qui rougissent aussi facilement que cette mariée-là!

Cadenet fut mis à la table auprès de la mariée; il avait Hugues à sa gauche. Ce dernier, dans sa reconnaissance pour le brave gentilhomme qui venait de le rassurer si bien, lui serra plus d'une fois le pied et le genou, égard intelligent, délicat, que le civil Cadenet rendit avec usure à Sylvie, pour la rassurer tout à fait sur son compte.

XXVI

UNE NOBLESSE DE JAMBES.

Il est certain que Cadenet se trouvait dans une position difficile, non pas qu'il sût précisément tout ce que Sylvie et le capitaine pouvaient redouter qu'il sût; mais enfin il gênait, et tout autre que lui eût été gêné à en perdre contenance.

Cadenet, réfugié derrière le code de l'urbanité française, ne perdit ni un coup d'œil ni un coup de dent. C'eût été dommage: la chère était exquise, sa voisine charmante, et, nous le savons, il ne soupçonnait rien qui la diminuât de prix à ses yeux. Cette rupture avec les des Noyers, aux Bordes, avait eu, grâce à la délicatesse de Pontis et du pauvre du Bourdet, les plus respectables motifs.

Querelle à propos de caractères ne signifie rien. Toutefois, Cadenet sentait bien qu'on en avait fait mystère à la Vienne, et quant aux commentaires, aux déductions tirées de cette querelle et de ce mystère, Cadenet n'était pas homme à les dire, s'il en avait fait, sachant hurler avec les loups, mais hurler galamment et en cadence.

Hugues, remis par la bonne grâce de son voisin, dépouilla l'homme maussade, il but à outrance et fit boire Cadenet. Sylvie, plus rassurée encore par la bonne humeur de son frère que par les intelligences diplomatiques qu'elle sentait se nouer sous la table, affectait une belle humeur que peut-être elle n'avait pas aussi complète, car la vue de Cadenet lui rappelait Bernard, et la déception de ce mariage manqué aux Bordes, et ce jeune homme qui lui avait plu, et auquel un moment elle s'était crue déjà liée pour la vie. Souvenir amer, surtout quand la spirituelle fille comparait le mari obtenu au mari manqué.

Mais la Vienne coupa court aux réflexions trop nombreuses des uns et des autres en expliquant — il le jugea urgent — pourquoi, comment et où s'était fait son mariage avec Sylvie.

C'est pendant cette histoire édifiante des vertus de Sylvie que Cadenet se montra surtout noble et beau. On eût dit, à le voir intrépide et souriant, qu'il ne connaissait sur terre qu'une femme, la mariée, qu'un homme, l'époux. La Vienne raconta les dangers de Hugues au sac de l'hôtel d'Ancre, et sa présence d'esprit à lui la Vienne, et la férocité d'égoïsme de la maréchale et de M. le comte Siete-Iglesias.

Et à ce nom qui fit rougir le capitaine de colère sans doute, et la mariée de tendresse sororale assurément, la Vienne se hâta d'ajouter :

— M. de Siete-Iglesias est pourtant une de mes meilleures pratiques, mais depuis sa conduite envers mon brave beau-frère, je l'ai pris en exécration. Il ne trouvera plus ici les dîners qu'il a faits, l'accueil de prince auquel je l'avais habitué.

— Le revoir serait au-dessus de mes forces et il arriverait quelque malheur si nous nous rencontrions, dit Hugues en tordant sa moustache avec menace. Car maintenant je suis gentilhomme comme lui, libre comme lui : je n'appartiens plus ni à la maréchale, qui m'a renié, abandonné, ni à M. d'Espernon, qui m'avait donné à eux ; je n'appartiens ici à personne qu'à mon seul ami, à mon beau-frère !

La Vienne, ému, se leva pour l'embrasser. Cadenet eût jugé poli de s'attendrir un peu, sans un certain sourire qu'il surprit, tout rapide qu'il fût, aux coins de la bouche de Sylvie, pendant cette accolade ; sourire qu'assurément la femme retint pour l'avoir vu aux lèvres du serpent le jour où il la regarda mordre dans la pomme.

— Eh bien, continua la Vienne, c'est un grand seigneur très-puissant, trop puissant même, ajouta-t-il plus bas ; mais nous le traiterons si mal ici, qu'il portera sa clientèle ailleurs.

Sylvie respira mieux. Hugues but à la santé de la Vienne. Cadenet respira, but, et fit raison à tout le monde.

— Il faut avouer, la Vienne, s'écria-t-il, que vous êtes un mortel fortuné, comme dit M. Malherbe, vous trouvez une femme accomplie, un frère charmant !

Hugues et Sylvie saluèrent.

— Oui, mais je perds une tante, dit tristement la Vienne. Il paraît qu'il y a une tante, personne austère qui a élevé Sylvie, et que ma profession a effarouchée. Elle nous a refusé son consentement.

— Quelque bégueule ! dit effrontément Cadenet en effleurant avec plus d'audace le pied de sa voisine.

— Le fait est que la profession de baigneur a ses désavantages, continua la Vienne un peu rembruni, mais puisque ma femme l'a acceptée...

— Délicieuse situation pour une femme, dit Cadenet, pour une femme spirituelle, affable, avenante comme madame. Toute la cour vient ici ; avant un mois, madame la Vienne régnera en France.

— Eh ! doucement ! s'écria la Vienne.

— Je m'entends ! interrompit Cadenet. Je veux dire que si vous avez quelque grâce à demander, personne ne saura rien refuser à madame la Vienne. N'avez-vous pas de l'ambition ? sinon pour vous, du moins pour messieurs vos enfants ?

La Vienne, enchanté du mot, se leva pour

embrasser Cadenet. Sylvie fronça imperceptiblement le sourcil.

— Eh!... reprit la Vienne, mes enfants seront gentilshommes... et propres à tout.

— Ah! vraiment, dit Cadenet, un peu démonté malgré sa complaisance. Gentilshommes... madame est-elle d'une famille où le ventre anoblit?

— Nullement, nullement, ils seront gentilshommes comme moi, fit la Vienne.

— Comme vous, je ne dis pas.

— Il est effectivement gentilhomme, assura Hugues, j'en ai eu les preuves.

— Si je le suis, cordieu!... ne le savez-vous point? On l'ignore donc à Paris? Voilà plus de cent personnes à qui je le dis, et qui me rient au nez.

— Incivilement, répliqua Cadenet. Moi, je ne rirai certes pas avant que vous ne m'ayez conté la chose.

Il s'affermit sur sa chaise, s'étaya quelque peu de sa voisine et écouta, sérieux comme un mort.

— Je dois cette faveur à la reine Catherine de Médicis, dit la Vienne.

— Et à votre mérite, sans doute, fit observer un des bourgeois, qui n'avait que peu parlé jusque-là.

— A mes services, monsieur, reprit le baigneur. Il faut vous dire qu'à vingt-cinq ans j'étais un marcheur de première force.

— Je le croirais, dit Cadenet, continuez.

— Or, poursuivit le baigneur, la reine Catherine avait fait vœu d'un pèlerinage à Jérusalem; je crois bien que c'était pour la mort de MM. de Guise. Cette mort eut lieu à la satisfaction de la famille royale, et la reine se vit forcée d'accomplir le vœu en question. Seulement, comment aller à pied à Jérusalem, elle, déjà vieille, et qui avait tant de choses pressées à faire en France, quand ce n'eût été qu'un autre vœu pour la mort du roi de Navarre? Elle ne partit donc pas pour la Palestine, mais afin de se tenir en bons termes avec le ciel, cette grande reine imagina de faire accomplir son vœu par quelqu'un.

— J'irai d'intention, se disait-elle, du moins des jambes, cela suffira au Seigneur, et, pour lui être encore plus agréable, je rendrai le pèlerinage extrêmement pénible au pèlerin que j'enverrai.

Alors elle imagina un procédé fort ingénieux qui rendait ce voyage à peu près impossible.

— Vous me divertissez extrêmement, dit Cadenet; j'aime beaucoup les récits historiques. Voyons ce qu'imagina la pieuse reine Catherine.

— Le voici: ordre au pèlerin de faire trois pas en avant et un en arrière. Comprenez-vous bien le mécanisme? On compte un, deux, trois, puis on recule, et on recommence, toujours comme cela.

— Jusqu'à Jérusalem! c'est à devenir fou! s'écria Cadenet. Qui diantre a pu s'en charger?

— Moi! dit modestement la Vienne. J'arrivais de mon pays, M. Zamet me protégea; je fus présenté à la reine, qui daigna m'agréer.

— Et vous fîtes ainsi: une, deux, trois, puis à reculons, en France, en Savoie, en Milanais, en l'État de Venise, en Carniole, en Turquie, en Asie Mineure?

— Je le fis.

— Mais le Bosphore, mon cher monsieur, vous n'avez pas marché trois pas et reculé un sur le Bosphore?

— Votre remarque est judicieuse. Non, je n'ai pas marché sur l'eau, comme saint Pierre; mais j'ai fait la même manœuvre en continuant de marcher sur le tillac du bateau qui me portait.

— Eh bien! vous pouvez vous flatter d'avoir fait ce que M. de Crillon n'eût pas fait, assurément.

— C'est vrai! car M. de Crillon ne recula jamais, dit la Vienne, à qui ce trait d'esprit valut les applaudissements de la compagnie et un sourire de sa femme.

— Je comprends, reprit Cadenet, que la reine vous ait fait gentilhomme pour cela.

— N'est-ce pas? dit le baigneur; cependant je ne m'en vante guère, puisque vous-même ne le saviez point. Oui, la reine me conféra la noblesse pour ce service, et comme il paraît qu'elle répétait plus de dix fois par jour: Qu'il advienne! qu'il advienne! en pensant à son pèlerin, l'on m'appela longtemps : Qu'il advienne ! nom qui, en se corrompant, finit par faire Avienne, puis, la Vienne. Il m'a plu, je l'ai adopté ; il passera à mes enfants.

— C'est une histoire admirable, dit Cadenet, qui espérait, à force de nourriture, empêcher l'éclat de rire de monter jusqu'à sa gorge. Toutefois, avouez que vous avez bien un peu triché la reine sur les reculades.

— Voici comment j'ai fait, dit la Vienne. Quand j'ai eu la certitude qu'on ne m'observait plus... Oh ! dans le commencement, c'est-à-dire jusqu'à Venise, c'était à n'y pas tenir avec les espions ; mais une fois chez les Infidèles j'ai un peu monté à cheval.

— Et dans les déserts, interrompit Cadenet, voyons, dans les déserts, mon cher la Vienne ?

— Je ne dis pas que dans les sables je n'aie pas un peu enfreint la consigne. Il fait si chaud là-bas ! Mais rigoureusement j'ai reculé autant qu'il le fallait. Car une fois arrivé à Tripoli, m'y trouvant fort mal, j'ai d'une traite rebroussé jusqu'à Antioche. Tout calcul fait, le nombre de pas à reculer s'est trouvé exact.

— Il a dû vous rester longtemps l'habitude de marcher comme cela dans les rues de Paris ?

— Cela m'est arrivé quelquefois, dit naïvement la Vienne. Puis, à force d'entendre rire autour de moi, je m'en suis corrigé. Tout passe en ce monde.

Cadenet, jugeant que l'histoire avait atteint l'apogée de sa partie comique, se soulagea par quelques minutes d'un rire si entraînant, que toute la table s'y abandonna comme lui.

Ensuite on se leva. Sylvie venait de réclamer la promesse que son mari lui avait faite de lui montrer en détail sa curieuse maison.

— Pour pouvoir en arriver là, dit le baigneur, j'ai agi de ruse ; j'ai fait conduire au bal, chez mon collègue Pierrat, le baigneur du faubourg Saint-Germain, tous mes hôtes, c'est-à-dire un Allemand des marches de Brandebourg, un seigneur de l'Ost Frise, un magnat de Pologne, deux Espagnols qui font force dépense et à qui j'ai promis qu'on jouerait gros jeu là-bas. Les autres verront la comédie, et s'ennuieront peut-être, mais ne reviendront pas avant une heure. C'est le temps qu'il nous faut pour visiter la maison en général et leurs appartements en particulier. Certains détails sont curieux. Puis, nous reviendrons boire le vin chaud. Partons !

La Vienne ordonna que la table fût laissée telle quelle ; il s'arma d'un flambeau, de son trousseau de clefs, prit le bras de sa femme et passa devant, après avoir galamment demandé à Cadenet s'il ne voulait pas profiter de l'occasion.

Celui-ci se garda bien de refuser. Sylvie lui paraissait bonne à suivre.

*
**

Cependant Hugues l'avait tiré à part, impatient de savoir à quel point il devait le remercier de sa discrétion.

— J'espère, lui dit-il, que vous ne nous jugez pas mal. Ce mariage avec M. de Preuil avait été si singulièrement rompu, que de mauvais soupçons pouvaient en résulter pour ma sœur.

— Pas le moins du monde, s'écria Cadenet avec grâce ; mais, en homme prudent, vous l'avez mariée bien vite ; c'est sage.

— N'est-ce pas, monsieur ? j'avais la Vienne sous la main.

— Ne pas saisir l'occasion eût été d'un méchant frère.

— Je suis joyeux de me voir approuver ainsi ; j'eusse pu avouer à la Vienne ce mariage manqué, mais à quoi bon ? Toute idée de prédécesseur gêne un galant homme, et comme après notre départ des Fossés, départ qui eut lieu à l'heure même de la rupture, nous nous sommes confinés chez moi, près de Vincennes, et que nous n'avons plus revu MM. du Bourdet et de Preuil, oublions-les, en les priant de nous oublier !...

— Quoi !... s'écria Cadenet, vous n'avez pas su ?...

— Rien. Qu'y a-t-il ? demanda Hugues surpris de la soudaine tristesse qui venait d'envahir le visage de Cadenet.

Mais la Vienne appelait ses convives à l'examen de la première aile.

L'entretien se trouva rompu ainsi, et Cadenet, qui avait eu le temps de réfléchir malgré l'expansion naturelle après un si copieux repas, s'applaudit de n'avoir pas poussé plus loin les confidences et d'être encore en possession de son secret.

— C'est déjà trop de malheur, pensa-t-il, que d'avoir amené Bernard ainsi menacé, ainsi souffrant, dans la maison dont Sylvie devient la maîtresse. Qui m'assurera que ces gens-là ne sont pas pour quelque chose dans la catastrophe de notre ami?

Après qu'on eut visité plus ou moins discrètement les chambres, les galeries et les cabinets aux parfums, dont Sylvie fut émerveillée, car c'était un luxe encore inconnu en province ; après que la Vienne eut montré ce qu'il possédait d'élégant, de riche, et voilé pudiquement certaines peintures ou bas-reliefs un peu vifs pour une pensionnaire modèle des Feuillantines, on arriva par une terrasse à la seconde aile des bâtiments, et le baigneur, au lieu de chercher une de ses clefs pour entrer là comme il venait de le faire partout ailleurs, passa outre, négligeant de visiter avec ses hôtes un pavillon d'une rare élégance, soigneusement isolé, fermé, couvert de lierres et de rosiers grimpants, qui communiquait avec la rue par un portique de marbre, et annonçait la demeure de quelqu'un de ces élus à qui toutes les joies terrestres, prodiguées trop libéralement, devront coûter un jour quelques-unes des éternelles félicités.

La Vienne, disons-nous, passa ; son flambeau tremblotait au vent ; il se hâta de le mettre à l'abri sous le vestibule de la seconde aile.

— Monsieur, lui dit Sylvie, que l'omission de ce pavillon avait surprise, pourquoi ne visitons-nous pas ceci? l'aspect en est séduisant.

— Oh! ceci, répliqua la Vienne, nul n'y pénètre ; c'est le logement de madame la marquise de Verneuil. Vous n'ignorez pas que c'est à elle que je dois mon établissement ici. J'étais au service du feu roi, comme vous le savez, lorsque madame la marquise fit de tout ce terrain, qu'elle acheta ou se fit donner par le roi, une maison de baigneur dont elle me confia la direction en s'y réservant le pavillon avec une entrée particulière pour prendre ses bains, ses réfections et y faire ses remèdes quand elle est malade.

Sylvie demeura muette, pensive, observant toujours le pavillon. Cadenet reprit avec malice :

— Et pour y recevoir aussi les visites qu'elle ne voudrait pas recevoir à l'hôtel de Verneuil, sous les yeux de sa fille ; car elle en a reçu terriblement de ces visites-là, si elle n'en reçoit plus !

— Chut! chut! fit la Vienne avec un sourire et une active pantomime pour obtenir le silence.

— Il eût été bien curieux de voir cette retraite d'une si grande dame, dit Sylvie avec regret.

— Impossible! impossible! répliqua tout haut la Vienne.

Et tout bas il lui dit :

— Je vous la ferai voir quand nous serons seuls!

La troisième aile comprenait les bains, les étuves, les serres, les chambres de ceux qui venaient boire des eaux et consulter les grands médecins de Paris.

Sylvie ne donna qu'une attention médiocre à ces pratiques d'hygiène, qui n'intéressaient pas sa jeunesse et sa fraîche santé. Les bourgeois de Vincennes n'y comprirent pas grand'chose. Cadenet, la Vienne et Hugues comprenaient seuls parfaitement le mérite de tant d'inventions philanthropiques. La visite fut courte. On retourna boire le vin épicé, chef-d'œuvre de la Vienne, renommée de sa maison, sans s'occuper de la dernière partie du bâtiment, où logeait Cadenet, qui se garda bien de répondre même aux questions que le capitaine lui adressait à ce sujet.

Déjà le vin doux et parfumé écumait dans les coupes d'argent doré ; les gâteaux, les fruits confits, les massepains, les confitures dans leurs bassins de cristal, étalaient aux yeux de Sylvie une recrudescence de merveilles, quand la Vienne, respirant avec délices et lançant à sa femme un amoureux regard, fit la remarque, que jamais, depuis plus de cinq années, sa maison n'avait été aussi calme le soir ; que ce repas en famille, cette promenade et la collation présente, présages fortunés d'une paix et d'un bonheur durables, étaient les premiers moments de véritable loisir qu'il eût goûtés sans révérences aux grands, sans querelles avec les petits.

Il parlait encore quand un coup sec et hautain retentit sur le bronze de la porte d'entrée. La Vienne fronça le sourcil.

— C'est quelqu'un de mes seigneurs qui se sera ennuyé au bal de Pierrat, dit-il, et qui rentre. Laissons-le se coucher : il a ses gens. Faisons comme si nous dormions.

— En effet, dit Hugues près de la fenêtre, on ouvre, on salue, oh! mais respectueusement.

— Mes gens sont stylés à la politesse, reprit la Vienne.

Un laquais accourut près du baigneur, et d'un air tout consterné :

— Madame la maréchale! s'écria-t-il.

— Quelle maréchale?

— La marquise d'Ancre avec M. le comte de la Pêne, son fils, son secrétaire et deux femmes.

La Vienne bondit.

— La maréchale! à pareille heure! s'écria-t-il. Et où est-elle? On la fait attendre dehors... Ah! coquins!...

Il s'enfuit, laissant ses hôtes stupéfaits.

*
**

C'était, en effet, Leonora qui avait choisi pour auberge la maison de la Vienne, et arpentait déjà le jardin à la clarté d'une lune glaciale qui argentait les pelouses et estompait dans un pâle lointain les tours massives de la Bastille, lourds géants toujours en sentinelle sur ce quartier.

— Quoi! madame, dit la Vienne en la rattrapant avec peine dans le jardin où ses petits pieds faisaient craquer les feuilles mortes, vous me faites l'honneur de venir ici, et vous restez dehors!

— Trouve-moi un logement, la Vienne, dit Leonora; n'importe lequel.

— Madame... répliqua-t-il saisi de stupeur.

— Chambre de laquais, galetas, taudis, écurie, ce que tu voudras.

— Est-elle folle? se demanda le baigneur, qui crut avoir mal entendu, et il la regarda fixement avec ses gros yeux perçants.

— Je sais bien que je t'étonne; tu me croyais riche, heureuse; détrompe-toi, je suis mendiante! je suis chassée! loge-moi par charité, en souvenir des quelques écus que j'ai pu te faire gagner.

— Chassée, peut-être, mais mendiante, je ne crois pas, pensa la Vienne. Mendiante! répéta-t-il tout haut.

— N'ai-je point perdu maison, meubles, pierreries, joyaux?

— Vos pierreries! dit la Vienne en se récriant, vous les avez perdues?

— Ne le sais-tu pas, toi qui assistais au pillage de ma maison? Crois-tu donc que les scélérats m'aient volé un million de pierreries pour me les rendre?

— Ah! la pauvre femme, pensa la Vienne, à quoi sert-il que je lui aie sauvé ses joyaux dans mes casseroles; à quoi sert-il que je les aie rendus si scrupuleusement au maréchal? le bélître les a gardés pour lui. Voilà donc pourquoi il me demandait le secret, voulant faire, disait-il, une surprise à sa femme. Quelle surprise!... Ah! birbone!

Leonora posa un doigt sur le bras du baigneur, que ces réflexions avaient rendu immobile et muet.

— J'entends, dit-elle, tu me sais pauvre, et tu hésites à me recevoir; pourtant mon fils a froid.

La Vienne fit un soubresaut.

— Hé! s'écria-t-il, vous m'offensez, madame. Holà! vous autres, le grand appartement à madame la marquise et à ce jeune seigneur!

— Mais, monsieur, objecta le premier aide, la place est prise par le magnat de Pologne.

— On mettra dehors tous les magnats du monde, s'écria la Vienne avec emphase, s'ils se refusent à comprendre les égards dus à une personne de la qualité de madame. A une femme! ajouta-t-il d'un ton de chevalier.

La Vienne était gentilhomme. Nous le savons maintenant.

Et il reprit tout bas, en pinçant le bras de son garçon :

— Donne à la maréchale l'appartement à côté, qui est vide.

La Vienne était baigneur en même temps que gentilhomme.

— Merci, bon la Vienne, dit Leonora touchée ; si je ne peux te récompenser, Dieu le fera.

— Votre caution me suffit, répliqua-t-il en riant avec cette brusquerie câline qui rendait les princes ses tributaires ; je vais cependant vous préparer un honnête médianoche.

Tandis que Leonora s'installait dans l'appartement avec ses femmes et son fils, le baigneur revint trouver ses convives ; mais plus de gaieté, plus de loisir. Le visage refroidi de l'amphitryon glaça les jeux, effaroucha les grâces. La Vienne fit rallumer les feux de la cuisine et invoqua l'inspiration, les bourgeois de Vincennes s'allèrent coucher, Hugues s'installa durablement dans la maison pour prendre de bonnes habitudes, et Cadenet remonta chez lui, non sans avoir échangé avec Sylvie un regard qui, d'une part, signifiait : « J'ai mille choses à vous dire. » Et de l'autre : « Je vous en répondrai quinze cents. »

XXVII

SALMIS A LA MARÉCHALE.

eonora ne dormit pas. Ce n'était pas pour dormir qu'elle était venue en cette maison. A peine arrivée, à peine mise au lit, elle commença de faire ses projets.

Nul ne savait encore son départ du Louvre, sans quoi on l'eût déjà fait chercher.

La consolation de cette affligée, c'étaient le bruit qu'allait faire à la cour sa disparition et le trouble qui en résulterait.

Corbinelli rôdait, les femmes songeaient à leur consigne. Le jeune comte de la Pène avait soupé d'un gâteau ; il dormait, lui qui ne connaissait encore ni ambition ni remords.

Leonora ne put tenir au lit plus d'une heure. Elle se releva d'un bond, s'habilla seule, et ses femmes n'arrivèrent près d'elle que pour lui ouvrir la porte donnant sur les jardins.

Une clarté bleuâtre glissait entre les branches et en découpait sur le gazon les treillis lumineux et sombres. La fontaine pleurait ses larmes accoutumées dans la vasque trop pleine qui les rendait en vapeurs à la terre. L'âpre vent qui emportait au loin cette fraîche écume enlevait aussi dans l'azur, çà et là constellé, les flocons grisâtres des nues ; mais il fut sans pouvoir pour dissiper les nuées plus lourdes qui montaient sans relâche du cœur oppressé au cerveau de Léonora.

Vêtue d'une épaisse robe de velours fourré, noire, sans ornements ni recherche de mode, tête nue, brune et sinistre sous cette pâleur cuivrée que rehaussent seuls ses grands yeux lumineux et fixes, cette frêle toute-puissante tourne lentement, silencieusement, ses petites mains jointes, autour de la fontaine, cherchant sur terre, cherchant au ciel, interrogeant ses souvenirs.

En face d'elle était le mur qui séparait ce jardin de l'hôtel Zamet où, seize ans avant, la Florentine avait vécu, libre encore, obscure encore, mais riche de son génie et d'un cœur que la fortune n'avait pas glacé.

Que de pensées revinrent à sa mémoire ! les pensées de la jeunesse, de la vigueur, de l'amour ! Comme son œil dilaté fouilla dans ces demi-ténèbres ! comme il se voila de regrets, de mélancolie, parfois d'une vague terreur, croyant y rencontrer les fantômes du passé souriant et triste.

Ses deux suivantes, adossées à la porte de l'appartement, sur un perron, la surveillaient, épiant sa voix et son geste.

Elle, heureuse de ce calme inusité, ne soupçonnait pas même qu'il pût y avoir en cette maison un bruit, un hôte.

Cette tranquillité ne devait pas être de longue durée.

Un grand fracas de chevaux et de voix se fait entendre dans la cour. Leonora voit ac-

— Des diamants! des perles! s'écria-t-elle. — Page 685.

courir une de ses femmes avec Corbinelli. Elle se jette sous l'ombre opaque d'un groupe de marronniers et de sycomores dont les ramures aux trois quarts dépouillées obscurcissent cependant un espace immense.

— Madame, dit l'Italien, c'est M. le maréchal qui a suivi vos traces et qui arrive vous chercher; il est accompagné de deux personnes dont l'une est, je crois, M. de Siete-Iglesias... notre sauveur.

— Vous savez ce que j'ai dit, répondit Leonora, je ne veux voir âme qui vive. Allez!

— Madame... M. le maréchal insistera...

— Ame qui vive! répète la Florentine de son accent énergique. D'ailleurs, je rentre, et si tu es assez lâche pour laisser passer, je me barricade chez moi.

Semblable aux chiens qui lisent dans le regard du maître sa véritable pensée, et ne cherchent pas à l'éluder quand ils l'ont comprise, Corbinelli retourne vers la première cour.

Leonora, d'un pas rapide, se glisse dans l'appartement, appelle ses deux femmes, s'enferme, et le silence et l'obscurité engloutissent de nouveau toute cette partie de la maison.

Le maréchal causait cependant avec l'un de ses compagnons: le troisième personnage était un de ces serviteurs *di mila franchi*, comme Concini en avait mille à ses gages pour faire les commissions, bonnes ou mauvaises, — les bonnes très-rares. Ce seigneur à mille francs observait entre lui et les deux maîtres une distance plus que respectueuse.

La Vienne, veillant à sa cuisine, feignait de ne rien voir, de ne rien entendre. Il se faisait bien petit sous l'orage que ces allées et venues promettaient à sa maison.

Corbinelli revint.

— Voyons, maintenant qu'elle est prévenue, dit Concini d'un ton décidé, mène-moi chez elle. C'est toi, drôle, qui la conseilles dans ses coups de tête !

— Moi !... oh ! monseigneur, répondit Corbinelli. Est-ce que jamais on conseille madame ?

— C'est vrai, pensa le maréchal. Allons, mène-moi, dit-il plus haut. Monsieur le comte voudra bien attendre un moment que le premier feu soit essuyé. Il sera rude, n'est-ce pas, señor ?

— Oh ! j'attendrai ! dit une voix que nos lecteurs ont déjà plus d'une fois entendue, soit dans les grands conseils des reines, soit dans l'ombre des sinistres exécutions ; voix lugubre et de mauvais augure, même quand elle caresse.

Mais Corbinelli se courbant comme un cerceau :

— Maître, dit-il au maréchal, madame ne vous recevra pas, daignez ne pas vous déranger.

— Plaît-il ! s'écria Concini se relevant irrité, veux-tu que je te fasse crucifier, drôle !

— Ce serait faire du tort à un innocent, monseigneur ; madame, dit-elle, se barricadera si vous insistez ; écoutez comme on ferme déjà tout chez elle.

— Comte, murmura Concini, elle est terrible. Nous insisterions en pure perte. Et elle ne s'en tiendra pas là.

— C'est une personne de grande volonté, répondit l'Espagnol poliment.

Concini soupira.

— Volonté d'airain.

— Qui dure ? demanda l'Espagnol.

— Quand elle hait, c'est pour longtemps, señor. Elle m'a en grippe, présentement. Les mauvais tours vont commencer.

— Mais cette retraite ici a un but quelconque, dit Siete-Iglesias.

— Tout ce qu'elle fait a un but, señor. Elle est capable, sans crier gare, de partir pour Florence et de nous décrier par ce scandale. C'est ce que nous redoutons, la reine et moi.

— Que n'avez-vous interrogé la Vienne ? il doit savoir quelque chose, lui.

— Appelez la Vienne, dit le maréchal au seigneur de mille francs.

Concini prit le comte par le bras et l'emmena du côté des bâtiments, tandis que Corbinelli s'esquivait pour aller retrouver la maréchale.

— Voyez-vous, continua Concini en serrant le bras de son ami, quelque chose de fâcheux vibre dans l'air autour de moi, sur ma tête. Ne le sentez-vous pas vous-même ? Êtes-vous tranquille ? les atomes qui circulent autour de vous ne vous heurtent-ils pas, ne vous égratignent-ils pas l'épiderme comme des millions d'imperceptibles épines ?

— Mais non, répliqua l'Espagnol, qui voulait faire causer son interlocuteur.

— Tenez, reprit Concini le cœur gonflé, nous sommes dans une mauvaise veine. Et elle le sent bien, elle, elle dont la sensibilité est exquise au point de deviner le bien ou le mal dans l'intention seule de la destinée. Nous grossiers, nous sensuels, nous sommes émoussés, voyez-vous. Que d'avertissements, pourtant ! La mort de ma fille ; les émeutes en Picardie, dans mon gouvernement ; le pillage de ma maison ; l'évasion de M. de Vendôme. Comte... je m'obstine, et j'ai tort.

— Bah !... pourquoi, répliqua l'Espagnol. Votre char de fortune ne roule pas, il vole. Pouvez-vous exiger que la route soit tapissée de velours ? Qu'est-ce qu'un caillou, qu'une ornière çà et là ? Vos roues broient l'un, insultent l'autre. La mort de votre fille est un malheur, mais sans signification, car il vous reste un fils, véritable héritier du nom et des biens. Avouez-le.

— C'est vrai.

— La maison pillée ! Qu'importe ? Il vous

reste vingt millions, peut-être, et je me tromperais fort si cette perte ne doit pas vous rapporter un bénéfice du double. La reine est là.

— C'est ce qu'elle me disait tout à l'heure, répondit négligemment le maréchal.

— L'évasion de M. de Vendôme, voilà un événement plus sérieux au point de vue des affaires. Eh bien! ne l'a-t-on pas réglé, cet événement, ne l'a-t-on pas forcé de rentrer dans les conditions inoffensives de tout accident vulgaire?

— Je n'appellerai jamais vulgaire une attaque faite contre moi par le président de Harlay.

— Bah!

— Par l'homme-marbre, par cette borne séculaire qui a vu tout depuis vingt ans, tout, monsieur le comte! entendez-vous? Et vous ne nierez pas qu'il n'ait dirigé les coups que nous avons parés si miraculeusement l'autre mois, grâce à l'énergie des mesures qui ont été prises; après ceux-là, comte, d'autres!

— Je ne crois pas; mais qui a paré une fois peut parer deux fois, mille! l'adversaire se lassera avant nous; d'ailleurs, nous lui avons abattu son arme.

— Il a toujours mademoiselle de Coman.

— Il n'a plus qu'elle, et seule elle ne peut rien, un procès l'a déjà prouvé.

— Respirerez-vous à l'aise tant qu'il l'aura, même seule? Écoutez M. d'Espernon sur ce sujet, écoutez la marquise de Verneuil : ils tremblent!

— Je ne dis pas que nous devions nous endormir, monsieur le maréchal. Je sais qu'en ce moment le président essaye une lutte nouvelle pour nous empêcher d'obtenir condamnation contre la mémoire de cet avocat au parlement, sa créature, que nous voulons faire déclarer justement puni pour cause de haute trahison : nous y arriverons. En attendant, j'affirme que mes yeux sont ouverts, les vôtres aussi, ceux de M. d'Espernon veillent incessamment, et ceux de la marquise valent des yeux de tigre. Tandis que nous veillons trois, dormez un moment, vous qui semblez être fatigué; vous nous relayerez à notre première fatigue.

— Ma véritable fatigue, c'est Leonora, cette femme-là devient folle, voyez-vous. Comment régler quelque chose sur les extravagances d'une folle? Tant d'inquiétudes me tueront!

— Vous! dit l'Espagnol, vous lui survivrez trente ans. Elle a vieilli beaucoup, madame la maréchale, et vous êtes tout jeune.

— Je me sens vert encore, c'est, hélas! vrai.

— Mon cher monsieur, laissez tomber les vieilles branches; poussez vos rameaux verts : où monteront-ils? qui sait ce que Dieu leur réserve! Si j'étais dans votre veine je la pousserais jusqu'au bout. Ah! réfléchissez donc que de l'endroit où vous êtes en ce moment il n'y a qu'un pas à faire, un bras à étendre pour atteindre le but de toute ambition humaine.

Siete-Iglesias laissa pénétrer lentement dans la plaie le venin de ses paroles; puis il ajouta :

— Tout homme manque plus ou moins de fois sa vie. Les forts ne sont pas ceux qui ne tombent jamais, mais ceux qui rebondissent plus haut chaque fois qu'ils tombent. Moi aussi, j'ai fait des fautes! moi aussi j'ai mon caillou sous la roue. Ah! pourquoi suis-je marié! et vous, donc!

Concini, frappé dans le vif, regarda son interlocuteur avec une défiante rapidité. L'Espagnol évita ce premier choc du regard.

— Voici la Vienne, dit-il; questionnez-le sur les idées de madame la maréchale.

Et il se retira discrètement à l'écart. Concini était si troublé par cette brusque attaque de l'Espagnol qu'il avait perdu toute contenance.

— Que signifie l'arrivée de la maréchale ici? dit-il à la Vienne sans trop savoir ce qu'il disait.

— Désespoir, monseigneur, caprice, mutinerie de l'enfant à qui l'on a confisqué son jouet, et qui boudera jusqu'à ce qu'on le lui rende.

— Que veux-tu dire?

— Que si vous aviez prolongé moins longtemps la plaisanterie que vous lui faites depuis un mois, les choses ne se seraient pas envenimées ainsi.

— Quelle plaisanterie fais-je donc depuis un mois, maître la Vienne?

— Celle des écrins que vous avez gardés... et qu'elle croit perdus à jamais.

Le maréchal rougit.

— Tu pourrais avoir raison, dit-il, je n'avais pas songé à cela. T'en a-t-elle parlé?

— Amèrement.

— Oh! il y a de la ressource alors! murmura Concini. Je lui en rendrai une bonne partie.

— Croyez-moi, dit la Vienne, rendez-lui tout, et ajoutez-y plutôt quelque chose. Sinon...

— Sinon?

— La tête florentine est bien montée! Monseigneur, je ne vous dis que cela.

— La Vienne, tu es homme de bon conseil, dit Concini; mais comment lui rendre ces pierreries après un si long temps sans qu'elle soupçonne?...

— La plaisanterie que vous aviez voulu faire? Oh! ne vous inquiétez pas; je m'en charge. Envoyez-moi le tout ici, seigneur maréchal... et dans une heure, demandez à souper à madame la maréchale, je réponds du reste.

— Je crois que le drôle a raison, dit Siete-Iglesias, que le maréchal était venu retrouver dans son ombre.

— Vous avez entendu?

— Sans le vouloir. Vous parliez si haut! Envoyez chercher ces colifichets le plus tôt possible. La femme la plus désespérée a des retours inouïs à propos d'une mouche qui vole. Que sera-ce quand la mouche vaut un million!

— Pier-Andrea! appela le maréchal, qui ensuite donna un ordre à voix basse au seigneur de mille francs et accompagna cet ordre d'une clef de sa cassette, soyez revenu dans une demi-heure avec ce que je vous demande.

Le messager enfourcha son cheval et partit au galop. Les deux seigneurs continuèrent leur promenade dans le jardin. Ils s'y perdirent longtemps sous les noires allées, échangeant leurs paroles ou plutôt leurs souffles sinistres qu'emportaient les rafales du vent.

Trois quarts d'heure s'étaient écoulés ainsi quand un pas précipité retentit derrière eux, une voix les appelait, celle de la Vienne, qui les aborda familièrement.

— Venez, dit-il d'un ton sérieux. Votre messager est revenu. L'affaire est en train de s'arranger.

— Où cela, donc?

— Sur mon fourneau, en ce moment, dit le baigneur en se frottant les mains.

— Je voudrais bien comprendre, dit l'Espagnol, qui n'acceptait jamais ces familiarités qu'avec une insolente froideur.

— Suivez-moi, messeigneurs, et je vais vous placer dans un endroit d'où vous aurez le spectacle.

Ils obéirent. La Vienne les fit entrer dans un vestibule, ouvrit une porte sur une vaste antichambre, et leur indiqua une autre chambre en face d'eux, fermée d'épaisses portières de magnifique brocart de Perse à feuillages d'argent.

— Mettez chacun, dit-il, un œil au pli de cette portière, regardez, et agissez suivant la circonstance.

Le maréchal regarda le premier. On découvrait de cet observatoire la salle voisine, où le plus élégant couvert était dressé sur une table chargée de pyramides de fruits et de fleurs. Un seul siége attendait devant cette table.

— Qu'est-ce que nous allons voir là? dit le comte à la Vienne.

— Le médianoche de madame la maréchale, répliqua malicieusement celui-ci.

— Oh! bien, si elle soupe, elle n'est pas si malade, dit le maréchal.

— Chut! fit la Vienne.

La maréchale, toujours sérieuse et pâle, venait d'entrer par une porte de son appartement dans cette salle à manger éblouissante : trois petites fontaines en cristal de Bohême lançaient du mur voisin des jets d'eau parfumée aux odeurs favorites de Leonora.

— Il sent bon ici, dit-elle tristement. La Vienne me gâte. Il a bien tort, ce bon la Vienne, ou plutôt il a raison de me laisser un agréable souvenir pour adieux. Corbinelli, tu lui écriras de Florence sitôt que nous serons arrivés. Je veux l'enlever à ces méchants Français ; je veux lui faire là-bas une fortune royale.

Le maréchal et Siete-Iglesias échangèrent un regard.

— A-t-on des chevaux pour demain à la pointe du jour? ajouta-t-elle.

— Oui, madame.

— Bien. Qu'il sent bon!... J'aimais Paris, ajouta-t-elle. Cette maison surtout est destinée à me plaire toujours. Autrefois je l'ai adorée... Elle était palais, autrefois ! palais de la beauté, de la générosité, de l'amour !...

Le maréchal fronça le sourcil. Était-ce pour entendre ces confessions sur le passé de sa femme que la Vienne lui avait ménagé une si bonne place?

La Vienne entra dans la salle à manger.

— Sois le bienvenu, dit la maréchale ; je te bénis depuis mon arrivée; tu m'as reportée à mon printemps. Mais pourquoi toutes ces magnificences, mon pauvre la Vienne? Je n'ai pas faim.

— Bon! madame ; on dit toujours cela quand on se met à table, et ce n'est jamais vrai que lorsqu'on en sort.

— Oh! je te défie de me faire toucher à un seul plat.

— Je gage le contraire, dit-il. J'ai inventé pour vous, ce soir même, un mets nouveau, dont vous tâterez, ou le diable m'emporte.

— Impossible ; l'estomac est serré comme le cœur.

— Vous ne me ferez pas cet affront, madame, à moi qui, pour vous servir, ai quitté mon propre repas de noces.

— Que dis-tu là? tu te maries?

— Je suis marié; et si vous ne mangez pas, fût-ce une bouchée, je ne vous présenterai pas ma femme.

— Bon la Vienne! je t'aime! va ; une cuillerée de bouillon, rien que cela.

— Allongez la main.

Il indiquait un réchaud de vermeil, sur lequel semblait fumer quelque chose d'exquis dans un plat d'or.

— Mais ce n'est pas un bouillon qui est enfermé dans cette sorte de croûte appétissante.

— Le bouillon y est, madame, levez le couvercle.

— Comment appelles-tu ce mets nouveau?

— Salmis à la maréchale.

La Vienne présenta une cuillère à Leonora, et leva lui-même le couvercle du réchaud.

Distraite, indifférente comme l'est un appétit de grande dame qui boude, Leonora plongea la cuillère sans regarder.

Mais, surprise de la résistance, et surtout du son bizarre que rendit le métal en heurtant le contenu de ce plat merveilleux, la maréchale plongea sa cuillère plus avant et la releva lourde et éblouissante de mille feux, irisés de nacre, de pourpre et d'azur par le chatoiement des lumières et le reflet des miroirs enflammés.

— Des diamants! des perles! s'écria-t-elle.

La Vienne souleva le plat et le répandit comme une ruisselante cascade sur les genoux et les mains de Leonora, qui, dans un transport de joie, palpait des doigts et dévorait des yeux ce monceau de richesses.

— Mes joyaux! mes pierreries! dit-elle avec ravissement, les mêmes, les véritables !

— Sans qu'il en manque une seule pièce, dit la Vienne.

— A qui dois-je ce bonheur inespéré?

— A monsieur le maréchal, qui vous ménage depuis longtemps cette surprise.

Leonora plissa son front.

— Oh! tu exagères! dit-elle. Pouvait-il prévoir que je viendrais ici, le savais-tu toi-même?

— Non, madame, mais je sais que j'avais ordre de vous porter ce salmis à la maréchale au Louvre, pour votre souper, ce soir, lorsque le hasard vous a amenée chez moi. N'avez-vous pas remarqué ma surprise quand je vous ai vue?

Les traits de la Florentine se détendirent. Elle pencha la tête, rêveuse, et jeune encore comme toute femme au front flétri, vers lequel monte une émanation du cœur.

— C'est une délicatesse ; il ne m'aime plus pourtant, dit-elle bien bas, mais visiblement attendrie.

— Allons, maréchal, voici le moment, fit Iglesias en poussant Concini hors de la tapisserie. De l'éloquence !

Un cri de la femme, un baiser du mari sur

la main de l'offensée terminèrent le tableau, que l'Espagnol observait froidement comme étude.

— Oh! mais, reprit tout à coup la Florentine, si je suis réconciliée avec toi, Concino, je suis brouillée à mort avec la reine.

— Le croyez-vous, dit la Vienne; voici un billet de Sa Majesté qu'un courrier apporte à l'instant même. La reine Marie n'écrit guère aux gens tant qu'elle leur garde rancune.

Leonora prit vivement la lettre et lut ces mots, écrits en sa chère langue toscane :

« Ne boude plus, Leonora, tu sais bien qu'on t'aime! Reviens vite. Il reste un million de francs dans le trésor de la Bastille ; s'il te le faut pour rebâtir ta maison, tu l'auras.

« Marie. »

— Eh bien! dit le maréchal, cette lettre est-elle bonne?

Leonora lui tendit le papier, qu'il lut à son tour.

— Vous voyez bien, dit-il, que jamais votre destinée n'a été plus souriante. Oh! vous aviez raison, comte, l'étoile recommence à briller. Je veux voir jusqu'où peut aller la fortune d'un homme !

Il prononça ces mots avec un feu qui rappela la méditation sur les traits de la maréchale.

— Madame, se hâta de dire la Vienne, j'ai commandé qu'on préparât votre litière. Ne faites pas attendre la dame du Louvre, et, en passant, daignez honorer d'un coup d'œil la dame de cette maison.

— Ah! oui, oui, répliqua Leonora. Allons, messieurs, voir la femme de la Vienne.

Ses femmes l'avaient déjà couverte de sa mante ; elle jeta ses joyaux dans une corbeille qu'on emporta devant elle. Le maréchal tenait son fils par la main.

— Eh bien! lui dit Iglesias tout bas, ville gagnée, vous voyez bien, nous avons le vent en poupe.

Au seuil de la petite salle de la Vienne, le cortége rencontra Sylvie, toute frémissante, tout inclinée. Le baigneur la montra, rayonnant, à sa noble hôtesse et aux deux seigneurs.

— Elle est admirable! dit Leonora. Ah! mon enfant, je te dois un cadeau de noces.

Elle prit dans la corbeille, sans avoir l'air de choisir, un bracelet qui se trouva n'être pas le plus riche.

— Tiens, dit-elle.

— Charmante mariée ! s'écria le maréchal à l'Espagnol, qui, depuis une minute, souriait comme Satan à la vue d'un ange déchu.

Mais quand Sylvie, se relevant, fixa sur lui un clair et profond regard ; quand, gêné par ce regard, le comte fit un mouvement à gauche et rencontra le coup d'œil significatif, menaçant même, du capitaine Hugues, sur lequel s'appuyait sa sœur, il composa ses traits et partit en réfléchissant.

XXVIII

RÉVEIL

Cette maison du baigneur, ouverte à tant de joies, à de si rares délices, cachait cependant sous un de ses lambris l'homme le plus malheureux qui jamais y eût reposé sa tête.

Nous savons comment Bernard, après l'horrible événement des Bordes, avait été amené rue de la Cerisaie par Cadenet : mais ce que nous aurons de la peine à raconter, c'est la série de souffrances qui, pour cet infortuné, avait marqué chaque seconde du temps écoulé depuis ce moment fatal.

Il arriva dans la maison sans avoir un instant repris connaissance. Cadenet l'installa, répandit le bruit que c'était un jeune gentilhomme blessé dans un de ces duels déjà interdits sous des peines sévères, et il s'occupa d'amener un médecin à la fois discret et habile : deux mérites dont la réunion sur une seule tête lui coûta beaucoup de recherches.

Cadenet, pour avoir plus de forces en un cas difficile, s'appuya sur M. de Luynes, auquel il raconta tous les malheurs de Bernard. Le favori ne comprit peut-être pas la vérité tout entière, mais sa pénétration et la connaissance qu'il avait des secrets de la cour le conduisirent plus avant que son frère dans cette mystérieuse question. Bernard lui parut assez intéressant pour qu'il décidât le propre médecin du roi à aller le voir chez la Vienne. Et comme précisément l'habile praticien visitait en ce moment le magnat de Pologne, affligé d'accès du mal caduc, Bernard passa par-dessus le marché.

Cependant le pauvre jeune homme obscur inspirait au médecin bien plus d'intérêt que le prince. Sa maladie était de celles qui attachent à leur étude les véritables zélés de la science. Jamais sujet pareil ne s'était encore offert au vieux docteur dans sa longue et glorieuse carrière.

L'évanouissement de Bernard avait fait place à une torpeur tellement profonde, qu'elle ressemblait au plus paisible sommeil. A peine une ou deux fois en vingt-quatre heures ouvrait-il des yeux ternes, alourdis, dont se refermaient les paupières au premier rayon de clarté qui les heurtait. Pendant cet étrange sommeil, la respiration était courte, saccadée : les dents serrées ne laissaient pas échapper un souffle, et la vapeur brûlante de cette vie concentrée au cœur glissait en deux tourbillons par les narines, qui, parfois, versaient quelques gouttes de sang.

Une sorte de coloris de fièvre empourprait les pommettes ; les mains pendaient blanches comme de la cire aux deux côtés du lit. Le plus grand effort du malade avait été de les soulever jusqu'à son front comme pour en chasser des visions qui l'assiégeaient ; encore ce phénomène d'intelligence, ou plutôt de machinal instinct, ne s'était-il pas répété.

D'abord, en présence d'une situation aussi alarmante, Cadenet avait cru son ami perdu. Le médecin en avait jugé de même. Il surviendrait, disait-il, quelque jour, dans un court délai, un de ces terribles accès de fièvre, ouragan du mal, qui fouetterait les flots de ce sang endormi, secouerait les membres inertes comme le vent remue des branches d'arbre, et tordrait dans la douleur et jusqu'à la mort ce malheureux, depuis un mois cadavre.

Mais peu à peu, la tranquillité de l'organisme tout entier, la régularité du pouls et du battement des artères, la fraîcheur de plus en plus rassurante de la peau, donnèrent un autre cours aux idées du médecin. Voyant que les potions calmantes qu'il avait fait administrer, en tout état de cause, produisaient l'effet le plus normal sur un estomac parfaitement régulier dans ses fonctions, il se hasarda à conseiller les bouillons, qui réussirent à soutenir la vie ; et s'apercevant de l'appui que lui prêtait la nature pour défendre la vie de ce malheureux, il en vint à espérer de lui conserver cette vie, qui devait être si misérable.

Plus d'une fois Cadenet, homme d'esprit, sceptique sans fiel, mais bien versé dans la science des choses du monde ; plus d'une fois, le soir, ce seul ami de Bernard s'arrêta pensif à le regarder, repassa mentalement toutes ses souffrances, énuméra les dangers de l'avenir, et balançant comme des chiffres les chances du bien et celles du mal dans l'existence réservée à ce mourant, il se demanda si la charité bien éclairée n'exigerait point qu'on le laissât tout à fait mourir.

Seul à le garder, s'y étant dévoué avec une persévérance fraternelle, conseillé d'ailleurs par Luynes, qui pressentait quelque chose d'utile aux intérêts du roi et aux siens dans la conservation de ce jeune homme, Cadenet se fit passer pour malade lui-même afin d'être plus libre, afin de mieux observer les ennemis de Bernard à l'intérieur, tandis que Luynes les épierait au dehors. La Vienne, on le voit, lui garda le secret ; et comme cet état d'immobilité de Bernard ne donnait aucun embarras au service, rien ne transpira de tout cela hors de la chambre des deux amis.

Il en coûtait bien au séduisant Cadenet de laisser sans culture toutes les intrigues galantes ébauchées par goût ou par ordre. Mais Luynes avait dit à son frère de faire le malade et de garder la chambre : le frère obéissait.

Son absence de la cour avait produit quelques bruits, attentivement recueillis par M. de Luynes.

Un écuyer, d'abord resté inconnu, était venu savoir des nouvelles de M. de Cadenet. Puis un autre soir que cet écuyer était revenu, la Vienne l'avait suivi jusqu'à la rue Saint-Antoine, auprès de la Bastille, où il l'avait vu parler à une femme cachée dans une litière. Pour reconnaître la femme, il eût fallu s'approcher, et la place était trop découverte ; mais la Vienne se contenta de prendre la piste de l'écuyer, et apprit qu'il se nommait La Fougeraie, indice plus compromettant d'abord qu'il ne semblait, puisque cet écuyer était celui d'une grande dame. Toutefois, la Vienne, qui connaissait la vertu, l'irréprochable caractère de cette grande dame, dut briser aux premiers anneaux la chaîne de petits soupçons qu'envers toute autre femme il n'eût pas manqué de forger parfaitement complète. Cependant le fait, rapporté à Cadenet, suffit au jeune homme pour flatter son esprit amoureux des beaux rêves ; et il aima mieux conclure de la visite de l'écuyer, que son absence avait fait quelque impression sur la personne la plus accomplie de la cour.

M. de Luynes l'aida dans ces idées. Il lui en fournit les commentaires les plus fleuris. Il lui recommanda de ne point négliger ce commencement d'intérêt dès que la santé de Bernard, ou plutôt dès que ses propres inspirations lui montreraient le moment favorable pour retourner au Louvre. En attendant, il l'engageait à surveiller avec le soin le plus minutieux toutes les démarches qui seraient faites chez la Vienne, même les plus indifférentes en apparence, pour aboutir à lui Cadenet, ou à Bernard. Et afin de clore par un avertissement sérieux la nomenclature de ces prescriptions de tuteur, Luynes dit à son frère de ne jamais répondre autre chose, si on l'interrogeait sur sa présence aux Bordes, que cette phrase invariable : « J'étais parti avant l'événement, et je n'ai rien su ni rien vu. »

Toutes prescriptions qui achevèrent de persuader au jeune homme que cette affaire cachait plus d'importance qu'elle ne le paraissait, et qu'il fallait autour de Bernard plus de nuit et de silence que jamais. Car les événements s'assombrissaient de jour en jour, et sous le prétexte de complicité dans l'évasion de M. de Vendôme, la cour faisait instruire au parlement contre du Bourdet et les siens un procès dont les résultats devaient achever de perdre Bernard.

Un soir, en se retirant après une longue visite tout employée à la contemplation de son sujet, le médecin répondit à Cadenet qui demandait si cette torpeur devait rester la vie habituelle de Bernard :

— Quant à sa vie, elle ne court plus aucun risque. La crise aura lieu sans rien compromettre que sa raison. Toute cette révolution est désormais concentrée au cerveau. Si l'accès de résurrection est brutal, votre ami ne se réveillera jamais à l'intelligence. Son esprit sera brisé par le premier retour offensif de sa mémoire, chargée de souvenirs qu'il ne saura supporter. Si l'accès se produit dans d'heureuses circonstances, peut-être ce réveil s'opérera-t-il comme un simple réveil physique. Mais j'en doute. Il y a trop de fluides explosibles enfermés derrière ce masque qui dort. Surveillez bien l'étincelle qui doit mettre le feu à tout cela.

Cette prédiction avait eu lieu deux jours avant le souper que la Vienne donna pour célébrer ses noces. Rien, depuis ce moment, n'avait modifié l'état du malade. Cadenet, qui, malgré le nombre et la chaleur des vins, rentra dans sa chambre parfaitement sain d'esprit, examina Bernard en son sommeil, sans y attacher plus de soin que de coutume, et sans remarquer la position du corps, qui d'ordinaire rigide et uniforme en ses plans, était, ce soir-là, replié, tordu, la tête à demi cachée sous son bras droit qu'un mouvement convulsif faisait trembler.

Cadenet, tout préoccupé de ce qu'il venait de voir chez la Vienne, tout troublé de la présence de Sylvie, qui ajoutait une complication menaçante à tant de complications, se coucha de bonne heure sans s'apercevoir de rien, pressé qu'il était de rêver à ce singulier mariage et de dormir pour avoir des idées plus nettes le lendemain.

En effet, songeant qu'à tout prix il allait falloir tirer Bernard de cette maison où tôt ou tard il serait reconnu par Sylvie et Hugues, où peut-être il serait dénoncé par eux et livré par la Vienne, dont la faiblesse

— C'est moi! dit la reine-mère. — Page 696.

envers le pouvoir régnant était proverbiale :
— J'écrirai demain matin à Luynes, se dit Cadenet, lui seul peut me délivrer de cet embarras et m'indiquer un asile sûr où mon pauvre Bernard aille mourir en paix.

Et, consolé par cette idée, il éteignit son flambeau comme chaque soir, et s'endormit. Peut-être l'image de Sylvie lui apparut-elle moins effrayante en un songe, où il se flattait d'exercer déjà sur elle quelque influence galante dont il ferait profiter son malheureux ami.

Tout à coup, il fut réveillé par un cri. Il se dresse sur son séant et écoute ; rien ne bruit dans la chambre. Une longue minute se passe ; rien. Mais, comme il allait reprendre son sommeil, il entendit Bernard s'agiter et murmurer quelques vagues gémissements.

Il se lève, s'habille à la hâte, rallume la bougie, et, le cœur ému, comme il arrive après un réveil aussi brusque lorsque les inquiétudes renaissent d'autant plus impétueuses qu'elles ont été oubliées un instant, Cadenet vient avidement regarder le visage de Bernard, qu'il trouve avec effroi soulevé, pâle, hagard, croisant ses doigts crispés, dans l'attitude d'un homme égaré qui prie.

La fixité du regard, le désordre des cheveux, la froide blancheur du teint, certain frissonnement de mauvais augure qui faisait trembler sur les épaules du malade la toile fine de sa chemise, ces symptômes de la crise annoncée frappèrent un coup douloureux au cœur de Cadenet.

— Allons, pensa-t-il, voilà le moment fatal arrivé.

La lueur du flambeau ne fit point s'abaisser les paupières de Bernard, seulement la prunelle joua lentement; seul indice de vie au milieu de ce visage impassible. Cadenet sentit que son ami le regardait et le reconnaissait sans plus d'effort que s'il l'eût quitté la veille.

— Cadenet, dit enfin Bernard d'une voix claire et posée, que se passe-t-il donc dans la maison? Je souffre; il y a ici quelque chose qui me gêne, qui m'irrite.

— Eh! mon Dieu! pensa Cadenet, la maladie a-t-elle développé en lui une telle sensibilité, une telle acutesse de perception, qu'il devine Sylvie en cette maison, où, depuis un mois, rien ne lui a produit un pareil effet?

Il soulevait sans s'en douter, ce bon Cadenet, un coin du voile qui cache encore aujourd'hui, malgré les études courageuses de tant de savants, le grand problème de l'ubiquité des âmes. Mais il n'était pas de force à le résoudre, pas même à le soupçonner.

— Mon pauvre Bernard, dit-il, attendri par le son de cette voix depuis si longtemps muette, explique un peu ce qui t'irrite ainsi. Quelle chose est-ce bien? dis.

— Ce n'est pas une chose, ami, répliqua le jeune homme, c'est une créature.

— Nous y voilà, pensa Cadenet, préoccupé de l'idée que la présence de Sylvie pouvait agir à l'état de pressentiment sur les nerfs de Bernard.

— Une créature qui va, qui vient, et dont je ne vois pas distinctement les traits ; je vois sa forme qui glisse, ombre dans l'ombre. Il fait nuit, n'est-ce pas?

— Oui, mon ami, onze heures et demie environ.

— Il y a des arbres autour de cette ombre qui m'irrite, un jardin, je crois.

— Ah! pauvre Bernard! murmura Cadenet, le voilà aux Bordes. La mémoire revient. Protégez-le, grand Dieu!

— Un autre homme marche à côté de celui-là ; cet autre me gêne aussi. Cadenet, ils viennent; il vient surtout celui que je ne puis souffrir... je te dis qu'il vient; il s'approche!

— Je ne comprends plus. La raison s'en va, pensa Cadenet.

— Écoute, ami, reprit Bernard, tu ne sais pas contre quelle idée je lutte depuis un moment. Une idée étrange, horrible. Tout à l'heure, ce fut mon premier instinct : j'ai une épée ici, n'est-ce pas?... eh bien! j'ai voulu me lever pour aller prendre cette épée. J'avais envie de tuer celui qui marche dans le jardin.

Cadenet entoura le jeune homme de ses bras et lui appuya tendrement la tête sur son cœur comme pour lui faire un rempart contre ces visions funèbres.

Cette tête brûlait, les artères battaient avec violence dans les tempes. Cadenet les baigna d'eau fraîche et essaya d'engourdir cette mortelle souffrance.

Mais Bernard demeura obstiné dans sa plainte, il la répéta si souvent en désignant l'ombre qui s'approchait et lui apportait d'insupportables douleurs, que Cadenet, par condescendance pour la fantaisie du malade et par un sentiment de curiosité, alla regarder à la fenêtre.

C'était le moment où la maréchale, sur son départ, parlait avec Sylvie et la Vienne, où Siete-Iglesias et Concino, arrêtés derrière, considéraient la nouvelle mariée. Tant qu'ils furent là, Bernard se tordit dans la colère et la menace. Aussitôt qu'ils s'éloignèrent, ses muscles raidis se relâchèrent peu à peu, l'œil éteignit ses fauves lueurs, le calme revint s'asseoir sur les traits fatigués; la bouche se ferma et se tut.

Justement la bougie épuisée s'évanouit dans sa lutte contre les ténèbres.

— Voilà qui est étrange, pensa Cadenet : un esprit voué aux pratiques de la magie en tirerait des conséquences bizarres; mais Bernard s'assoupit de nouveau, gardons-nous bien de le troubler, son premier réveil, salut ou ruine, amènera la solution.

Le malade resta ainsi accablé jusqu'à la pointe du jour. Durant cette longue procession des heures, dont le cortége défile si lentement devant les yeux de l'insomnie, Cadenet, à chaque instant assoupi, à chaque instant réveillé en sursaut, ne cessa de surveiller Bernard, et le premier rayon du jour qui entra dans la chambre le trouva courageusement appuyé sur un coude, pour surprendre l'expression du visage de Bernard, et apprécier les progrès du mal ou de la guérison.

Bernard, lui aussi, était sur son séant; lui aussi appuyé sur le coude; ses yeux se rencontrèrent avec ceux de Cadenet dans la transparente vapeur de l'aube.

— Je ne dors pas, mon bon Cadenet, dit-il d'une voix douce et affectueuse, je suis tout à fait réveillé.

Cadenet, transporté de joie, donna un premier regard au ciel pour lui rendre grâce, et embrassa le pauvre naufragé si tendrement que les larmes lui vinrent aux yeux.

Ceux de Bernard restèrent perçants et secs.

— J'ai beaucoup pensé, reprit-il, depuis une heure. Je me suis recueilli; d'abord je croyais sortir d'un rêve; mais en considérant cette chambre que je ne connais pas, ces meubles, dont la forme toute vague encore m'apparaît étrangère et inusitée, je m'aperçois bien que mon rêve épouvantable n'est qu'un souvenir.

Cadenet se tut. Le regard de Bernard saisit toute la portée de ce silence.

— Je ne suis pas aux Bordes, ni aux Fossés, ajouta Bernard. Où suis-je ?

— A Paris, chez moi, dans la maison de la Vienne, le baigneur.

Bernard attendit quelques instants avant de continuer. Il cherchait évidemment à faire accorder ses paroles avec le flot tumultueux d'idées qui toutes s'élançaient à la fois de son cerveau.

— Tu m'aimes, Cadenet, reprit-il enfin, et tu ne me tromperas dans aucune des explications que je vais te demander ?

Le visage de Cadenet exprima une hésitation que Bernard comprit avec sa pénétration merveilleuse.

— Oui, dit-il, tu te réserves d'atténuer si mes forces ne répondaient pas à la gravité de ce que j'ai à apprendre. Eh bien, n'atténue rien, je suis plus fort que tu ne crois. Tu vas voir. Il s'est opéré en moi un changement bizarre, que je t'expliquerais fort mal, je ne l'essayerai pas. Sache seulement qu'autrefois je sentais en moi toute expansion, toute tendresse, tout élan vers le genre humain, et qu'aujourd'hui, je ne sens plus rien là qu'un serpent replié sur lui-même, et tout prêt à bondir sur je ne sais quelle proie. Cela donne bien de la force, va, un serpent au lieu de cœur !

Cadenet le regarda inquiet. Bernard étendit la main et voulut sourire pour rassurer son ami, mais le sourire s'évanouit en chemin.

— Depuis quand suis-je ici ? demanda-t-il.

— Depuis trente-trois jours.

— J'étais tombé là-bas, sur le rivage; c'est toi qui m'as relevé ?

— Oui.

— Apporté ici ?

— Oui.

— Pourquoi ne m'as-tu pas laissé aux Bordes ? Je devine : tu craignais pour moi le spectacle de toutes ces horreurs ?

Silence du pauvre Cadenet.

— Mon père est mort, n'est-ce pas ? reprit froidement Bernard. Bien ! et Marcelle aussi ?... Ceux-là, je les ai bien serrés dans mes bras, bien appelés ! mais les autres...

— De qui veux-tu parler ? demanda Cadenet palpitant.

Bernard fit un mouvement pour dissimuler un reste d'avide espérance dont l'étincelle tremblait encore en ses yeux. Haletant, avalant un sanglot à chaque parole :

— Je veux parler d'Aubin, dit-il; celui-là, je n'ai pas touché son corps... il eût pu se faire que Dieu me l'eût conservé ?... Non, je vois que non... pas même celui-là !...

Il baissa la tête si profondément qu'on ne vit plus de lui que les secousses de sa poitrine près de se briser.

Après quelques minutes, il se redressa; ses yeux étaient rouges, la peau de ses joues marbrée, son front couvert de sueur.

— Cadenet, dit-il, a-t-on retrouvé la pauvre femme?

— Quelle femme, mon ami? demanda l'autre avec un touchant intérêt.

— C'est vrai, tu ne sais pas cela, toi. Il y avait aux Bordes, ce jour-là, une femme cachée près de mon père, une femme très-belle, charmante, que j'aimais...

— Que dis-tu?

— Je lui avais juré de me taire; la mort s'est chargée de notre secret.

— Je ne comprends pas.

— Permets que, pour aujourd'hui, je m'arrête. Les forces d'un homme sont bien bornées. Plus tard, quand je serai mieux remis, tu sauras tout. Je t'interrogeais seulement pour savoir si l'on avait découvert mon petit frère et cette pauvre femme, soit dans la maison, soit... soit dans la rivière.

— Non, murmura Cadenet, écrasé par cette scène.

— Eh bien! répliqua Bernard en faisant un geste plein d'énergie sans colère, maintenant que je suis revenu à moi, fais-moi la grâce de m'accompagner aux Bordes, chez moi; c'est chez moi, à présent; j'y serai mieux qu'ici. J'y ferai donner la sépulture aux amis adorés que j'ai perdus... J'y pleurerai, compagnon, tandis qu'ici j'étouffe, je meurs!

— Arrête, Bernard, dit Cadenet courageusement, sachant bien, lui qui connaissait cette âme noble, que le plus cruel moment des révélations était passé.

— Tu ne peux venir avec moi, n'est-ce pas? interrompit Bernard, tu as perdu tant de temps déjà! J'irai seul.

— Ni moi, ni toi-même, nous n'irons aux Bordes, mon ami; d'abord, le château n'existe plus.

— C'est vrai, l'incendie! je me souviens! N'importe, il y a les débris, il y a la place!

— Tu n'iras pas, te dis-je. En ce moment, la place même où fut ta maison ne t'appartient plus.

Bernard considéra, surpris, son interlocuteur.

— Un jugement est rendu, continua Cadenet, qui condamne ta famille, toi-même, comme coupables de haute trahison.

— Moi!... eux!... pauvres amis.

— Un jugement qui prononce la confiscation de tes biens, qui menace tes jours, si tu te montres.

— Ah! voilà qui m'est bien peu de chose! s'écria Bernard avec un éclat terrible, dans lequel resplendissaient comme en une explosion toutes les foudres amassées dès le début de cette tempête.

— Il me reste, ajouta-t-il, une voix; je la ferai entendre, des amis, je les sommerai de m'aider.

— Malheureux! je t'en supplie!

— Soutiens-moi un peu, que je m'habille.

— Tu voudrais sortir? je t'en empêcherai! s'écria Cadenet en lui barrant le passage.

— M'empêcheras-tu aussi de me jeter par la fenêtre, dit froidement Bernard, ou de me passer une épée au travers du cœur? non. Eh bien! rappelle-toi que si je ne fais ni l'un ni l'autre, c'est que je crois avoir encore un devoir à remplir sur terre. Es-tu mon ennemi? tue-moi. Es-tu mon ami? aide-moi ou ferme les yeux.

— Mais où iras-tu, par pitié?

— Chez le premier président, d'abord. Nous verrons ensuite.

Cadenet croisa ses bras, réfléchit et ne répliqua pas.

XXIX

PRÉLUDE AU COMBAT

adenet n'avait rien dit à Bernard qui ne fût vrai, touchant les suites de l'affaire de M. de Vendôme, et encore était-il loin de lui avoir dit toute la vérité.

Cette fuite du jeune prince avait réussi. M. de Vendôme était en sûreté dans son gouvernement de Bretagne, où, bien entouré, bien secondé, il commençait à voir accourir à lui toutes les opinions, armées sous des prétextes plus ou moins patriotiques, contre les intrigants et les étrangers qui tenaient le roi en tutelle et dévoraient la substance de la France.

L'émotion était grande à la cour de Marie de Médicis ; les conseils n'y allaient qu'aux extrêmes. Le ministère, composé de niais et de peureux, voulait qu'on négociât pour réconcilier M. de Vendôme avec la reine Marie. Les étrangers, comme Concino, Siete-Iglesias, d'Espernon (celui-là, bien que né Français, était réellement un étranger en France), avaient tant d'intérêt à ce que jamais M. de Vendôme ne s'abouchât avec le jeune roi et ne lui apprît la vérité sur son prétendu règne, qu'ils conseillaient à Marie de Médicis de lever une armée pour aller en Bretagne exterminer la faction nouvelle avec son chef.

Cette idée ne souriait pas médiocrement à la reine-mère, qui voyait dans cette expédition un moyen d'éteindre une des concurrences les plus redoutables à elle-même et à sa postérité, celle du prince légitimé, le plus cher aux Français, qui n'avaient pas cessé d'aimer ce souvenir touchant de Gabrielle.

Mais ces honnêtes conseillers, qui n'avaient pas un but unique en tout cela, voulaient commencer par faire leurs propres affaires à l'intérieur de Paris. Ligués pour exterminer tout ce qui restait de serviteurs fidèles, de dévouements éclairés au dernier règne, ils avaient à parfaire leur tâche. Après avoir assassiné le malheureux du Bourdet à sa maison des Bordes, pour détruire l'une des espérances du président, celle qu'ils croyaient la dernière, il leur fallait couvrir cette abominable exécution du voile de la légalité. Le *crime* de du Bourdet, aide et complice de la fuite de M. le duc de Vendôme, avait donc été déféré au parlement. Les gens du roi demandèrent que la mort de ce traître et de ses adhérents fût ratifiée par une sentence. La sentence de mort en pareil cas entraînait dégradation de noblesse, confiscation des biens au profit de la couronne, laquelle se réservait d'en disposer.

L'affaire, bien poussée par le garde des sceaux, créature de la reine-mère, sollicitée par le maréchal d'Ancre, d'Espernon et Siete-Iglesias, dirigée par les influences secrètes de la marquise de Verneuil, touchait à son dénoûment. Une grande partie des conseillers étaient pratiqués : Les uns, ignorant le but réel des Italiens et de l'Espagnol, cédaient à certaine conviction, née des apparences, et les autres, vendus à la faction, obéissaient. Un petit nombre refusaient sourdement : c'étaient les honnêtes gens, les cœurs braves, cette réserve sacrée, point de mire de la nation tout entière, et qui, fidèle à son mandat, a toujours su sauver la France dans les circonstances difficiles. Seulement, ceux-là attendaient un chef. Il ne se fit pas attendre longtemps.

Le lendemain du jour où Leonora, réconciliée avec son mari, avec la reine, avec la vie, mais pas encore aussi complètement avec Louis XIII, était revenue trôner aux Tuileries, Luynes reçut un billet de Cadenet qui contenait cette seule ligne :

« Bernard est ressuscité. Il sort pour rendre visite au président. »

Justement le roi venait d'appeler Luynes pour lui demander des nouvelles de ce qui s'était passé la nuit entre Leonora et la reine-mère.

Il apprenait ainsi le retour de la Florentine, et là paix générale et cette menace nouvelle pour lui-même, qu'on allait braver de plus belle jusqu'en sa maison, et voulant s'affranchir de la présence des Italiens, il venait de commander ses oiseaux pour une chasse dans les marécages de Meudon, lorsque dona Estefana traversa comme par hasard la terrasse, fit un signe à Luynes, puis disparut.

Le fauconnier quitta le roi comme pour aller exécuter ses ordres, mais en réalité monta l'escalier qui conduisait chez la jeune reine.

Là, sur le palier désert, par une porte entrebâillée si discrètement qu'elle ne laissait passer que l'extrémité de deux doigts des plus blancs et des plus satinés, un souffle à peine perceptible vint frapper l'oreille du favori.

— Retardez le plus possible, lui dit cette voix, le départ de Sa Majesté pour la chasse.

Luynes, comme s'il n'eût rien vu, rien

entendu, passa outre et se dirigea vers les volières.

Cependant Louis, tout botté, son fouet à la main, préoccupé du temps qu'il ferait, plus préoccupé encore de se cacher jusqu'à son départ, pour n'être ni salué ni retenu par personne, se glissait dans le jardin, cherchant à s'y perdre. Le temps s'écoulait, l'impatience gagnait le jeune prince, qui, déjà, gourmandait en lui-même la lenteur de son fauconnier.

Le ciel, si anxieusement consulté, répondait par un de ses plus francs sourires. Un soleil, traversé par de longues bandes de nacre diaphane, sortait tour à tour de ses voiles et s'y replongeait coquettement comme pour doubler par ces éclipses le charme de cette dernière journée d'automne. Certes, le moment était favorable, et tout chasseur eût dû déjà en avoir profité. Aussi le roi passa-t-il de l'impatience à la colère lorsqu'il se vit presque oublié dans le jardin.

Luynes ne revenait pas.

Déjà Louis se préparait à remonter chez lui pour savoir la cause de ce retard inexplicable, lorsque la jeune reine déboucha du petit perron sur lequel scintillaient dans leurs vases de bronze des chrysanthèmes poudrés d'argent par les premières gelées blanches.

— Ah! sire, s'écria Anne d'Autriche en précipitant sa marche avec un gracieux empressement, je suis bien heureuse de vous trouver encore au Louvre; j'avoue que je n'y comptais plus.

— Il est vrai que je suis bien en retard, madame, répliqua le jeune prince; mais, néanmoins, supposeriez-vous que je fusse parti pour la chasse sans vous avoir saluée ce matin?

— Je sais la bonté de Votre Majesté pour sa servante, cependant comme j'avais entendu dire que vous étiez déjà loin...

— Je devrais être loin... mais, vous le savez... il suffit que je donne un ordre ici pour que nul ne m'obéisse.

— Tout le monde, repartit négligemment la reine, est un peu occupé en ce moment.

— De quoi, s'il vous plaît?

— Mais, du retour de madame d'Ancre, sire. C'est un événement, je suppose, qui peut distraire de tous les autres.

Louis regarda la reine pour démêler sa pensée, mais rien qu'une mansuétude naïve ne se jouait sur cette tranquille physionomie.

Il reprit :

— Luynes s'occuperait-il à ce point de madame d'Ancre qu'il oubliât mon propre service?

— Oh! ce n'est pas M. de Luynes, sire; car je l'ai aperçu de mes fenêtres courir, s'empresser et faire lui-même le service des officiers absents. C'est pourquoi, le voyant encore aux volières, je m'étonnais de la réponse que j'ai entendu faire au grand degré que Votre Majesté était sortie.

— On a fait cette réponse!... Qui donc?

— Votre capitaine des gardes.

— Thémines?

— Je crois que oui.

— Voilà qui est singulier. Dans quel but?

— Oh! sire, dans le seul but d'empêcher de parvenir jusqu'à vous ceux qui se présentaient. Il avait probablement ses ordres, ajouta froidement la reine, fort occupée en apparence à lisser la longue plume blanche qui pendait au feutre du roi.

— Je n'ai donné aucun ordre de cette nature, madame.

— Ce sera la reine-mère, alors, répliqua Anne d'Autriche du ton le plus indifférent. Tout ce que je puis assurer, c'est que M. de Thémines a dit : Monsieur, le roi est à la chasse, vous ne le verrez pas.

— A qui, madame, a-t-il dit cela? Qui demandait à me voir?

— J'ai vu des robes rouges, de l'hermine; il me semble avoir aperçu des gens du parlement, et parmi eux la tête blanche de M. de Harlay.

— Le premier président!... que l'on aurait congédié!

— Et qui paraissait insister beaucoup, à ce que m'a dit Estefana, car il se tenait adossé au balustre et ne s'en retournait pas.

— Ce vieillard... reçu ainsi! renvoyé ainsi! un grand serviteur de mon père!

— Un grand homme, sire!

— N'est-ce pas, madame?

— Qui s'en ira bien triste; car ses démarches sont rares et importantes. Et le plus fâcheux, c'est qu'il croira que le congé est donné par vous, sire. En effet, M. de Thémines est à vous et non pas à la reine votre mère!

Le roi baissa la tête et mordit au bord de ses lèvres sa moustache naissante.

La reine vit ses yeux étinceler sous l'ombre du large chapeau.

— Je lui ferai dire par Luynes que l'on a agi sans me consulter, reprit-il après un douloureux silence, et il m'excusera.

— Non pas! s'écria la reine, cachons, surtout à nos amis, la servitude où l'on nous réduit tous deux.

Cette adresse avec laquelle Anne d'Autriche assumait la moitié de la honte fit passer le conseil, et le roi s'associa plus volontiers à la compagne qui le ménageait si délicatement.

— Donnez-moi un bon avis, dit-il.

— Ce serait peut-être un avis imprudent, répliqua Anne, un avis de jeune tête orgueilleuse, et vous le rejetteriez avec raison.

— Quelquefois l'orgueil conseille bien, madame, parlez toujours.

— Eh bien, sire, à votre place, j'apparaîtrais tout à coup et je me ferais voir à M. de Harlay.

— Oh!... esclandre!

— Mais non, sire, vous n'êtes censé rien savoir; vous allez à la chasse, pour cela il est naturel que vous sortiez du Louvre. Sortez simplement, vous allez rencontrer les envoyés du parlement sur le degré.

Louis tordit la fine tresse de sa moustache et hésita. Anne d'Autriche fut prise d'une toux subite. Luynes se montra tout à coup sur le perron.

— Le service de Votre Majesté attend, dit-il.

Le roi, plongé dans le doute, ne songea pas même à lui reprocher le retard de ce service.

— Vous voyez, sire, ajouta la reine, qu'il vous faut décommander votre chasse si vous ne voulez pas rencontrer M. de Harlay, à moins que vous ne vous résolviez à passer par une porte dérobée.

Le roi pâlit légèrement, regarda la reine d'un air irrité, et relevant la tête :

— Ne sont-ils pas déjà partis, madame? demanda-t-il avec un reste de fluctuation.

Anne d'Autriche se tournant vers le fauconnier :

— Savez-vous, monsieur de Luynes, dit-elle, si le parlement est toujours à la porte du grand cabinet?

— Toujours, madame. On assure que le premier président a déclaré qu'il attendrait jusqu'à ce qu'on lui fît voir le roi, dût le roi ne rentrer de la chasse qu'à la nuit close.

Louis poussa d'un coup de poing la porte qui lui faisait face, traversa en trois pas la petite galerie-antichambre du grand degré, et disparut si vite, que la reine et Luynes eurent à peine le temps d'échanger un sourire de triomphe. Le fauconnier suivit son maître.

* * *

Cependant, comme l'avait annoncé Anne d'Autriche, les conseillers, assistant leur premier président, se tenaient aux portes du cabinet du roi et résistaient au capitaine des gardes, qui, fort embarrassé par leur persévérance, et n'osant employer pour les faire partir d'autres moyens que ceux de la persuasion, venait d'envoyer un de ses lieutenants à la reine-mère pour l'instruire de l'incident et prendre ses ordres.

M. de Harlay, calme comme toujours, regardait de ses grands yeux ternis cette foule de gentilshommes et d'officiers que le respect et le sentiment de leur fausse position tenaient à distance, muets, découverts.

M. de Thémines, celui-là même qui avait osé arrêter le prince de Condé, sentait battre son cœur en présence de l'auguste vieillard, et protestait de son désir de le satisfaire, tout en persistant à le vouloir persuader de ne point forcer une consigne.

— C'est une consigne que le roi lèvera, monsieur, répliqua le président. Sa Majesté est à la chasse, dites-vous, eh bien! j'ai envoyé mon bailli à Meudon pour prévenir le roi que j'attends ici son audience. Et j'ose croire que le roi voudra bien revenir un peu plus vite, pour faire attendre moins longtemps un vieillard son serviteur, qui n'a plus beaucoup d'heures à perdre sur la terre.

Le lieutenant revint et dit tout bas à M. de Thémines, dont le front se rembrunit visiblement :

— La reine veut que le parlement s'en retourne; on ne peut parler au roi.

Alors Thémines, faisant un pas vers le président et les conseillers :

— Il est impossible que vous demeuriez ici, messieurs, l'usage s'y oppose. Personne n'a le droit de séjourner par force dans le vestibule du roi.

Il n'avait pas achevé, que la porte du cabinet s'ouvrit, et le roi parut, frémissant, une main sur la garde de son épée.

Les conseillers firent un mouvement de surprise, les gentilshommes s'écartèrent, M. de Harlay seul demeura impassible au milieu de l'émotion générale.

— Monsieur le président, dit Louis en s'approchant avec une sorte de déférence juvénile, on m'apprend que vous demandez audience; entrez chez moi, je vous prie.

M. de Thémines s'inclina et quitta la partie; les seuls officiers de service demeurèrent sur le degré.

Les conseillers et leur président passèrent chez le roi; les portes se refermèrent sur eux.

Il n'y avait sur le visage de M. de Harlay ni joie du succès ni souvenir de l'affront. Grave et pensif, le vieillard semblait se recueillir pour dire mieux ce qu'il avait à dire, et voilà tout.

Mais au moment où il ouvrait la bouche pour commencer sa harangue, la porte s'ouvrit et la reine-mère entra, suivie du maréchal d'Ancre, du duc d'Espernon et du comte de Siete-Iglesias. Tous couvrirent par les plus humbles révérences l'insolence de cette invasion.

Le roi se mit à trembler, de colère assurément, et il promena ses yeux autour de lui pour y chercher un appui. La petite reine, entrée aussi par sa porte sans qu'on l'eût remarquée, était assise à sa place, à l'angle de la cheminée. Nul n'avait songé à elle. Il était trop tard pour qu'on l'allât saluer, le roi et la reine-mère occupant le milieu de la salle et fermant la route, soit aux uns, soit aux autres.

Marie de Médicis, rouge de fureur avant la première parole, semblait décidée à faire ou à soutenir un éclat. Le président la laissa commencer, il recula devant elle.

— C'est moi, dit la reine-mère interrompant le silence, qui avais fait dire à monsieur le président que le roi ne le recevrait pas. Non que je me permisse de dicter au roi ce qu'il sait si bien faire, mais pour épargner, à lui une visite importune, à vous, messieurs du parlement, une démarche inutile.

A ce discours, dont la véhémence, jointe à l'exécrable prononciation italienne de Marie, faisait un imbroglio peu intelligible, le président ne sourcilla point. Le roi prit position et dit, non sans dignité :

— De quoi s'agit-il, d'abord? Vous, madame, parlez, je vous prie.

Furieuse de se voir réduite ainsi au rôle de défenderesse, la reine-mère répondit aigrement :

— Qu'ils parlent eux-mêmes, je répondrai.

— Soit! répliqua Louis. A vous, monsieur le président.

— Sire, dit le vieillard, rien de plus simple. Il y a un mois, un homme soupçonné d'avoir assisté M. de Vendôme dans sa fuite a été assassiné dans sa propre maison, avec son fils et l'un de ses serviteurs. Ses meurtriers s'appuient de votre nom, se disent vos gens, et demandent au parlement de déclarer que le meurtre est légitime. Ils réclament, en outre, la confiscation des biens du mort.

Se retournant vers la reine-mère, sans regarder ni Concino ni les deux autres :

— Voilà le fait, dit-il.

Nul de ceux qu'il interpellait directement ou indirectement ne répondit.

— Sont-ce bien mes gens qui ont fait cela? demanda le roi.

— Votre Majesté va droit à la question, dit le vieillard avec un sang-froid qui fit battre plus d'un cœur autour de la reine-mère. Sont-ce bien les gens du roi qui ont égorgé un homme déjà vieux, un enfant de douze ans et sa nourrice? Moi, je le nie!

Commanda fleuristes et marmitons les plus huppés. — Page 700.

— S'ils ont eu à se défendre! dit la reine-mère.

— Je voudrais qu'on le prouvât, répliqua M. de Harlay.

— N'est-ce pas au procès-verbal? demanda le duc d'Espernon.

— Qui l'a rédigé? les meurtriers! dit le président.

— En vérité, vous semblez faire le procès aux gens de Sa Majesté, interrompit le maréchal d'Ancre.

— Je le fais à tout le monde, monsieur, c'est ma charge. Voilà pourquoi les rois m'ont assis sur leurs fleurs de lys! Et quand je fais un procès, je m'enquiers, je discute, et je prononce ce que ma conscience m'a dicté.

— Et que vous dicte-t-elle aujourd'hui, votre conscience? s'écria la reine-mère insolemment.

— Que le sieur du Bourdet, assassiné dans sa maison, avec ceux de sa famille, l'a été sans droit, sans cause, ou plutôt pour une cause tout à fait étrangère à la fuite de M. de Vendôme.

Le duc d'Espernon, tremblant de colère, s'approcha du roi et lui dit :

— Sire, ce mot « assassiné » s'appliquant à des soldats ou à des officiers de vos armées ne vous paraît-il pas une insulte?

— J'ai nié qu'il y eût là, reprit tranquillement M. de Harlay, des soldats ou des officiers du roi.

— Voici la commission qui les y a envoyés, dit Siete-Iglesias produisant un ordre en bonne forme, que le roi prit et parcourut avec émotion.

— En effet, voici l'ordre, murmura-t-il, ne le connaissez-vous pas, monsieur le président?

— Je l'ai vu aux pièces, sire; mais ce que je n'y ai pas vu, ce que personne n'a pu me montrer, c'est le nom du chef de cette expédition.

— MM. de Durnin et de Horcherie, dit l'Espagnol, c'est écrit.

— Voici leur dénégation formelle, répliqua le président, signée, enregistrée. Leurs noms peut-être ont figuré sur la commission, leurs personnes n'assistaient pas au massacre.

Ce nouveau mot fit bondir la reine-mère.

— Vous abusez de la patience du roi, dit-elle, monsieur le président.

— Le roi m'en avertira, madame, continua-t-il; je poursuis. Les soldats, puisqu'on prétend que ce sont des soldats, affirment unanimement, au contraire, avoir été commandés par un homme masqué d'une visière grillée, qu'ils ont cru tous être un de leurs officiers, et qui, s'il a commandé les meurtres de l'enfant et de la nourrice, a dû accomplir lui-même le meurtre du père de famille, attendu qu'il est seul demeuré enfermé avec ce malheureux jusqu'à sa mort. Il y avait trente hommes. Je les ai tous interrogés moi-même, ils ont tous répondu de même. Voici leurs dépositions, leur croix ou signature. Voyons, messieurs, quel était l'homme masqué, le chef qui a agi de la sorte au nom du roi? Déclarez-le, fournissez-m'en un, n'importe lequel, si vous voulez que je change d'opinion et que je ratifie le meurtre!

A ces mots émanant d'une dialectique si noble, si vigoureuse, devant ce rayon lumineux qui perçait jusqu'aux plus noirs abîmes du mystère, les plus audacieux pâlirent et semblèrent se consulter du regard.

— Il fallait déclarer tout simplement que M. du Bourdet avait été victime d'une attaque de voleurs, continua flegmatiquement le vieillard. Le parlement eût instruit l'affaire sans bruit, tout serait aujourd'hui terminé à la satisfaction générale. Mais on invoque le nom du roi! mais on veut un jugement qui déshonore la victime; mais on veut ruiner les malheureux débris de sa famille! C'est grave! Et ici le juge réfléchit avant de compromettre dans une telle intrigue le nom de Sa Majesté!

Le maréchal parla bas à la reine.

— Cette prétendue victime, s'écria la reine aussitôt, est un traître qui donnait asile à M. de Vendôme! cela est prouvé!

— Parfaitement prouvé, dit d'Espernon.

— Qu'on prouve au moins le contraire! ajouta l'Espagnol, dont les ongles, pendant cette scène, déchiquetaient un de ses gants.

— C'est dans ce but que je suis venu ici, répondit avec une lenteur étudiée le sévère magistrat. J'apporte au roi une lettre de M. de Vendôme; elle m'a été envoyée sans que je l'aie sollicitée. Ce témoignage va élucider toute la question

— En faveur de ce misérable traître! dit le maréchal, inquiet de cette production d'une pièce aussi importante. Vous êtes son ami, on le sait!

— Je l'étais, fit tristement le vieillard; mais cela m'est une raison de plus pour découvrir la vérité.

Le jeune roi lut tout haut la lettre suivante:

« J'apprends, monsieur le président, qu'on a tué un pauvre homme, accusé de m'avoir aidé dans mon évasion. Jamais je n'ai connu ce malheureux, jamais je n'ai mis le pied dans sa maison. J'affirme son innocence devant Dieu et devant le roi. Sa mort est un inutile et honteux assassinat!

« Signé: César de Vendôme,
« légitimé de France. »

— La belle caution, d'un conspirateur à un traître! s'écria impétueusement Marie de Médicis.

— Madame, répliqua le vieillard avec vigueur, je ne sais pas si le roi approuvera ces paroles; mais ce n'est pas à nous qu'on persuadera qu'un fils de roi, qu'un frère de notre maître, qu'un gentilhomme de cette qualité, puisse être un menteur et un faussaire.

Louis se redressa presque menaçant.

— Et je ne souffrirai pas qu'on le répète! dit-il avec une telle sévérité que toute l'assistance frissonna sous l'influence de sentiments contraires : les uns, humiliés, défiants ; les autres, ranimés et fiers.

— Je crois à la parole de mon frère, poursuivit le roi, comme je voudrais qu'il crût à la mienne.

— En sorte, reprit M. de Harlay après s'être incliné respectueusement, que si M. de Vendôme a dit vrai, du Bourdet n'était pas coupable et a été injustement mis à mort. En sorte donc que le parlement s'abstiendra de ratifier cette iniquité, comme aussi de prononcer la confiscation, le tout sans encourir la disgrâce du roi, qui jamais n'a été si bien servi qu'aujourd'hui par son fidèle parlement.

Siete-Iglesias, à son tour, parla bas à la reine.

— Et moi, interrompit Marie, emportée jusqu'au délire, je dis que la sentence sera ratifiée, la confiscation prononcée ; je dis qu'elle doit l'être à cette heure, par mes gens à moi, qui travaillent à m'obéir, tandis que vous me désobéissez ; car j'ai mes convictions, et je ne laisserai point périr l'intérêt de l'État pour sauver la mémoire d'un misérable que défendent des imprudents et des fous !

— Il n'y a d'imprudents au monde que ceux qui tentent la patience de Dieu, répondit M. de Harlay avec une majesté sinistre. Quant aux fous, il faut les plaindre ! Cependant mieux vaut être fou qu'assassin, les assassins sont punis tôt ou tard. J'attends les ordres de Sa Majesté.

— Le roi, interrompit violemment le maréchal, pâle et agité comme ses deux compagnons, le roi, que voici, a délégué son autorité à la reine, sa mère, et à des ministres dignes de sa confiance. Retirez-vous, monsieur le président. Des ordres vous seront notifiés en temps et lieu.

Le roi, en entendant ces paroles, ce congé, donné en sa présence, faillit éclater ; l'éclair jaillit de ses yeux. Un mot de sa bouche eût appelé cent épées. Il trouva soudain la main de la jeune reine dans la sienne.

Le président leur sourit mélancoliquement à tous deux.

— Adieu, dit-il, sire, et vous, madame. J'ai fait mon devoir de juge. A vous de faire votre devoir de roi.

Il salua toute l'assemblée et partit. Le roi sortit vivement et ne salua personne.

— Il y a une demi-heure qu'un autre président vient de rendre le jugement qu'il nous faut, dit d'Espernon à l'oreille du maréchal. C'est un coup manqué pour M. de Harlay.

— Oui, mais le maudit vieillard nous en garde encore un autre ! répliqua Siete-Iglesias. Alerte, messieurs !

XXX

ÉCLAIRCIES

Quand Bernard voulut se lever et marcher, c'est là que Cadenet l'attendait, il trouva la nature tellement rebelle que son premier pas fut une chute.

— Bon ! pensa Cadenet, voilà la visite au président toute faite.

Et il aida Bernard à se relever. Mais il n'avait plus affaire au Bernard d'autrefois, à l'oiseleur paisible, au pacifique garçon à marier qui se promettait le bonheur dans l'immobilité. A peine assis sur son lit, le jeune homme se recueillit, et dix minutes après recommença la tentative. Il y mit un tel acharnement, il força si intrépidement la matière à servir l'esprit, que Cadenet fut touché de ce courage, respecta une volonté qui se trahissait par de tels actes, et non-seulement n'y fit plus d'obstacles, mais l'aida de tout son pouvoir, se réservant la surveillance au besoin et la protection.

Quant à se compromettre en accompagnant le malheureux Bernard chez M. de Harlay, Cadenet n'eût pas hésité sans la crainte de compromettre aussi son frère Luynes. Il demeura donc au logis, tandis que Bernard, hissé sur une mule, paisible animal voué aux courses de la maison, se dirigeait vers le palais, suivi d'un laquais, auquel les recommandations les plus précises avaient été données.

Restait à Cadenet le plus désagréable, sinon le plus dangereux de tous ses embarras. Tant que le malade était au lit, tant qu'il était invisible, son séjour dans la maison de Sylvie ne présentait aucune difficulté ; mais maintenant qu'il sortait, qu'il rentrait, qu'il apparaissait en chair et en os, comment éviterait-on une rencontre, soit entre Bernard et Hugues, soit entre Sylvie et Bernard ? Le sort, qui finit toujours par se fatiguer d'écraser un homme, commença en cette circonstance à se relâcher de sa rigueur envers Bernard. Il voulut bien permettre que Hugues, après un copieux déjeuner composé des restes de la veille, quittât la maison pour certaines raisons de plaisir qui devaient le retenir toute la journée dehors.

Ce fut le capitaine lui-même qui annonça cette bonne nouvelle à Cadenet, au moment où ce dernier se demandait auquel des deux, de Hugues ou de Sylvie, il convenait de s'adresser préférablement pour causer de Bernard et vider la querelle entamée aux Bordes à propos de ce fatal mariage.

— Bon débarras, pensa Cadenet lorsqu'il vit le cheval du capitaine enfiler, frais et sautillant, la rue de la Cerisaie. J'aurai affaire à Sylvie ; les rancunes de femme sont plus mauvaises, je le sais bien, mais cette femme-là n'est pas sans avoir une toute petite conscience, laquelle conscience fait ses réclamations de temps en temps ; nous en profiterons, sans compter notre influence personnelle.

Il arriva un autre bonheur à Cadenet dans la même matinée. La maréchale, voulant célébrer son retour au Louvre ou plutôt le retour de ses diamants, projeta de donner une grande fête en ses appartements. La nuit, qui porte conseil, lui avait apporté ce conseil tout folâtre. Pas de fête sans la Vienne. Un écuyer vint chercher la Vienne avec ordre de l'emmener pour tout le jour.

Le baigneur maudit son esclavage et ne ménagea point les bourrades à l'écuyer ; mais cependant il s'habilla, mit sur pied son bataillon d'élite, commanda fleuristes, violons, marmitons les plus huppés, et les dirigea sur le Louvre, après avoir embrassé sa femme, qui tournait et retournait ses épaules en fille de douze ans qui boude et se frotte les yeux, pour faire croire qu'elle va fondre en larmes.

— Vous m'aviez promis, dit-elle, de me montrer aujourd'hui le pavillon de madame de Verneuil.

— Ce sera pour une autre fois, m'amour, répliqua la Vienne le cœur gros.

— Est-ce ainsi que vous me quitterez et me laisserez périr d'ennui tous les jours ?

— Nous nous hâterons de parfaire les cent mille écus qu'il nous faut pour nous retirer et vivre en princes. Puis nous dirons adieu au métier, répliqua la Vienne. En attendant, un peu de patience, chère belle. Voulez-vous pour cette journée de la musique ? Non ? Un bain au benjoin mêlé de vanille, hein ? vous l'aurez. Et puis je prierai M. de Cadenet de vous tenir compagnie. Il vous lira des vers. Il lit bien.

Sylvie se calma un peu.

— C'est entendu, je vais obtenir de lui cette demi-journée. Il n'a rien à me refuser.

— Le voilà dans la cour, ce me semble, dit Sylvie.

— C'est vrai. Oh ! les bons yeux, aussi bons qu'ils sont charmants ! s'écria la Vienne, qui fit signe à Cadenet et mit en avant sa requête.

Comme précisément Cadenet ne souhaitait rien autre chose, il consentit. La Vienne leur recommanda de ne se laisser manquer de rien, pria Cadenet de demeurer avec Sylvie dans la petite salle ou le jardin particulier, de peur qu'elle ne fût trop vue par les galants qui fréquentaient la maison. Il ajouta qu'il était excessivement jaloux, et termina en rappelant à Cadenet sa parole de ne point laisser Sylvie s'ennuyer un seul moment jusqu'à son retour.

Ayant ainsi pris toutes ses mesures, il partit pour le Louvre.

— Pardieu ! pensa Cadenet, on n'a jamais vu un mari pareil. Je l'eusse fait confectionner exprès pour moi, qu'il n'eût pas été mieux réussi.

Sylvie, bien qu'il fût à peine dix heures du matin, était déjà dans ses atours, c'est-à-dire complètement charmante. Elle avait sur les lèvres le fameux sourire dont nous savons qu'elle ne faisait pas un usage banal.

Cette distinction de l'esprit qu'il sentait chez sa compagne de solitude promit dès l'abord à Cadenet un heureux résultat. Prendre une femme au piége de son propre esprit est une des meilleures ressources du chasseur. Seulement, Cadenet, homme très-naturel, se demanda tout de suite, en examinant les yeux de l'adversaire, pour qui s'ouvrirait le piége, et il trembla que ce ne fût pour lui.

Mais le sort, nous l'avons dit, jetait ce jour-là toutes ses bonnes chances sur Bernard et son compagnon. Le premier mot de Sylvie à Cadenet fut celui-ci :

— Comment avez vous promis à mon mari de me faire société tout le jour, monsieur ? Abandonnerez-vous donc votre ami blessé que vous soignez avec tant de dévouement ?

— Ah ! mon Dieu, pensa Cadenet, elle me fournit mon exorde. Il est vrai, reprit-il, madame, que j'ai là-haut un ami : mais comment le savez-vous ? je vous prie ?

— Mon mari me l'a dit.

— Lui à qui j'avais tant recommandé le secret !

— On n'a pas de secret pour sa femme, monsieur, surtout pour une femme discrète.

Cadenet salua obligeamment.

— Supposeriez-vous, continua-t-elle, que j'aidasse par une indiscrétion à la ruine d'un de ceux que vous aimez ? Je n'ai pas l'âme méchante, croyez-le bien.

— Oh ! je le crois ! s'écria Cadenet. Comme c'est heureux ! se dit-il tout bas.

— Et je vous saurais gré, reprit Sylvie, de n'avoir avec moi aucune réserve au sujet de vos amis, même ne fussent-ils pas les miens. Car je vous vois tellement embarrassé avec moi que, je le sens, vous me cachez quelque chose.

— Quoi donc, madame ?

— Vous eussiez déjà dû me parler de quelqu'un dont vous ne me parlez pas.

— Je vous jure que je comprends mal.

— Vous comprenez à merveille. Au surplus, je vais bien vous aider. Ce gentilhomme blessé que vous cachez dans votre chambre pour qu'il échappe aux condamnations sévères prononcées contre le duel, je le connais, monsieur de Cadenet.

— Bah ! s'écria celui-ci avec stupéfaction.

— Je l'ai vu, dit froidement Sylvie.

Cadenet fit un mouvement d'effroi, qui témoignait du peu de confiance que lui inspirait la magnanimité d'une femme si curieuse.

— J'avais des doutes, continua la jeune mariée, je voulais les éclaircir, et, hier au soir, tandis que mon frère tenait tête à nos convives, tandis que mon mari servait madame la maréchale, et que vous étiez monté à votre chambre, je ne vous dirai pas comment j'ai fait, mais je suis parvenue à voir M. de Preuil, pâle et défiguré, sur son lit.

Cadenet ouvrit les bras comme un homme qui s'avoue vaincu.

— Et vous étiez resté une heure seul avec moi, dit Sylvie, et vous m'aviez conté mille charmantes niaiseries, et vous m'aviez assez misérablement jugée pour ne me pas dire : « Madame, vous voilà maîtresse de cette maison. Le hasard a voulu que j'y amenasse votre ennemi. Je le confie à votre loyauté. »

Cadenet se tut : ce fut sa meilleure réponse.

— Écoutez, lui dit Sylvie, je n'ai pas de raisons pour vouloir du bien à M. de Preuil. Il m'a fait un de ces outrages que les femmes pardonnent rarement. Peut-être si je l'eusse retrouvé dans le monde en bonnes conditions pour se défendre, peut-être eussé-je cherché à me venger, oh ! comme se venge un amour-propre sur un autre amour-propre, voilà tout, car à présent me voilà mariée, et par conséquent désintéressée aux trois quarts. Mais il s'agit d'un pauvre homme blessé, mourant ! Vous pensez donc que je me vengerais sur sa fortune, sur sa liberté, sur sa vie ?

— Eh bien ! répliqua Cadenet, apprenez donc la vérité tout entière : Bernard n'est ni blessé ni mourant ; sa fortune, sa liberté, sa vie sont toutes perdues, sans que vous vous en mêliez, et puisque vous parlez de vengeance, voyez si la destinée vous a laissé de lui un seul cheveu duquel vous puissiez exprimer une souffrance.

Aussitôt, sans préliminaires, sans restrictions, Cadenet raconta à la jeune femme l'épouvantable catastrophe des Bordes, et son récit fut plus d'une fois interrompu par les larmes et les sanglots de celle à qui la Vienne avait donné la compagnie de Cadenet comme récréative et joyeuse par excellence.

— Monsieur! s'écria-t-elle à la fin de la douleureuse histoire, je n'ai pu être sa femme, je serai sa sœur, peut-être indigne, mais dévouée. Monsieur, je vous en conjure, prévenez-le, dites-lui que je pleure et que je vais prier pour lui, et promettez-moi, sur l'honneur, que vous me conduirez à son chevet sitôt qu'il voudra bien me recevoir.

— Cordieu! vous êtes une bonne femme, vous, dit Cadenet attendri et transporté tout à la fois; il faut que je vous embrasse, madame, tant pis pour vous si vous êtes bonne en même temps que vous êtes jolie!

En effet, il l'embrassa de si grand cœur, que la Vienne lui-même n'eût pu se fâcher d'un hommage rendu avec tant de sincérité aux mérites de sa femme.

— Oh! dit Cadenet en redoublant, si l'on savait tout le plaisir que peut goûter un véritable appréciateur de la vertu!

Quant à Sylvie, elle supporta sans impatience les accès de cet enthousiasme pour sa belle action.

— Allez, allez vite, interrompit-elle au sixième remercîment, allez, monsieur, apprendre à notre ami ce que vous savez désormais que je pense.

— Mais il est sorti, dit Cadenet.

— Sorti! en un pareil état!

Cadenet acheva l'histoire par la transformation de Bernard et l'élan de colère qui l'avait conduit chez le président.

— Au moins, monsieur, dit Sylvie, allez au-devant de lui, ne le laissez pas si longtemps seul. Ramenez-le. J'irais plutôt moi-même!

— Je crois que vous avez raison, répliqua Cadenet.

Et il la quitta. Mais à peine dehors, il réfléchit que toutes ces gracieusetés de l'aimable fille n'avaient pas modifié la situation vis-à-vis de M. de Luynes, lequel lui reprocherait tout aussi bien d'assister Bernard à midi qu'il lui eût reproché de l'aider à dix heures.

Dans cette perplexité, il s'abstint, et, flânant comme un beau désœuvré le long de la rue Saint-Antoine, seul chemin que pût prendre Bernard à son retour, il le guetta pour l'avertir au passage; mais ce fut lui qu'on arrêta.

M. de Luynes apparut tout à coup à cheval au coin de la rue Saint-Paul, toucha l'épaule du rêveur et l'emmena du côté des Célestins sans que le frère cadet risquât une seule observation envers le frère aîné.

De sorte que, pendant cet entretien, des plus importants, sans doute, Bernard fut oublié absolument.

* *

Il était allé au palais, secouant, à chaque pas de la mule, son cœur endolori dans sa poitrine vide et ses idées vacillantes dans son cerveau.

Le président était sorti, nous l'avons vu au Louvre. Bernard dit son nom, s'assit dans l'antichambre, et sa fatigue était telle, qu'à peine assis, à peine délivré du souci de maintenir le corps en équilibre, il s'endormit la tête appuyée sur la muraille.

Une invitation amicale le tira de cette léthargie, il ouvrit les yeux sans pouvoir calculer combien de temps cet oubli de toute souffrance avait duré; devant lui était M. de Harlay, dont la physionomie exprimait une sorte de respect pour sa faiblesse et son malheur.

Bernard se leva; le vieillard lui prit la main, et l'emmena dans son cabinet, où il le fit asseoir.

— Je sais, dit-il, ce que vous venez faire ici. Je savais votre retraite. J'ai eu de vos nouvelles par le médecin qui vous a soigné. A votre âge on vit quand même. Vous voilà vivant. Dieu soit loué!

— Monseigneur, murmura Bernard, est-ce réellement un bienfait du ciel? Si vous me l'affirmez, je serai bien heureux, car j'aurai obtenu de vous ce que je viens chercher ici.

— Quoi donc, mon enfant?

— La vengeance! monseigneur. Qu'on ait tué mon père, mon frère; qu'on ait répondu à ma plainte par une accusation, par des menaces, soit. Dieu le laisse faire... mais, vous?...

— Moi, je n'ai pu l'empêcher, dit le président.

— C'est donc une affaire entre les meurtriers et moi. Oui, monseigneur, j'aurai bien le droit, j'espère, de leur faire payer, quand je les connaîtrai, le sang d'un vieillard, d'un enfant!... Oh! monseigneur, mon pauvre petit frère!... Faudrait-il donc que je ne tinsse pas sous mon genou, sous mon épée, celui qui a eu le cœur de poignarder cette innocente créature!

— Écoutez, reprit gravement M. de Harlay, je vous arrête ici, sur ce mot même. Vous me paraissez faire jouer à Dieu, dans cette catastrophe, un rôle au-dessous de sa toute-puissance, au-dessous de sa divine miséricorde. J'ai fait l'enquête moi-même, visité moi-même la place du meurtre, les ruines incendiées; j'ai tout vu; et si je ne sais pas tout, j'en sais plus que qui que ce soit au monde. Pleurez votre père, le plus loyal, le plus courageux de mes amis. Pleurez cette pauvre femme qu'ils ont faite martyre de son dévouement. Mais ne pleurez pas encore votre jeune frère, car rien ne prouve qu'il soit mort, puisqu'on n'a pas retrouvé son corps avec les autres.

— Monseigneur! monseigneur! s'écria Bernard au désespoir, le fleuve est grand, la berge est profonde, l'eau rapide.

— Je vous dis, continua M. de Harlay, qu'il n'y a pas eu de cadavre retrouvé dans le fleuve. Oh! vous secouez la tête; ayez donc plus de confiance dans ma parole. Si j'avais perdu tout espoir, je ne vous dirais point de ne pas désespérer.

Bernard allait répondre, quand on frappa aux portes du cabinet.

Un message fut remis au président: c'était la notification du jugement prononcé par une autre chambre contre du Bourdet et ceux de son nom; c'était l'avis de confiscation et de saisie des biens; c'était, en outre, un ordre en règle, signé Marie de Médicis, de ne donner aucune suite à l'affaire.

Le président, sans dire un mot, tendit à Bernard la signification et l'ordre.

— Mes ennemis m'écrasent! j'ai donc des ennemis? murmura Bernard avec stupeur.

— Pauvre enfant! dit M. de Harlay, ce ne sont pas vos ennemis à vous! Ah! si vous saviez! Plus tard, si je vous juge mieux, nous verrons. Soyez calme, soyez brave, soyez prêt! Vous êtes mon fils, maintenant, je veux que vous comptiez sur moi comme sur votre père. Vous protéger, vous aider, est un devoir impérieux pour moi!

— Monseigneur!

— Ce n'est pas que vous n'ayez aussi des amis. Vous en avez et de puissants, tout cachés qu'ils sont. Vous en avez, vous dis-je, témoin cette lettre de M. de Vendôme que j'ai remise au roi tout à l'heure, et qui certainement a été sollicitée de M. de Vendôme par quelqu'un qui s'intéresse à vous; car les princes ne protégent personne sans de bonnes raisons.

— Qui donc s'intéresserait à moi, monseigneur?

— Je le saurai, je vous l'apprendrai, ne fût-ce que pour vous rendre courage.

— Ce sera une compensation, monseigneur; mais veuillez plutôt m'apprendre le nom de mes ennemis. Oh! ce sera un véritable service, moins creux que l'espoir. L'espoir! c'est une torture de plus.

— Silence! soyez homme, vous dis-je. Être homme, c'est se fier à Dieu; c'est, par sa vertu et par sa patience, forcer Dieu lui-même à se mettre de notre parti.

— Ce ne sont ni mes biens confisqués, ni les menaces qu'on me fait que je recommande à la sollicitude de Dieu: c'est la vengeance, c'est mon frère, c'est...

— Je vous ai dit: silence! vos biens confisqués seront donnés à quelqu'un, j'en réponds. Ce quelqu'un, son nom nous révélera bien des choses. Je le saurai dès ce soir. Ce soir, vous le saurez de moi.

— Merci, oh! merci; mon cher seigneur!

— Et je vous répète que vous êtes mon fils, que ma maison vous est ouverte, qu'à partir de ce moment vous y pouvez loger, vivre. C'est votre asile.

— Monseigneur, je vous rends grâces très-humblement, mais il ne serait pas honnête à moi de vous apporter mes misères, mes dangers, le contact empesté, mortel de ma destinée ! Non, je saurai, comme les loups, aiguiser mes dents pour la défense et pour l'attaque. J'ai un parent dans le métier des armes, il me prendra comme soldat, il me montrera comment on se venge, comment l'on tue ! Il m'aidera lui, à qui m'avait recommandé ma mère !

— De quel parent parlez-vous? demanda le président avec inquiétude.

— D'un homme vaillant, dont l'épée eût mis en fuite tous les bandits, d'un célèbre capitaine qui n'eût pas laissé égorger son neveu et son beau-frère, du chevalier de Pontis !

— Pontis ! s'écria M. de Harlay, l'œil brillant d'un feu que jamais Bernard n'eût soupçonné en ces yeux éteints, Pontis est votre oncle ! Oh ! mon enfant, ne prononcez jamais ce nom tout haut, ne mettez point M. de Pontis dans votre intérêt, ne compromettez pas d'avance ce défenseur, l'unique ressource d'une des plus illustres causes qui jamais aient ému le monde. Bernard de Preuil, écoutez-moi bien : je vous somme, tant que je vivrai, de ne point solliciter l'aide de votre oncle. Je suis là, je suffis. Demandez-moi tout ce que vous voudrez, mais ne faites rien qui appelle l'attention sur ce nom de Pontis, qu'un jour, jour prochain, Dieu fera jaillir de l'ombre, flamboyant, terrible comme une épée du fourreau. Mon fils, au nom de votre père, au nom de votre mère, qui vous a peut-être appris à respecter ma parole, jurez-moi que vous vous tairez !

— Monseigneur, si vous me permettiez au moins de comprendre qu'un jour ceux que je pleure seront vengés.

— Ils le seront d'une façon si effrayante, que leurs cendres s'agiteront de joie dans leur cercueil comme d'autres cendres autrement fameuses qui attendent aussi la vengeance ! Mais, en voilà trop pour nous deux, reprit le président plus pâle, retournez, mon fils, retournez vous reposer ; avant la fin du jour vous aurez entendu parler de moi.

Il releva Bernard, le serra tendrement dans ses bras, sans qu'un signe d'émotion apparût sur son visage de marbre ! il le conduisit à la porte, mit un doigt sur ses lèvres, et rendra seul en murmurant :

— Oh ! oui, je le jure encore, tout sera payé à la fois.

XXXI

TRACES RETROUVÉES.

Bernard s'en revenait lentement, et déjà la mule, sentant son écurie, s'arrêtait sous la porte de la maison pour laisser descendre son cavalier, quand le jeune homme, levant les yeux, aperçut en face de lui, à une fenêtre, Sylvie, qui le regardait avec la compassion la plus tendre.

— Sylvie ! suis-je dans le pays des rêves ? se demanda Bernard, déjà troublé par l'excès des fatigues et des douleurs accumulées en cette matinée.

Son premier mouvement fut l'hésitation, le second fut de saluer d'une manière glaciale et de fuir. Mais aussitôt il entendit crier derrière lui : Bernard ! Bernard ! et Cadenet entra rapidement dans la maison du baigneur.

Cependant l'intention de Bernard n'avait pas échappé à Sylvie, qui se retira de la fenêtre, triste et découragée.

— Qu'est ceci, Cadenet? demanda Bernard, qui se laissait porter par le laquais plutôt que conduire dans une salle du rez-de-chaussée. Sylvie ! est-ce une persécution, un guet-apens ?

— J'arrive trop tard ! s'écria Cadenet. Je devais te raconter... mais le frère aîné m'a emmené, m'a fait causer, et pendant ce temps-là tu as passé. Eh bien, oui, Sylvie est ici. Je ne te le cacherai pas.

— Alors je m'en vais. Aide-moi à trouver une autre hôtellerie.

— Laisse-moi donc parler... Sylvie n'est pas du tout ce que tu crois ; elle est mariée.

— Tant mieux pour elle, mais ce n'est pas

Tous deux lui prirent une main. — Page 707.

une raison pour que je reste sous le même toit que cette femme !

— Impossible de faire autrement. L'homme qu'elle a épousé, c'est le gros la Vienne.

— Le baigneur ?

— Mon Dieu, oui.

— En sorte qu'elle est chez elle ici ; en sorte que je suis chez elle, moi !

— Parfaitement, et la maison n'en sera point pire, je t'assure.

Bernard regarda son ami d'un air assez dédaigneux, et lui dit :

— Tu comprends que je n'ai pas la prétention de t'empêcher de loger où bon te semble. Mais ce qui est peut-être pour toi un surcroît de bonne fortune est pour moi un coup de massue. Voir mademoiselle ou madame Sylvie, impossible. Voir peut-être ce grand coquin de capitaine, son escogriffe de frère, non ! non ! jamais ! Allons, sois assez bon pour me prêter une pistole, et je m'en vais.

— Que de balivernes ! murmura Cadenet en prenant le jeune homme par les épaules et en l'asseyant doucement en face d'un bon feu, dont la clarté joyeuse et la douce chaleur engourdirent un moment le sang tumultueux du pauvre Bernard.

— Que vous êtes facile ! Cadenet, répliqua-t-il ; est-ce là le monde de la cour ?

— Un peu. Mais raisonnons. J'ai causé

avec Sylvie. Ne l'as-tu pas outragée en la refusant, dis?

— J'avais mes raisons, peut-être.

— Confie-les-moi.

— Bah! à toi qu'elle a gagné, je le vois.

— Oh! oui, elle m'a gagné complétement, car elle m'a dit : Je n'ai nulle haine contre M. de Preuil. Il m'a offensée, je lui pardonne. Il est malheureux, je lui tendrai la main. Il souffre, je le soignerai. Le hasard l'a mené en ma maison, cette maison sera pour lui la maison d'une sœur dévouée.

— Elle a dit cela, Cadenet ?

— Mieux que je ne le répète. Tu comprends bien que je n'ai pas sa bouche, moi, et ses yeux, et la jolie petite main qui fait ses gestes.

— Tu penserais qu'on pût se fier à elle ?

— J'en réponds.

— Et moi je vous le jure, dit Sylvie elle-même en passant sa tête par la porte entre-bâillée. Voyons, monsieur Bernard, permettez-moi de vous serrer la main avant toute explication.

Bernard se leva et tendit ses mains avec un triste sourire. Cadenet se recula discrètement.

— Je profite, ajouta Sylvie, du moment où mon frère et mon mari sont absents pour échanger avec vous quelques paroles, car M. la Vienne ignore que je vous aie jamais connu, et je désirerais qu'il l'ignorât toujours.

— Leur mariage a été un peu précipité, tu comprends ? dit Cadenet.

— Je comprends.

— Votre conduite envers moi aux Bordes fut si cruelle!... reprit Sylvie.

— Madame...

— Il faut que vous me rendiez un service, dit-elle vivement. Je le réclame de votre loyauté. Pourquoi avez-vous rompu ce mariage si brusquement?

— Mais, de grâce...

— Pas de détours; il faut que je sache aujourd'hui quels sont mes ennemis. On m'a nui auprès de vous, auprès de votre famille. De la franchise, je vous prie. Songez qu'aujourd'hui j'ai à répondre de mon passé à un mari. Ce passé, on l'a peut-être incriminé...
De la franchise, monsieur de Preuil, je vous en conjure.

— Eh bien, madame, en effet, ce mariage allait s'accomplir; j'étais tout prêt; j'étais loin d'y avoir aucune répugnance. Tu en es témoin, Cadenet.

— Je l'affirme.

— Je n'en avais pas non plus, dit Sylvie en rougissant de telle sorte que Bernard, en toute autre occasion, lui eût su gré de cette aimable rougeur.

— A ce moment, continua Bernard, un avis nous arriva : « N'épousez pas Sylvie. » Voilà tout.

— Comment, voilà tout! s'écria-t-elle le cœur palpitant. Mais vous teniez peu à moi, pour avoir tout rompu sur des mots aussi vagues. De qui donc vous venait-il, cet avis?

— Oh! permettez, madame.

— Alors, monsieur, c'est que vous ne me dites pas toute la vérité. Ne me ménagez point, je vous le répète. Vous y mettez encore aujourd'hui une délicatesse qui me porte le plus grand préjudice. En me taisant le nom de ceux qui m'ont trahie — accusée, veux-je dire, — vous me privez de connaître des ennemis mortels, à qui, dans l'occasion, je suis femme à rendre le mal avec usure.

— Je proteste, madame, que je ne sais rien que les seuls mots dont je vous ai parlé.

— Encore une fois de qui venaient-ils ? le nom du dénonciateur?

— Je fais serment que je ne le sais pas, dit Bernard, tournant la difficulté d'un aveu par cette petite subtilité.

— Hélas! reprit Sylvie, et c'est sur un indice aussi vague que j'ai été sacrifiée, moi qui espérais tant de ma jeunesse, de ma bonne volonté de plaire! moi qui avais fait tant de serments de rendre heureux l'homme qui m'honorerait de son alliance... et qui eusse tenu ces serments!... Tenez, monsieur, voici une mauvaise pensée qui m'arrive, mais je veux vous la dire : J'eusse lutté plus énergiquement pour vous conquérir, si j'eusse pu savoir que vous n'aviez contre moi qu'un soupçon sans preuves.

Bernard baissa la tête.

— Voyez-vous, répondit la jeune femme en s'adressant à Cadenet, il ne m'estime même pas assez pour me dire la vérité. Eh bien ! je serai plus brave que vous, monsieur de Preuil, je vous prouverai ce que c'est qu'une femme courageuse, ardente au bien, ardente au mal dans l'occasion. Je vous donnerai de moi une telle opinion, par ce que vous me verrez faire, que si vous ne vous repentez point de m'avoir refusée, — peut-être avez-vous bien fait, — vous vous applaudirez au moins de m'avoir prise pour alliée, pour compagnon, pour amie. Est-ce convenu, monsieur de Preuil ? Et si je vous demande, à un moment donné, des renseignements vagues sur la dénonciation et le dénonciateur, me les confierez-vous, me connaissant mieux ?

— Tout ce que j'apprendrai, madame, je vous le ferai connaître.

— Merci. Je ne suis plus aujourd'hui la petite fille qui veut être mariée. J'ai pris un époux dont bien des gens haussent les épaules, je le sais ; mais il m'affranchit, il m'émancipe. J'ai maintenant le droit de regarder en face ceux qui, autrefois, me faisaient baisser les yeux ; j'ai le droit et la force, j'en userai pour me venger. J'espère que je m'explique.

— Vous avez aussi à vous venger ? demanda Bernard.

— Au premier venu je répondrais que, ma vie étant sans passé, mon cœur est sans fiel. A mon allié, à un gentilhomme loyal, je réponds : Oui, et cruellement.

— Pauvre la Vienne ! pensa Cadenet, pourvu qu'elle ne se venge pas trop sur lui.

— Nous voilà bien compris l'un de l'autre, conclut Sylvie. Si je ne me suis pas trompée sur votre compte à tous deux, vous devez m'aimer en ce moment un peu plus qu'il y a une demi-heure ?

— C'est vrai, repartit Bernard.

— Oh ! moi, dit Cadenet, j'avais déjà atteint le maximum !

— Vous, vous m'aimeriez trop si je le voulais bien, dit en souriant la spirituelle jeune femme.

— Je l'avoue.

— Eh bien ! nous verrons à modérer ce trop, dit-elle en regardant Cadenet, par ce trop peu, dit-elle en regardant Bernard.

Tous deux lui prirent une main ; Bernard pressa, Cadenet baisa la sienne.

— Monsieur de Preuil, ajouta madame la Vienne, sortez peu, ne vous compromettez pas. Depuis une heure mes valets m'ont rapporté qu'il rôdait beaucoup de gens suspects autour de cette maison. J'ai pensé que vous étiez fort mal logé là-haut avec M. de Cadenet... J'aime mieux, pour votre santé d'abord, pour votre sécurité ensuite, une chambre au rez-de-chaussée, comme celle où vous êtes en ce moment, par exemple. Et, dans cette prévision que vous m'approuveriez, je l'ai fait préparer pour votre usage. Elle a une sortie sur la rue. Elle communique avec une autre que M. de Cadenet pourra, s'il vous plaît, occuper, afin de se trouver toujours près de vous. Ne me contestez rien ni l'un ni l'autre. Nous sommes amis, vous m'avez donné votre parole ; et, d'ailleurs, ajouta-t-elle avec une grâce qui acheva de lui gagner les deux gentilshommes, je me suis mise tout à l'heure à votre discrétion.

Elle leur fit une révérence sur ces mots et sortit, laissant Cadenet fort épris de ces façons franches et libérales, Bernard plus étourdi que jamais de tout ce que le hasard lui déroulait sous les yeux d'événements étranges et de figures bizarres.

Un silence de quelques instants régna entre les deux amis, après que le dernier froissement de la robe de Sylvie se fut éteint dans le corridor.

— C'est qu'elle a raison, reprit Cadenet le premier, voilà dans ta chambre tous les effets que nous avons laissés là-haut. Et, Dieu me pardonne ! en voilà d'autres que nous n'y avions pas.

En effet, une armoire en bois d'ébène sculptée finement sous Henri II renfermait du linge, des dentelles et les mille recherches de la toilette d'un élégant gentilhomme à cette époque suprême de l'élégance et du bon goût.

— Oh ! oh ! dit Bernard, un moment, cette protection amicale passe les bornes. Je n'aime pas à être protégé ainsi, moi.

— Toi ! s'écria Cadenet enthousiasmé, tu n'es qu'une oie, qu'un bélître, qu'un bœuf ! et Sylvie, vois-tu bien, est une femme incomparable! Je crois que vous vous piquez de délicatesse, monsieur le croquant. Vous n'y entendez rien, auprès d'une femme !

— Là! la, dit Bernard, chacun a sa façon d'être délicat. Accepter broderies, dentelles, parfums, quand je n'ai pas même dans ma bourse la pistole que je te demandais tout à l'heure, je n'appelle pas cela une fleur de probité, mon maitre.

— En vérité, Bernard, je ne ferai jamais rien de vous. Où sommes-nous, ici? A l'hôtellerie, mon cher, dans une maison de baigneur? Qu'y fait-on? On s'y baigne, on y mange, on y boit, on y couche. As-tu vu par hasard les voyageurs, en entrant dans une bonne chambre bien chauffée, bien garnie, se dresser sur leurs ergots comme des coqs de mauvaise humeur, et dire aux valets : « Qu'est ceci?... Que vois-je ici?... Feu!... Draps blancs au lit!... Huiles parfumées!... Çà! m'insulte-t-on? Que vois-je encore?... Poulets, vins vieux, chère exquise! Ah! me prend-on pour un coquin?... Jetez-moi toutes ces délicatesses, ou je vous passe ma lame au travers du ventre! » Voilà ce que tu fais, pauvre Bernard.

— C'est fort joli ce que tu dis là ; mais ces voyageurs ont l'intention de payer ce qu'on leur offre.

— Ne l'as-tu pas, cordieu! dit Cadenet tordu comme un capitan espagnol.

— J'ai l'intention, peut-être, mais non la faculté.

— Apprends que c'est ici une bonne maison où l'on fait noblement crédit. Ne me le fait-on pas à moi depuis une année? et j'accepte pour ne point désobliger la Vienne, un homme. Que serait-ce, s'il s'agissait de ne point désobliger Sylvie, la perle des femmes!

Bernard se laissa aller dans un fauteuil, incapable de continuer une lutte avec un jouteur d'une telle logique et de tels poumons.

— Nous venons de niaiser assez, reprit Cadenet en s'asseyant près de lui et en débouchant une fiole à long col qui se rencontra sous sa main par mégarde, tant cette chambre était partout meublée. Reprenons notre sang-froid, et laisse-moi te communiquer certaines idées qui viennent de m'être suggérées par un cerveau plus exercé que le nôtre. Es-tu capable de m'entendre, pauvre Bernard?

— Oui, mon ami, je suis capable de tout, maintenant.

— Bien. Bois-moi ce doigt de vin que je soupçonne être du vin d'Alicante à ce ton bistré dans lequel tremble un rubis splendide, c'est le nectar des malades. Je crois que j'ai senti un biscuit sous ma manche ; mon Dieu oui, le biscuit s'y trouve. Cette maison est unique. Oh! bois, ce n'est point pour procurer à ton palais une satisfaction vulgaire, mais pour donner à ton cœur la force dont il a besoin pour m'entendre jusqu'au bout.

Bernard obéit et se disposa :

— Encore un nouveau choc! dit-il. Allons.

— Sinon un nouveau coup, mon pauvre compagnon, du moins un déchirement de vieille plaie. Je viens de causer avec M. de Luynes, là, près des Célestins, en t'attendant.

— Eh bien?

— Eh bien! il ne prodigue pas les paroles, tu sais, mais quand elles sortent, elles sortent bonnes.

— J'écoute ; bon ou pire, va.

— Tu m'as, ce matin, au réveil de ce douloureux somme d'un mois entier, tu m'as laissé entendre un mot que j'ai jugé être d'une certaine importance, et, je l'avoue, je l'ai rapporté à mon frère.

— Quel mot, Cadenet?

— Tu m'as parlé d'une femme qui logeait aux Bordes quand l'événement est arrivé.

Bernard rougit et garda le silence.

— D'une femme qui s'y cachait, ou qu'on y cachait, m'as-tu dit. Voyons, rétracte-toi ou poursuis, il y va de tout ton avenir, et sois plus net avec moi qu'avec cette bonne Sylvie. Quelle était cette femme?... Je crois que tu hésites...

— J'hésite, parce que je ne vois pas encore le but de tes interrogations.

— Tu ne le verras que trop tout à l'heure, ce but. Je ne suis pas un homme à dissimuler longtemps, moi ; tâche de m'imiter, pour que nous avancions un peu plus.

— Je ne sais pas le nom de cette femme,

dit Bernard, seulement c'est d'elle, je te l'avouerai, que venait l'avis que j'ai reçu de ne pas épouser Sylvie.

— Oh! oh! Quel intérêt y avait-elle donc? Comment est cette femme?

— Très-belle!

— Ce n'est pas un signalement, cela.

— Mais... enfin...

— Ah ça! voyons, tiens-tu à savoir ce que c'est que cette femme-là, ou n'y tiens-tu pas?

— Si j'y tiens! ne le sens-tu point dans mes réticences même, et dans le soin que je mets à garder le secret qu'elle m'a demandé?

— Elle t'a demandé le secret! s'écria Cadenet avec une vivacité fougueuse. Bon! retiens cela d'abord. Nous y reviendrons. Or, si tu veux savoir qui elle est, aide-moi.

Bernard traça un signalement poétique dont Cadenet fut médiocrement satisfait, déclarant que toutes les femmes du monde pouvaient revendiquer un portrait pareil.

Bernard entraîné raconta alors que cette femme mystérieuse était celle qui avait au Louvre protégé sa fuite chez la reine-mère.

— Chez la reine-mère! nous y voilà, s'écria Cadenet; elle était chez la reine-mère?

— Sans doute.

— Oh! mon frère!... comme il a toujours raison! Elle était chez la reine-mère! une de ses créatures, un de ses espions! très-bien!

— Cadenet!

— Bernard, taisez-vous, et ne faites qu'écouter, malheureux! Qu'allait faire chez vous, aux Bordes, une femme à la reine-mère, au moment où une bande de gens à la reine-mère épiaient l'heure d'assassiner toute votre famille?

Bernard, atterré d'abord, voulut ensuite se récrier, Cadenet l'interrompit:

— Pourquoi cette femme vous demandait-elle le secret sur sa présence chez vous? pourquoi a-t-elle disparu, si bien que dans tout ce procès on ne la retrouve pas?

— Malheureux! s'écria Bernard à son tour, ne vois-tu pas que la pauvre créature que tu sembles accuser aura péri comme mon petit Aubin?...

— Allons donc, interrompit Cadenet, est-ce que si elle avait péri, nous ne le saurions pas à la cour? Est-ce qu'une femme de la cour, une femme à la reine-mère, que tu as vue au Louvre, et qui a pu te faire ouvrir des portes dont la reine seule a la clef, est-ce qu'un personnage de cette importance n'eût pas fait un vide en disparaissant?

— C'est vrai, murmura Bernard.

— Est-ce que tout le monde, aujourd'hui ne te dirait pas: Mademoiselle X., ou madame X., a disparu?

— Je l'avoue.

— Donc, si on ne te le dit pas, c'est que cela n'est pas. C'est que la personne si bien cachée chez toi est revenue au Louvre; c'est qu'après avoir fait dans ta maison ce qu'on l'avait chargée d'y faire, elle vit tranquillement dans l'oubli et dans l'impunité.

— Mon Dieu! mais que peut-elle avoir fait chez mon père?

— Écoute. Quand des malfaiteurs veulent piller une maison, comment s'y prennent-ils? N'as-tu pas ouï dire que toujours ils se sont ménagé des intelligences dans cette maison pour la bien connaître, pour y bien réussir?...

— Oh! tu l'accuserais!...

— Je trouve bien plus étrange que tu ne l'accuses pas, toi, et que tu ne te sois pas déjà posé cette question: Pourquoi est-elle venue aux Bordes? Pourquoi ne l'a-t-elle pas dit depuis? pourquoi ne la connaît-on pas quand mon père est accusé de haute trahison, quand mes biens sont confisqués, quand moi-même à chaque pas je risque ma tête? Réponds à cela.

— Que veux-tu que je réponde?

— Conteste donc au moins! tu m'instruiras.

— Ne vois-tu pas que je roule d'abîmes en abîmes, d'horreurs en horreurs? Ne vois-tu pas que j'appelle la foudre au ciel, ne fût-ce que pour m'éclairer?

— M. de Luynes est plus positif que toi, lui, qui a moins d'intérêt que toi à tout savoir. Il affirme que le secret de tous tes malheurs tient évidemment à cette seule femme, et que tu ne sauras rien tant que tu ne l'auras pas découverte.

— Peut-être a-t-il raison, murmura Bernard. Car elle sait tout et pourtant elle n'a rien dit, rien pour me défendre ou me consoler. Oh! si je la voyais !

— Le désires-tu, au moins? s'écria Cadenet.

— Si je le désire ! Tiens, pour la voir, pour lui parler, je donnerais à couper mes poings, ma tête.

— Eh bien, si tu as dit vrai, si cette femme est réellement celle que tu rencontras chez la reine-mère, sa vue te coûtera moins cher que les bras et la vie. Veux-tu que je te procure cette satisfaction ?

— Cadenet !... je te le demande à mains jointes.

— Pas plus tard que ce soir, tu seras exaucé.

— Comment ?

— Ce soir, la maréchale d'Ancre reçoit toute la cour au Louvre. Toute la cour y sera, entends-tu bien ? Je dis toute. Celle de la reine-mère à plus forte raison. Ton inconnue en fait partie ; tu vois que c'est bien simple de l'y voir.

— Mais est-ce que je puis entrer au Louvre, moi ?

— Je t'y mènerai ; je te cacherai en un lieu d'où tu verras tout le monde, et je te réponds de t'y aider de grand cœur.

— Merci, mon ami, mon véritable ami. Tu viens de prononcer les premiers mots qui depuis un mois aient endormi la souffrance de mon cœur.

Un valet les interrompit en heurtant à la porte. Il tenait dans ses mains une petite cassette fort lourde, qu'il remit à Bernard.

— Qu'est-ce que cela ? dit le jeune homme.

— Vous voyez, monsieur, c'est un coffre que vient d'apporter un inconnu, à votre adresse.

Cadenet, voyant Bernard hésiter, ouvrit. Le coffre contenait mille pistoles.

— D'où vient cela? murmura Bernard ; où est l'inconnu ?

— Parti, monsieur.

— Je devine, dit Bernard ; laisse-nous, mon garçon. Vois-tu, Cadenet, c'est ce bon président qui m'a offert tout à l'heure ses services en véritable père. Mais la somme est trop forte pour que je l'accepte.

— Trop forte aussi pour qu'il l'offre, répliqua Cadenet. M. de Harlay n'est pas assez riche pour avancer mille pistoles d'un seul coup.

— Alors, qui donc enverrait... si ce n'est lui ?

Une seconde fois la porte s'ouvrit. Le même valet rentra.

— Voici une lettre avec un petit sac, dit-il, pour monsieur, de la part de M. le premier président.

Bernard et Cadenet se regardèrent.

Cadenet ouvrit le sac, qui renfermait cent ducats.

Bernard décacheta la lettre, où il lut ces mots écrits de la grande écriture solennelle du vieillard :

« Patientez avec cet argent, que vous
« envoie votre ami le meilleur. La confisca-
« tion de vos biens est donnée au comte Siete-
« Iglesias.

« ACHILLE DE HARLAY. »

— Oh ! s'écria Bernard en serrant les poings, il sera aussi ce soir à la fête de la maréchale, n'est-ce pas ? le lâche qui vole mes dépouilles sanglantes !

— Tais-toi, malheureux ! dit Cadenet, tais-toi, ou je ne te mène pas au Louvre. Ce n'est pas pour voir un homme, mais une femme, que je t'ai promis mon assistance. Tais-toi !

XXXII

L'ÉNIGME

La maréchale d'Ancre avait fait de grands préparatifs pour rendre sa fête digne des hôtes à qui elle la destinait.

Il devait être dansé un ballet curieux par les plus belles personnes et les plus galants seigneurs de la cour. On parlait aussi d'une mascarade ingénieuse et de plusieurs surprises, parmi lesquelles un feu d'artifice à l'italienne tiré sur la rivière dans des bateaux, et dont le coup d'œil serait merveilleux. La reine-mère s'employait très-activement à mettre ses propres ressources, aussi bien que son palais, à la disposition de sa compatriote.

Vers les sept heures du soir, les conviés arrivèrent.

Ce fut une affluence magnifique. Bientôt les appartements de la maréchale furent remplis, et peu à peu la galerie du Louvre elle-même, que l'on avait éclairée, fut envahie comme en une fête royale.

Cependant rien n'avait été commencé des ballets et du spectacle, parce qu'on attendait encore Leurs Majestés.

La reine-mère fit son entrée avec une grosse cour, dont les flots se mêlèrent bruyamment aux flots agités qui déjà battaient les murailles et refluaient jusque sur les paliers.

La régente était menée par le maréchal d'Ancre, qui l'avait été chercher jusqu'aux portes de chez elle. Concino rayonnait.

Recevoir chez lui, au Louvre, une reine, veuve, belle, et lui donner la main, et faire avec elle, causant bas et répondant à ses avances, une triomphale entrée devant la plus brillante assemblée de France, n'était-ce pas être le plus honoré seigneur du royaume? n'était-ce pas être déjà un peu roi?

Telle fut peut-être la pensée qui amena tant de sourires équivoques sur tant de lèvres, sourires étouffés bien vite dans la courbe d'une révérence, mais que saisissait au vol l'œil ardent, soupçonneux de Leonora, qui épiait de loin l'effet de cette entrée, et, voyant l'intelligence de son mari et de la reine, pâlissait de dépit, quand d'autres eussent rayonné d'orgueil.

Cependant il lui fallut aller au-devant de Marie pour la recevoir et la complimenter. Ce qu'elle fit, mais avec l'intraitable franchise de son caractère ombrageux, qui jamais n'avait réussi à dissimuler une impression jalouse. Son embarras, sa parole distraite tandis qu'elle regardait et admirait la reine, furent remarqués sans doute, et commencèrent à jeter autour d'elle comme un souffle de glace.

Marie de Médicis était si différente de la maréchale!

Grande, quand Leonora était petite; riche de forme et de prestance, quand l'autre était chétive et malingre; blanche, carminée, fraîche, en présence d'un teint bistré, bilieux. Autant la parure et les somptuosités seyaient à l'ample beauté de l'une, autant l'autre se sentait écrasée, enlaidie par l'enchâssement de sa toilette de cour.

Quant à Concino, se pavanant, se prélassant dans des habits de satin brodés d'or, consus de perles et chamarrés d'ordres, il portait haut sa tête, belle encore et rafraîchie par la satisfaction de commander à toute cette noblesse; lui, l'ancien mendiant aux flancs duquel avait battu tant de fois une gibecière vide, remplacée aujourd'hui par l'épée de maréchal de France.

Comme il n'était que peu de courtisans assez aveuglés pour ne point saisir ce contraste, on peut juger de la disposition des esprits au début de la soirée. La gêne fut à son comble quand vers huit heures et demie Luynes aborda respectueusement la maréchale, et lui annonça que, pris au moment même d'un malaise subit, le roi resterait chez lui, et envoyait ses compliments avec cette excuse.

Concino s'était approché à l'arrivée de Luynes; il entendit, il pâlit et regarda Leonora. Mais celle-ci, à l'aspect du désappointement de ce triomphateur, ne ressentit plus qu'une maligne joie. C'était donc enfin une goutte d'absinthe versée dans l'ambroisie de ce demi-dieu!

Concino demanda ironiquement au messager si la jeune reine aussi était tombée subitement malade. Luynes, sans paraître avoir compris cette ironie, répliqua d'un air empressé qu'il n'en était rien, que Sa Majesté allait à merveille, achevait sa toilette de bal et arriverait avant une heure.

Alors la scène changea. Leonora devint radieuse. Elle avait eu sa petite satisfaction. Concino, tout au contraire, retourna, le sourcil moins uni, vers Marie de Médicis, à laquelle on put voir qu'il reprochait cette absence du jeune roi.

— Madame, lui dit-il, ce m'est un affront sensible de la part de Sa Majesté. Voilà ce que je gagne à prendre votre parti, voilà comment votre fils s'accoutume à traiter vos serviteurs... Nous nous sommes prononcés ce matin, dans votre intérêt, contre le président en sa présence. Il nous garde rancune ce soir.

Marie sembla réfléchir et ne répondit rien.

— Faudra-t-il que nous en revenions sous ce règne, dit Concino s'échauffant peu à peu, aux vexations, aux avanies que nous souffrîmes sous l'autre, et dont nous eûmes tant de peine, vous le savez, à nous délivrer ?

Ces étranges paroles firent passer un frisson dans les bras nus de la reine-mère. Elle prit la main de Concino, la serra imperceptiblement en lui disant :

— On regarde, parlons d'autre chose.

Et s'isolant des groupes, elle sembla lui désigner un magnifique tableau de Giorgion, qu'elle admirait.

— Garde bien, Concino, reprit-elle, que sa rancune contre toi ne vienne de plus loin que de cette affaire de Vendôme !

— Elle a été ravivée par quelque trahison de la maudite simarre rouge, dit le maréchal. Il ne perd jamais ses paroles, comme vous savez, et ce matin il en a prononcé beaucoup sur les assassins...

— Que j'ai parfaitement entendues, et que je n'oublierai point, ajouta la reine. Mais quittons-nous, voici Leonora qui boude.

— Comme toujours quand je vous parle. Voyez-la un peu... calmez-la, pour qu'elle se contienne mieux devant tout le monde.

— Je m'en y vais tout à l'heure, répliqua-t-elle.

Il salua profondément la reine, et la remettant à un autre groupe de princes et de dames, passa près de Leonora, qui lui dit aigrement :

— Au lieu de ne causer qu'avec la reine, causez donc un peu avec vos amis. Voilà M. d'Espernon, M. de Siete-Iglesias et la marquise de Verneuil qui vous cherchent ; vous feriez mieux de surveiller vos affaires, qui vont si mal. Croyez-vous que cette absence du roi ne cache pas quelque chose ? Insensé !... Mais non, il aime mieux faire le jeune homme avec les coquettes !... vieilles comme lui !

En parlant ainsi elle le quitta.

Mais ce qu'elle avait dit était vrai. La marquise de Verneuil venait d'entrer, mal entourée comme toute ancienne gloire qui a perdu ses rayons. Après une révérence à la reine-mère, qui depuis 1610 ne lui faisait plus même l'honneur de la craindre, la favorite du feu roi, la célèbre Henriette de Balzac d'Entragues, marquise de Verneuil, avait rejoint avec sa fille un petit cercle d'amis parmi lesquels Siete-Iglesias se montrait le plus fervent admirateur.

L'ancienne beauté tant fêtée avait fait place à un funeste embonpoint sous lequel tant de grâces mignonnes étaient ensevelies. Mais ce qu'avait perdu le corps en finesse, l'esprit l'avait-il aussi perdu ? Le génie du mal avait il cessé d'habiter sous cette couche épaisse de graisse, ou plutôt ne s'y sentait-il pas mieux caché derrière un masque moins transparent ?

A côté d'Henriette se tenait sa fille Gabrielle de France, née d'Henri IV, princesse de quatorze ans, que son nom et l'immense fortune de sa mère faisaient l'un des plus splendides partis de France. Le comte de Siete-Iglesias, ami de la maison, se donnait là beaucoup de mouvement pour accaparer tous les sourires.

Concino s'approcha. La vile marquise, qui si longtemps avait prétendu au trône de France, ne rougit pas de saluer ce parvenu, jadis son valet, comme elle eût salué une majesté. Elle décida moins aisément sa fille, en qui, malgré la tendre jeunesse, vivait et se révoltait le sang d'un véritable roi.

Alors commença, dans un coin de cette galerie, entre les quatre personnages qui s'étaient réunis, d'Espernon, Concino, l'Espagnol et la marquise, un entretien dont nul n'eût soupçonné l'importance à voir le calme des uns et la banale physionomie des autres. Ce fut M. d'Espernon qui commença.

— Voici, dit-il, mes rapports de la journée. Ce matin, le président a reçu en audience un jeune homme qui n'est autre que le beau-fils de celui que vous savez, des Bordes, échappé on ne sait pourquoi au piège.

— Et ce jeune homme, ajouta la marquise,

La voilà, dit-il, la voilà ! — Page 716.

est logé, d'après mes rapports à moi, chez la Vienne, où son ami, le petit Cadenet, l'avait apporté en secret après l'événement.

— Voilà donc pourquoi, interrompit Concino, ce Luynes disait son frère malade. Il y a complot de ce côté. Ces frères-là nous gênent ; je m'en débarrasserai. Moi, ajouta-t-il, j'ai fait rendre ce matin le jugement et notifier au vieux président un ordre de la reine. C'est à n'y plus revenir.

— Oui, dit la marquise, mais le jugement ne nomme que du Bourdet et un fils qu'il avait. Il ne mentionne pas cet autre ressuscité qu'on appelle de Preuil, et qui voudra peut-être suivre quelque vengeance.

— Ses biens sont confisqués, il n'a plus un denier ; d'ailleurs, nous le surveillerons, répondit le maréchal : le danger n'est pas là. Voilà donc tout ce qu'on sait du président ?

— Oh ! j'apporte mieux que vous tous, dit alors Siete-Iglesias lentement comme un orateur sûr de son effet à l'avance. Aujourd'hui, tandis qu'on le croyait enfermé dans son cabinet de travail, au Palais, le président est descendu et resté une grande heure dans le cachot de mademoiselle de Coman.

A ce nom, prononcé seulement des lèvres, il y eut, chez les trois interlocuteurs, un mouvement d'épouvante aussi vite réprimé qu'il s'était produit. Le maréchal se détourna pour répondre à quelques personnes qui demandaient si les branles ne commenceraient pas bientôt.

La marquise profita de ce répit pour dire bien haut à l'Espagnol :

— Est-ce qu'on ne verra pas encore ce soir votre belle comtesse ? Elle a été malade, je crois.

— Elle est là-bas, quelque part, répliqua Iglesias d'un ton de froid oubli, qui n'était qu'une basse courtisanerie de plus.

L'interruption finie, Concino revint à l'entretien principal.

— Êtes-vous bien sûr de ce que vous dites ? demanda-t-il au comte.

— Comme je suis sûr que je vous parle.

— Encore cette Coman ! dit M. d'Espernon, le sourcil froncé.

— Durera-t-elle toujours ? fit tranquillement la marquise.

— C'est un épouvantail absurde, reprit Concino ; n'y a-t-il pas un proverbe de droit qui dit : *Testis unus, testis nullus.*

— Sans doute.

— Qu'est-ce que cela veut dire ? demanda d'Espernon, dont l'ignorance était proverbiale.

— Cela veut dire, duc, répondit la marquise, excellente rhétoricienne, un seul témoin, pas de témoin.

— Eh ! voilà tout ce qu'il faut, parfandious ! s'écria le duc.

— Fort bien, repartit l'Espagnol ; mais si M. le maréchal sait ce dicton, il faut supposer que le président aussi le sait, et s'il le sait il ne s'exposera pas à ce qu'on le lui objecte.

— Que fera-t-il alors, dit le maréchal, puisque son second témoin n'existe plus ?

— Il en trouvera un autre, à l'aide duquel il recommencera le procès, répondit Siete-Iglesias, et alors cette Coman jouera un terrible rôle !

— Oh ! oh ! est-ce tellement facile ? s'écria d'Espernon.

— Peut-être... dit la marquise rêveuse. En tout cas, la chose mérite examen. Venez tous trois, demain, par exemple, souper ou faire semblant à mon pavillon de la Cerisaie... que vous avez connu, duc.

Espernon rougit et regarda autour de lui.

— Que vous connaissez, comte.

Siete-Iglesias sourit et baisa la main de la marquise.

— Que vous connaîtrez, monsieur le maréchal, ajouta-t-elle, et qui en vaut la peine, car la Vienne l'a fait arranger délicieusement.

Le maréchal se retourna brusquement. Luynes, les yeux fixés sur un tourbillon de femmes et d'hommes entraînés par les danses, était adossé à un pilastre, demi-souriant, à trois pas derrière le groupe infernal.

Concino tressaillit, et l'Espagnol lui dit tout bas :

— Toujours ce fauconnier ! Ne parliez-vous pas tout à l'heure de lui faire prendre son vol plus loin ?

— Tout de suite, repartit le maréchal, qui vint à Luynes et lui toucha famillièrement l'épaule.

— Pardieu ! monsieur de Luynes, dit-il, on dirait que vous dormez debout.

— Au moins rêvé-je, monsieur, repartit Luynes ; car toutes vos magnificences sont une vision magique bien plutôt qu'une réalité.

— Le bien vient en dormant, dit-on, jeune homme ; je vous apporte une bonne nouvelle...

— Faites, monsieur.

— Le gouvernement d'Amboise est vacant — cent mille livres ; — il est à ma nomination, je vous le donne.

— C'est un présent royal ! s'écria Luynes ; grand merci, monsieur.

— Soixante lieues de Paris, dit Concino bas au comte, et résidence forcée... Ainsi vous voilà bien content, ajouta-t-il en souriant à Luynes.

— Désolé, monsieur, au contraire ; car je ne puis accepter, répliqua le fauconnier.

— Comment cela ?

— Et ma charge ?

— Vous ne quitteriez pas pour cent mille livres votre fauconnerie de quatre cents écus ! dit Concino stupéfait.

— Ce n'est pas à la charge que je tiens, monsieur, c'est au roi ! Mais voulez-vous utiliser vos bonnes grâces en faveur de ma famille? J'ai mon frère Brantes, dont cette position fera la fortune.

— C'est que...

— N'en parlons plus, monsieur le maréchal. Excusez ma liberté...

— Si c'était pour M. de Cadenet au moins, dit Concino. Je ne le vois pas; où est-il donc?

— Il était à mes côtés il n'y a qu'un moment. Je le crois sorti ou en affaires...

— A lui, je donnerais encore ce gouvernement pour vous faire plaisir, ajouta le maréchal. Nous en reparlerons, plus mûrement qu'au bal.

— Les branles commencent, dit vivement Siete-Iglesias, et je mène la fille de madame de Verneuil.

Il faussa compagnie au même instant. Concino en fit de même.

— Ah! l'on veut m'éloigner! pensa Luynes. Bon! je vaux donc quelque chose.

Comme il suivait des yeux les débris du quatuor qui se fondaient parmi les danseurs, il fut abordé par Cadenet essoufflé, embarrassé de conserver fraîche, dans cette chaleur et dans cette foule, une toilette de fort bon goût que le coup d'œil inquisiteur du frère aîné semblait lui reprocher quelque peu, et lui recommander de ménager le plus possible.

— Ne dansez pas trop, Cadenet, dit Luynes, et suivez ce soir avec le plus grand soin : M. le maréchal, madame de Verneuil, le comte Siete-Iglesias et M. d'Espernon.

— Bien monsieur.

— Soyez toujours sans affectation derrière l'un ou derrière l'autre de ces quatre personnages, surtout quand ils se réuniront deux à deux ou les quatre ensemble.

— Je le ferai.

— Et, en ce cas, ne fût-ce qu'un mot, ne fût-ce qu'une syllabe, ne fût-ce qu'un coup d'œil qu'ils échangeront, ne le perdez pas! reportez-le-moi fidèlement.

— J'en réponds.

— Où courez-vous encore?

— Je voulais, avant d'exécuter vos instructions, faire placer commodément notre pauvre protégé Bernard, car plus tard, la foule sera si grande qu'il se perdrait, et ne pourrait plus me rejoindre.

— Pourquoi vous rejoindre?

— Mais, monsieur, pour me désigner, s'il l'aperçoit ici, la personne en question.

— C'est vrai. Eh bien, où comptez-vous le mettre?

— Sur l'escalier, parmi les écuyers et les pages.

— Non pas! s'écria Luynes; il pourrait être reconnu, on demanderait qui l'a amené... vous nous mettriez dans l'embarras! D'ailleurs, il verrait mal, et la majeure partie des figures lui échapperait. Placez-le dans la petite antichambre de la galerie par où doit arriver la reine. Par les portes vitrées il verra circuler tout le monde, et, en cas de besoin, il pourrait s'échapper par la galerie elle-même. Allez!

— J'y vais, monsieur.

— Et recommandez-lui la prudence... oh! sur sa tête!

— Il est si faible, le pauvre garçon, qu'il aura tout au plus la force de se tenir debout.

Cadenet se faufila dans la foule et disparut. Il avait amené Bernard jusqu'au bas de l'escalier et celui-ci dévorait déjà avidement tout ce qu'il pouvait apercevoir de visages de femmes.

Mais peu à peu sur ce degré il s'était accumulé un tel encombrement de pages, de laquais et même de conviés cherchant la fraîcheur, que le pauvre Bernard ne voyait plus rien. C'est à ce moment que Cadenet vint le prendre pour le conduire au bon poste désigné par M. de Luynes.

D'abord cette antichambre était déserte; ensuite elle était meublée de banquettes sur une desquelles Bernard s'assit, écrasé de fatigue, reposant ses yeux dans l'ombre de ses deux mains pour qu'ils fussent plus frais au moment de bien voir. Cadenet lui fit les recommandations les plus sérieuses, et allait se retirer, quand Bernard, installé derrière la porte vitrée, le pria froidement de lui désigner dans cette foule M. Siete-Iglesias.

— A quoi bon? dit Cadenet. Vas-tu déjà te soulever la bile?

— Tout au contraire, mon ami, répliqua Bernard. Dans l'ignorance où je suis, je prends toutes les figures qui passent pour ce coquin d'Espagnol, et ma bile, comme tu dis, s'agite dans une tempête continuelle. Une fois que j'aurai séparé ce voleur de tous les autres assistants, je reposerai ma vue tranquillement, et avec une certaine satisfaction, sur des visages que je saurai n'être pas figures de bandits.

— Ce que tu dis me paraît plausible. Voyons un peu que je cherche à te satisfaire : quel est celui-là, si brun?... non, c'est le duc de Feria, l'ambassadeur d'Espagne, une autre espèce... Tiens, je crois que voilà... Non, c'est le maréchal d'Ancre.

— Ah! montre un peu, je te prie.

— Éblouissant, ruisselant, écrasant, un Jupiter! le vois-tu? Eh! pardieu, ton Espagnol est auprès de lui. Il reconduit la fille de madame de Verneuil.

— Cette charmante jeune fille?

— Dont la main est dans la main de l'Espagnol que tu cherches.

Cadenet, en parlant ainsi, regarda Bernard, dont les yeux vacillèrent dans leurs orbites, comme s'il luttait contre un éblouissement. Ses lèvres se pincèrent. A la contraction de ses joues, dans lesquelles se creusa un pli, on devina que ses dents grinçaient de colère ; mais peu à peu l'orage passa. Bernard avait dompté son sang.

— Bien! tu es un brave garçon, dit Cadenet. Sois toujours aussi fort, aussi sage, au cas où tu verrais apparaître la femme en question.

— Mais je ne la vois pas et ne la verrai pas, reprit Bernard, promenant çà et là un regard découragé.

— Tu n'as pas tout vu encore. Laisse un peu les différentes vagues se mêler.

— Bien. J'aurai rêvé cela, vois-tu. Cette femme-là n'existe point.

— Plaisantes-tu?

— Non, je dis ce que je pense.

— Ta rencontre avec elle dans le cabinet de la reine-mère...

— Ai-je jamais été dans ce cabinet... dit Bernard d'un air égaré.

— Ta seconde entrevue avec elle dans la chambre de ta mère.

— Ma pauvre mère! s'écria le jeune homme à moitié fou.

— Toutes ces lumières, tous ces parfums l'enivrent et le font extravaguer, pensa Cadenet. Allons, le voilà qui retourne au Siete-Iglesias. Son œil s'allume. Eh! Bernard! Bernard?...

Le jeune homme s'était soulevé, rapproché de la cloison de vitres, sur laquelle son souffle ardent absorbait la vapeur ruisselante. On eût dit qu'à force de regarder, de chercher, il allait dévorer l'obstacle.

Soudain il se dressa tout à fait, poussa une sorte de rugissement étouffé, puis saisissant la main de Cadenet dans une étreinte violente comme la morsure d'un étau :

— La voilà! dit-il, la voilà!

— Où? demanda Cadenet avidement.

— Nœuds de velours rouge, semés de diamants, corsage blanc brodé d'or avec garniture de rubis. Tiens! tiens donc!... elle vient de ce côté, elle demande qu'on ouvre la porte vitrée, elle parle à ce misérable Iglesias!

— Mais tu te trompes! c'est sa femme! s'écria Cadenet.

— La femme de cet Espagnol!

— Oui, évidemment tu te trompes, Bernard... Mais non, tu ne te trompes pas! elle est bien à la reine-mère, elle est bien du parti de tes ennemis, elle est bien la femme de celui à qui l'on a donné la confiscation de ton bien... Vois-tu ce que je te disais, Bernard, le vois-tu?

Le visage du jeune homme exprimait une telle horreur, qu'on eût dit le masque d'un de ces malheureux qu'avait pétrifiés Méduse.

A ce moment, les portes vitrées de la galerie s'ouvrirent pour laisser passer un peu d'air frais dans la salle embrasée.

XXXIII

L'EXPLOSION

C'était bien Marguerite que Bernard venait de reconnaître. Elle s'avançait lente et comme inclinée sous le poids de sa parure ou de ses songes mélancoliques. Mélancolie, oiseau funèbre et lourd qui courbe les fronts en s'y posant, et cercle de son ombre bleuâtre les yeux fatigués de qui le porte.

Riante et vermeille, Marguerite, en ses jours de soleil, n'était pas plus belle que ce soir-là, pensive et pâlie par la pensée. Son teint, d'un blanc de nacre, sur lequel frissonnait, comme un reflet de nuage qui passe, l'inflexion poétique de son col si riche et si purement modelé, la suave morbidesse de tout son être, inspiraient autour d'elle l'idée du plus sérieux hommage qu'on doit à la souffrance. Parmi tous ces gentilshommes qui se disputaient ses sourires, il n'en était pas un seul qui ne fût prêt à l'idolâtrer depuis qu'elle ne souriait plus. Aux questions pleines d'intérêt qui se succédèrent sur sa santé, sur l'état de son esprit, la comtesse répliquait vaguement qu'à peine remise d'un malaise de quelques semaines, elle n'eût pas dû commettre l'imprudence de respirer l'air brûlant de ce bal de madame d'Ancre, et qu'un peu de fraîcheur la remettrait.

Justement le comte venait de reconduire mademoiselle de Verneuil et passait. Il vit sa femme ainsi languissante et entourée, se crut obligé d'approcher ; l'essaim des jeunes solliciteurs se dispersa devant lui.

— Vous paraissez malade, dit-il, comtesse, vous devriez peut-être retourner chez vous plutôt que d'apporter ici ce visage funèbre.

— Je me consulterai, monsieur, répondit-elle en continuant de marcher avec un certain effort, pour ne pas arrêter ses yeux sur son mari.

Il réprima un mouvement d'impatience, et, la retenant par la pression imperceptible de ses doigts sur la manche de satin guillochée de passementeries d'or :

— Pardon, dit-il tout bas en souriant avec une aisance dont la familiarité exagérée cachait toute sa colère, ce n'est point ainsi que je veux qu'on me réponde. Chez vous, que vous vous enfermiez, que nous ne nous apercevions plus, ce sont vos caprices, gardez-en l'explication, je ne vous la demande pas ; mais en public, ne soyez pas moins agréable avec moi qu'avec ces étourneaux français qui vous font cortège. Je ne réclame que l'apparence, entendez-vous ? peu m'importe le fond. Remarquez seulement que je souris en vous parlant. Imitez-moi, et bien vite.

Marguerite releva la tête, et pendant qu'elle le regardait une pâleur effrayante s'étendit sur ses joues. Elle ne put, malgré la violence qu'elle se fit, réussir à sourire. Lui, étonné, vaguement inquiet de cette lutte qu'il devinait sans en comprendre la cause, souleva la main de sa femme, la baisa galamment, longuement, et après cette prise de possession publique, il s'éloigna laissant la comtesse passer dans le vestibule de la galerie, où l'appelait un souffle rafraîchissant, où l'appelait aussi sa fatale destinée.

En effet, tant que Bernard ne vit qu'elle, tant qu'il la vit triste et pâle, son esprit, écrasé comme son corps, demeura dans la stupeur. Il n'avait pas assez d'yeux pour dévorer cette femme, son premier amour, cette victime qu'il avait pleurée autant que son frère, autant que son beau-père, l'associant à leur pensée, la suivant de son désespoir dans le même tombeau ; et voilà que cette femme était vivante, seule vivante, après avoir entassé les morts autour d'elle ! voilà qu'elle apparaissait au sein des splendeurs de la vie, chargée des dépouilles de ses victimes ; voilà qu'elle était la compagne du plus odieux des hommes, son associée pour le butin ! Voilà qu'à trois pas de Bernard cet homme lui souriait en lui baisant la main !

Le sentiment qui réveilla Bernard, amour froissé ou haine mortelle, fit une explosion si violente, qu'elle brisa en son cœur le peu de fibres qui l'attachaient encore à l'humanité.

Malgré les efforts de Cadenet, qui, trop tard, avait surpris l'éclair de son regard, il fit un pas hors de l'angle de sa retraite, et se plaça sur le passage de la jeune femme qui avançait machinalement vers la galerie.

Marguerite, les yeux baissés, précédait de quelques pas à peine un groupe de dames et de cavaliers attirés comme elle par la fraîcheur de ce vestibule. Tout à coup, voyant une ombre sur son chemin, elle leva la tête et reconnut Bernard, dont le visage, bouleversé par d'inexprimables souffrances, était à lui seul une révélation.

— Oui, c'est moi, madame, dit-il d'un ton qui annonçait le désordre de ses idées.

Elle s'arrêta muette, épouvantée de le voir si tremblant, si livide, épouvantée seulement de le voir.

Cadenet, saisissant Bernard par le bras, cherchait à l'emmener, lui rappelant à l'oreille qu'il violait à la fois sa promesse et la majesté d'un palais de rois.

A l'aspect de cette figure étrange, campée les bras croisés dans le milieu du vestibule, au petit cri qu'avait laissé échapper Marguerite, plusieurs personnes s'étaient approchées, questionnaient, observaient.

— Tu peux encore échapper si tu te tais, si tu fuis, glissa Cadenet à son ami, dont il étreignait courageusement la main. Mais si tu persistes, je t'abandonne.

Bernard n'entendait pas plus cette voix qu'on n'entend près du volcan qui gronde le chant de l'oiseau ou la chanson du pâtre à deux lieues sur la riante colline. Ce volcan chargé de tonnerres, c'était son cœur.

— Madame, demanda-t-il à Marguerite, qu'est devenu le corps de mon frère ? répondez-moi seulement sur ce point ; je vous tiens quitte du reste.

Chacun entourait la jeune femme, chacun attendait encore ; mais déjà le bruit était arrivé aux oreilles du comte. Il revenait sur ses pas, et de loin, tout en approchant, il s'informait comme les autres.

— Silence ! murmura Marguerite au jeune homme avec un suppliant regard. Attendez !

— Oh ! oui, silence !... je sais... s'écria-t-il, éclatant d'un rire amer. C'est toujours votre habitude de recommander le silence... oui, oui, oui, l'ombre et le silence... pour favoriser le crime... Mais après, pourquoi n'y restez-vous pas éternellement plongée, pourquoi vous produisez-vous dans cette flamme, dans ces lumières ? Si vous ne voulez pas qu'on vous reconnaisse, ayez la prudence de ne pas vous montrer.

— Qu'est-ce que cela ? dit le comte se mêlant au groupe. Que veut cet homme, avec sa figure bouleversée ? est-ce à vous qu'il parle ainsi, madame ?

— Oui, c'est à madame, répliqua Bernard, que la présence du comte venait de jeter de la colère dans la fureur, et qui s'approcha de sa nouvelle proie, les yeux sanglants, les mains crispées.

— Je ne le connais pas, s'écria vivement Marguerite.

La fureur de Bernard devint folie.

— Vous ne me connaissez pas, dit-il d'une voix désespérée. Eh bien ! si vous ne me connaissez pas, qu'êtes-vous venue faire dans ma maison ?

Marguerite frissonna et fit un mouvement pour fuir.

— Dans sa maison ? murmura le comte.

— Nous vivions tranquilles, nous étions heureux, poursuivit Bernard incapable désormais de se maîtriser ; soudain vous êtes apparue, et avec vous le meurtre, l'incendie, la ruine ! Je vous le répète, oh ! n'essayez pas de m'échapper, car je vous forcerai de répondre, vous ou ceux qui vous assistent. Qu'êtes-vous venue faire chez moi ? pourquoi êtes-vous vivante quand mes amis sont morts ? Où est le cadavre du pauvre enfant, mon frère, dont vous avez ensanglanté l'hospitalité ?

Un murmure d'indignation et d'horreur courait parmi les assistants. Siete-Iglesias soutenait sa femme chancelante.

— Qui êtes-vous donc ? dit-il à Bernard.

— Vous le demandez ! répliqua celui-ci en délire. Est-ce que je vous demande, à vous, qui vous êtes ? Est-ce qu'en voyant la femme, je ne reconnais pas le mari ? En vérité, l'honnête couple ! La femme choisit les victimes, le mari les dépouille !

— Misérable ! s'écria Iglesias, prêt à s'élancer sur son ennemi.

— Ne m'as-tu pas dépouillé? répliqua Bernard ; n'as-tu pas pris la confiscation de mes biens, toi qui plies déjà sous le poids des richesses, et ne sais-tu pas que cet héritage est ramassé dans le sang de mon père et de mon frère? Ta femme ne te l'a-t-elle pas dit, elle qui les a vu égorger, elle qui, peut-être, a ouvert la porte aux assassins ?

Deux cris répondirent à cette foudroyante accusation : un cri de désespoir et d'horreur, Marguerite venait de le pousser en regardant son mari qui ne démentait pas Bernard ; l'autre, étouffé, terrible, arraché au comte par cette révélation mortelle.

Il ne restait plus à Siete-Iglesias qu'une ressource, la violence. Placé comme il l'était entre la honte et la crainte, ce terrible adversaire méditait déjà quelque moyen désespéré, lorsque derrière Bernard on entendit des pas, des voix et ces mots : La reine! prononcés par les huissiers de la galerie, en même temps que s'avançaient les pages et les officiers de servie.

Le comte courut à Bernard, que déjà Cadenet, Luynes et un petit nombre de gentilshommes compatissants cherchaient à entraîner avant l'arrivée des gardes requis pour l'arrêter par d'Espernon et la maréchale d'Ancre.

— Je te retrouverai, mort ou vif ! lui dit-il avec un formidable accent de haine.

— Sans courir bien loin, répliqua Bernard tressaillant d'une joie sauvage, car je te suivrai pas à pas, jusqu'au jour où, sans épée, sans poignard, avec mes ongles, j'en jure le Dieu vivant, je t'arracherai le cœur !

Cependant, Anne d'Autriche arrivait ; elle avait vu de loin le tumulte : Luynes, d'un mot, lui avait tout appris. Les gardes cherchaient Bernard au milieu de la foule.

La comtesse, éperdue, s'alla jeter aux pieds de la jeune reine, qui la releva, et lui serrant mystérieusement la main :

— Ah ! c'est le fils de ce du Bourdet, dit-elle tout haut. L'infortuné! Ne craignez rien, comtesse ; que peut-il résulter de cet événement? Ne sait-on pas que ce jeune homme est fou depuis la mort de son père? La confiscation de ses biens l'aura achevé. Quels cœurs assez barbares pour n'excuser point cette folie? Allons, messieurs, qu'on n'y pense plus ; qu'on laisse ce malheureux !

— Vous êtes bien indulgente, madame, dit la reine-mère avec un rire forcé, seule réponse au salut que venait de lui faire sa belle-fille. Ce serait un mauvais exemple que cette indulgence pour ceux qui ne savent point obéir aux volontés du roi.

— Le roi ne s'en plaindra pas, je me porte caution pour lui, répliqua Anne d'Autriche d'un ton si poli et si fier à la fois que la régente rougit et n'ajouta pas un mot. Anne poursuivit son chemin jusqu'à la place où l'attendaient le maréchal et Leonora, troublés de cette froideur majestueuse comme aussi du murmure d'admiration et de sympathie qui s'était élevé partout sur le passage de la reine.

Peu à peu le bruit des instruments, l'animation des danses, la magnificence du divertissement captivèrent l'attention des assistants et firent oublier ce scandale, d'ailleurs restreint aux limites du vestibule et dont peu de gens avaient été témoins, bien que tout le monde en chuchotât d'abord avec les ornements d'usage.

Le feu d'artifice, éclatant après le premier ballet, acheva de détourner les idées.

Marguerite voulait profiter de ce mouvement pour partir et se cacher à jamais chez elle.

Siete-Iglesias la retint.

— Non, dit-il, vous resterez. Partir en ce moment serait une faute, et je veux que la malignité ne trouve plus désormais matière à s'exercer sur vous et sur moi. Restez. Nous voici à une fenêtre d'où l'on voit admirablement le jeu des artifices. Restez, vous dis-je, et profitons d'une circonstance où nul ne s'occupe de nous pour nous en occuper sérieusement nous-mêmes.

Marguerite appela à elle ce qui lui restait de forces, elle supplia Dieu de l'aider, et attendit.

— Vous concevez bien, dit l'Espagnol, que je ne suis pas votre dupe, je ne suis pas dupe non plus de la reine. L'accusation de ce jeune homme est vraie.

— Laquelle? demanda Marguerite, est-ce celle qu'il dirige contre vous?

— Oh! voilà de la vigueur. Tant mieux, j'en serai plus à l'aise. Non, madame, je parle de ce qu'il vous reproche à vous... Je parle de votre présence en sa maison... Oui, vous allez me répondre ce qu'a répondu la reine : Il est fou ! C'est fort ingénieusement trouvé, la reine est en effet plus forte que je ne le croyais. Mais libre aux autres de croire la reine ; moi, je préfère croire ce jeune homme. Il a des yeux perçants qui voient bien, il s'exprime sans hésitation, il dit ce qu'il a vu, et vous êtes si belle qu'il ne peut vous méconnaître ; donc vous avez été aux Bordes ? Répondez.

— Priez-moi de ne pas répondre, dit froidement Marguerite.

Le comte se méprit à ce calme qui coûtait si cher à la jeune femme, et répliqua vivement :

— N'espérez point me donner le change. Depuis longtemps je soupçonnais. Toutes mes combinaisons déjouées, tous mes secrets pénétrés, trahis, les coups qui m'arrivaient du fond d'une ombre impénétrable, m'avertissaient assez que j'avais un ennemi dans ma maison. A voir vos yeux limpides, votre douceur hypocrite, vos candeurs de sainte, j'ai été grossièrement trompé. Le traître c'était vous !

Marguerite se tut.

— Mes lettres d'Espagne, les avis de mon oncle me signalaient un piège tendu sous mes pas, une intelligence nouée contre moi et mes amis par la jeune reine soutenue de quelque agent demeuré inconnu. Cet agent, je le connais enfin.

Marguerite pâle comme un spectre, au reflet tantôt rouge, tantôt livide des fusées et des feux génois, restait adossée à la fenêtre, sa main étreignait convulsivement le balcon.

— Ainsi donc, continua Siete-Iglesias, l'enlèvement de M. de Vendôme, la résurrection du vieux parti, la révolte en faveur du petit roi contre la régente et ses partisans, le plan de ruiner la vieille cour en faveur de la nouvelle : voilà votre ouvrage. Vous conspirez contre votre maîtresse, contre moi ! et voilà pourquoi vous vous êtes alliée à un de nos mortels ennemis ; voilà pourquoi vous êtes allée chez le père de ce jeune homme.

Même silence, même immobilité de la généreuse femme.

— C'est grave, reprit Siete-Iglesias, car vous comprenez que je représente des idées, des principes, des nécessités politiques, et que je ne puis me laisser vaincre, dussé-je broyer dans la lutte tout ce qui me fera obstacle. Tenez, madame, vous avez été mal conseillée ; avec plus de franchise vous vous fussiez peut-être sauvée vous-même, vous seule ; tandis que vous voilà forcément englobée dans l'écroulement des fortunes que votre débile main essayait de soutenir. Mais je m'aperçois à votre attitude, à votre effroi, que vous m'avez enfin compris, et que vous songez sans doute à sortir le moins maladroitement possible du mauvais pas où je vous trouve. Demain tout votre échafaudage sera renversé. Demain vos pauvres alliés, mis en déroute, auront, les uns tendu la tête à un joug plus lourd en nous bénissant de notre clémence ; les autres, fous ou sages, disparu à jamais comme ont disparu déjà les épouvantails ridicules du vieillard imbécile qui se dit votre chef à tous, et que vous avez la naïveté d'écouter comme un oracle.

Marguerite releva son front pensif et, pour la première fois depuis le commencement de l'entretien, parut donner signe de vie.

— Pardon, monsieur, dit-elle, je ne comprends pas bien la fin de votre phrase, veuillez me l'expliquer nettement, j'ai besoin de savoir à fond votre pensée pour vous dire à fond la mienne.

Ce sang-froid exaspéra Siete-Iglesias. Échauffé, d'ailleurs, par la soif de son prochain triomphe, comme s'échauffe la bête de proie au pressentiment du carnage :

— Je dis, s'écria-t-il, que votre jeune cour croulera faute d'appui ! que votre orgueilleuse petite Espagnole, qui trahit l'Espagne, tombera dans l'ignominie ! que votre Nestor le président mourra de sa rage impuissante ! et que le dernier débris de votre révolte, le fils de du Bourdet, héritier — qui sait ? — des secrets de famille, ne demandera pas demain

Elle s'arrêta, muette, épouvantée. — Page 718.

où sont les cadavres de ses parents, car demain il aura rejoint leurs ombres!

Marguerite tressaillit, et ses yeux humides se séchèrent au contact de la flamme qui en jaillit tout à coup.

— Et moi, murmura-t-elle en s'approchant de l'Espagnol stupéfait, je vous dis que demain vous serez le plus humble, le plus muet des vingt millions d'hommes qui vivent en France; je vous dis que demain vous adorerez à genoux le roi et la jeune reine, mes maîtres et les vôtres; je dis que demain monsieur Bernard de Preuil vivra — comme il vit aujourd'hui — mais beaucoup plus tranquille; car tout à l'heure vous m'allez remettre un sauf-conduit signé par la reine-mère; et si, dans cinq minutes, je n'ai pas reçu de vous cette pièce, parfaitement en règle, inattaquable, irrévocable, jointe à une restitution des biens du malheureux héritier des Bordes, dans cinq minutes, entendez-vous, monsieur, tout ce qu'il y a ici de gentilshommes, de princes, de grands, vos ennemis ou vos amis, toute cette foule saura de moi quel était l'homme à la visière grillée qui, la nuit, a lâchement assassiné dans sa chambre l'avocat au Parlement du Bourdet.

Un nuage de plomb s'étendit sur le front de l'Espagnol, ses joues se creusèrent, sa fauve prunelle rayonna d'une lueur sinistre.

— C'était donc toi, démon, qui fuyais dans les ténèbres! murmura-t-il, une main convulsivement serrée sur la garde de son épée.

— Oui, répliqua-t-elle, et qui fuyais après avoir tout entendu!

Le rugissement de l'Espagnol fut couvert par les applaudissements des spectateurs et les dernières détonations des boîtes d'artifice. Marguerite, à l'aspect de ce visage décomposé, sur lequel on lisait toutes les menaces comme tous les crimes de l'enfer, recula jusque dans la galerie, en disant :

— J'attends le sauf-conduit!...

Elle courut à travers la foule jusqu'à la jeune reine, qui s'étonna de la voir si troublée, si tremblante.

— C'en est fait de moi, dit-elle bas à sa souveraine : il a tout deviné, il sait tout. Gardez-moi, madame! Cette nuit il me tuera, je l'ai lu dans ses yeux! Il me tuera si je quitte l'abri de votre robe... Recevez mes adieux, ma reine! Conseillez-moi, secourez-moi!...

— Tais-toi! dit Anne d'Autriche, qui s'approcha de la maréchale pour lui faire compliment sur la merveilleuse beauté de cette fête, et particulièrement sur le chef-d'œuvre de pyrotechnie dont les rouges vapeurs n'étaient pas encore dissipées au ciel bleu.

Leonora, préoccupée, répondit modestement que la reine-mère avait eu l'idée de ces feux d'artifice, et qu'elle y était artiste consommée.

— C'est donc à elle qu'il faut reporter louange, dit Anne d'Autriche ; mais je ne la vois pas... où donc est-elle ?

— Elle vient de passer dans mon cabinet avec M. de Siete-Iglesias et M. le maréchal, reprit Leonora... Ah! les voilà qui sortent...

En effet Marie de Médicis, sombre et comme irritée, s'avançait d'un pas rapide.

Derrière elle, venaient Concino et l'Espagnol, causant avec vivacité, ce dernier à peine remis de sa terrible émotion.

Anne fit la moitié du chemin et aborda sa belle-mère avec des félicitations bruyantes.

— Le sauf-conduit et la restitution, dit Marguerite à son mari.

— Les voici, répliqua Siete-Iglesias impassible.

Marguerite prit l'acte, où brillaient encore humides, trois lignes et la signature de la reine.

— Maintenant, qu'il me tue, s'il veut, pensa la noble femme ; avant de partir d'ici, j'aurai sauvé Bernard, et sauvé mon honneur!

Mais Anne d'Autriche attachée à sa belle-mère et la circonvenant par des caresses et des sourires :

— Madame, dit-elle, vous êtes si belle que vous pouvez vous passer de joyaux. Cédez-m'en un des vôtres : un des plus précieux, je l'avoue ; est-ce accordé ?

— Prenez, ma fille, dit Marie embarrassée, car elle crut d'abord que cette demande était une ingénieuse satire de l'état de simplicité où vivait le royal ménage, par contraste avec la splendeur de la vieille cour.

— Merci, dit Anne. Je prends donc madame la comtesse de Siete-Iglesias, c'est votre plus belle perle. A partir de ce moment, elle est à moi.

Marie fit un mouvement.

Siete-Iglesias sourit. Il souffrait toutes les tortures d'un damné.

— Marguerite quitte donc mon service? La déloyale! murmura sardoniquement la reine-mère. Elle me donnera bien au moins quelques jours pour m'accoutumer à la moins regretter.

— Je l'emmène ce soir, répliqua Anne, elle ne me quittera plus — jamais. — Vous entendez, monsieur le comte ?

Et son œil lumineux, superbe, acheva de foudroyer l'Espagnol.

— Partons, monsieur de Luynes, ajouta-t-elle ; le roi m'attend de bonne heure.

— J'espère qu'elle ne se contraint plus, dit Concino à la régente. C'est une belle et bonne déclaration de guerre. Hésiterons-nous encore ? Qu'en dit Votre Majesté ?

— On fera la guerre! répliqua Marie de Médicis.

— Et malheur aux vaincus! murmura Siete-Iglesias.

XXXIV

RUINES ET CENDRES

Dans la chambre du rez-de-chaussée, chez La Vienne, après cette terrible soirée, Bernard, encore indécis de savoir s'il est bien lui-même, se promène à grands pas, seul et tressaillant au bruit du parquet qui craque, au frissonnement des tentures, comme si des planches, comme si des murailles allaient s'élancer de nouveau les spectres dont le souvenir assiège encore sa mémoire.

Et la nuit s'avance, le vent gémit au dehors, la neige tombe.

— Voilà donc le dénoûment arrivé ! se dit-il. La comtesse de Siete-Iglesias, agent de la reine-mère, a fait sacrifier mon père et mon pauvre Aubin à je ne sais quelle hideuse intrigue de cour, et moi, malheureux, entraîné à mon tour sous la roue, je vais être broyé comme les autres.

Qu'ai-je fait, qu'ai-je dit, alors que le sang battait mes tempes, alors que mes yeux aveuglés ne distinguaient autour de moi qu'un brouillard de sang ?

Qui n'ai-je pas attaqué ? qui n'ai-je pas insulté, dans mon délire, parmi tous ces misérables que ma pénétrante folie me faisait voir sous leurs parures splendides, aussi nus, aussi dévoilés qu'ils le seront devant Dieu le jour du jugement ?

Cette femme, cependant, n'a pas cessé un instant de me paraître belle. C'est elle qui prépare le crime par ses ruses, qui le voile sous ses sourires. Oh ! c'est qu'elle est bien leur ange des ténèbres, le meurtrier génie qu'ils envoient pour séduire les insensés comme moi. C'est elle qui endort les victimes et ne se révèle qu'aux bourreaux !

C'est égal, je l'ai bien châtiée ! Si j'ai pu exprimer tout ce qui bouillonnait en moi, elle a dû souffrir. Il me semble qu'elle était pâle. Lui, son mari, était livide. L'horrible fantôme ! Celui-là se vengera de moi, qui l'ai forcé à paraître aussi hideux devant tout ce monde. Oh ! ils se vengeront tous les deux !

Bernard s'assit un moment, fatigué, sans s'en rendre compte, du mouvement que l'agitation de son âme imprimait à ce malheureux corps.

— C'était ma destinée, reprit-il, de tomber sous les coups de ces misérables.

A mon arrivée, près de Saint-Germain, ces lettres, qui m'ont été remises ; à la cour, chez la régente, cette femme qui me sauve... Pourquoi m'a-t-elle sauvé ? Par quel calcul ? Peut-il y avoir eu calcul à ce moment ? elle ne me connaissait pas... Un mouvement généreux !... Elle en aurait donc parfois ? Et aux Bordes, ce billet... pour m'empêcher d'épouser Sylvie... calcul aussi ?... Oh ! et cette pudeur quand je l'ai surprise, cette expression que rien ne peut rendre... ce charme de la voix, du regard... devant lequel je m'écrasais, abîmé comme si j'eusse entrevu le visage de Dieu...

Allons, allons ! s'écria-t-il en se relevant par un élan furieux, voilà que je l'excuse, voilà que je me la rappelle dans sa grâce, voilà que je redeviens fou !

Ce qu'il faut voir, toujours voir, Bernard, ce qu'il faut dévorer avec les yeux de l'âme, ce dont il faut te repaître jusqu'à ce que tu expires de douleur, c'est la scène de carnage, c'est la furie qui y préside, un flambeau dans sa main ; c'est l'espionne de la régente guidant les assassins ; puis, c'est la fuite de ces brigands dans les ténèbres, la femme à leur tête, tandis que l'incendie, grandissant derrière, jette ses reflets sanglants à la croupe de leurs chevaux, tandis que les derniers râles de mes amis viennent siffler à leurs oreilles dans les tourbillons de la rafale, tandis que les gouffres du fleuve, ouverts avec fracas, se referment en silence, complices, eux aussi, de l'infâme assassinat.

Puis, Bernard tombait agenouillé ; les mains étroitement jointes ; il souriait au pauvre du Bourdet, croyant entrevoir son ombre ; il envoyait à Aubin, vision fugitive qui passait lugubrement voilée, il envoyait tout son cœur dans un baiser entrecoupé de sanglots déchirants.

— Maudite créature, lâche pleureur que je suis, dit-il, je n'ai pas su même les venger ! Des cris, des injures, des menaces ridicules à une femme, voilà ce qu'a vomi ma bouche. Est-ce pour un résultat pareil que j'avais amassé tant de feu, tant de venin ? Est-ce comme cela qu'il mord, ce serpent que je me vantais de recéler en mon cœur ?

Tout à l'heure on viendra ici ; trois archers, quatre peut-être, si on me fait tant d'honneur ; on frappera à cette porte ; on me dira de sortir, et je sortirai, et je suivrai ces hommes, qui me conduiront dans quelque prison, m'enterreront dans le fond d'un cachot, m'y oublieront, et ce sera fini. Voilà ce que j'aurai fait pour vous venger, mon père ; pour expier ton martyre, cher enfant innocent ! Moi qui tout à l'heure avais dans les mains une épée, moi que Dieu, par une faveur inouïe, par un miracle, plaçait en face de mes ennemis surpris, de mes ennemis tremblants, moi qui pouvais d'un coup leur payer tout ce qu'ils m'ont fait souffrir, et tomber glorieusement dans le triomphe de ma vengeance, affranchi désormais de ces peines, de ces hontes, de ces remords qu'on appelle la vie !...

Comme il parlait ainsi dans un paroxysme de fureur et de désespoir, la porte s'ouvrit.

Bernard fit un bond pour saisir son épée, et s'écria en insensé :

— Je mourrai plutôt que de me rendre !

**

Mais derrière cette porte venait Cadenet, soucieux, paisible, muet, qui fit signe à Bernard de se taire, lui ôta son arme comme on ôte sa baguette à un enfant, et vint s'asseoir près de son ami après avoir soigneusement refermé la porte.

Cette contenance froide, posée du mobile Cadenet, du moins sérieux de tous les papillons de cour, calma Bernard à l'instant même plus efficacement que n'eussent fait toutes les neiges d'un hiver des Alpes.

— Voilà encore de vos sottises, Bernard, dit enfin le jeune homme. Vous êtes fou à lier, mon ami, et le pire, c'est que vos folies ne font pas tort seulement à vous. Quand un homme a envie, mais, là, sérieusement envie de s'aller jeter du haut d'un pont, je ne sache pas qu'il couse à son habit ses meilleurs amis, ses plus chauds protecteurs, pour les noyer avec sa sotte personne. Quand un enragé, vous en êtes un, Bernard, éprouve le besoin de se traverser le ventre d'une épée, il ne choisit pas le moment où on l'embrasse par le milieu du corps, il n'embroche pas avec lui ses sauveurs. Voilà pourtant ce que vous venez de faire. J'en suis fâché pour vous, compagnon, mais j'en suis désolé pour moi.

Bernard, la tête basse et le cœur serré, répliqua d'une voix émue :

— C'est vrai, j'ai compromis toi, ton frère et tous ceux qui ont été si bons pour moi.

— Compromis est un mot faible, Bernard.

— Perdu ! peut-être, oui, je vous aurai perdus comme moi ! C'est ma destinée d'entraîner à leur ruine tous ceux que je chéris le plus tendrement.

— Ce n'est jamais la destinée d'un homme qui le pousse à faire ce qu'il eût pu ne pas faire. Ah ! si, par hasard, dans une foule, seul, bien libre de tes mains et de ton caprice, tu eusses rencontré les gens que tu as rencontrés ce soir chez la maréchale, cris, explosion, rixes, inspirés par la première surprise, j'eusse expliqué tout cela ; mais tu es prévenu, tu sais où tu vas, qui tu trouveras, je te mène à l'affût bourré de recommandations, et tu t'emportes, et tu saccages tout comme un sanglier ivre. Cordieu ! Bernard, ce n'est pas de la destinée, cela, c'est... c'est...

— C'est un crime, je le sais, répliqua doucement Bernard ; oui, un crime, dont je te demande bien humblement pardon.

— Ouais ! le voilà, maintenant ! s'éria Cadenet avec une colère plus bouffonne que menaçante. Il est charmant, à présent qu'on n'en a plus besoin. C'est une gazelle, un mouton frisé. Attends un peu, bon Cadenet, prends ce ruban rose et attache-le-moi à mon petit col ; tu me mèneras où tu voudras, je ne résisterai plus jamais... Oui, oui, je te mènerai quelque part, malheureux, n'aie pas peur !

— Que veux-tu dire? demanda Bernard.

— Tiens! crois-tu, par hasard, que l'affaire va se passer comme cela? Te figures-tu qu'on a trouvé ton intermède amusant chez la maréchale, et qu'on se prépare à t'envoyer un cadeau, des friandises?

— Je sais bien qu'on me fera payer ma folie, ce sera juste. Mais pourvu que tu n'en souffres pas, ni toi, mon seul ami, ni ton frère, je me trouverai trop heureux, et tu n'entendras sortir de ma bouche pas un mot de plainte.

— Hum! je n'en réponds pas.

— Sais-tu déjà ce qu'on me destine?

— Pas tout à fait, mais je m'en doute bien un peu.

— Aurais-tu la charité de me le dire, mon bon Cadenet?

— Ton bon Cadenet te prie de ne pas prendre cet air de résignation qui le gêne plus que toutes tes colères. Reprends-moi ce masque de diable que tu avais chez madame d'Ancre. Ça, un peu de soufre sur la peau, un peu de sang aux lèvres, une étincelle rouge dans chaque œil, alors nous causerons, je n'aurai pas l'air de frapper un ennemi à terre.

— Un ennemi! je suis donc le tien?

— Pardieu! Dans quelle situation nous as-tu mis, monsieur de Luynes et moi? Quel ennemi féroce nous aurait fait plus de tort? Qui a introduit, se demande-t-on, ce sacripant dans le Louvre? Monsieur de Cadenet. Qui l'a posté derrière ce vitrage? Monsieur de Cadenet. Qu'est-ce que monsieur de Cadenet? le frère cadet de monsieur de Luynes. Bon! voilà une jolie affaire quand elle viendra aux oreilles du roi.

— Encore un coup, je souffre trop! qu'on me tue, et que ce soit fini une bonne fois! s'écria Bernard.

— Oh! ma foi, puisque tu le désires tant, ce sera à peu près tout comme, dit Cadenet. Seulement, avais-tu besoin de me faire figurer là-dedans comme exécuteur?

— Comment! exécuteur... c'est toi qui...

— D'abord, je ne t'ai rien dit, attendu que je ne sais pas tout. On ne se fie à moi que bien juste, comme tu penses, depuis que l'on me sait ton ami.

— Qu'a-t-on décidé?

— Voilà : Je te garde à vue d'abord et te consigne dans cette chambre.

— Douce punition, ta présence!

— Pas de ces gentillesses-là, Bernard; tu ne me séduiras point, entends-tu?

— Eh! je n'en ai pas la prétention. Me voilà donc gardé à vue : jusques à quand?

— Pas longtemps. Ce soir, tu échappes à ma garde.

— Ah!... ce soir?

— Oui. Ce soir j'ai ordre de te conduire à ta destination.

— On m'exile!...

— Tu vas trop vite!... Ce n'est peut-être pas assez sévère; tu te flattes trop!

— Qu'appelles-tu ma destination alors?

— Il y a destination et destination, Bernard, répliqua Cadenet, trop sérieusement pour que son ami conservât l'envie de plaisanter, si la circonstance, d'ailleurs, eût été plaisante. Ainsi il arrive tous les jours que, par ordre supérieur, un gentilhomme conduit un coupable, un accusé, enfin, dans un lieu quelconque...

— Dans une prison, dis-le donc bien vite.

— Si ce n'est pas une prison, l'endroit où j'ai à te conduire renferme peut-être le geôlier qui te gardera!

— Tiens, Cadenet, sois brave comme à l'ordinaire; dis-moi la vérité, la vraie.

— Eh bien, la voici : tout le monde est furieux de ce que tu as fait. Régente, maréchal et maréchale, je ne parle pas des Iglesias, mais mon frère Luynes, mais la jeune reine! enfin, tu peux te flatter d'avoir provoqué la plus rare unanimité. Sans un mot de la reine ou du roi, je ne sais lequel des deux, peut-être à l'heure qu'il est, tu n'existerais plus.

— J'avoue que je m'étonne de vivre.

— Cependant, mon frère Luynes a pu conjurer le premier orage. Il n'y aura ni procès ni arrestation publique. On m'a fait donner ma parole que je te recevrais en qualité de prisonnier d'État, que je te garderais moi-même, et que, ce soir, à huit heures, je te remettrais dans un certain lieu, à certaine personne. Voilà tout ce qu'il m'est permis de te dire. N'exige pas de moi que je parle davantage.

Cadenet ponctua ce discours par un douloureux soupir.

— Je comprends, dit Bernard; c'est le seul moyen que ton frère ait pu trouver de te réhabiliter auprès des maîtres. Il a bien fait. Il m'épargne la douleur de savoir que je vous eusse perdus l'un et l'autre; tandis qu'en faisant preuve de dévouement, d'obéissance au roi, en répondant de ma personne, tu éteins des soupçons que ma folie a dû exciter contre toi. Sois tranquille, mon ami, mon cher compagnon; tu n'auras plus à te plaindre de moi, et je te ferai la surveillance facile.

— C'est bien ce que j'ai pensé, dit Cadenet attendri, mais la corvée n'en est pas moins dure, sans compter le moment de la séparation.

— Je te promets de ne pas, même à ce cruel moment, te faire voir l'horrible déchirement de cœur que j'éprouverai en quittant le seul ami qui me reste. Et puis, cette séparation ne sera pas éternelle.

— Oh! oh! fit Cadenet, ne te leurre pas, mon cher Bernard, ne te berce pas d'illusions. Tu es dans des mains terribles!

— Ce que je t'en disais, répliqua Bernard avec un noble sourire, n'était que pour te consoler toi-même, car pour ce qui me regarde, le sacrifice est fait, et jamais il ne m'arrivera pis que je me figure. Veux-tu que je te dise ce que je me figure, ami Cadenet? le voici : on n'a pas voulu faire scandale au Louvre; c'était assez de mon scandale, à moi. On n'a pas voulu déplaire à ce bon La Vienne en m'arrêtant dans sa maison toute consacrée aux plaisirs. En ai-je eu des plaisirs dans cette maison! N'importe. On a craint également de réveiller, par une arrestation en plein jour, la commisération publique, soulevée depuis quelques jours par la douloureuse histoire de mes malheurs, et, alors, la nuit, par ce temps funèbre, sous l'épaisseur de cette neige qui étreint Paris comme un suaire, je disparaîtrai, je serai remis à quelque capitaine de forteresse lointaine, à quelque officier des galères qui m'emmènera. Plus de bruit, plus de plaintes, plus rien des du Bourdet, des de Preuil, adieu, mon bon Cadenet, au revoir là-haut!

Cadenet se détourna, frappa du pied et haussa les épaules avec une impatience destinée à cacher ses paupières gonflées, mais qui trahissait réellement bien plus l'élan de son excellent cœur.

A partir de ce moment, Bernard ne lui parla plus de cet avenir terrible, mystérieux! Tous deux prirent leur repas, un peu gênés, mal en appétit, malgré les efforts qu'ils faisaient pour se tromper l'un l'autre. Parfois Cadenet feignait de dormir, Bernard griffonnait quelquefois.

*
* *

Dans la journée on entendit souvent le long du corridor le petit pied sec et vif de Sylvie, dont la voix s'élevait toujours plus haut qu'il n'était strictement nécessaire pour donner des ordres aussi insignifiants que ceux qu'elle donnait. Cadenet eût bien voulu causer avec elle; mais sa consigne lui enjoignait de ne point perdre de vue son prisonnier, et de ne laisser pénétrer personne auprès de lui; cette dernière injonction était de rigueur.

Sylvie n'y tint plus. Vers le soir, elle arriva si près de la porte, qu'on eût entendu battre son cœur à travers la serrure. Le parfum de ses cheveux glissa comme un souffle enchanté jusqu'au prisonnier.

— Ne craignez rien, dit-elle, je suis seule pour deux minutes. La Vienne est bien en colère contre M. Bernard, mais je lui ai prouvé qu'il avait tort. Avez-vous besoin de quelque chose!

— Hélas! de vous! s'écria Cadenet, de vous d'abord. Mais la consigne!

— Je sais, je sais! profitons du moment. Mon mari est occupé à préparer le pavillon de madame de Verneuil, qui y soupe ce soir avec des amis à elle. Que puis-je pour vous, pour mon pauvre ami nouveau le prisonnier?

— Vous pouvez vous dire, répliqua Bernard, que, de près ou de loin, ce prisonnier regrettera toujours le moment où il pouvait vous baiser la main, où il pouvait garder cette main dans la sienne pendant toute une vie.

— Ne regrettez pas cela, monsieur Bernard, dit Sylvie, ma main n'était pas faite pour la vôtre. Mais vous ne m'avez toujours pas appris le résultat de cette querelle d'hier... Monsieur de Cadenet, parlez, vous.

Bernard lui fit signe de ne rien dire.

— Une plaisanterie, un enfantillage, s'écria-t-il, voyant que Cadenet avait le cœur trop gros.

Mais Sylvie ne se trompa point au silence de celui qu'elle interpellait, à l'empressement de celui qu'elle ne questionnait pas.

— Oh! murmura-t-elle avec un accent tellement pénétré, tellement grave qu'il surprit les deux amis, il n'y a jamais de plaisanterie possible là où figure le nom de Siete-Iglesias! mais comptez sur moi pour surveiller, si ce n'est mieux, les plaisanteries de votre ennemi, je le connais aussi bien que personne. Dormez tranquille, vous le pouvez, tant que vous dormirez sous mon toit. Ailleurs je n'en répondrais pas de même.

Bernard et Cadenet se regardèrent. Elle venait de prononcer une terrible parole, la bonne Sylvie, au moment même où Bernard devait quitter ce toit protecteur. Le souvenir et l'effet de son dernier mot vibrèrent dans le cœur de Cadenet et de Bernard longtemps après que le bruit de son pas furtif se fut éteint sous la voûte du corridor.

*
* *

L'heure arriva. Le soir étendait ses ombres froides sur les mornes jardins du quartier. On entendit sonner le couvre-feu. Les crieurs disparurent dans les rues tournantes. Bientôt le carillon de l'église du Petit-Saint-Antoine lança dans les brouillards pailletés de neige ses vibrantes modulations.

Cadenet regarda son ami d'un air significatif.

— Je suis tout prêt, dit Bernard. Penses-tu qu'il me soit permis de laisser quelques lignes de testament, de recommandations quelconques derrière moi?

— On ne l'a pas défendu, répondit Cadenet.

— J'ai rédigé cela fort à la hâte, tandis que tu faisais un somme, ajouta Bernard. Je ne le cachète pas, d'ailleurs, et le laisse entre tes mains; tu pourras le montrer à qui tu voudras... Et puis, comme je ne possède plus rien, les stipulations n'ont pas été longues. Toutefois, si jamais il arrivait que...

— C'est adressé au président, dit Cadenet, eh! diable!

— Cela te compromettrait-il?

— Mais, on ne sait pas.

— Eh bien! voici ce que c'est ; M. le président avait, par bonté d'âme, essayé de me faire espérer que mon petit frère n'était pas mort. Je le priais, en ce cas, de reporter ses bontés sur Aubin, à défaut de mon héritage qui m'a été enlevé. Tu vois que c'est simple. Fais mieux. Ne rends pas cette lettre au président, et accepte l'héritage pour toi-même.

— Lequel?

— Si tu retrouves jamais Aubin vivant, nourris-le de ton pain; si tu le retrouves mort, donne-lui une tombe chrétienne!

Cadenet se jeta en suffoquant dans les bras de son ami.

— J'accepte, dit-il.

Et il déchira le papier.

— Marchons, maintenant, dit le prisonnier en montrant le chemin à son gardien.

XXXV

REMORDS

Les deux amis traversèrent d'un pas mesuré les rues enveloppées dans un profond silence. On comprend qu'ils ne se pressaient pas. Cadenet surtout semblait plongé dans une atonie complète. Le cœur lui manquait sans doute au moment de l'exécution.

Mais comme tôt ou tard on arrive quand on marche toujours, Bernard se vit tout à coup à l'angle de la rue Saint-Antoine, en face de la Bastille, qui élevait dans les ténèbres sa masse gigantesque.

— Ah! je comprends, dit-il, nous touchons au but, n'est-ce pas, mon ami?

— Nous n'en sommes pas loin, murmura Cadenet.

— Je croyais que l'entrée de la Bastille était en deçà du faubourg? reprit Bernard. Dans ton trouble, tu passes la porte. Retournons.

— Ce n'est pas précisément à la Bastille que nous allons, bien que le résultat doive être à peu près le même, soupira Cadenet. Aperçois-tu, près du rempart, ce petit groupe de maisons noires, de l'autre côté des fossés?

— Sans doute! eh bien?

— Eh bien! c'est dans la première de ces maisons-là que j'ai ordre de te déposer.

— Le logis du gouverneur, peut-être?

— Quelque chose comme cela, mon pauvre Bernard!

Ils continuèrent silencieusement leur route, et bientôt, à l'entrée du faubourg, ils s'arrêtèrent devant la maison qu'avait désignée Cadenet.

— C'est ici, dit ce dernier avec un violent effort.

Bernard ne répondit pas. Il réfléchissait.

— J'ai peur, ajouta-t-il, que tu ne m'aies jugé un peu faible, et trompé, par conséquent, sur mon sort. Je crois que tu as eu tort. Si je savais tout, même une réalité affreuse, j'aurais l'angoisse de moins, tu m'aurais rendu service.

Cadenet lui prit la main.

— Je ne sais rien, dit-il, sinon que, d'après l'ordre de M. de Luynes, je vais heurter d'une façon particulière à cette porte; un homme l'ouvrira, me dira: Est-ce M. de Preuil? Je répondrai: Oui. Tu entreras, la porte se refermera sur toi, et tout ce que je sais, c'est que nous ne nous verrons plus; pourtant, devant nous il y a l'espace... la liberté... Si, avec plus de courage...

— Frappe! s'écria Bernard, frappe, je t'en conjure, assez de malheurs comme cela!

Cadenet se hâta de frapper comme pour échapper plus vite à des pensées trop généreuses.

La porte basse, massive, chevillée de clous de fer à tête énorme, était percée d'un petit guichet qui s'ouvrit et laissa voir derrière ses treillis renforcés comme une ombre de visage d'homme.

— Est-ce M. de Preuil? demanda-t-on.

— Lui-même, hélas! répliqua Cadenet.

Les verrous se tirèrent, la porte pivota. En la voyant glisser sur ses gonds et tracer un grand angle noir sur un fond inconnu, Cadenet crut voir s'ouvrir un abîme dans lequel la fatalité le poussait à précipiter son malheureux ami.

— Il faut se dire adieu, murmura-t-il.

— Adieu, dit Bernard le cœur serré, en s'attachant à lui comme à la dernière joie qu'il eût en ce monde.

— Tout ce que je pourrai faire... Tout ce que mon frère pourra... crois bien!... ne désespère pas... articula Cadenet d'une voix saccadée.

— Adieu, adieu! dit Bernard, qui craignit de laisser voir son émotion, merci, Dieu te récompensera.

Et il s'élança sous la voûte. La porte se referma; Bernard sentit que l'homme, son nouveau gardien, était resté derrière lui.

— Où faut-il que j'aille? demanda-t-il non sans se préoccuper de ce qui l'attendait plus loin, ou sous cette voûte peut-être.

— Tout droit, répondit-on.

Bernard avança, découvrant à chaque pas une lueur plus grande, jusqu'à ce qu'il arrivât à une sorte de vestibule qu'éclairait une petite lampe suspendue aux solives par des chaînettes de fer poli.

Alors il s'aperçut, en heurtant un siége, que Cadenet, par oubli, par charité peut-être, ne lui avait pas ôté son épée.

— Oui, mais le gouverneur va me la demander bien vite, pensa-t-il, et à quoi bon lutter?

L'homme qui, tout à l'heure, suivait Bernard, se mit à le précéder; on monta un escalier de bois luisant à larges degrés carrelés de briques; le guide s'arrêta au premier étage, sur un palier donnant accès à deux chambres, dont l'une était fermée par une portière en grosse tapisserie de Flandres.

— Entrez là, dit le guide à Bernard, qui le regarda en face, stupéfait de ce calme, de ce silence, de cette solitude.

Il écarta les rideaux d'une main hésitante

Il vint tomber à genoux devant le lit. — Page 730.

et passa dans cette chambre, où probablement allait se décider son sort

***

Cette vaste pièce, tendue de vieux damas de laine autrefois vert, à larges dessins, un peu brouillés par les années et les morsures du soleil, n'était éclairée que par une cire brûlant dans un mortier de marbre. Elle avait son meuble du même âge que la tenture, vieux fauteuils à bras tordus sculptés dans le frêne, dont les siéges de cuir de Cordoue s'harmoniaient doucement avec la paisible lueur d'un feu de braise assoupi dans l'âtre. Un grand tapis à feuillages semés d'oiseaux et de chasseurs bizarres s'étendait sous la table massive aux pieds torses. Aux murailles pendaient, là un tableau, là une arme, plus loin un bénitier. Un gros chat blanc ronflait devant le feu, près d'une bouilloire ventrue qui ronflait comme lui. C'était peut-être la chambre d'une vieille femme, le capharnaüm d'un paisible bourgeois endormi depuis la fin de la Ligue, c'était peut-être le dortoir d'un malade, mais nullement le cabinet d'un gouverneur de prison d'État.

Bernard cherchait à s'orienter, regardait chaque chose autour de lui et interrogeait la clarté blafarde qui glissait du ciel neigeux par l'imposte à châssis de plomb d'une vieille fenêtre, quand un grincement d'anneaux sur une tringle de fer attira ses yeux vers les rideaux d'un grand lit carré qu'il n'avait pas encore aperçu dans l'angle le plus noir, où il se confondait avec les tentures de la chambre.

En même temps, une voix d'enfant frêle et fatiguée appela Bernard, qui tressaillit de tous ses membres.

— Ne venez-vous pas m'embrasser, mon frère? murmura cette voix, cette musique du ciel.

**

Quelque chose d'inconnu, d'ineffable, un frisson glacial comme la mort, un serrement de cœur suave et douloureux comme les voluptés qui tuent, enchaîna Bernard au tapis qu'il foulait. Pendant quelques secondes, ses yeux ne virent plus, son sang tourbillonna et s'engourdit soudain. Il se sentit pâlir, il fléchit comme foudroyé, et ses deux mains, rencontrant la table, y tombèrent comme deux crampons pour empêcher la chute de son corps.

— Aubin... dit-il d'une voix sourde qui se nouait en replis douloureux dans sa gorge aride, toi... vivant...

— Oui... mon frère, répondit l'enfant, que Bernard put distinguer alors dans la blancheur des draps et des oreillers au-dessus desquels s'élevait sa petite figure amaigrie, nacrée, en laquelle rien ne semblait vivre que sa prunelle fixe et dilatée.

Bernard voulut lever ses mains au ciel, il voulut jeter un cri de joie : les mains retombèrent, le cri expira.

Un effort suprême soutint le jeune homme pendant trois pas chancelants, au bout desquels il vint tomber à genoux devant le lit, incapable de lever jusqu'à l'enfant sa tête défaillante, que le pauvre petit cherchait de ses mains et appelait de ses lèvres.

Ce spectacle devait être touchant, car on entendit comme un sanglot dans l'un des coins de la chambre.

En même temps, l'homme qui avait accompagné Bernard, voyant qu'il se ranimait peu à peu, et prévoyant que son premier élan le jetterait éperdu dans les bras d'Aubin, lui dit du seuil de la porte :

— N'embrassez l'enfant qu'avec des précautions infinies ; vous pourriez rouvrir sa blessure.

**

Alors Bernard se redressa.

Ses yeux, inondés de bonheur, envoyèrent à Aubin la première, la plus brûlante caresse ; ses mains tremblantes semblaient s'enchaîner elles-mêmes pour ne point toucher à ce lit.

Mais Aubin approcha sa tête, et Bernard posa ses lèvres seules, ses lèvres avides sur la joue et les yeux du petit ami que lui rendait un miracle.

— Et mon papa... sa blessure? il va toujours de mieux en mieux, n'est-ce pas? dit Aubin.

— Sans doute... murmura Bernard, qui comprit qu'on avait caché à l'enfant sa perte la plus douloureuse, et il étouffa un soupir.

— Il va mieux puisque vous avez bien pu le quitter pour me venir voir, continua Aubin. Oh! j'avais de vos nouvelles tous les jours.

— Par qui ? allait demander Bernard, mais il s'arrêta. Une question pareille ne donnerait-elle pas des doutes à l'enfant?

— Je... je ne connaissais pas cette maison, dit-il en prenant une main d'Aubin dans les siennes; tu es bien ici, mon petit ange !

— Oh! très-bien! madame La Fougeraie est si bonne!

— La Fougeraie! s'écria Bernard; tu es chez...

— Sans doute, notre vieil ami, que mon papa aime tant !

— C'est lui qui t'a sauvé, cher enfant?

— Non, c'est lui qui m'a reçu dans sa maison ; mais ce n'est pas lui qui m'a emporté.

— Qui donc? demanda Bernard, dont les idées commençaient à se troubler.

— Vous savez bien, reprit Aubin avec un regard brillant d'intelligence.

— Non... je ne sais pas, je ne me souviens

plus, mon petit Aubin... Je ne sais rien... j'ai besoin que tu m'apprennes chaque détail de cette nuit terrible; j'étais absent, tu sais... Conte-moi donc tout ce qui est arrivé... Tout ce que tu as souffert.

— Oh! j'ai beaucoup souffert, dit l'enfant, et je serais mort, à ce que l'on dit, si *elle* n'avait eu le courage de m'emporter dans ses bras.

— Elle, murmura Bernard, qui, elle?

— Ma bonne amie, celle que je prenais pour un fantôme, celle que je vous ai dit que j'avais vue aux Bordes, dans la chambre de notre mère!

Bernard se releva, pâle, saisi, mordu subitement au cœur.

— Cette femme! s'écria-t-il, c'est à elle que tu dois la vie?

— Oh! qu'elle est généreuse! qu'elle est brave! dit Aubin.

Bernard essuya une sueur glacée qui perlait sur son front.

— Après le coup de pistolet qui a blessé mon pauvre papa, reprit Aubin : « Nous sommes perdus, » dit-elle. Et alors, nouant les rideaux au balcon, elle m'enleva dans ses bras, franchit la fenêtre avec moi, et nous glissâmes en bas, dans le parterre. Elle avait les mains toutes saignantes.

Bernard ouvrit des yeux égarés.

— Puis, continua l'enfant, nous courions! nous courions, elle m'entraînait. « Au bord de l'eau! disait-elle, on nous attend! viens vite!... » Je me hâtais tant que je pouvais, lorsque je sentis une douleur entre les épaules, oh! quelle douleur! je criai.

— C'était... dit Bernard palpitant.

— C'était une balle d'arquebuse qui m'a tout déchiré la poitrine, et je souffre encore quelquefois beaucoup, dit l'enfant avec un froncement de sourcils douloureux. Alors ma bonne amie m'a soulevé entre ses bras, j'étais bien lourd, et depuis le moment où je me suis senti porté, appuyé sur elle, je ne me souviens plus de rien. Je ne me suis réveillé que sur un cheval, le long d'une route, et, au lieu du ciel que je cherchais, en ouvrant les yeux, ce sont les yeux de ma bonne amie que j'ai rencontrés : elle me regardait en me soutenant toujours. Enfin, l'on m'a amené ici, l'on m'a soigné... un savant médecin qui me fit grand mal en ôtant cette vilaine balle de plomb. Il paraît qu'à présent je suis sauvé, et que je ne mourrai pas.

Bernard pencha la tête, son cœur se soulevait dans les angoisses, il se tordit les mains avec désespoir, et enfin un ruisseau de larmes tomba de ses yeux brûlants.

— C'est elle qui a fait cela? dit-il les mains jointes.

— Ne le saviez-vous pas, mon frère?

— Non, répondit Bernard d'une voix éteinte, je ne le savais pas!

— Oh! mon frère, que vous serez content alors de la remercier! comme nous lui devrons de la reconnaissance!

Bernard cacha son visage dans ses mains.

— Elle m'a guéri bien plus que le médecin, continua Aubin, en me parlant des Bordes, en me rassurant sur mon papa, sur Marcelle, en me parlant aussi de vous.

— De moi! dit Bernard, dont le visage noyé de pleurs et marbré de la pression de ses mains fiévreuses n'avait plus rien d'humain depuis la fin de ce récit.

— Vous aussi, m'a-t-elle dit, vous étiez bien malade, mais de chagrin seulement; et je me disais : Quand mon frère Bernard saura que nous allons tous mieux, il se rétablira et viendra me voir. Tous les jours je demandais à ma bonne amie : Quand viendra-t-il?...

— Tu la vois tous les jours?

— Oui; cependant je ne l'ai pas vue hier; c'était la première fois.

Bernard frissonna comme si un fer de lance lui eût traversé les entrailles.

— C'est La Fougeraie, ajouta l'enfant, qui m'a annoncé ce matin que j'aurais votre visite ce soir.

— Je voudrais bien embrasser La Fougeraie, dit Bernard avec une douleur amère en cherchant des yeux autour de lui.

— Tenez!... le voici, dit Aubin.

Une ombre sortit de dessous la portière et se fit voir au jeune homme, qui s'avança, les bras étendus.

Après quelques moments employés à de muettes étreintes, à l'échange de douloureux soupirs :

— Monsieur de Preuil, dit l'écuyer, maintenant que vous avez vu et embrassé Aubin, il ne faut ni le fatiguer ni vous fatiguer vous-même. Dites-lui adieu.

— Oh! s'écria Aubin gémissant.

— Allons, allons, reprit le vieillard avec douceur, soyons raisonnable. Obéissez.

— Au revoir, mon frère, dit Aubin calmé; revenez tous les jours.

— Il ne pourra revenir tous les jours, interrompit La Fougeraie.

— Pourquoi?

— Il se doit aussi à votre père... Et puis, s'il venait ici trop souvent.., ce serait trop dangereux.

— C'est vrai, s'écria Aubin mettant un doigt sur ses lèvres pâles comme des violettes. Oh! oui, si les méchants savaient que nous vivons encore!... Cachez-vous bien mon frère! cachez-vous comme notre bonne amie vous le dira!

— Partons, je vous prie, murmura Bernard à l'oreille de La Fougeraie. Mon cœur est déchiré, je n'y tiens plus, un moment de plus, et je tombe à cette place.

Il embrassa une dernière fois son frère, et se précipita hors de la chambre.

Mais, dehors, ses yeux s'enflammèrent, sa voix s'altéra.

— Monsieur, dit-il en éclatant, est-ce que je suis condamné à mourir sans avoir imploré mon pardon? Monsieur, c'est fini pour moi sur la terre; le bonheur qui m'arrive en ce moment est le plus horrible des tourments qu'un homme puisse souffrir. Par pitié, mon vieil ami, par la mémoire de mon pauvre père que vous avez tant aimé, ne me laissez pas mourir dans le désespoir!

— Comment, mourir! dit La Fougeraie ému de cette douleur qui changeait chaque syllabe en une convulsion capable d'entraîner l'âme avec lui.

— Pensez-vous donc, reprit Bernard avec véhémence, que je consentirai à vivre avec le remords qui me ronge le cœur? Quoi! Dieu m'a envoyé un de ses anges, et j'ai soupçonné cet ange, et je l'ai accusé publiquement, insulté, maudit! Ah! mon cher La Fougeraie, vous n'auriez jamais été jeune, vous n'auriez jamais senti bouillonner un sang généreux autour de votre cœur si vous ne compreniez pas que je me sens misérable, que je me fais horreur, que je me dévore et que je ne vais pas être longtemps à me punir!

La Fougeraie, inquiet de cette exaltation, essaya de prendre la main de Bernard.

— Vous qui la verrez, s'écria ce dernier tout frémissant, tout hagard, vous lui direz mes paroles, vous lui porterez mes bénédictions, mon dernier adieu!

— Bernard, interrompit le vieillard, où allez-vous?

— Où je vais! je vais trouver le dernier espoir qui me reste, l'oubli; la dernière consolation que j'attende, le pardon de Dieu; le dernier asile que je cherche, la tombe!

— Insensé!... elle vous pardonnera!...

— Mais moi! me pardonnerai-je? moi! son accusateur, son bourreau! Adieu, La Fougeraie. Adieu, mon ami. Vous essayez de me retenir, mais en vous-même, j'en suis sûr, vous dites que je suis un lâche, et que déjà je devrais être mort!

En achevant ces mots, il s'élança comme un furieux, se dégageant des bras trop faibles du vieillard, et en trois bonds il fut au bas de l'escalier.

Une ombre l'attendait sur le premier degré, une ombre devant laquelle il recula comme frappé de la foudre. C'était Marguerite, vêtue de noir et dont les traits pâles s'esquissaient à peine dans le timide reflet de la lampe du vestibule.

— Vivez, dit-elle d'une voix triste et douce, n'allez pas détruire l'édifice qui m'a coûté si cher à élever.

Il se courba, chancelant, désespéré, étouffant sous le poids des remords.

— N'est-ce pas assez que je sois perdue? continua Marguerite.

— Vous perdue!... Par moi, n'est-ce pas?

Elle ne répondit qu'avec un angélique sourire.

— Et vous voulez que je vive! s'écria Bernard, moi qui déjà ne m'appartiens plus depuis que mes yeux ont rencontré les vôtres; moi qui vous préférais à tout l'univers même en vous pensant coupable; moi qui, vous croyant la dernière des femmes, fusse mort déjà de ce qu'il y avait pour vous dans mon cœur !

Et aujourd'hui que vous m'apparaissez telle que Dieu, telle que mon âme vous avaient faite, aujourd'hui que, pour m'avoir sauvé, je le sais, vous vous êtes perdue, moi, le vrai criminel, moi, le misérable insensé, je vivrais ! ah ! madame, avouez donc que c'est impossible, donnez-moi votre pardon, donnez-moi votre main, laissez-moi vous regarder une fois encore, et oubliez à jamais que j'aie existé !

Marguerite, émue, attendrie, releva le jeune homme, qui pressait le bas de sa robe et baisait ses pieds.

— Voilà, dit-elle, que pour vous le ciel devient pur. Prenez ce sauf-conduit de la reine-mère, vos biens vous sont restitués. Aubin vivra, vous le savez. Sans la mort de votre père, dites, qu'auriez-vous à regretter de vos jours écoulés ? Fortune, amis, liberté, que vous manque-t-il ? N'êtes-vous pas un homme heureux ?

— Jamais pareille torture n'aura éprouvé ma vie, jamais condamné aux plus affreux supplices n'aura souffert ce que désormais je vais souffrir.

— Vous ! murmura-t-elle.

— Moi !... qui vous connais !... et qui vous perds !... Aubin ! heureux Aubin, il vous aime, et vous l'aimez !... Moi, qui vous adore comme une divinité, je vous suis odieux !

— Tout à l'heure, derrière la tapisserie, j'ai oublié mes souffrances en vous voyant embrasser votre frère. Je vous pardonne. D'ailleurs, en souffrant par vous, hier, je vous ai admiré. Vous êtes un homme de cœur, et un homme de cœur ne pouvait agir autrement que vous avez fait. Tout ne m'accusait-il pas, moi qui ne pouvais cependant me révéler à vous sans nous perdre tous deux ?... moi, dont on guettait le regard, la parole, le silence ?... Oh ! oui, je vous pardonne. et vous-même, pardonnez-moi !

— Est-ce bien vrai ? vous me souriez ! Vous voulez donc à présent que je meure de joie ?

— Je veux que vous vous conserviez pour votre frère, à qui je manquerai peut-être bientôt...

— Vous êtes menacée !

— Je veux que vous vous conserviez aussi pour moi. J'ai besoin d'amis fidèles ; j'ai besoin d'appuis, je ne vis plus que par une seule fibre de mon cœur !

— Oh ! bien ! prenez donc ma vie, si elle peut vous épargner une larme ! c'est à vous !... disposez.

— Votre dévouement, je l'accepte ; je l'accepte avec joie. Je le mettrai à l'épreuve. Mais pour me garder la défense, il faut que vous vous mettiez en sûreté, vous le défenseur. Fuyez ! Je vous ai envoyé hier quelque argent chez La Vienne ! La Fougeraie vous en enverra d'autre... Fuyez ! le volcan gronde sous vos pas...

— Sous les vôtres aussi !...

— Oh ! moi !... dit-elle avec un sourire sublime, je remercierai Dieu si je vous sais en sûreté. Gagnez un pays voisin, pas l'Espagne !... pas Florence !... L'Allemagne, Cologne, par exemple. Je vous y ferai protéger. Soyez parti demain ! Passé demain je ne répondrais plus de vous ! Allons, monsieur Bernard, abandonnez mes mains, qui, malgré moi, serrent les vôtres. Vous voyez bien que je n'ai pas la force de les en détacher.

— Me jurez-vous, dit-il, que vous ne risquez rien à rester à Paris ?

— Je suis sous la protection de la reine, qu'après votre départ je vais rejoindre en un lieu où elle m'attend, gardée par M. de Luynes et votre ami Cadenet, pauvre garçon qui vous aime et qui croit peut-être en ce moment vous avoir conduit au supplice. Je le détromperai, soyez tranquille... Vous êtes rassuré, quittons-nous... Adieu !

— Madame, je pars. Demain matin j'aurai quitté Paris. Madame, qui sait si je vous reverrai jamais ? Cependant la joie, la reconnaissance, la plus ardente amitié débordent de mon âme. Est-il un homme aussi malheureux que moi ?

— Est-il une femme plus heureuse ? car maintenant, j'ai jugé votre cœur, vous connaissez le mien, et, vivante ou morte, vous et mon petit Aubin vous aimerez mon souvenir et bénirez ma mémoire.

Il souleva ses doigts glacés qu'il couvrit de baisers et de larmes. Elle aussi pleurait

Elle fit un signe. La Fougeraie sépara leurs mains, ouvrit la porte après avoir exploré les environs d'un coup d'œil défiant.

Ils échangèrent un dernier regard, et Bernard disparut au milieu des tourbillons de neige qui fouettaient son visage dans les ténèbres.

XXXVI

LE DERNIER COUP.

Tandis que Cadenet conduisait Bernard à la maison du rempart, deux femmes enveloppées de mantes épaisses sortaient des Tuileries par les jardins et se dirigeaient, escortées d'un gentilhomme qui les suivait à dix pas, vers le Palais, près duquel demeurait, on le sait, le premier président.

Dans la nuit, dans l'ouate molle de cette neige qui assourdissait leurs pas, les trois promeneurs arrivèrent au but de leur excursion sans avoir rien rencontré de suspect.

Les bourgeois rentraient frileux, les rondes commençaient à circuler pour la sûreté de la ville, et une fois dans l'île, où les voleurs n'osaient guère s'aventurer, nul obstacle n'empêcha le guide de pénétrer chez le président, qui travaillait encore avant de se mettre au lit, et de lui faire dire que les clients qu'il attendait venaient d'arriver.

Le vieillard sortit aussitôt de son cabinet avec les signes d'une émotion qui ne lui était pas ordinaire. Il vint jusque dans l'antichambre où se tenaient les trois personnes, et, s'adressant aux dames masquées, selon l'usage d'alors, il les pria d'entrer pour l'audience qu'elles réclamaient de lui.

Mais aussitôt que ses gens furent congédiés, et les portes fermées avec ordre absolu de ne recevoir personne, le gentilhomme et l'une des dames sortirent du cabinet et retournèrent à l'antichambre, où ils s'installèrent devant un énorme poêle : une seule des dames resta en présence de M. de Harlay.

Le vieillard s'inclinant alors avec toutes les marques d'un profond respect :

— J'attends, dit-il, les ordres de Votre Majesté.

La dame releva la mante qui enfermait sa tête blonde, détacha son masque, et apparut brillante de sa fraîche et juvénile beauté. Ses grands yeux bleus semblaient regarder avec autant de respect que d'attention l'homme illustre, le sage par excellence qu'elle était venue trouver dans son sanctuaire.

— Monsieur, dit Anne d'Autriche, pour que j'aie bravé les dangers d'une semblable démarche, vous comprenez que j'ai dû beaucoup souffrir, et désirer beaucoup d'être conseillée par vous.

— Je fusse allé moi-même aux Tuileries, madame, répondit M. de Harlay, sur un signe de Votre Majesté.

— Oui, mais on vous eût vu, et il m'importe que tout le monde ignore que j'ai eu cet entretien avec vous. D'ailleurs, votre confiance en moi n'eût pas été aussi complète aux Tuileries qu'ici, dans votre propre cabinet, et j'ai besoin de votre confiance entière. Car si vous me parlez comme on parle d'ordinaire aux rois, c'est-à-dire avec égards, avec sagesse, mais pour la gloire du conseiller, non pour l'intérêt de la personne qui consulte, j'avoue que j'aurai eu tort de venir, et je m'en repentirai. Voyez donc, monsieur le président, si vous êtes en bonnes dispositions pour moi ; et comme je sais que jamais vous ne mentez, comme je sais que votre seule manière de mentir est de ne pas dire les vérités qu'on vous demande, répondez-moi sincèrement, me direz-vous toute la vérité ?

Le président se recueillit un moment, étonné de cette présence d'esprit, de cette clarté d'expression, de cette vigueur de pensée.

— J'espère que oui, madame, dit-il. Sur quoi Votre Majesté veut-elle m'entretenir ?

— Sur moi-même. Le sujet est difficile à traiter, n'est-ce pas ? Oh ! je le sais bien. Je suis Espagnole, et vous, l'ami le plus sincère du feu roi, vous n'aimez pas l'Espagne.

— C'est vrai, madame. Tous nos malheurs sont venus de là, et peut-être en viendront-ils encore.

— Voulez-vous, dit Anne d'Autriche avec calme, préciser, comme si je n'étais pas Espagnole, les griefs que vous reprochez à mon pays.

— La guerre étrangère pendant dix ans, mêlée à la guerre civile. Le tout, compliqué de querelles religieuses, prétexte éternel d'envahissement et d'usurpation. Enfin... après tous ces griefs politiques, un crime, un crime odieux.

— La mort du roi Henri IV, n'est-ce pas?
— Oui, madame.

Anne d'Autriche pencha un instant son front noble et pur.

— Oui, dit-elle, on l'a répandu. Mais est-ce bien l'Espagne seule qui a fait assassiner le feu roi? répondez avec impartialité.

— Je ne le prétends pas, madame. L'Espagne a eu ses stipendiés, ses sicaires...

— Parmi les français eux-mêmes, n'est-ce pas?

— Peut-être.

— Et certainement parmi les Italiens, continua la reine.

Le président la regarda de son œil froid et terne; il ne répondit pas.

— Vous taire, monsieur, est un indice de défiance, reprit Anne d'Autriche. Je ne veux point que vous vous défiiez de moi. Apprenez que je suis française, ayant épousé un Français.

Le président ne sourcilla point.

— Vous semblez douter, dit-elle.

— Si je le puis sans perdre le respect que je dois à Votre Majesté, j'oserai dire que je doute, répliqua M. de Harlay, car vous suivez, en demeurant Espagnole de cœur, la loi de nature, la voix du sang, d'un sang qui n'a jamais crié bien haut en faveur des Français.

— Cependant, monsieur, examinez ma situation: reine de France, destinée à y vivre, à y mourir, à y élever pour le trône de France, pour mon héritage enfin, les fils que Dieu peut me faire la grâce de m'envoyer, n'ai-je pas à vos yeux les qualités suffisantes pour faire une bonne Française? Je vous en prie, monsieur le président, je vous en supplie, mon père, parlez-moi sincèrement, comme à une enfant entourée d'ennemis, d'embûches, et qui vient à vous, son unique protecteur.

Harlay considéra quelque temps la jeune femme avec cette lumineuse perspicacité qui savait plonger jusqu'au dernier détour des âmes les plus profondes.

— Si ma reine était mère, répondit-il, ma confiance n'hésiterait pas longtemps à suivre la vôtre. Une reine espagnole n'est bien réellement française, pour moi, que le jour où elle fait prier un enfant en français, pour les Français, ses sujets futurs.

— Jusque-là, vous ne m'écouterez pas, alors, et vous ne me soulagerez pas dans mes disgrâces?...

— Les disgrâces que vous pouvez avoir à souffrir, madame, dit solennellement M. de Harlay, vous ne pouvez les entrevoir encore. Les frivoles petits malheurs que vous déplorez, permettez-moi de ne pas y attacher tant d'importance que vous.

— Quoi! s'écria Anne d'Autriche avec véhémence, vous m'avez assez mal jugée, vous, un homme d'expérience, un sage, vous vous abusez à ce point que vous ne me voyiez pas la plus malheureuse des femmes! Quoi! vous ne sentez pas la haine de ma belle-mère, les affronts que je dévore, les menaces que me font ses amis?

— Pourquoi des menaces, madame? en quoi les gênez-vous? demanda presque sévèrement le vieillard, qui semblait lui dire: Cette haine, on ne vous fait pas l'honneur de la ressentir pour vous; ces affronts, pourquoi êtes-vous lâche au point de les endurer; ces menaces, que ne les avez-vous déjà châtiées?

Anne comprit.

— Je fais tout ce que je puis, dit-elle; malheureusement je ne puis pas beaucoup.

— Mais le roi, reprit M. de Harlay poursuivant son austère récrimination, le roi pourrait tout, s'il le voulait et s'il était appuyé d'une pensée aussi solide, d'un esprit aussi brillant que le vôtre.

Anne sentit ce nouveau reproche.

— Si j'avais le malheur, répliqua-t-elle vivement, de laisser voir cette pensée, si je n'étouffais pas jusqu'à la plus faible étincelle de ce que vous appelez mon esprit, je serais déjà chassée... morte, peut-être !

Le président fit un mouvement.

— Me comprenez-vous mieux ? dit la jeune reine.

— Il me semble que oui, madame. Mais alors, vous devinez donc le danger que vous préparent certains ennemis ?

— Nuit et jour je rêve à le conjurer.

— Des rêves... c'est bien peu, madame !

— Quelquefois j'ai essayé des actions ; elles m'ont réussi assez mal.

— Des actions ?... dit le vieillard avec un reste d'ironie, je ne les ai pas soupçonnées, excusez-moi.

— Par exemple, sachant que M. de Vendôme, le frère naturel du roi, était tenu en prison au Louvre, et qu'on cherchait à l'empêcher de communiquer à son frère certaines vérités qu'il veut, dit-on, lui faire approfondir...

— Eh bien, madame ?

— Eh bien, monsieur le président, j'ai fait évader du Louvre M. le duc de Vendôme.

Harlay ne put retenir une exclamation.

— Oui, dit-elle tranquillement, une femme, mon amie, ma plus chère amie, qui appartient en apparence à la reine-mère, s'est chargée de mettre ce projet à exécution, et elle a réussi. Que n'a-t-elle eu le même bonheur dans la fin de son entreprise !

— Achevez, je vous prie, madame.

— Volontiers. Cette amie dévouée a été forcée de se cacher dans une maison particulière pour éviter d'être reconnue, par ceux qui cherchaient le prince. Car être reconnue, c'était être perdue, c'était me perdre moi-même. Elle est donc entrée dans cette maison, aux environ de Melun, chez un avocat au Parlement... Vous connaissez tous les gens de robe, monsieur ; vous connaissez peut-être celui-là : du Bourdet ?

Le vieillard tressaillit et resta immobile.

— C'était mon ami, répliqua-t-il. Vous avez pu me l'entendre dire le jour où je suis allé demander au roi grâce pour la mémoire de cet honnête homme ; grâce pour les débris de sa famille ; le jour où l'on m'a refusé, sans que le roi m'ait prêté secours contre une si odieuse iniquité.

— J'ai entendu, en effet, dit la reine avec son regard limpide et vigilant ; et, dès ce moment, j'ai résolu de venir causer plus intimement avec vous. Vous voyez que je me confie, moi. Je vous dis que mon amie, mon agent était là, cachée, pour l'affaire de M. de Vendôme. C'est moi qui ai fait demander au prince cette lettre avec laquelle vous espériez sauver votre protégé. Eh bien ! n'avez-vous rien à me confier en retour ? Ne pouvez-vous, par exemple, m'apprendre ce que vous attendiez de ce pauvre homme qu'ils ont tué ? Ne sauriez-vous m'estimer assez pour me révéler dans quelle intention vous appeliez du Bourdet à Paris, près de mademoiselle de Coman, par exemple !...

Harlay, surpris, releva la tête, courbée par le poids des solennelles pensées qui s'y heurtaient depuis quelques minutes.

— Oh ! vous frappez juste, madame, dit-il. Votre jeunesse est bien mûre, sous les apparences riantes de ce printemps.

— Ne pensez-vous pas qu'en vous suppliant de m'accorder votre alliance, je puisse vous être parfois une alliée utile ?

— Je le reconnais, et j'en profiterai. Oui, vous êtes, si vos intentions sont sincères, vous êtes tout ce que je cherchais.

— Vous m'accepterez donc ?

— D'autant plus volontiers que tout mon travail, toutes mes veilles, toutes mes angoisses, n'avaient pour but que votre fortune et celle de votre postérité.

Je le sais bien !... Voilà pourquoi je suis venue à vous, voilà pourquoi je vous adjure encore de me dire : Ce secret, étouffé en 1611 sur les lèvres de mademoiselle de Coman, ce secret qui fait trembler, je le devine, tous nos ennemis.., je dis nos ennemis, n'est-ce pas, mon père ?... cette arme invincible, si vous trouvez la main capable de la manier, je ne vous prie pas de la confier à mon bras, non, mais faites-la moi voir seulement d'avance ; permettez-moi d'apprécier dans ma joie, dans ma reconnaissance, le poids et la profondeur des coups qu'elle saura frapper. Alors, monsieur le prési-

— Vous mentez ! dit le vieillard. — Page 738.

dent, alors, au lieu de me laisser abaisser peu à peu, comme je le fais, pour éviter qu'on m'écrase, alors je relèverai la tête, je persuaderai au roi sa force, notre force ; je grouperai autour de notre trône, ridicule aujourd'hui, formidable demain, tous ceux qui veulent la gloire, le bonheur, l'intégrité de ce royaume. Alors, je forcerai ce fils chancelant, qui n'est à présent que le fils de l'Italienne, sa mère, je le forcerai à se souvenir qu'il est fils d'Henri IV, d'Henri IV dont il a l'héritage à maintenir, la mémoire à honorer... à venger peut-être... Oh ! comprenez-vous que je suis Française maintenant ? et dites-moi loyalement que ce crime dont vous parliez tout à l'heure, vous m'apprendrez à le venger !

— Il sera fait selon vos désirs, répondit simplement l'illustre magistrat. Vous venez de détruire jusqu'à la moindre de mes objections, vous avez éteint mon dernier scrupule. Dans peu d'instants, vous saurez tout comme moi-même. Mes moyens, mes plans, mes armes, je vous aurai tout livré. Je viens de descendre dans ma conscience, c'est-à-dire de consulter Dieu, et cette voix infaillible m'a répondu que si vous me trahissiez par gré ou par faute, vous vous trahiriez vous-même, vous l'unique objet, avec le roi, de ma pénible et magnifique entreprise.

Désormais votre avenir ne sera plus qu'entre vos mains. Votre Majesté veut-elle prendre la peine de me suivre?

— Où cela, je vous prie?

— Nous allons dans la prison de mademoiselle de Coman : vous l'entendrez, vous verrez jaillir la vérité que j'ai cachée précieusement jusqu'à ce jour.

— Allons!

— Votre Majesté comprendra sur-le-champ ce que je demandais au pauvre du Bourdet, son témoignage, car lui seul eût su appuyer de sa déposition les faits terribles qui éclatent à chaque mot de la prisonnière. Voilà pourquoi...

— Voilà pourquoi on a tué du Bourdet, n'est-ce pas? s'écria Anne d'Autriche.

— Oui, madame.

— Vous n'avez plus ce témoin, alors, et les misérables comptent sur votre impuissance à établir une conviction.

— Seule, avec moi, mademoiselle de Coman serait déjà trop redoutable pour eux. Mais soutenu par votre volonté, par celle du roi, le témoignage de mademoiselle de Coman les broyera comme une vile poussière.

— Tous?

— Ceux qui résisteraient à cette première épreuve, les plus forts, je leur en garde une seconde.

— Décisive, au moins?

— Oui, madame, décisive, même pour les plus puissants!

Anne saisit la main du président et la serra dans ses petites mains nerveuses.

— Je vous suis chez mademoiselle de Coman, dit-elle.

Le président ouvrit la porte de son cabinet, et montra le passage à la reine, qui avait repris déjà son capuchon et son voile. Mais comme ils allaient franchir la porte du vestibule dans lequel les attendaient Luynes et doña Estefana, un homme accourut, affairé, troublé, demandant aux officiers à voir le président sans délai.

— Monsieur le bailli! dit Harlay, que voulez-vous? pourquoi ce désordre?

— Tenez, monseigneur, répliqua cet homme, en offrant au magistrat un parchemin que celui-ci prit avec étonnement, tandis qu'un laquais lui éclairait l'étrange missive.

— « Ordre de la reine-mère, dit-il, son visage s'altérant à mesure qu'il lisait, ordre de transférer du Palais à la Bastille la demoiselle de Coman! »

Anne frissonna sous ses voiles.

— On attendra, s'écria le vieillard, que j'aie fait à Sa Majesté mes remontrances!

— Hélas! monseigneur, murmura le bailli tremblant.

— Qu'est-ce à dire? Vous hésitez, vous vous cachez le visage! Monsieur le bailli, où sont les gens qui ont apporté cet ordre?

— Partis, monseigneur.

— Partis! Mais mademoiselle de Coman?

— Partie avec eux.

Anne poussa un cri étouffé.

Le vieillard, stupéfait, pâlissant, saisit le bras du bailli et l'amena en face de la lumière des flambeaux:

— Partie!... Ce n'est pas possible! vous m'eussiez fait prévenir!

— Monseigneur!

— Vous saviez que je tenais à garder cette prisonnière sous ma main. Vous le saviez, vous, mon officier, presque mon ami!

Le bailli baissa la tête. Son front s'empourprait. On voyait les veines se gonfler sur ce front autrefois uni et calme comme celui d'un honnête homme.

— On ne m'a pas permis... balbutia-t-il.

— Vous mentez! dit froidement le vieillard. Vous mentez! je vous ai connu capable en un certain temps de passer à travers dix hommes armés pour m'apporter une importante nouvelle...

— Monseigneur, croyez...

— Je crois que vous n'êtes plus le même; je lis sur votre visage les signes effrayants que Notre-Seigneur se refusait à lire sur le visage de Judas!

— Oh! s'écria le bailli.

— Depuis que vous avez fait le voyage des Bordes... continua M. de Harlay, depuis ce malheur que vous ne sûtes ni prévoir ni empêcher...

— C'est lui qui a porté votre lettre aux Bordes? demanda à l'oreille du vieillard Anne, sombre, masquée, comme une statue des déesses inconnues.

— Oui, madame.
— Eh bien ! dites-lui, continua-t-elle, qu'il avait vendu cette lettre à vos ennemis.
— Madame ! cria le traître épouvanté de cette révélation soudaine.
— Dites-lui, reprit la jeune reine, que sa lettre a été récitée mot pour mot à du Bourdet par l'assassin qui l'a frappé à mort, et, s'il avait l'audace de continuer à mentir, annoncez-lui que je vais répéter, moi, chacun des mots que contenait cette lettre !
— Misérable ! dit M. de Harlay dont les cheveux blancs semblaient se hérisser comme pour faire une couronne de gloire à ce front irréprochable. Lâche et cupide, tu t'es vendu ; mais ce n'est pas ton maître seul qu'ils t'achetaient, les corrupteurs ; ils t'achetaient le sang des meilleurs citoyens, ils t'achetaient l'honneur, la fortune de la France. Tu as vendu ton pays, ton Dieu, va-t'en, je te maudis jusque dans la dernière parcelle de leur or. Va ! tu payeras ta richesse par les supplices de l'éternité !
— Peut-être avant l'éternité, murmura Anne les doigts crispés sur le bras du vieillard, qu'elle essayait de soutenir et qui pliait.
Le bailli s'enfuit, écumant, hagard, éperdu, poursuivi par cette malédiction qu'il sentait déjà ratifiée par la colère de Dieu.

* * *

M. de Harlay rentra dans son cabinet avec Anne. On avait vu pâlir, chanceler le président. Plusieurs de ses officiers voulaient s'approcher. Le vieillard les avait éloignés d'un geste.
— Mademoiselle de Coman à la Bastille ! Elle n'est plus à nous, mais à eux, dit la reine.
Il leva les yeux au ciel.
— Que faire ? continua-t-elle ; les voilà qui nous soupçonnent. Comment les confondre maintenant ? Comment même leur résister ?
Le président, immobile, assis, ou plutôt écrasé sur son fauteuil, luttait contre une angoisse douloureuse qui tordait son généreux cœur et montait, en l'étouffant, à sa gorge.

— Un mot, mon père, un mot qui me sauve et sauve notre sainte cause ! dit la reine.
Il essaya de se relever, de parler ; impossible. Il put seulement, par un effort suprême allonger les bras vers la plume, debout dans son encrier.
La reine lui mit cette plume dans les doigts, une feuille de papier sous la main. M. de Harlay ne put écrire.
On le vit alors prendre sa main droite avec sa gauche, et réunir toutes ses forces pour tracer une lettre. Ses yeux vivaient encore, mais un froid mortel glaçait déjà ses membres.
Anne prit et réchauffa cette illustre main du feu de ses mains, du souffle de sa bouche, Elle guida, elle soutint la plume.
M. de Harlay traça lentement le mot *Pontis* ; et ses doigts s'ouvrirent, la plume s'en échappa.
Anne lut et saisit avidement le papier. Au même instant Luynes entra.
— Madame, dit-il, voilà madame la comtesse qui arrive. Elle signale une troupe de gens à cheval qui paraissent vouloir nous couper la retraite.
— Vite ! partons, répliqua la reine.
Le vieillard la suivait toujours de cet œil ferme et vaillant, habitué à regarder les rois.
Anne revint au président, baisa la main qui venait d'écrire et s'élança hors du cabinet.

XXXVII

LA CHAMBRE DES COUSSINS

'était le soir fixé par la marquise de Verneuil pour recevoir ses amis dans le pavillon de la Vienne. On sait que ce mystérieux pavillon avait son entrée tout à fait indépendante par la rue de Lesdiguières, et qu'à l'exception du baigneur, qui, les jours de festin ou de galanterie, venait y faire lui-même le service par sa porte de communication, nul ne pénétrait dans cette forteresse, sur laquelle couraient par la ville des bruits étranges, qui faisaient sourire ceux-ci, rougir ceux-là et frissonner les autres. C'est ce réduit voluptueux et suspect que Sylvie avait si souvent demandé à explorer. La Vienne, qui d'abord avait promis, éludait à chaque instant sa promesse. Il forgeait mille raisons excellentes que Sylvie appelait des prétextes, et, à la moindre occasion, elle représentait sa demande avec la ténacité infatigable des femmes dont la curiosité ou la passion ne s'endort jamais sans avoir été satisfaite.

Comme tout homme qui a refusé longtemps à une femme qui a demandé toujours, la Vienne finit par céder. Il choisit, pour montrer le pavillon à Sylvie, cette soirée même à la fin de laquelle madame de Verneuil devait souper avec ses trois convives.

— Les hôtes de la marquise n'arriveront qu'à dix heures, dit la Vienne à sa femme, je vous ferai entrer à huit. Une demi-heure nous suffira pour voir tout ce qu'il y a de curieux à voir. Vous aurez l'avantage de jouir du coup d'œil de l'illumination et du couvert, puis vous rentrerez vous coucher, tandis que je ferai mon service, et vous pourrez vous flatter de m'avoir fait commettre une indiscrétion qui me coûterait cher si elle était découverte, car la marquise ne plaisante pas sur l'inviolabilité de son domicile d'amours.

— Eh! mon Dieu, répliqua Sylvie, qui, sûre de ce qu'elle avait tant désiré, n'était pas fâchée de le déprécier un peu. Est-ce donc tellement secret que je sois seule à le savoir? suis-je l'unique personne qui ait pénétré dans ce pavillon?

— Je ne crois pas que vous soyez la seule, répliqua la Vienne avec un gros rire, mais je crois aussi que celles qui y sont entrées ne s'en vanteront jamais.

Sylvie, surprise, demanda, un peu émue, si elle avait bien entendu, et s'il entrait d'autres femmes dans ce pavillon que la marquise.

— Je pensais bien, ajouta-t-elle, que madame de Verneuil y recevait des amis à elle, mais non ses amies.

— Oh! répliqua la Vienne, riant toujours, c'est une dame très-charitable que la marquise, et elle a plus d'une fois prêté la clef de son pavillon à des gentilshommes dans l'embarras. Ceux-ci, alors, ouvraient la porte à qui bon leur semblait. Cela ne regarde personne que les maris de ces dames.

Et plus que jamais, sur cette plaisanterie, la Vienne continua de rire. Sylvie fronça le sourcil et rêva. Le baigneur, préoccupé de ses fonctions, ne remarqua ni ce pli significatif dans le front uni de sa femme, ni ce regard plein d'ombrage qu'elle dirigea involontairement vers le pavillon.

Nous savons qu'elle était allée, à travers la porte de Bernard, nouer une conversation de quelques instants avec Cadenet et son ami. Nous l'avons vue également s'enfuir après cet entretien si court. Bernard n'était pas encore sorti de la maison quand Sylvie, exacte à l'heure, entra furtivement dans le pavillon, que la Vienne lui ouvrait plus furtivement encore.

La nuit, on le sait, était favorable aux aventures. Partout le silence et la solitude. Une neige épaisse achevait de chasser au gîte les promeneurs que le couvre-feu et l'inquiétude des voleurs ou des embuscades n'eussent pas empêchés de rester dehors. Le jardin de la Vienne était clos et calfeutré par cette neige comme une boîte de jouets par des cartes d'ouate, et les grands lierres bourrés de neige qui tapissaient les murs du pavillon semblaient en avoir matelassé l'épaisseur. A peine Sylvie eut-elle pénétré dans le sanctuaire, qu'elle sentit une douce chaleur mêlée à la vapeur de parfums délicats. Un péristyle vaguement éclairé s'offrit d'abord à sa vue. Il était peuplé de statues de marbre, toutes antiques, toutes précieuses par le travail et l'idée, et dignes d'arrêter longtemps le regard même d'une femme, malgré la hardiesse au moins païenne des poses et des contours.

Sylvie, en se voyant au milieu de ces figures blanches qui semblaient la railler et l'agacer dans la demi-teinte du vestibule, frissonna tout à coup et regarda autour d'elle avec une sorte d'inquiétude, comme pour faire appel à des souvenirs plus précis.

— Qu'avez-vous, mignonne, dit la Vienne?

Ces statues? Ah! dame, oui, elles ne sont pas tout à fait assez vêtues ; c'est un spectacle un peu violent pour des yeux habitués aux saintetés des Feuillantines ; mais vous avez voulu voir, tant pis !

Sylvie rougit plus ardemment encore à ce nom des Feuillantines, que, par un hasard étrange, son mari venait évoquer à un pareil moment.

— Je regardais, dit-elle, au bout de ce vestibule, c'est bien une porte que je vois?

— La porte d'entrée, oui, celle de la rue de Lesdiguières, par laquelle entrent tous ceux qui se cachent avec toutes celles qu'ils cachent.

Un nouveau frisson courut sur les épaules de la jeune femme, qui tout à coup monta l'escalier devant la Vienne au lieu de se laisser précéder.

— Eh bien, eh bien! reprit-il d'un air enjoué, est-ce que c'est vous qui me montrez la maison, par hasard?

Sylvie s'arrêta court, s'arrêta pâle.

— Je comprends, continua le digne mari, ces nudités vous ont chassée vite; ah! vous n'êtes pas encore assez marquise pour avoir l'œil aussi vaillant. Tenez, retournez-vous ; là, à droite, est la salle à manger ; non, pas à gauche... vous regardez toujours à gauche. Je vous dis à droite, car à gauche ce n'est pas la salle à manger : c'est...

— C'est demanda Sylvie, le cœur palpitant.

— C'est une autre pièce que je vous ferai voir tout à l'heure. Commençons par la salle à manger.

La Vienne passa le premier dans une longue et haute salle entourée, à hauteur des yeux, d'une frise de bas-reliefs anacréontiques qui, pour n'être que de la sculpture italienne du seizième siècle, brillait par un tel luxe d'imagination et une si exquise perfection de détails, qu'immédiatement Sylvie, redevenue cramoisie, leva les yeux vers des fresques qui surmontaient cette frise. Mais ses yeux descendirent de la fresque encore plus vite qu'ils n'y avaient monté. Elle sortit de la salle à manger sans vouloir remarquer, ainsi que l'y engageait la Vienne, les magnificences du service, le jeu des lumières sur les cristaux et dans les miroirs, le cliquetis des orfèvreries reflétant les nacres, et, par-dessus tout, le mécanisme si ingénieux qui, sans le concours d'aucun instrument humain, faisait passer du dehors dans cette salle les mets, les vins, les fleurs, et remportait chaque chose usée ou dédaignée. La jeune femme, disons-nous, quitta son mari au milieu des explications dans lesquelles il se complaisait, et passa rapidement sur le palier, plus semblable à un jaloux qui suit une trace qu'à un curieux qui repaît sa curiosité.

— Si c'est ainsi que tu vois, mignonne, dit la Vienne, nous ne mettrons par une demi-heure. La salle à manger est pourtant l'une des pièces les plus remarquables.

— On mange à peu près de même partout, murmura Sylvie, dont le trouble allait croissant ; et j'aimerais mieux voir les endroits où la marquise, cette femme d'un goût illustre, reçoit sa compagnie. N'y a-t-il pas quelque part, de ce côté, un salon?

— Comme vous devinez ! Le salon est là, précisément en face de vous.

La Vienne tourna, en parlant ainsi, le bouton ciselé d'une porte, et il passa, les flambeaux à la main, devant sa femme, qui murmurait tout bas :

— C'est cela ! oh ! c'est cela !

Le salon était immense et encombré du massif et splendide mobilier de cette époque : tables à lourds tapis de soie plus épais que le cuir, sculptures dans l'ébène, l'ivoire et le cèdre, lustres de verres aux riches couleurs, gigantesques fauteuils aux franges d'or, émaux précieux comme des pierreries, horloges dont le dessin flottait encore entre les fantastiques arabesques de l'Orient et le goût plus raide de la mystique Allemagne.

Sylvie traversa le salon, après l'avoir à peine honoré d'un coup d'œil.

— Eh! dit la Vienne, où allez-vous donc si vite? ceci n'est-il pas bon à voir? Patience !

— C'est un salon, répondit Sylvie, et il en est d'un salon comme d'une salle à manger ; sauf quelques pistoles en plus ou en moins, tous se ressemblent. Voilà, sauf le goût.

— Comme vous y allez ! et quel mépris pour les richesses ! s'écria la Vienne. Vous étiez si curieuse de voir ! et vous ne regardez rien.

— Je m'attendais, je l'avoue, à un spectacle plus extraordinaire, balbutia Sylvie, qui ne tenait plus en place. Ma curiosité, comme vous dites, était fort excitée ; la réalité me refroidit un peu. Mais, puisque nous voilà arrêtés, un mot d'explication, je vous prie. Ne me disiez-vous pas, tout à l'heure, que la marquise prêtait parfois cette maison à des gentilshommes, ses amis ?

— Oui, certes.

— Qui... à leur tour y amenaient leurs compagnies ?

— Je l'ai dit, et on l'a fait.

— Ces gens-là, reprit Sylvie avec un battement de cœur qu'elle ne dissimulait pas sans de violents efforts, ces gens-là n'ont donc pas de maison à eux, ce sont donc des croquants ?

— Ce sont les plus grands seigneurs de France, ma toute belle.

— Ah ! fit-elle comme étonnée.

— Il y est venu mieux que des grands seigneurs, et tous ont témoigné plus d'admiration que vous pour le talent de l'architecte qui a bâti cette maison.

— Leurs yeux sont faits autrement que les miens, alors, répondit Sylvie, jouant toujours l'indifférence. Qui sont ces gens-là... ces seigneurs, ces princes, est-ce aussi un secret ?... Oh ! alors, cachez-le-moi.

— Les secrets de madame de Verneuil sont tous assez publics — j'excepte le secret de cette maison ! — pour que, si je les égratigne, on ne puisse me soupçonner seul d'avoir parlé. Oh ! oui, mignonne, il est venu ici de grands seigneurs.... Tenez, M. de Joinville y est venu bien souvent ; mais pour la dame de la maison, celui-là, pas pour d'autres. A celui-là on ne prêtait pas, on ouvrait le pavillon.

— D'accord ; mais ceux à qui on le prêtait pour qu'ils le prêtassent eux-mêmes ?

— M. de Feria, l'ambassadeur. Il y conduisait certaine grande dame, qui aujourd'hui me fait bien rire *in petto*, quand je la vois passer si austère, si majestueuse... Oh ! mignonne, si elle pouvait savoir ce que je sais !...

— Ah !... vous voyiez parfois ces fugitives hôtesses...

— Quelquefois par hasard, quelquefois par malice ; parfois aussi, malgré toutes mes ruses, je ne voyais rien. Ainsi, par exemple, la dernière fois que le comte est venu...

— Quel comte ? demanda Sylvie respirant à peine.

— L'Espagnol.

— Ah !... un Espagnol ?

— M. de Siete-Iglesias, continua la Vienne en clignant l'œil si malignement qu'il ne vit pas le nuage d'opale qui envahit les traits de Sylvie. Je disais donc qu'il vint, et pas seul assurément, j'entendis bruire robe et mante dans ce salon. Mais je ne réussis pas à voir, j'étais arrivé trop tard pour me placer à mon observatoire.

— Quand donc cela ? dit Sylvie les deux mains sur son cœur, qui repoussait l'obstacle trois fois par seconde.

— Voilà... voyons, c'était deux mois avant son mariage, voilà dix-huit mois, ma foi oui, un jour d'hiver maussade, comme qui dirait aujourd'hui.

Sylvie se détourna pour s'appuyer à une crédence sur laquelle glissa sa main tremblante et moite.

— Vous avez donc un observatoire ? reprit-elle après un long silence que la Vienne avait employé à caresser, à effleurer de ses grosses lèvres les boucles frisées qui endoyaient en vrilles sur le cou blanc de sa jeune femme.

— Oui, fit-il finement. Le voulez-vous voir ?

— Non, non ! s'écria-t-elle avec vivacité. Reconduisez-moi, je vous prie.

— Mignonne, pour une femme de goût, permettez-moi de vous dire que vous faites fausse route. C'est le plus curieux qui nous reste à visiter.

— J'ai assez vu, monsieur.

— Non, tant que vous n'aurez pas admiré le cabinet de la marquise, vous n'aurez rien vu.

— Je me figure bien.

— C'est impossible de se figurer. Venez... oh ! mignonne, ne me résistez pas ainsi. Je ne vous conduis pas à la damnation, moi ; je ne suis pas un M. de Siete-Iglesias, et, d'ailleurs, celle qu'il a amenée ici ne se défendait pas comme vous.

Sylvie, encore une fois brisée par ce terrible retour de souvenir, détendit sa main, suivit la Vienne et pénétra toute chancelante, toute éblouie dans le cabinet dont il venait d'ouvrir la porte.

La Vienne avait raison. Cette pièce était la plus curieuse de l'appartement.

Complétement tendue de brocart de Balsorah, sans autres meubles que des coussins de même étoffe adossés à la muraille ou semés çà et là, tapissée d'un épais tapis de Perse, fermée de portières pareilles au tapis, cette chambre bizarre n'avait rien de remarquable au premier aspect, que l'extrême richesse des tentures et la singularité de cet ameublement oriental. Partout des nattes, des peaux de tigre ou de lion, des peaux d'autruche. Dans l'épaisse litière de ces moelleux pelages, le pied heurtait des kangiars magnifiques, des colliers d'ambre, des chapelets de bois d'aloès, des flacons d'essences précieuses, des ceintures tressées d'argent, de soie et d'or. On devinait que ces richesses semées parmi le duvet ou les fourrures attendaient le caprice d'une main énervée qui se joue, d'un bras nu qui s'y enroule. Chambre digne de Sardanapale ou du voluptueux Saad qui a dit : — Mieux vaut être assis que debout ; mieux vaut être couché qu'assis.

Quand le pied mignon, le pied chaussé de Sylvie foula cette moelleuse et profonde jonchée, elle s'arrêta. Ses yeux ne voulaient plus voir, ses jambes refusaient de marcher.

— Ah! ceci est moins commun, mignonne, dit la Vienne avec un rire amoureux qui redoubla la frayeur de sa femme, et vous faites moins la dédaigneuse, je crois.

— Votre observatoire, je vous prie, dit Sylvie précipitamment.

— Un moment, de grâce, veuillez d'abord regarder ce plafond.

— A quoi bon? c'est un plafond comme tous les autres.

— Non pas! non pas! je tiens à ce que vous le regardiez, à ce que vous l'examiniez en détail. J'ai mes raisons. Et d'abord observez qu'il est formé d'un entrelacement de bois de cèdre formant des caissons, des volutes, des arabesques, heureusement fouillées dans l'épaisseur du bois, car il est tout en bois, ce plafond, remarquez!

— Je remarque, oui, le plafond est beau ; mais sortons d'ici, je vous en supplie.

— Les parfums vous incommodent-ils? le fait est qu'il s'exhale d'ici un air enivrant. Mais de grâce, un dernier coup d'œil à mon plafond, dont je vous conterai l'histoire, si vous êtes une adorable mignonne.

— Votre observatoire, dit Sylvie en bondissant hors du cercle trop étroit où la Vienne l'enfermait avec ses bras trop courts.

— Soit donc, dit-il, époux complaisant pour les fantaisies de sa femme.

Et il poussa dans le mur un bouton qui fit ouvrir la porte invisible d'un petit cabinet voisin, sombre et large de six pieds au plus, et exhalant une violente odeur composée d'une agglomération des plus doux parfums.

— Où sommes-nous ici? dit-elle.

— Au mur de clôture du pavillon. Là finit le royaume de la marquise.

— Il n'y a pas d'issue de ce côté?

— Aucune. Ce petit cabinet, entrez-y, est le vestiaire de madame.

— Il y a des habits, là?

— Des robes turques, romaines, grecques, indiennes, rien que des robes, grandes et petites. Ces robes-là sont les seuls habits qui résistent un peu au frottement des peaux de lion, lesquelles, sans en avoir l'air, usent, dit-on, toute autre espèce de vêtements.

En parlant ainsi, la Vienne donna largement carrière à son gros rire.

Mais alors Sylvie, qui le fuyait avec tant d'adresse, lui prit la main tout à coup.

— Qu'y a-t-il, mignonne?

— Vous n'entendez pas?

— Non. Quoi donc?

— Une porte qui crie.

La Vienne écouta.

— Encore! tenez, dit Sylvie.

Le baigneur fit un bond et s'élança hors du cabinet.

— Qu'est-ce? fit la jeune femme.

— On marche, — on vient.

— Qui cela peut-il être?

— La marquise!... Bonté du ciel!

— Eh bien?
— Cachez-vous! cachez-vous! Quoi! la marquise une heure et demie d'avance! Cachez-vous, mignonne, je vais venir vous reprendre quand je l'aurai fait entrer au salon. Cachez-vous bien et, pour l'amour de moi, ne bougez pas.

Sylvie se blottit derrière les robes persanes, prête à défaillir à la suite de tant d'émotions.

Il était temps. On entendait une voix qui appelait de loin :
— La Vienne! la Vienne!

*
* *

Le baigneur s'élança dans cette direction. Il arriva au moment où madame de Verneuil, déjà étonnée, commençait à appeler avec plus d'impatience.

— Quoi! madame la marquise, déjà? dit la Vienne.
— C'est toi, si tard, la Vienne?
— Je rangeais et apprêtais.
— Fort bien. Mais nous avons le temps.
— Certes, madame... Oh! tout sera prêt à l'heure.
— J'en suis sûre. Va-t'en.
— Plaît-il?
— Va-t'en, répéta Henriette, qui, dans l'ombre à peine combattue par les deux flambeaux que tenait la Vienne, ne remarqua rien, tant elle semblait préoccupée elle-même.

Cependant, ne voyant pas bouger le malheureux baigneur :
— Qu'as-tu? dit-elle.
— Mais... j'attends les ordres de madame. Est-ce que madame n'entre pas au salon?
— Je t'ai dit de te retirer.

Il recula et fit quelques pas ainsi, le visage bouleversé.
— Je te rappellerai tout à l'heure, dit-elle. Tu es tout singulier, ce me semble.
— Moi, madame?
— Laisse-moi ces flambeaux. Que regardes-tu autour de toi?
— Rien, rien.
— Je suis bien seule ici, je suppose?... dit la marquise avec un regard qui eût fait rentrer en terre Goliath ou Briarée.
— Oh! madame...
— C'est bon! va. Tu peux revenir dans un quart d'heure, pas avant!

Il soupira, continua de reculer peu à peu devant la marquise, qui le conduisait doucement à sa porte de communication, et enfin il se trouva dehors.

Henriette resta seule, et promena autour d'elle un long regard, plutôt pour se recueillir que pour observer.

XXXVIII

MÉCANIQUE ET POLITIQUE.

u réduit où elle était cachée, Sylvie ne pouvait rien voir, rien entendre. L'obscurité, l'épaisseur des étoffes sous lesquelles elle s'était blottie changeaient cette prison en un véritable cercueil.

Immobile, frissonnante, bien qu'elle se rappelât avec espoir la parole de la Vienne et qu'elle l'attendît bien vite, Sylvie ne pouvait chasser de son esprit troublé mille pensées, mille remords plus douloureux que des terreurs.

Ainsi, de cette place où elle était, la Vienne prétendait avoir vue dans le mystérieux cabinet aux coussins. Ainsi le hasard seul avait permis qu'il ne vît pas, dix-huit mois avant, celle qu'aujourd'hui il amenait là pour rire des autres! Ainsi ce redoutable hasard voulait qu'elle fût aujourd'hui la femme de la Vienne, et qu'elle rentrât dans le pavillon par la porte légitime de la Cerisaie. Et la Vienne riait, le pauvre homme!

Mais Siete-Iglesias... que devait-il penser? quel sourire diabolique n'allait-il pas trouver pour complimenter le baigneur, le comte qui dans une heure entrerait aussi dans ce pavillon, et demanderait peut-être à la Vienne des nouvelles de sa jeune femme?

Sylvie ne pouvait en croire ses yeux. — Page 747.

Ces idées fermentaient dans la tête de Sylvie, et en firent jaillir d'atroces douleurs, rapides et pétillantes comme des étincelles.

Tout à coup, elle crut entendre marcher, elle prêta l'oreille.

Le mouvement involontaire qu'elle fit dérangea les étoffes, et, par un trou semblable à une lentille rouge, elle vit sourdre un filet lumineux qui pénétra jusqu'à son visage.

Elle était sans doute à l'observatoire de la Vienne. Elle voyait.

Le pas qu'elle avait entendu était celui de la marquise, de la marquise qui s'avançait lourde, rêveuse, tenant de chaque main un sac assez pesant.

Henriette posa sur la litière fourrée ces sacs, qui renfermaient des quadruples d'Espagne, dont on voyait les surfaces rondes et les tranches repousser le cuir souple qui les contenait. Elle rapprocha, un moment après, son flambeau sur une natte; car, nous l'avons dit, il n'y avait dans cette chambre singulière ni table ni meuble quelconque d'une matière solide et résistante. Puis, s'asseyant parmi les fauves toisons, elle dénoua ses sacs et compta l'or.

Ensuite elle tira ses tablettes de sa poche et parut y inscrire la somme à la suite d'une liste raisonnablement longue.

Le visage autrefois si beau, si fin, si spirituel de cette femme, qui avait rivalisé avec Gabrielle et tenu en échec Marie de Médicis, n'offrait en ce moment qu'une vulgaire expression d'avarice satisfaite.

Elle repassa son addition tranquillement, mangea, tout en comptant, quelques pastilles ou pâtes sèches qu'elle puisait dans cette même poche, et, lorsque toutes ces opérations peu poétiques furent terminées, Henriette se releva pesamment, reporta son flambeau sur le seuil de la pièce voisine, dont elle ferma la porte au verrou, et revint prendre ses deux sacs.

— Où en aboutira-t-elle avec tout ce manége, se demandait Sylvie, qui ne perdait ni un geste ni un tressaillement de la physionomie d'Henriette, et à quoi bon s'enferme-t-elle ainsi ?

Mais l'autre dessina bientôt plus nettement ses intentions ; elles les dessina d'une manière si effrayante, que Sylvie commença à trembler de tous ses membres.

La marquise venait en droite ligne sur la porte secrète du cabinet.

Non-seulement elle y vint, mais elle chercha le bouton de cette porte, et Sylvie entendit le frottement de son doigt sur le brocart de la tenture.

Nous disons qu'elle entendit, car elle ne voyait plus : le rayon lumineux était intercepté ; d'ailleurs, un premier instinct de la prisonnière l'avait poussée à se réfugier au plus profond fouillis des robes et des chlamydes parfumées.

La porte céda, elle s'ouvrit dans le cabinet dont elle doubla l'ombre ; la marquise entra.

Sylvie crut que ses genoux allaient manquer sous elle. Si madame de Verneuil eût hésité un moment ou regardé avec défiance autour d'elle, Sylvie vaincue poussait un cri et tombait.

Mais la marquise jeta par terre ses deux sacs, qui rendirent un son métallique, aigu, et tournant le dos à Sylvie, elle chercha une petite clef parmi ses clefs fort nombreuses.

Sylvie aperçut alors comme une porte d'armoire qui s'ouvrait dans le mur, et, dans cette armoire, une sorte de mécanique pareille à un cric à l'axe duquel madame de Verneuil adapta un tourniquet. Puis elle fit jouer la bascule d'un cliquet d'acier, et alors les roues de l'engrenage se repoussèrent l'une sur l'autre avec un bruit rond et mat qui décelait toute la perfection de ce travail.

Sylvie, un peu rassurée par ce bruit même qui couvrait tous les autres, se hasarda. Elle était, d'ailleurs, protégée par le développement de la porte, elle osa regarder.

A mesure que les roues tournaient, une ombre, un bruit encore vague pour la tremblante Sylvie, se produisaient dans la chambre aux coussins. En regardant plus attentivement, la jeune femme finit par comprendre : le plafond de bois de cèdre, cette merveille de travail tant vantée par la Vienne, descendait régulièrement, sans secousses, de sa place habituelle.

L'énorme masse, docile à l'impulsion de la mécanique, s'abaissait, glissant le long d'invisibles coulisses ; elle s'abattait majestueusement comme un nuage, et l'œil surpris en calculait déjà l'épaisseur.

Enfin le puissant quadrilatère toucha le sol, et Sylvie comprit alors pourquoi cette chambre ne renfermait pas de meubles solides : tout autre objet que des coussins et des fourrures eût été écrasé par une si formidable pression.

Mais ce qui étonna par-dessus tout la jeune femme, ce fut de revoir, sur ce nouveau parquet, les mêmes coussins, les mêmes peaux, les mêmes nattes que dessous, ou plutôt une nouvelle jonchée d'objets absolument pareils, en sorte que rien ne semblait être changé dans cette chambre, et qu'en y entrant l'on n'eût pu soupçonner ce qui venait de se passer.

Un autre plafond tout semblable remplaçait en haut celui que le cric avait fait descendre.

La seule différence sensible consistait dans l'élévation du nouveau parquet. Mais, ainsi que le remarqua Sylvie, cette saillie faisait l'effet d'une marche à monter pour entrer dans la chambre. La marquise franchit cette marche et foula le parquet nouveau.

Là, dans un coin bien connu d'elle, car

elle n'hésita pas à s'y arrêter, elle souleva une peau d'autruche, dérangea duvets et nattes, fit jouer la vis d'une des lames de ce plancher, et plaça les deux sacs dans l'excavation, sans doute à côté d'autres qui les attendaient. Son opération terminée, elle revint au cabinet des robes, tourna de nouveau le cric dont les dents affamées recommencèrent à mordre en sens inverse, et sans nul effort cette petite main reporta ainsi le lourd plafond à sa place primitive.

Sylvie ne pouvait en croire ses yeux.

La marquise referma soigneusement l'armoire secrète, et lorsqu'elle eut du pied et du poing regonflé les coussins les plus aplatis, le quart d'heure qu'elle avait demandé à la Vienne n'était pas aux deux tiers écoulé.

**

Cependant le baigneur frappait à la porte voisine. Henriette se hâta de lui tirer le verrou.

— J'ai voulu essayer de dormir, dit-elle avec indifférence, mais le sommeil ne veut pas de moi. Soupera-t-on bien ce soir? Pourquoi viens-tu si vite?

— Madame, répliqua la Vienne, dont le premier coup d'œil avait été pour la porte invisible, j'arrive pour vous annoncer déjà un convive.

— Ah! qui donc?

— M. de Siete-Iglesias.

— Eh bien!... il devance l'heure, ce me semble, répliqua Henriette, qui essayait de paraître naturelle.

— Madame la marquise est attendue au salon, où le feu est magnifique, interrompit la Vienne de plus en plus gracieux.

— J'y vais.

La Vienne tressaillit de joie. Le salon était de l'autre côté du palier. Tandis que madame de Verneuil s'y installerait, le baigneur aurait le temps de tirer Sylvie de prison et de la faire évader par la salle à manger.

Il conduisit Henriette jusqu'à la porte, s'assura qu'elle était bien occupée avec le comte et assise; puis, revenant avec la rapidité d'un jeune homme, il délivra sa captive. Après nombre de marches et contre-marches, d'arrêts, de pauses derrière les portes, l'heureux couple sortit du pavillon.

— Eh bien! tu voulais voir, j'espère que tu as vu, mignonne, dit la Vienne respirant à pleins poumons, avec délices, la bise glaciale et les flocons de neige.

— Oh! oui, j'ai vu, répliqua Sylvie essoufflée.

— Une autre fois, je t'expliquerai le fameux plafond que tu ne connais pas, continua le baigneur. Voilà un morceau intéressant de mécanique.

Ici Sylvie redevint Sylvie.

— Quel plafond? dit-elle ingénument.

— Tu verras!... c'est une invention que la marquise avait eue pour faire cacher les gens en cas de visite domiciliaire. Je te réponds que M. de Joinville s'en est bien trouvé certain soir que le feu roi jaloux était venu faire perquisition et menait grand tapage.

— Expliquez un peu, dit Sylvie.

— Ce plafond s'abaisse ou se lève à volonté, de sorte que soit dessus, soit dessous, par un moyen... Mais tu ne me comprendrais pas, mignonne. Une autre fois je te ferai jouer le secret. J'ai une clef... Oh! si la marquise s'en doutait. Chut!... Sois gentille, mignonne; je vais faire souper ces gens-là et je reviens!... je reviens! répéta-t-il avec cette calme assurance que donne la possession légale, et il ponctua sa phrase par un sourire de pédant qui promet une friandise.

— J'ai couru un grand danger, sans doute, pensa Sylvie, j'ai bien rougi, j'ai bien souffert; mais il me semble que je ne donnerais pas ma soirée pour le double de ce que la marquise enferme dans ce plafond magique.

Elle rentra chez elle plus rêveuse que jamais.

**

Cependant, il y avait alors, dans le pavillon qu'elle regrettait si peu, bien de la joie et du triomphe.

Siete-Iglesias baisait les mains de madame de Verneuil et lui disait, l'œil étincelant:

— Oui, ma belle amie, à l'heure qu'il est nous sommes en train de gagner la partie.

— En êtes-vous assuré, comte?

— A l'heure qu'il est la Coman est entre nos mains, le maréchal a donné à ses gens l'ordre de la reine, et ce n'est pas notre bailli qui refusera de l'exécuter.

— Je le crois bien, pour cent mille écus que cela lui rapporte.

— Trouvez-vous que ce soit cher?

— Oui et non.

— Expliquez-vous, marquise.

— S'il faut encore acheter la Coman ou celui qui la gardera dans la Bastille, c'est cher.

— Oui; mais si toute la dépense est faite, s'il n'est besoin ni d'acheter le silence de cette femme ni même de la faire garder.

— A votre tour, soyez clair.

— Si en un mot, la Coman ne doit plus parler... jamais...

La marquise regarda fixement Siete-Iglesias.

— Ah! ah! dit-elle, c'est autre chose.

Puis, après un silence:

— Elle est bien causeuse, pourtant, cette créature, reprit-elle.

— A partir de cette nuit, je crois qu'elle se corrigera; d'Espernon, qui est ingénieux, m'en a répondu.

— C'est différent.

Les deux interlocuteurs se turent.

— Comment va mademoiselle votre fille, reprit Iglesias, celle qu'on appellerait bien aussi justement la belle Gabrielle?

Henriette fronça le sourcil. L'Espagnol ne savait-il pas la valeur du mot qu'il venait de prononcer?

— Et la comtesse, votre femme? répliqua froidement la vipère.

— C'est une femme qui n'a pas de santé, dit l'Espagnol d'un ton aigu comme le cri d'une lame dans la chair.

Henriette le regarda encore et ajouta:

— Ma fille devient, en effet, plus belle de jour en jour. Ce sera une princesse accomplie. Heureux le prince à qui je la donnerai!

— Quiconque la voit, répondit Sieté-Iglesias, fût-ce un simple gentilhomme, fût-ce un simple comte, se promet de devenir prince, et prince régnant, pour lui offrir une couronne.

Au moment où Henriette accueillait avec une faveur marquée cette déclaration trop positivement accentuée pour n'être qu'une simple politesse, la Vienne vint annoncer que le duc d'Espernon et le maréchal d'Ancre traversaient le vestibule.

— Fermez tout! dit la marquise, qui se leva pour aller au-devant de ses hôtes, et pressa d'une façon significative la main de l'Espagnol.

Les deux nouveaux venus attendirent que la Vienne eût disparu. Mais il ne le fit pas si vite que Siete-Iglesias ne l'eût aperçu et ne lui eût, en ricanant, demandé des nouvelles de sa femme.

La Vienne répliqua par un remercîment. Siete-Iglesias, se penchant à l'oreille d'Henriette, lui fit sans doute quelque conte bien plaisant, car la marquise se mit à rire aussi et dit au baigneur:

— A propos, n'oublie pas de me faire voir ta femme.

Oh! si madame la Vienne les eût vus rire! oh! si elle eût entendu ces huit mots! La Vienne, enchanté, se hâta de les lui aller transmettre, et certes le diable n'y perdit rien.

*
**

A peine les quatre amis se trouvèrent-ils seuls, que leurs figures s'interrogeant les unes les autres:

— Eh bien! dit le maréchal, le moins embarrassé de tous, c'est fini, la Coman est à nous.

— Attendez, attendez, dit d'Espernon, pas de hâte; elle ne sera bien à nous que lorsqu'on la tiendra dans la Bastille. Elle n'y est pas encore, puisque nos gens ne nous l'ont pas annoncé.

— Vous attendez leur rapport, demanda la marquise après avoir échangé un coup d'œil avec Siete-Iglesias, qui le rendit à d'Espernon.

— D'un moment à l'autre.

— Et une fois à la Bastille, poursuivit le maréchal, comme le gouverneur est à moi...

— Oui, reprit d'Espernon, ce sera un répit, jusqu'à ce qu'on soit forcé de recommencer.

— Alors, comme alors, allons au plus pressé, dit le maréchal. Le plus pressé était d'arracher cette langue venimeuse au président.

— C'est fait, dit Siete-Iglesias.

— Mais après? demanda la marquise.

— Après, rien de plus simple, reprit le maréchal. Comment jette-t-on bas les arbres dans ce pays? on commence par la racine, n'est-ce pas?

— Mais oui, généralement.

— Et la racine coupée, la cime croule. Eh bien! puisque nous avons entamé l'arbre à la base, achevons. Puis aux cimes!

— Elles sont deux, dit Siete-Iglesias, le roi, la jeune reine.

— Avant peu, poursuivit le maréchal, j'en attaquerai une.

— Moi l'autre, dit d'Espernon.

— Restons aux racines, continua Concino. Le président va se remuer beaucoup quand il comprendra la portée du coup; il ira au roi.

— Nous sommes là, dit d'Espernon.

— Vous n'y serez pas toujours, vous, duc, mais la reine-mère s'en charge, c'est convenu.

— Défiez-vous du président, dit la marquise avec calme. C'est un homme de ressources.

— Que je surveille, interrompit Iglesias, et j'attends dès ce soir le rapport de mon bailli pour savoir comment il a pris la chose. Selon ce qu'il fera, nous ferons.

— Reste-t-il assez d'existence en ce vieux tronc pour nous tourmenter ainsi! s'écria d'Espernon blême de rage. Toujours ce président, cette robe, ce mortier, c'est monotone. Oh! que j'en finirais vite.

— On ne peut en finir vite avec tout le monde, répliqua tranquillement Iglesias. Attendre est dur, mais il faut attendre.

Il parlait encore, lorsqu'en bas, à la porte de la rue Lesdiguières, retentit un signal.

— Mes gens! dit le maréchal, qui descendit jusque dans le vestibule, où Corbinelli l'attendait pour ouvrir la porte.

Les trois autres convives écoutèrent avidement en haut du palier.

— Ouvre! dit Concino à Corbinelli.

L'Italien obéit. Un homme entra, le chapeau, le manteau chargés de neige.

— Eh bien? demanda le maréchal sur le degré.

— Eh bien, monseigneur, il y a du nouveau.

— La prisonnière est-elle à la Bastille?

— Mais, pas précisément.

— Comment? coquin!...

— Patientez, monseigneur. Au moment où on l'allait tirer du carrosse, devant les fossés, elle s'est enfuie.

— Enfuie! double traître!

— Attendez donc, monseigneur, nous l'avons poursuivie...

— Je le crois pardieu bien!

— Elle criait, la malheureuse! elle se nommait... si bien que nous avons dû la bâillonner pour la faire taire et la garrotter solidement.

— Très-bien! Après?

— Ah! voilà. Non pas après, mais avant, elle a attiré quelqu'un par ses cris.

— Qui?

— Un jeune homme qui sortait d'une maison près du rempart Saint-Antoine.

— Eh bien! cet homme?

— Aux cris de la femme, il s'est approché, nous a questionnés, pressés... et nous avons dû nous emparer de lui. Ce n'a pas été sans peine.

— Parfaitement bien.

— Oui, continua le coquin en jouant la désolation, mais, pendant ce temps, la damnée femme n'a-t-elle pas entraîné celui de nous qui la tenait jusqu'au revers du fossé de la Bastille, et, sans qu'on sache comment, ne s'est-elle pas trouvée tout à coup dans le fossé!

— Dans l'eau? demanda Concini en frémissant malgré lui.

— Douze pieds!

— En sorte que... reprit le maréchal.

— Mais, dame, monseigneur, qu'arrive-t-il quand on tombe dans l'eau sans pouvoir nager?

La marquise, l'Espagnol et d'Espernon

se regardèrent sans échanger un mot, un souffle. Siete-Iglesias salua d'Espernon avec son infernal sourire.

— Ainsi... dit le maréchal.

— Ainsi, c'est fini, monseigneur, répliqua le scélérat en tournant son chapeau dans ses mains rouges.

— Mais l'homme arrêté?...

— Oh! nous le tenons bien, et malgré tout ce qu'il a pu dire, nous l'avons déposé provisoirement à la Bastille, où le gouverneur l'a reçu tout de suite, au seul nom de monseigneur.

— Mais qu'a pu dire cet homme? demanda du haut du palier Siete-Iglesias.

— Des sottises, monsieur, fit le sbire en levant la tête pour répondre à la voix invisible; il montrait un papier, un sauf-conduit, je ne sais quoi.

— Que vous lui avez laissé? demanda d'Espernon.

— Que je lui ai pris et que voici, répliqua le sbire.

Concino prit le papier, le lut, et, frappé de stupeur, remonta vers ses amis.

— Mais, murmura-t-il, mon cher comte, c'est ce que vous m'avez fait demander l'autre soir, chez ma femme, à la reine-mère. Tenez plutôt. Le sauf-conduit, la restitution, vous savez...

— Voilà une arrestation providentielle, dit l'Espagnol avec un féroce sang-froid. Nous jouons de bonheur, marquise; nous sommes en veine.

Comme il achevait ces paroles, un nouveau signal se fit entendre.

— Mon bailli, dit Siete-Iglesias, vite, qu'il monte.

Corbinelli ouvrit au traître.

— Eh bien! s'écrièrent tous les conjurés à la fois, quelle figure fait-il, le terrible président?

— Le président vient de mourir d'apoplexie, répliqua le bailli d'une voix lugubre.

Un silence se fit, froid comme la mort elle-même.

— Cette fois, ne voilà-t-il pas toutes les racines coupées? dit Siete-Iglesias.

— Aux cimes! mumura la marquise, quand commencera-t-on?

— Demain, répondit le maréchal.

— Eh bien! messieurs, ajouta Henriette, soupons.

XXXIX

LE DERNIER MILLION D'HENRI IV.

Plus d'une semaine s'était écoulée depuis la mort du président, et Paris frémissait encore de mille bruits sourds, précurseurs de grandes colères populaires, lorsque la reine Marie de Médicis se rendit du palais du Louvre au château de la Bastille pour y prendre un des quarante millions enfermés dans la forteresse par la sage prévoyance du feu roi Henri IV.

Ces millions, il faut le dire, faisaient, depuis la mort du grand prince, l'orgueil de tout Parisien un peu intelligent. C'était la première fois, depuis plusieurs siècles, qu'un roi léguait tant de richesses à ses peuples, après un règne plein de guerres. Aussi le royal trésor amassé par Sully ressemblait-il, dans l'esprit des bourgeois et même des plus maigres plébéiens de Paris, à ce fameux Palladium de Troie grâce auquel une éternelle prospérité était promise au royaume.

Par cette raison, chaque fois que la reine-mère était venue enlever de la Bastille un morceau de ce trésor sacré, Paris avait fait la grimace. Grimace de déplaisir aux premiers voyages, mais de rage et de honte à mesure que le tas diminuait. Car la bonne dame Marie prenait toujours et ne remettait jamais.

On se demandera pourquoi les millions ainsi soutirés sortaient de leur retraite en plein jour avec escorte et fanfares au lieu de s'en aller au Louvre la nuit, prudemment dissimulés dans quelque bateau de farine ou de charbon. De cette façon, les badauds partisans de l'ancien régime n'y eussent rien connu. Mais, même en ce temps d'esclavage,

Paris avait ses garanties, ses priviléges constamment entretenus et protégés par les rois eux-mêmes, à qui le besoin de sauvegarder l'avenir conseillait parfois la popularité. Aussi le roi Henri IV avait-il décidé que jamais son argent ne passerait de la Bastille au Louvre sans l'autorisation de la cour des comptes, et, par conséquent, sans un contrôle rigoureux. Cette fois, la cour des comptes avait fait des remontrances, qu'en un autre moment le conseil de la régente eût peut-être écoutées, mais que dans l'ivresse du triomphe et dans la fièvre de dominer enfin la situation, reine et courtisans résolurent de mépriser. On passa outre.

Le peuple était donc amassé dans la rue Saint-Antoine et tout autour de la Bastille pour voir passer le cortége royal. Plusieurs charrettes, accompagnées d'archers, devaient rapporter le million dont la cour avait besoin. Ces charrettes passèrent et disparurent une à une sous la voûte sombre de la Bastille.

— Voilà donc, se disaient les groupes, encore un lambeau de notre fortune qui s'en va. Quel besoin a-t-on d'argent? Jamais impôts plus lourds; jamais nécessités moins impérieuses; pas de guerre importante; pas une victoire pour nous consoler de la perte de notre argent.

Dans les groupes allait et venait, le casque en tête, le hausse-col au gosier, un capitaine de garde bourgeoise, tout reluisant, tout sonnant; on le regardait, non sans admiration, car s'il n'avait pas tout à fait l'air d'un chevalier, il ne manquait pas d'un certain cachet de reître. Ses bottes en colonne torse, son haut-de-chausse râpé formaient un contraste bizarre avec sa cuirasse polie et son armet qui agaçait le soleil; il y avait dans cet accoutrement un rez-de-chaussée digne de l'échoppe, un premier étage ambitieux. Ce capitaine était le cordonnier Picard, élevé par l'opposition parisienne à la dignité militaire la plus respectable du quartier de Bussy.

Depuis son avancement, Picard était devenu un homme politique. S'il raccommodait encore les chaussures, il ruinait les empires par manière de compensation; son crédit n'était peut-être pas énorme parmi les gros bonnets de la bourgeoisie, gens qui pensent aussi sagement que d'autres, mais qui ont de meilleures raisons que d'autres pour ne divulguer leur idée qu'à bon escient. En revanche, Picard était le chef d'un parti de mécréants très-forts en politique pratique. Gens de la bouticaillerie, imprudemment nantis de hallebardes et d'épées rouillées, bourgeois quant à l'incorporation dans la milice, peuple et même populace au premier tintement du tocsin, à la première oscillation du pavé.

Tout ce monde, mêlé sur le passage du cortége de la reine-mère, se gênait assez peu pour exprimer ses opinions. Et, disons-le impartialement, bien qu'exhalées de rictus assez ignobles, bien que jaillissant d'une foule d'yeux peu rassurants, ces opinions populaires étaient le plus pur, le plus patriotique sentiment de la France.

— Les voyez-vous? disait Picard en montrant du doigt la troupe dorée. Ils sont brillants comme des faisans, et ce sont des vautours. Ils s'abattent sur notre misérable pitance à la fin rongée. Ils y ont réussi : plus de viande. C'est aujourd'hui le dernier repas qu'ils vont faire sur notre carcasse.

— Si du moins ils étaient bons à manger eux-mêmes! dit tout bas à Picard un de ses amis, — un émule.

— Je les crois assez gras, répliqua le cordonnier. Ce sera peut-être coriace, mais si on ne les mange pas, on en tirera la graisse.

Ces paroles furent accueillies avec des rires de mauvais augure. Quelques gros bourgeois sourirent dans leurs visières; d'autres s'écartèrent prudemment d'un endroit où l'on parlait si haut.

— Sommes-nous lâches! reprit Picard; sommes-nous plats! Quoi! le dernier million de ce bon roi Henri IV, on nous le prend, et nous ne disons rien!

— Le dernier! c'est le dernier? demandèrent cent voix inquiètes et réveillées par cette assertion toute nouvelle.

— Pardieu! s'écria Picard, vous en doutez? vous n'êtes pas comme moi, vous autres, vous n'avez pas tenu registre; écoutez bien : en 1610, l'année de la mort du roi, pour son deuil et les cérémonies, un million seize cent mille livres, comme si nous ne le lui eussions pas fait pour rien, son deuil! Mais ces brigands-là portent le deuil en violet, avec des larmes d'argent, nous l'avons porté en chemise, nous, à jeun, avec des larmes de sang!

Le peuple frissonna aux sauvages accents de cette éloquence.

— Trois mois après, continua Picard, deux millions pour le sacre du nouveau roi qui n'est pas roi et ne le sera jamais. Puis autant pour une prétendue guerre contre l'Espagne; à la fin de l'année, six millions pour la réconciliation avec l'Espagne. En 1611, fêtes à la cour et largesses aux voleurs d'Italiens, quatre millions. En 1612, à ce coquin, à ce brigand, à ce larron de Concino, un million; à sa femme, la sorcière Galigaï autant; au brigandeau, leur petit, autant. En 1613, pour Arcueil, pour nous donner de l'eau à boire, mais rien que de l'eau, cinq millions; quelques autres petits pour faire boire du vin aux gens d'Italie et d'Espagne. En 1614, majorité du roi, pauvre sire! il sera mineur encore à soixante ans! En 1615, noces et festins, millions pour la dot de la princesse que nous envoyons en Espagne, millions pour le douaire de la princesse que l'Espagne nous envoie.

— C'est pourtant vrai tout cela, murmurèrent les auditeurs.

— Enfin, cette année, poursuit Picard, arrestation des princes et indemnité à ce pauvre Concino; comptez, messieurs... Et l'année commence, et dès ce soir il n'y aura plus rien à la Bastille.

Frémissements, murmures.

— Je me trompe, interrompit le cordonnier. Il y aura le prince de Condé. Il y aura un pauvre garçon qu'on a jeté là une nuit sans qu'il sache pourquoi. Mon sergent l'a entendu arrêter, il y a eu dimanche huit jours. Et enfin, il y a dans les fossés des cadavres de femme comme celle que nous avons vu repêcher la semaine dernière. Voilà ce qui reste à la Bastille, mes enfants! depuis la mort du vieux président, notre protecteur!

La fureur populaire commençait à bouillonner. Cependant les courtisans passaient, suivant la reine, soit à cheval, soit en carrosse, quelques-uns à pied, car il faisait un temps superbe, et le ciel purifié de toute neige, balayé par les dernières gelées suivies d'un soleil splendide, prenait déjà les tons fins et nacrés du printemps.

La foule ameutée, haletante, cherchait du regard, dans le cortège, les visages les plus exécrés. Partout des Italiens ou des Espagnols reconnaissables à leur teint bilieux, à leurs barbes noires, et le sang gaulois s'indignait, et les imprécations grondaient, et les menaces faisaient chorus aux sinistres prédications de Picard.

— Dire, murmurait-il, qu'avec quatre pauvres potences, quatre seulement, et le droit d'y accrocher ce que je voudrais, je purgerais tout le royaume — en cinq minutes.

Picard, on le voit, avait ses idées fixes. Mais par delà ses miliciens, par delà ses menaces, au-dessus de ses misérables tempêtes, le cordonnier-capitaine vit avec un sombre désespoir planer et passer la régente vermeille et fleurie au milieu de son escadron empanaché, miroitant, qui franchit, comme avaient fait les charrettes, le pont-levis et le porche de la vieille citadelle.

*
* *

Nous ferons un peu comme la reine-mère, nous passerons.

D'après les ordres envoyés à l'avance, le million était tiré des caves, aligné en piles d'écus par catégories de mille livres, et ces mille tranches de cent rouleaux formaient une masse d'argent dont l'œil ne laissait pas d'être ébloui.

Rangés autour de la proie, le vautour italien Concino, le vautour espagnol Siete-Iglesias, et le vautour français Espernon couvaient de l'œil chacun son lambeau promis.

La reine-mère s'appuyait sur Leonora, et semblait lui demander si elle trouvait le régal de son goût.

La Florentine, après un geste de satisfaction, se reposait, comme rassasiée.

— Eh bien, qu'on place cet argent dans les charrettes, dit la reine-mère.

Il s'arrêta un instant. — Page 754.

Le gouverneur hasarda de demander un acquit à caution, pour ses registres, dit-il.

— Avec cela qu'ils sont bien tenus ses registres, dit d'Espernon bas, en ricanant, au maréchal d'Ancre.

— On vous donnera les reçus, repartit Concino, soyez sans inquiétude, messire, et sans qu'il soit besoin du contrôle de la cour des comptes.

Le gouverneur soupira, mais s'inclina, et comme il n'avait plus rien à faire, comme il ne voulait plus rien dire, il se mit à l'écart; les officiers de la Bastille commencèrent à jeter l'argent dans les sacs, que l'on scellait aux armes du roi avant de les porter dans les charrettes.

A ce moment, l'on entend les trompettes sonner à l'entrée de la Bastille.

Une vague rumeur, pareille à des acclamations ou à des murmures lointains, s'engouffra par la porte demeurée ouverte, et monta jusqu'à la salle où Marie de Médicis se tenait avec ses courtisans.

— Qu'est-ce donc? demanda Leonora toujours inquiète dans les plus brillants accès de prospérité.

L'Espagnol, sans se retourner, dit en haussant les épaules :

— Quelque grognement de ces marauds

parisiens qui voudraient nous disputer leurs écus rognés.

— Le roi ! messieurs ! cria dans l'escalier la voix du capitaine des gardes, dont en même temps l'on entendit sonner les éperons.

— Le roi ! répéta la régente surprise en regardant Leonora, dont les prunelles mobiles se dilataient comme à l'approche d'un danger.

— Que vient-il faire ici, le roi ? demanda assez insolemment le maréchal en interrogeant d'un coup d'œil la reine-mère et ses complices.

Une autre voix cria du bas des degrés :
— La reine !

— Oh ! oh ! murmura Siete-Iglesias, il y a quelque chose de neuf, car ils viennent sans avoir été invités à la fête.

En effet, le roi parut au haut de l'escalier, vêtu de noir avec un nœud de ruban rouge feu sous son collet de guipure et un autre à l'épée. Soit que la montée l'eût essoufflé, soit que l'émotion rendît sa respiration difficile, il s'arrêta un instant au seuil de la chambre, et après avoir touché le bord de son chapeau pour saluer sa mère, il resta immobile à contempler l'énorme amas d'argent qui jonchait le plancher.

La reine le joignit pendant cette pause, et demeura muette à ses côtés. Ses cheveux blonds, sans perles ni rubans, tranchaient comme des tresses d'or sur le velours noir du manteau royal. Il y avait sous l'azur transparent de ses grands yeux une flamme sourde et mal contenue, qui fit baisser autour d'elle plus d'un fauve regard.

A la droite de la petite reine venait la comtesse de Siete-Iglesias, blanche et résolue. A sa gauche, derrière le roi, marchait Luynes impassible.

— Quoi ! dit Marie de Médicis froidement, c'est vous qui venez ainsi nous rejoindre, sire, — à l'improviste ?

— A l'improviste est le mot, madame, répondit Louis XIII ; car j'ignorais que vous fussiez à la Bastille. Et, sans une visite qui me l'a appris, je l'ignorerais probablement encore.

— Quelle visite, je vous prie ?

— Messieurs de la cour des comptes, madame, qui prétendent que vous demandez encore un million.

— C'est vrai, répondit ironiquement la reine. Ces messieurs sont bien informés. Le voici sur ce plancher.

Le roi s'approcha de sa mère. Les courtisans se reculèrent peu à peu, moins par respect que par habitude du cérémonial.

— Madame, reprit le jeune prince, ces gens de la cour des comptes prétendent en outre...

— Que prétendent-ils encore ?

— Que ce million est le dernier de ceux que mon père avait amassés dans sa Bastille, répliqua Louis en soutenant assez énergiquement le regard presque hostile de la régente.

— Il se peut bien, dit-elle avec hauteur. Je ne sais pas le compte.

— Il le faudrait peut-être savoir, ajouta timidement le roi, car le peuple se plaint. Il a crié beaucoup sur mon passage.

— Il n'a pas crié sur le mien, dit Marie de Médicis, rouge de colère.

Le roi se tut, mais son regard éloquemment baissé vers le million qui jonchait le plancher acheva d'exaspérer la régente.

— C'est encore quelque bon conseil qu'on vous aura suggéré, dit-elle les lèvres serrées comme si elle se fût appelée Catherine au lieu de s'appeler Marie.

La petite reine ne l'entendit pas, mais la devina, et ne détourna ses yeux que lorsqu'ils eurent envoyé un jet de feu à Louis XIII.

— Ces conseils-là, poursuivit Marie tout haut, vous donnent-ils de l'argent quand vous n'en avez pas ?

— Non, répondit le roi, honteux d'avoir été faible en présence de sa femme. Non, ils ne me donnent rien ; mais ils m'enseignent à ne pas dépenser trop vite ce que j'ai, surtout quand il me reste peu.

— Que concluez-vous, mon fils ? dit la régente rouge et frémissante, car elle sentait Louis soutenu par le souffle vaillant de la petite reine.

— Je conclus en vous demandant, madame, si nous avons un réel besoin de cet argent ?

— Tellement besoin qu'il est déjà dépensé.
— Même avant d'être sorti de la Bastille?
— Oui, sire.

Anne toussa pour attirer le regard du roi.

— Et puis-je savoir quelle part on m'a faite? reprit Louis.

Marie tressaillit.

— A vous? balbutia-t-elle.

— Sans doute, à moi : j'ai besoin comme tout le monde; plus, peut-être.

— Cet argent s'est trouvé destiné, mon fils...

— A qui?...

— Mais... on devait une indemnité au maréchal d'Ancre pour cet incendie. On doit les pensions de l'Espagne. Monsieur d'Espernon, colonel général de l'infanterie, attend sa solde. Ma maison à moi n'est pas payée. Le million est loin de suffire. Un État est un corps cher à nourrir, mon fils !

— Fort bien, dit froidement le roi.

Et se retournant vers sa jeune femme, au milieu des sourires impertinents qui insultaient à sa défaite :

— Madame, lui dit-il, et toi, Luynes, ce que vous voyez d'argent, là, par terre, c'est un million. Que de place cela tient !... Eh bien! mon père, ce grand roi, ce glorieux seigneur, avait mis quarante millions comme cela dans la Bastille... Vous voyez le dernier. Nous avons donc bien fait de venir ici aujourd'hui, car c'est un beau spectacle, que demain il eût été trop tard pour voir.

En parlant ainsi, Louis tourna le dos et se dirigea vers la porte sans marquer ni colère ni souffrance ; mais on voyait, à l'agitation de son pourpoint, à la teinte plus bleuâtre de ses joues, qu'il n'avait pas parlé ainsi de son père sans un battement de cœur équivalant à une torture.

Anne semblait disposée à suivre son époux; mais, au moment où elle touchait le seuil, Marguerite l'arrêta d'une voix émue, d'un geste suppliant.

— Et notre pauvre prisonnier, madame, murmura-t-elle avec angoisse, l'oublions-nous, l'abandonnons-nous ici à la mort?

— Je n'oublie rien et n'abandonne personne, sois tranquille, répliqua Anne, qui fit soudain volte-face.

— Sire, dit-elle alors, élevant la voix, pour la première fois, avec un accent aussi dégagé, aussi suave que dans la conjoncture la plus insignifiante, ne voudrez-vous pas que notre présence à la Bastille, si elle n'a pas servi à quelque chose, ait au moins servi à quelqu'un ?

Le roi s'arrêta. La régente et ses fidèles se regardèrent, pressentant une nouvelle attaque.

— A qui puis-je servir? demanda Louis assez spirituellement.

— Il est d'usage que la présence du roi en une prison d'État, reprit Anne, rende la liberté à un prisonnier quelconque.

— C'est un usage, en effet, dit le roi.

L'éclair de joie qui brilla dans les yeux de Marguerite révéla toute sa pensée à Siete-Iglesias, dont le visage se couvrit d'une hideuse pâleur.

— De quel prisonnier voulez-vous parler, madame? s'écria la reine-mère à qui Concino venait de faire un signe.

Anne prit un air indifférent.

— Je ne sais trop, dit-elle. Monsieur le gouverneur, apportez vos registres d'écrou. Le roi a droit de choisir son protégé; il choisira.

Le gouverneur, troublé par cet ordre, plus troublé encore par les clignements d'yeux du maréchal, balança quelques secondes ; mais Anne le regarda si fermement, qu'il obéit.

L'intervalle fut bien employé. Marguerite murmura une action de grâces. Le roi puisa du courage dans un sourire de sa femme. Siete-Iglesias, tremblant, dit tout bas au maréchal :

— Souffrirons-nous qu'on nous enlève ce jeune homme, qui a entendu les cris et le nom de la Coman ?

— Soyez calme ! dit Concino avec un rire goguenard, et il acheva sa phrase à l'oreille de l'Espagnol.

Le registre arriva. Le gouverneur le tendit au roi en s'agenouillant comme pupitre.

— Cherchez vous-même, madame, dit Louis à Anne d'Autriche, qui courut soudain à la dernière page.

Marguerite, à deux pas en arrière, dévorait les noms d'un œil perçant. Le sang disparut de ses joues. Le nom de Bernard ne se trouvait pas sur le registre.

Anne comprit tout en voyant sourire Iglesias.

L'oubli de ce nom, c'était la disparition du prisonnier au premier caprice de ses ennemis : absent du livre, il était rayé de la vie.

Anne sentit que Marguerite allait perdre connaissance. Elle la ressuscita et la redressa d'un regard impérieux. Puis se tournant vers le gouverneur :

— Je cherche vainement dans ce registre, lui dit-elle, le nom d'une personne qui a dû être amenée ici récemment.

Tous les conjurés se regardèrent avec triomphe, espérant que la petite reine allait enfin se compromettre.

— Quelle personne? demanda la régente; nommez!

— J'avais ouï dire, répliqua Anne d'Autriche en accablant sa belle-mère d'un regard éblouissant, que Votre Majesté, il y aura tantôt treize jours, avait fait transférer ici une certaine demoiselle de Coman, autrefois prisonnière au Palais?

Ce fut au tour des conjurés de s'émouvoir. Mais déjà d'Espernon avait poussé en avant le gouverneur.

— Il est vrai, madame, dit cet officier.

— Eh bien! continua Anne, si elle est en ce château, pourquoi son nom manque-t-il au registre?

Le gouverneur, empruntant chaque syllabe soit à Concino, soit aux autres :

— Parce que, madame, balbutia-t-il, cette prisonnière est morte dans le trajet du Palais à la Bastille.

Luynes, Marguerite, le roi même tressaillirent. Anne enfonça ses ongles aigus dans sa petite main et elle ne changea pas de couleur.

— C'est différent, tout s'explique, répliqua-t-elle avec tant de tranquillité, que ses ennemis, qui épiaient sur son visage l'effet d'une pareille révélation, ne purent soupçonner qu'ils venaient de lui briser au cœur sa dernière espérance.

Concino s'approcha l'ironie aux lèvres.

— A défaut, dit-il, de mademoiselle de Coman, que sans doute vous eussiez voulu libérer, madame, bien que jamais criminel d'État n'ait été si dangereux, est-ce que Votre Majesté ne choisira pas quelque autre prisonnier pour le rendre libre?

— Conseillez donc la reine, madame, dit tout bas Siete-Iglesias à sa femme, dont le premier mouvement fut un geste d'horreur.

— Ma foi, répliqua la jeune reine en défiant tous ces bandits avec le fier accent et l'intrépidité de sa race, je vois bien qui je voudrais envoyer à la Bastille, mais je ne vois pas qui j'en voudrais faire sortir.

Elle ferma le livre, qui claqua sinistrement au milieu du silence général, et, prenant la main du roi, elle sortit.

La reine régente, provoquée par ces paroles et ce regard, poussée à bout surtout par les murmures de ses amis, qui, dans leur rage, commençaient à oublier jusqu'au respect, arrêta son fils à trois pas de la porte et lui dit brusquement :

— Tout cela veut des explications. Je vous parlerai, sire, dès que je serai rentrée au Louvre.

— Je vous attendrai, madame, répliqua Louis, tandis que l'œil de la jeune reine disait : Nous vous attendrons.

Le jeune couple sortit de la Bastille.

— Allons, madame, allons, dit Concino à la régente, l'occasion est arrivée. Finissez-en une bonne fois.

— Concino, murmura la prudente Leonora, qui, placée derrière le maréchal pendant cette scène, avait tout observé dans le recueillement et le silence, Concino, vous allez trop vite, malheureux. Taisez-vous!

XL

NAUFRAGE

e roi et la jeune reine revinrent silencieusement aux Tuileries. Sur leur route ils recueillirent peu de vivats : le peuple songeait aux charrettes d'argent qui allaient sortir de la Bastille, et se figurait que la part du jeune roi et de l'Espagnole était dans l'une ou l'autre de ces charrettes.

Anne ne manqua pas de faire observer à son époux ce silence glacial. La tristesse du prince redoubla. Il rentra consterné, interrogeant du coin de l'œil son capitaine des gardes, ses officiers, dont la contenance était aussi humiliée que celle du maître.

Quant à la reine, elle s'enferma en toute hâte dans son appartement, où Marguerite la suivit, plus avide que jamais de se concerter avec elle.

Estefana fut chargée de retenir M. de Luynes avant qu'il ne passât chez le roi pour y rester selon son habitude.

— Eh bien ! s'écria Anne libre enfin avec sa confidente, voilà-t-il une scène assez douloureuse ! Sommes-nous assez insultés ! Oh ! ma comtesse, ceux qui ont eu l'audace de traiter ainsi le roi doivent être bien assurés de réussir, quel que soit le but qu'ils se proposent.

— Votre Majesté soupçonne-t-elle ce but ? demanda Marguerite.

— Non, je pressens une catastrophe, voilà tout ; je ressemble à ces gens qui vont la nuit dans un grand bois peuplé de serpents, de tigres et semé d'abîmes. Où s'arrêter ? Le reptile est là peut-être. Où marcher ?... Le tigre entendra ; l'abîme est béant. Marguerite, cette situation est affreuse. Ce n'est pas dans ces ténèbres, dans ces viles terreurs qu'une reine devrait marcher à la ruine, même à la mort !

— Mais le roi, madame, dit timidement la comtesse.

— Le roi m'épouvante ; ou il ne voit rien et cet aveuglement nous perd, ou il sait tout et son immobilité est si lâche... Moi ! moi ! reine d'un royaume qu'on m'arrache lambeau à lambeau ; moi, femme d'un prince méprisé de tout un peuple !...

— Votre Majesté agit peut-être avec trop de délicatesse, elle n'excite peut-être pas assez la volonté du roi, qu'une longue habitude a courbé sous sa mère.

Anne, frappant avec colère ses mains l'une contre l'autre :

— Avec quoi l'exciter ? dit-elle. Où sont mes stimulants, quelles preuves ai-je dans la main ? Contre qui le pousserai-je ? Là où le président, cet illustre esprit, cet invincible courage est mort à la peine, que ferai-je, moi, atome couronné ? Oh ! Marguerite, tu le vois, le ciel n'est pas pour nous... Ils ont tué la Coman, ils ont emprisonné ton malheureux Bernard ; ils ont peut-être aussi tué ou emprisonné ce Pontis, que j'attends comme on attend la vie, et qui ne vient pas !

Marguerite plongea sa tête dans ses mains glacées.

— Pauvre Bernard, murmura-t-elle avec un sanglot. C'est moi qui l'ai sacrifié !

— As-tu vu, continua Anne, l'infernale prévoyance de ces misérables ? Aucun nom sur le livre d'écrou. Comment réclamer ? Où est l'indice ? M. Bernard de Preuil ?... Nous ne le connaissons pas. Et qui dirait le contraire ? Sommes-nous sûres seulement aujourd'hui qu'il ait été jeté dans la Bastille ? J'avoue que je me surprends à en douter.

— Oh ! madame, n'en doutez pas ; car alors je verrais s'éteindre la dernière étincelle de mon espérance. Votre conviction qu'il est à la Bastille, c'est un gage pour moi ; c'est pour moi la certitude que vous le sauverez, vous si magnanime, vous si puissante dans votre bonté. D'ailleurs, le fait nous est assuré. La Vienne a dit à sa femme — et celle-ci est sûrement dans les intérêts de Bernard, — la Vienne, dis-je, a appris à Sylvie qu'il avait entendu chez la marquise raconter l'arrestation d'un jeune homme à cent pas d'une maison près du rempart. Cette maison, vous la connaissez. Bernard en sortait, l'heure coïncide ; et depuis cette fatale nuit il a disparu. Libre, ne m'eût-il pas fait parvenir de ses nouvelles ? ne se fût-il pas informé de son petit Aubin ? Oh ! madame, il a entendu mademoiselle de Coman crier au secours, crier son nom, et pour l'empêcher de le répéter, ce nom terrible, ils le tueront dans un cachot, comme ils ont assassiné son père ! Sauvez-le ! sauvez-nous !... Madame, n'est-pas que vous ne l'abandonnerez jamais ?

— Ne sais-tu pas, pauvre Marguerite, dit la reine, que je suis perdue toute la première s'il ne m'arrive un prompt secours de Dieu ?

Dona Estefana rentra, Luynes la suivait.

— Eh bien! monsieur, dit Anne courant à sa rencontre, quoi de nouveau?

— Tout va mal, madame, répliqua le jeune homme d'un air découragé; mais chez lui cette froideur était un grave symptôme, car il se rebutait difficilement.

— Monsieur de Pontis n'arrive donc pas? N'aurait-il pas reçu l'avis que nous lui avons fait passer?

— Madame, il l'a reçu, j'en réponds, et tous les jours mon frère Cadenet et monsieur de Brantes, que j'ai fait venir exprès, guettent monsieur de Pontis : l'un, Cadenet, devant l'hôtel du président, où, sans nul doute, il descendra tout d'abord, puisqu'il se croit mandé par monsieur de Harlay lui-même ; l'autre, Brantes, sur la route de Lyon, que le voyageur suivra probablement pour venir de Grenoble; et, malgré leur vigilance, malgré mes vœux ardents, je n'ai rien encore à vous apprendre.

— La situation est critique, n'est-ce pas?

— Au suprême degré, madame, répondit tranquillement Luynes, et, d'après mon calcul, ceux qui demain ne seront pas les plus forts...

— Eh bien?

— Ceux-là sont parfaitement perdus.

— Quels qu'ils soient, n'est-ce pas? dit la reine.

— Quels qu'ils soient, oui, madame. Car Votre Majesté n'ignore pas qu'à dater de la mort du président, nous jouons cartes sur table, tandis que les adversaires ont leur jeu dans la main.

— Et... si nous perdons, comme c'est probable, ajouta Anne, cela nous coûtera?...

— A Votre Majesté, beaucoup : une disgrâce d'au moins un an. C'est bien cher!... je le sais.

— Mais à vous, dont ils ont deviné le dévouement au roi et à notre noble cause... à vous, que coûtera ma disgrâce?

— Oh!... à moi... madame, dit Luynes avec un pâle sourire, à moi et à mes frères, presque rien, un bout de corde ou un coup de hache, si l'on daigne se souvenir que je suis bon gentilhomme!

— Allons donc! nous n'en sommes pas là! s'écria bravement la reine.

Ces paroles rassurantes vibraient encore dans le cœur de Marguerite, lorsque dona Estefana vint annoncer que le capitaine des gardes du roi, M. de Thémines, cherchait la reine de la part de Sa Majesté.

Luynes se glissa rapidement sous un rideau pour ne pas compromettre Anne d'Autriche par sa présence.

— Qu'y a-t-il donc, monsieur de Thémines? demanda celle-ci au capitaine.

— Madame, le roi attend Votre Majesté dans son cabinet des armes.

— Seul?

— Non, madame, la reine-régente et monsieur le maréchal d'Ancre, qui viennent d'arriver de la Bastille, sont dans le cabinet avec le roi.

Anne et Luynes échangèrent un coup d'œil.

— Je me rends sur-le-champ aux ordres du roi, dit la jeune reine en congédiant Thémines, qui sortit.

— Voilà l'orage, reprit Anne en soupirant, il vient plus tôt que je ne croyais. Monsieur de Luynes, vous aviez raison, ces gens-là jouent à coup sûr.

— Prudence! prudence! s'écria Marguerite en baisant les mains de sa maitresse.

Luynes secoua mélancoliquement la tête.

— Prudence ou non, dit-il, vous n'arrêterez pas le torrent, le voilà qui roule!

Anne fronça le sourcil.

— Qui sait? dit-elle. En tout cas, tombons bravement! Vous, Marguerite, attendez ici; vous, monsieur, faites le guet, et tâchez d'entendre ce qui va se dire chez Sa Majesté.

— J'entendrai, répondit le fauconnier.

Anne prit sa résolution, comme on prend son élan pour franchir un obstacle. Deux minutes après, elle entrait calme et le front serein dans le cabinet du roi.

D'un premier coup d'œil elle embrassa tous les acteurs de la scène, et reconnut que la scène serait violente.

Louis, tête nue, ses longs cheveux noirs en désordre, arpentait la vaste salle en mordant sa main gauche et sa moustache.

Marie de Médicis était assise, se recueillant. Le maréchal, debout derrière son fauteuil, examinait l'attitude du roi et tirait des conjectures de son agitation fiévreuse.

Au bruit que fit la jeune reine en paraissant, Louis se retourna. Son visage trahissait les combats d'une âme indécise entre l'ennui de lutter et la honte de céder encore.

— Madame, dit-il à sa femme, voici ma mère qui veut me parler et qui attend que vous soyez présente.

Anne fit la révérence et ne répondit rien.

— Oui, dit Marie de Médicis, les faits graves dont j'ai à entretenir mon fils ont besoin d'être débattus contradictoirement. Asseyez-vous, mon fils. Prenez place, madame.

— Il s'agit donc de faits graves? dit Anne tranquillement.

— Le roi va en juger.

— De faits, continua Anne, qui concernent le roi, vous, madame, et moi?...

— Précisément, répliqua la régente.

— Eh bien alors, une quatrième personne n'est pas ici à sa place, dit la jeune reine en regardant le maréchal qui rougit.

— Monsieur le maréchal, interrompit vivement la régente, a besoin d'être ici, car lui aussi est en cause et doit pouvoir se défendre au besoin. Voilà pourquoi je l'ai amené.

Anne se tut.

— J'écoute, dit le roi dont le cœur battait horriblement.

— Sire, commença Marie de Médicis, il faut enfin que le voile se déchire et que la lumière se fasse autour de nous. Dans le royaume et dans votre famille tant de bruits circulent, tant d'abus se commettent, que, lassés par des attaques incompréhensibles, nous venons chercher une explication définitive auprès de Votre Majesté.

— Qui, vous? demanda le roi.

— Madame et monsieur le maréchal, répliqua Anne avec la promptitude et la roideur d'une riposte qui touche.

Ceux qu'associait ainsi le mot de la jeune reine se cabrèrent sous la douleur de la blessure.

— Oui, nous, puisque madame l'a dit, reprit Marie de Médicis, car je ne vois pas pourquoi je renierais mes amis loyaux et dévoués, dont la vie, la fortune, la position sont incessamment menacées par des inimitiés invisibles. Eh bien, oui, je viens, avec monsieur le maréchal, demander au roi quels sont les reproches qu'il peut nous adresser, à moi et à mes ministres ou conseillers. De la franchise! J'en exige; j'en aurai.

— Je ne me suis jamais plaint, murmura le roi, et vous allez, ma mère, au-devant de reproches qui ne vous sont pas faits.

— Quelquefois, mon fils, les reproches se produisent sous une forme déguisée... Le respect dû à une mère peut paralyser l'expression des griefs...

— Ni reproches, ni griefs, ni expression, dit le roi. Je ne sais pas ce que vous voulez dire.

— C'est donc là votre réponse, mon fils?

— Exacte.

Marie de Médicis se tournant vers la jeune reine qui n'avait pas sourcillé durant ces préambules :

— Et vous, madame, que répondez-vous? dit la régente. Vous êtes ma fille, vous êtes reine de ce royaume. Je vous adresse la même question qu'à mon fils?

— J'y ferai la même réponse que le roi, dit Anne d'Autriche plus que jamais sur ses gardes.

— Eh bien! reprit Marie impatiente de passer de l'escarmouche à la bataille, je n'ai pas, moi, le bonheur que vous avez tous deux. Je ne suis pas sans grief, pas sans plaintes à formuler; les voici : on n'a pour moi ni respect ni confiance; on n'a pour mes conseillers ni reconnaissance ni égards; on n'a envers l'État ni zèle ni fidélité.

— Ma mère, ce sont de grosses accusations, demanda le roi fort ému, contre qui les dirigez-vous?

— Oui, nommez les gens, dit Anne d'Autriche.

— Je vais commencer par leurs actes, poursuivit Marie de Médicis. Aux actes, les coupables se reconnaîtront. Mon fils, voilà déjà quelque temps que vous êtes majeur, et bien des gens m'accusent de ne pas avoir complétement remis entre vos mains le gouvernement de l'État.

Louis rougit; Anne sourit.

— Savez-vous pourquoi? dit la régente. Devinez-vous le motif qui m'a conduite bien malgré moi à garder une part d'un pouvoir qui me fatigue?

— J'avoue que je ne me le suis pas demandé, balbutia Louis.

— Moi, répliqua Anne indignée de ces pusillanimes temporisations, je me le suis demandé souvent, mais je ne l'ai jamais bien compris.

— Vous allez le savoir, dit Marie de Médicis avec un regard flamboyant; oui, vous-même, qui osez répondre avec tant de hardiesse. Si j'ai conservé le pouvoir, c'est que je me défiais des conseils dont on environne mon fils, c'est que je craignais les influences qu'on lui fait subir; c'est qu'en un mot j'avais la preuve du danger qui menacerait l'État si ces conseils et ces influences armés de l'autorité suprême dominaient dans la politique de la couronne.

A cette sortie furieuse, qui succédait si brusquement à une exorde insinuant, le roi se leva pâle et décontenancé.

— Je n'ai ni conseillers ni maîtres, murmura-t-il, puisque je ne m'occupe point d'affaires.

— On s'en occupe pour vous! s'écria la régente s'abandonnant peu à peu à la colère. On vous fait mettre en liberté M. de Vendôme, non pas votre frère, mais votre ennemi naturel, comme tous les bâtards de votre père qui convoitent sa couronne. On ressuscite contre vos amis, contre vos serviteurs et les miens les vieilles calomnies usées dans tous les carrefours; on laisse répandre, on propage même les accusations les plus odieuses contre des hommes honorables, parce que je les aime et qu'ils me servent. On correspond avec les conspirateurs, on trame des complots, on m'attaque enfin par moi-même, moi, votre mère, nommée régente par le feu roi!

— Est-ce bien possible? dit le roi.

— C'est trop certain, mon fils. Voulez-vous savoir quelle est la main qui a ouvert la prison de M. de Vendôme? Voulez-vous connaître le secret de la conspiration de du Bourdet? Savez-vous quel génie inspirait la Coman, cette furie, cette source inépuisable de blasphèmes sacriléges, et soufflait même au président la flamme de ses révoltes incessantes contre mon autorité; en un mot, faut-il vous nommer l'auteur de nos troubles, le brandon de discordes qui alimente la haine entre une mère et son fils?

— Je ne sais si je voudrais en savoir davantage, articula le roi si faiblement qu'on eut peine à l'entendre.

— Et moi, je vous supplie de nommer ce phénomène, dit Anne d'Autriche avec un méprisant sourire, car si c'est une même personne qui a seule conçu et exécuté tout ce que vous venez de nous dire, le mot phénomène ne lui suffit pas, je la qualifie merveille, et veux la connaître, nommez-la.

— C'est vous! dit Marie de Médicis égarée par la fureur. Vous, qui êtes venue ici distiller tous les venins de l'Espagne.

— Pour les venins de tous genres, répondit Anne d'Autriche se redressant, l'Espagne est bien stérile auprès de l'Italie!

— Madame! s'écria le maréchal.

— Madame! dit la jeune reine, se tournant pâle et superbe vers Marie de Médicis, enseignez à vos compatriotes qu'à la cour de France comme à la cour d'Espagne, les sujets ne se mêlent point aux entretiens des rois!

— Moins d'orgueil, dit la régente; vous êtes la première sujette du roi de France, envers lequel je vous accuse de trahison. Est-ce bien vous qui avez protégé la fuite de M. de Vendôme? Répondez!

— Oui! J'en rendrai compte à mon roi, dont je comprends l'intérêt à ma façon.

— Est-ce bien vous qui avez pratiqué une de mes femmes, la comtesse de Siete-Iglesias, et l'avez poussée, malgré toute retenue, dans des intrigues à compromettre la sûreté de ce royaume?

— C'est moi qui ai prié la comtesse de m'aider dans une grande entreprise, moi qui ai voulu chasser de France les pillards et les meurtriers.

— Qu'appelez-vous meurtriers?... s'écria le maréchal tremblant de colère.

— C'est un mot français qui s'applique à tous ceux qui ont versé le sang, répondit fièrement la jeune reine. S'il s'applique à vous, tremblez! S'il ne vous concerne pas, taisez-vous!

— C'était un des mots favoris de feu l'illustre président, dit la régente avec un rire brutal.

— Oui, nous partons, reprit-il. — Page 764.

— C'est de lui que je l'ai appris, en effet, repartit Anne, et il l'avait appris, lui, de mademoiselle de Coman, votre prisonnière.

— Sire! s'écria Marie de Médicis en secouant le bras du roi, qui semblait évanoui plutôt qu'enfoncé dans son fauteuil, on insulte votre mère !

— Le roi sent bien aussi qu'on insulte sa femme, dit Anne d'Autriche.

— Alors entre sa mère et sa femme il choisira, reprit l'Italienne dans un élan de fougueuse rage. J'ai accusé, j'ai prouvé; la coupable est convaincue : si maintenant elle n'est pas punie...

— Et que lui ferait-on, je vous prie, à cette coupable? s'écria Anne les bras croisés avec un regard chargé de dédain et de haine? lui trancherait-on la tête en Grève, par hasard?

— Il est d'autres châtiments plus sensibles peut-être, riposta la belle-mère.

— Vous consulterez bien un peu mon père le roi d'Espagne, avant de prononcer vos arrêts, continua la jeune princesse, dont l'éclat de rire strident écrasa Marie et réveilla Louis XIII.

— Sire, dit Concino en s'approchant, j'ai dix mille hommes à moi, levés et payés par moi, je les offre à Votre Majesté, en cas de guerre.

A ces paroles, tellement insolentes qu'elles

pourraient paraître invraisemblables, le roi bondit sur son siége ; un éclair parti de ses yeux, éclair capable d'incendier tout le royaume, révéla qu'il avait encore aux veines une goutte du sang de Henri IV.

— Vous entendez, sire, dit Anne d'Autriche, qui avait saisi au vol cette fugitive espérance, vous n'avez pas d'armée, vous, mais monsieur vous prêtera la sienne, et il la commandera au besoin, en sa qualité de maréchal de France.

— Il est temps de terminer tout cela, interrompit Marie de Médicis, qui ne se contenait plus.

— C'est mon avis, dit le roi épuisé. Vos conclusions, ma mère.

— Les voici. Madame a avoué ses complots, ses intrigues.

— J'ai avoué mes actes, dit majestueusement Anne.

— Elle a aussi avoué ses complices, poursuivit Marie.

— J'ai reconnu le service d'une amie dévouée.

— Oui, mais vous avez oublié le nom de votre agent, monsieur de Luynes ; car il est votre agent, madame.

Le roi tressaillit. Outre sa femme, son favori ! pauvre roi !...

— Que vient faire dans tout cela le nom de monsieur de Luynes ? s'écria Anne.

— Depuis longtemps nous le surveillons, continua l'implacable marâtre, il faut donc le comprendre dans mes conclusions ; je finis. Ou demain matin, à l'heure du conseil, la paix régnera dans l'État, ce qui veut dire que madame aura été punie avec ses complices...

— Précisez bien la punition, répéta Anne, pour que nous sachions sur quoi compter les uns et les autres. Les bons comptes font les bons amis !

— Madame, vous serez envoyée provisoirement dans un château de province, dit Marie de Médicis, à Amboise, par exemple. Là, Dieu vous inspirera de meilleures pensées ; nous le prierons à cet effet. Dans vingt-quatre heures vous serez partie.

— Voilà votre ultimatum, madame et chère belle-mère ?

— Quant à vous, ma bru. Quant à monsieur de Luynes, la Bastille, d'abord. Pour madame la comtesse de Siete-Iglesias, que vous enlevez indécemment à son mari, malgré les lois et la religion, elle lui sera rendue sans délai, car il la réclame. J'ai dit.

— Fort bien, murmura Anne plus émue qu'elle ne voulait le paraître, car ces conclusions étaient d'autant plus redoutables qu'elles paraissaient moins exagérées. Moi chassée, les autres livrés à vos bourreaux. Mais si le roi refusait ? ajouta-t-elle, voyant que sa vigueur, sa ténacité magnétiques venaient échouer devant l'immobilité de roche du malheureux roi.

Marie prit l'accent pathétique, larmoyant.

— Si mon fils donnait tort à sa mère, dit-elle, à sa mère qui l'aime plus que tout au monde, à sa mère si malheureuse sous l'autre règne, et qui n'a supporté la vie que pour assurer la gloire et la sûreté de ses enfants, demain, à l'heure que j'ai fixée, ce serait moi qui, pénétrée de douleur, prendrais des mesures décisives pour assurer l'autorité que je tiens de Dieu et pour sauver mon fils, malgré lui-même, des périls où l'entraînent son ingratitude et son aveuglement !

Elle acheva cette phrase en baisant la main du roi et en la baignant de ses pleurs.

A cette menace de la guerre civile, de la guerre parricide, le roi fit un mouvement que l'Italienne et Concino interprétèrent comme un indice de terreur. Certes, ils ne se trompaient pas. Anne aussi crut y lire sa condamnation. Elle regarda Louis XIII qui ne répondait à personne. Elle attendit que Marie et Concino se fussent retirés, ce qu'ils firent sans dissimuler leur joie triomphante, et alors, satisfaite d'avoir au moins gardé le champ de bataille, elle passa devant le roi, toujours écrasé par la terrible alternative, et rentra dans son appartement, où l'attendait Marguerite, dévorée d'angoisses.

— Eh bien ! madame ? dit la comtesse du plus loin qu'elle l'aperçut.

— Eh bien ! la partie est perdue, dit amèrement la reine : on me relègue au château d'Amboise.

— Vous vous soumettriez ?...

— Bien mieux que cela, je dépasserai

leurs prévisions : ils veulent me voir en province, je retournerai en Espagne. Quant à toi, pauvre enfant ! on te rend à ton mari.

— C'est la mort ! il me tuera ! dit Marguerite épouvantée.

— Aussi feras-tu bien de partir cette nuit. Fuis en Allemagne, chez ta grand'mère, tu as le temps.

Marguerite baissa la tête, dans un sombre désespoir.

— Pas d'hésitations continua Anne; pas de larmes; des actions, Marguerite ! Prends tes pierreries, deux poignées d'or, un cheval rapide, et que l'aube, demain, te trouve à vingt lieues de Paris !

Luynes parut sur le seuil, plus irrité que consterné.

— Ah ! s'écria la reine, quant à vous, mon féal, je vois que vous savez déjà à quoi vous en tenir. Vous ne comptez pas attendre l'événement, je pense ?

— Oh ! non, madame, dit le fauconnier, le roi est homme à me laisser couper en quatre. Et, sitôt que j'aurai réuni mes frères, que je ne veux pas abandonner, je gagne la frontière, où j'attendrai des temps meilleurs.

— Mais vous êtes pauvre, vous, reprit la reine avec une affectueuse délicatesse. C'est vous qui souffrirez le plus.

— Ce n'est pas ma bourse, c'est mon cœur qui souffre, dit le fauconnier. J'eusse aimé le roi, s'il eût voulu.

Anne fouilla précipitamment dans son coffre.

— Tenez, dit-elle, voici les perles qui m'ont été données ici en cadeau de noces ; elles m'ont porté malheur. Ce n'est plus bon qu'à vendre. Prenez, prenez, vous dis-je, et pardonnez-moi les maux que je vous ai causés.

— C'est un présent d'un demi-million ! s'écria Luynes ébloui. Y songez-vous, madame ?

— Ce n'est pas le quart de ce que je vous donnerai, si jamais je redeviens reine. Seulement, un dernier service. La pauvre Marguerite que voici ne peut fuir seule — une femme !... Aidez-la, escortez-la, vous et vos frères ; je vous la confie comme ma sœur.

Marguerite fondit en larmes.

— Ne nous attendrissons pas, dit la jeune princesse, qui s'attendrissait elle-même. Embrasse-moi, ma douce Marguerite. Maintenant, donnez-vous rendez-vous pour ce soir à l'entrée de la nuit.

— J'attends les ordres de madame la comtesse, répliqua Luynes.

— Sept heures, dit Marguerite après un moment de réflexion, derrière la Bastille, au rempart.

La reine et la comtesse s'embrassèrent encore une fois, puis Anne rentra dans ses appartements avec Estefana.

XLI

LES BÉNÉFICES DE L'ASSOCIATION

ept heures allaient sonner. La nuit était déjà noire. Une bise aigre et sèche, qui succède aux soleils trop prématurés vers la fin de l'hiver, avertissait les promeneurs déjà rares que le souper les attendait près d'un feu clair.

Une petite troupe de trois cavaliers passa dans la rue Saint-Antoine, et tandis que l'un d'eux mettait pied à terre devant la rue du Petit-Musc, les deux autres continuèrent leur route, emmenant le cheval de leur compagnon.

Le cavalier démonté entra bientôt rue de la Cerisaie, chez la Vienne. C'était Cadenet. Il s'y glissa en habitué de la maison, et courut droit à la salle basse que nous connaissons, et dans laquelle il comptait trouver Sylvie, puisqu'il était l'heure de souper.

Sylvie, en effet, était assise devant le feu, seule, pensive, irritant de son petit pied inquiet une énorme bûche qui ne brûlait qu'à contre-cœur. Elle se retourna au bruit et poussa un cri de joie en apercevant son hôte. Mais celui-ci ne portait rien d'encourageant sur sa figure, d'ordinaire si avenante. Les soucis pâlissaient son teint; la bise avait rougi son nez.

— Qu'avez-vous encore? demanda Sylvie, qui le fit asseoir.

Cadenet promena autour de lui ce regard instinctif qui signifie toujours: Je n'ai pas confiance.

— Parlez, parlez, dit la jeune femme. La Vienne est allé voir des chevreuils, parmi lesquels il choisit, pour un grand dîner, demain, chez la reine-mère.

— C'est cela, un grand dîner, murmura Cadenet, pour célébrer notre départ.

— Vous partez! s'écria Sylvie qui n'avait pas encore remarqué le manteau, l'épée de voyage et les grosses bottes de Cadenet.

— Hélas! oui, et je viens vous faire mes adieux.

Sylvie joignit les mains avec tant de réelle douleur, que Cadenet les lui prit mélancoliquement, et mélancoliquement aussi les couvrit de baiser plaintifs.

— Oui, nous partons, reprit-il, et si vite, belle Sylvie — on disait belle Sylvie encore en ce temps-là — que je ne sais si j'aurai le temps de faire mon compte de dépenses avec vous.

— Oh! rien ne presse, dit la jeune femme... Expliquez-moi plutôt pourquoi vous partez.

Cadenet prit un air mystérieux.

— Vous entendrez parler de grands événements, murmura-t-il, mais silence...

Sylvie s'était approchée pour mieux entendre; Cadenet l'embrassa deux fois et répéta:

— Silence!

— De grâce... quelques détails, dit la jeune femme.

— En aurais-je le temps?... les chevaux attendent. Ne parlez pas même de ma visite à la Vienne: il n'est pas des nôtres, lui!

— Mais j'en suis, moi!... Il est donc arrivé quelque chose?

— Tout est perdu, chère Sylvie; et en partant je n'ai que deux regrets: le premier, de vous quitter, peut-être pour toujours.

Sylvie se sentit attendrie. Cadenet essuya ces précieuses larmes.

— Mon second regret, poursuivit-il, c'est de laisser ainsi le pauvre Bernard à la merci de nos ennemis, sans savoir s'il est mort ou vivant.

— Hélas! répliqua Sylvie, je ne sais rien encore de positif, mais déjà j'ai ouvert des intelligences dans la place.

— Dans quelle place?

— Dans la Bastille; mon mari, vous savez, est ami intime du nouveau gouverneur.

— Vous me l'avez dit! s'écria Cadenet, et j'avoue que j'ai toujours bien compté sur vous pour un moment où l'autre.

— Oui, le gouverneur, M. du Thiers, a dîné chez nous hier, et j'ai commencé à lui faire la cour. Il est gourmet; il trouve ici du vin qui lui plaît. Je lui en ai envoyé trente bouteilles.

— Bon!

— Un cuissot de chevreuil que choisit en ce moment la Vienne lui est déjà destiné, en sorte qu'avant peu je l'aurai apprivoisé, il me dira ce qu'est devenu M. Bernard.

— Voilà qui va bien, soupira Cadenet; mais cet: avant peu, dont vous me faites fête, sera venu peut-être trop tard. D'abord, nous partons, et sans nouvelle de notre ami; ensuite, que feront-ils de lui... avant peu?

— Vous avez raison, dit Sylvie effrayée.

— C'est une réponse plus prompte, continua Cadenet, une réponse immédiate que nous eussions désiré avoir.

— Immédiate!... Quoi... tout de suite?

— Nous avions roulé toute sorte de projets dans notre tête, mes frères et moi. Mais pour exécuter ces projets, la première condition serait d'entrer dans la Bastille.

— Impossible! sans préparation.

— Ah! Eh bien! n'y pensons plus. Je vous avoue que nous avions espéré, avec certains amis de Bernard, nous avions beaucoup compté sur vous, sur votre esprit, sur votre inépuisable esprit...

— Vous êtes bien bon, mais encore faut-il pouvoir.

— Oh! nous disait cette dame, Sylvie pourra.

— Quelle dame? demanda Sylvie, se jetant sur le mot avec une avidité que Cadenet avait parfaitement prévue, et dont il feignit être embarrassé.

— J'ai fait une indiscrétion, balbutia-t-il, excusez-moi.

— De quelle dame parlez-vous donc? poursuivit-elle. Voyons, n'hésitez pas ainsi; ne suis-je plus votre amie?

— C'est que la personne en question est amie de Bernard, et je ne sais si j'ai le droit de...

— Mais moi, ne suis-je pas aussi l'amie de M. de Preuil? Voyons, achevez; que disait cette dame?

— Instruite par moi des rapports que vous avez avec le gouverneur, elle espérait que vous pourriez nous procurer des nouvelles de Bernard avant notre fuite pour l'exil.

— Qui donc est cette dame?

— Oh! permettez-moi de taire son nom, dit Cadenet d'un air réservé. Qu'il vous suffise de savoir qu'elle vous connaît parfaitement et que vous la connaissez bien aussi.

— Vous me mettez au supplice, monsieur de Cadenet. Le nom de cette amie de M. Bernard, qui me connaît, que je connais?...

— Une amie... de couvent, peut-être.

— J'en ai eu vingt, laquelle? C'est barbare de me tenir ainsi en suspens.

— Écoutez, j'ai promis de ne pas la nommer, mais voulez-vous la voir? s'écria Cadenet.

Sylvie se leva comme pour s'envoler.

— Où? dit-elle.

— A cent pas d'ici.

— Partons!

Sylvie jeta sur ses épaules une mante épaisse à coqueluchon, et dit à Cadenet :

— Partez le premier; je me glisserai par le jardin sans qu'on me voie sortir; attendez-moi dans la rue de Lesdiguières.

— C'est justement notre chemin, répondit Cadenet. Et il partit.

Cinq minutes après il tenait Sylvie sous son bras et la menait près du rempart derrière la Bastille, où, dans les ténèbres, on apercevait des chevaux cachés sous l'abri d'un vieux pignon.

Sylvie, étonnée, cherchait des yeux la dame qu'on lui avait promise; cette dame lui tenait déjà la main. Elle était vêtue d'un habit de voyage, sa tête cachée sous les plis d'un capuchon qu'elle souleva quand Sylvie se retourna.

— Marguerite de Valleranes! s'écria celle-ci, rouge de confusion; la comtesse de Siete-Iglesias...

— Oui, dit Marguerite; moi qui, confiante en vous depuis ce que m'a dit un ami de vos bonnes dispositions à notre égard, n'ai pas voulu quitter Paris sans vous demander un service.

— Lequel? Oh! je vous le rendrai...

— Merci; mais, avant tout, je ne vous laisserai pas de moi l'opinion trop favorable que vous avez encore... Vous me prenez sans doute pour une compagne, pour une amie? Détrompez-vous j'ai eu envers vous un tort, grave, peut-être impardonnable...

Ici Marguerite baissa les yeux à son tour.

— Quoi donc? demanda Sylvie.

— En ma qualité d'amie de M. du Bourdet, c'est moi qui, aux Bordes, lui ai conseillé de ne pas donner suite à votre mariage.

— Vous étiez aux Bordes?... murmura Sylvie stupéfaite.

— Cachée, fugitive, comme aujourd'hui; mais pardonnez-moi, Sylvie, je vous estime assez pour croire qu'à ma place vous eussiez agi de même. Seulement, je vous jure par mon salut éternel que du Bourdet seul a su les motifs de l'avis que je lui donnais, et que Bernard les ignore encore aujourd'hui et les ignorera toujours.

— De quoi me plaindrai-je, dit sourdement Sylvie, mon malheur n'est-il pas mon ouvrage?

— Oh! non! s'écria généreusement Marguerite. Sans les séductions d'un misérable, vous fussiez demeurée pure; votre âme est noble, votre cœur est bon!

— Merci! merci! dit Sylvie avec effusion. Vous êtes toujours cette brave et loyale amie que j'ai tant admirée, tant respectée, tant aimée, et dont la chaste image est venue si souvent troubler le repos de mes nuits. Marguerite, vous avez empêché Bernard de m'épouser, vous avez bien fait!... Vous l'avez sauvé, je vous en rends grâces!

Marguerite, émue, sera la main de cette femme, plus belle et plus estimable dans sa fragilité que tant d'autres restées sans tache.

— Eh bien, reprit-elle, voulez-vous m'aider à le sauver encore?

— Comment?

— Voulez-vous m'introduire dans la Bastille? vous le pouvez, puisque vous connaissez le gouverneur.

— Je puis y entrer, moi... mais vous... Il est vrai que vous passeriez au besoin pour ma parente... ma compagne...

— Pour votre servante, Sylvie. Nous saurons si Bernard est dans cette forteresse, nous saurons si les misérables lui ont laissé la vie. Alors, j'ai mes pierreries dans ma valise, je les donnerai à ce gouverneur pour qu'il me prouve au moins que Bernard est en sûreté.

Sylvie regarda Marguerite avec cette profonde intelligence d'une femme qui puise sûrement un secret dans le cœur d'une autre.

— Sans doute, dit Marguerite, répondant, bien que confuse, à cet invincible regard. Tous les malheurs de M. de Preuïl sont mon ouvrage : je lui dois rendre, sinon son père, dont peut-être j'ai causé la mort, sinon sa fortune, que peut-être il refuserait d'accepter de moi, je lui dois au moins le salut, je lui dois d'essayer tout pour lui rendre la liberté. Encore une fois, Sylvie, veux-tu m'aider?

— Oui, je suis à toi à l'instant! s'écria la jeune femme, toujours prête à rebondir sous la pression d'un noble élan. Messire du Thiers aime beaucoup l'argent, plus encore que le vin du Rhône et le chevreuil. Essayons, viens !

Marguerite courut au groupe de cavaliers qui attendaient l'issue de cette conférence, glissa quelques mots à Cadenet et à ses amis, prit sur son cheval le coffret attaché au portemanteau, puis, au bras de Sylvie, s'achemina rapidement vers l'entrée de la Bastille.

Le nom de madame la Vienne ouvrit toutes les portes devant les deux amies. On arriva chez le gouverneur, qui soupait seul et tristement de l'ordinaire assez maigre de la Bastille.

Une femme aussi belle que Sylvie, une femme qui envoie du bon vin et dont le mari fait une cuisine royale ne saurait être mal accueillie. Le gouverneur reçut Sylvie plus gracieusement qu'il n'eût fait pour une princesse.

— J'ai amené avec moi ma cousine, dit pudiquement Sylvie, pour que mon mari ne se fâche pas trop de la visite que je vous rends.

— En effet, je le crois jaloux, ce bon la Vienne, dit le gouverneur, repoussant le légume fumeux et la viande inculte qui garnissaient sa table, et il a, ma foi, raison.

Cependant, les deux femmes s'étaient assises dans cette salle haute, sombre, déjà prison, bien qu'elle n'enfermât que des gens libres. Le cœur de Marguerite battait à lui rompre la poitrine. Tandis que Sylvie, plus délibérée, attaquait les préliminaires oiseux de la conversation, elle, la comtesse, essayait de préparer ses arguments à elle, — et la délicate question de la corruption d'un officier du roi, et la question bien autrement importante du secret, — terribles négociations au travers desquelles Marguerite, tressaillant de joie, apercevait déjà Bernard à cheval sur la petite place près du rempart.

— Monsieur mon voisin, dit enfin Sylvie après une courte escarmouche, vous ne devineriez jamais le motif qui m'amène près de vous à une pareille heure.

— Vous me le direz, charmante hôtesse, et je le saurai, dit-il galamment.

— Nous sommes inquiètes, ma cousine et moi, d'un de vos pigeonneaux.

C'était le terme badin qui servait à désigner dans le vocabulaire de la Bastille ces martyrs, auxquels un gouverneur de prison d'État arrachait chaque jour une plume.

Le gouverneur redevint sérieux. Marguerite frémit. Sylvie redoubla d'aménité.

— Il faut vous dire, continua-t-elle en se rapprochant, que ma cousine que voici devait épouser un aimable garçon...

— Eh bien! dit sèchement le gouverneur.

— Eh bien ! ce pauvre jeune homme a été conduit ici.

— Ah!... Son nom...

— Bernard de Preuïl.

Du Thiers tressaillit. Marguerite, qui le dévorait des yeux sous son capuchon, surprit ce mouvement, et sa terreur en redoubla.

— Je ne sais pas même si nous avons ici un prisonnier de ce nom, répliqua le gouverneur.

— Oh! vous l'avez, dit Sylvie.

— Qu'en savez-vous, belle dame?

— Ma cousine était avec lui quand on l'a arrêté, bien innocent, le pauvre Bernard... Je vous le jure.

— Il m'est interdit de répondre même un mot, au sujet de ce qui se passe à l'intérieur de la Bastille, répliqua le gouverneur se roidissant à vue d'œil.

Marguerite et Sylvie se regardèrent. La dernière revint à la charge.

— Oh! dit-elle avec un ton de voix qui eût désarmé Phalaris, vous refuseriez une pauvre petite parole à une femme... à une malheureuse femme qui se meurt d'inquiétude.

— Il ne s'agit, monsieur, ajouta Marguerite tremblante, que de nous dire s'il est vivant ou non.

Cette voix, harmonie irrésistible d'une âme qui s'exhalait tout entière, émut une fibre dans le cœur coriace du gouverneur.

— Il vit, répliqua-t-il, croyant, le pauvre homme, qu'il suffit d'une goutte d'eau pour satisfaire deux femmes altérées.

— Oh! merci, s'écria Sylvie, merci! vous êtes un galant homme. Je me souviendrai éternellement de votre bonté, monsieur le gouverneur. Ainsi, il vit!

— Il vit! répéta tristement Marguerite en secouant la tête.

Elle avait le paradis dans le cœur.

— Comme il doit être malheureux! reprit Sylvie, qui comprenait la soif ardente de sa compagne... Il vit!... Est-ce bien sûr qu'il vive et que vous ne nous parlez pas ainsi seulement pour nous rassurer?

— Oh! fit le gouverneur sans défiance et un peu étourdi par les caresses et les promesses si habilement transparentes de Sylvie.

— Écoutez donc... continua-t-elle, il est bien permis de douter, dans cette terrible Bastille... avec un homme sévère comme vous... et les ordres féroces que vous avez contre certains prisonniers.

— Le fait est que j'en ai de durs... quelquefois... dit du Thiers flatté de passer pour un homme féroce.

— Et... contre monsieur Bernard... n'est-ce pas? interrompit vivement Marguerite.

— Je ne dis pas non.

— Oh! vois-tu, cousine, s'écria Sylvie avec une explosion de douleur bien jouée, ce bon monsieur du Thiers nous trompe; il ne nous dit pas la vérité : il est arrivé malheur à notre pauvre ami.

— Je vous assure que non, dit le gouverneur dupe de la scène. Le prisonnier est parfaitement vivant.

— Hé! comment vous croire, quand vous nous avez confié tout à l'heure que jamais vous ne révéliez ce qui se passe dans votre abominable prison?

— S'il est vivant encore, il peut être si malade... dit Marguerite.

— Ou blessé si cruellement... fit Sylvie.

— Non, non, répliqua du Thiers, ni l'un ni l'autre.

— Si vous pouviez nous en donner une petite preuve, cher voisin, s'écria Sylvie, rien qu'un soupçon de preuve?

— Et laquelle? bon Dieu!

— Mais... l'apercevoir seulement, dit Marguerite avec une adresse telle que le gouverneur ne bondit pas.

Cependant il répondit vivement, presque brutalement :

— Vous figurez-vous par hasard que je vous conduirai dans sa chambre?

— Oh! s'écria Sylvie avec un geste qui éloignait cette supposition de mille lieues, et elle appuya sa main sur l'épaule du gouverneur, qui vous parle de cette énormité, cher monsieur du Thiers, nous conduire chez un prisonnier? Ce serait une folie à nous de le croire, ce serait coupable de le demander. Mais n'est-il pas un moyen plus naturel de nous faire voir, entrevoir même ce pauvre Bernard, ne fût-ce que son ombre?

En achevant, elle s'aperçut qu'elle avait presque serré ce vieux du Thiers dans ses bras.

— Pardieu, je voudrais bien, répliqua-t-il tout souriant, que vous m'apprissiez comment cela se pourrait faire.

— Bien simplement, dit Marguerite. Mandez ici le prisonnier.

— Cela se fait, dit Sylvie.

— Nous nous cacherons où vous voudrez, reprit Marguerite.

— Dans un trou de souris, ajouta Sylvie.

— Que nous l'apercevions par la fente d'une porte, monsieur, dit la comtesse.

— Par la serrure! bon monsieur du Thiers, dit Sylvie.

— Et nous voilà heureuses.

— Et je danse de joie. Et, glissa Sylvie dans l'oreille même du vieil officier, qui frissonna sous ce frais contact, je vous envoie cent bouteilles de ce bon vin de Mercurolles... Hein?

— Est-ce que c'est si difficile au gouverneur de faire venir un prisonnier? s'écria Marguerite.

— Tous les jours cela se fait, répliqua Sylvie. Allons, c'est convenu. Vois comme il est bon, ce cher monsieur du Thiers; tiens, je n'y puis résister, je l'embrasse. Monsieur la Vienne dira ce qu'il voudra. Viens, cousine, cachons-nous bien. Oh! d'abord, il ne faut pas que monsieur Bernard nous voie.

— Pas même qu'il nous soupçonne, chère Sylvie!

— Cela ferait arriver du désagrément à ce bon monsieur du Thiers!... continua la fine commère, et j'aimerais mieux mourir. Marguerite; où nous mettons-nous? Dans ce cabinet vitré? Oui. C'est l'office, tant mieux. Viens, cousine!

Elles s'étaient déjà blotties dans ce cabinet, elles en avaient déjà fermé la porte sur elles, que le gouverneur était encore là, non plus ébranlé, mais convaincu.

— Au fait, se dit-il, qu'est-ce que je risque?... Des petites femmes sans conséquence... et elles sont charmantes.

Il rouvrit cette porte vitrée.

— Je vous avertis, reprit le bonhomme, que si j'entends un mouvement, un soupir, je me fâche, et le prisonnier en portera la peine!

— Oh! muettes comme vos affreux murs! s'écrie Sylvie.

Le gouverneur passa dans la grande salle, et donna un ordre à quelque porte-clefs qui s'éloigna.

Pendant son absence, qui fut assez courte, les deux amies s'embrassèrent, folles de joie, dans l'ombre, et Marguerite dit à Sylvie :

— Prie Dieu, pour qu'il attendrisse cet homme.

— Prie aussi, dit Sylvie. Toi, tu as plus de chances que moi d'être exaucée là-haut.

— Oh! moi, répliqua Marguerite, je n'ai plus une idée, plus une goutte de sang dans les veines; je ne sais plus même où je suis, ma tête est vide, mon cœur gonflé. Veille! veille pour nous, bonne Sylvie! Il me semble que je vais mourir.

— De joie. Mais sois tranquille, dit la Feuillantine. Le bonhomme a franchi le pas le plus difficile. Prépare tes pierreries. Nous le tenons!

XLII

LA CHANCE TOURNE.

L'intérêt exalté de cette situation dérobait heureusement aux deux amies le danger terrible où les eût placées l'arrivée d'un messager de la cour. Elles concentraient depuis quelques minutes toute leur attention, toute leur vie sur cette salle où Bernard allait paraitre.

Le gouverneur fit enlever son couvert et s'installa le plus majestueusement qu'il put dans son fauteuil, la lampe derrière lui, de façon à ce qu'elle frappât le visage de son interlocuteur. Plus le temps avançait, plus le charme exercé par les enchanteresses se dissipait. Le gouverneur revenait peu à peu de sa générosité comme d'une ivresse. Et, au moment où l'on entendit des pas dans la galerie voisine, ceux du porte-clefs, sans doute, le repentir commençait à s'emparer de du Thiers.

Bernard entra. Qu'avaient fait la solitude et le doute, de sa jeunesse, de ses vives couleurs, de son frais sourire? Bernard, depuis douze jours, avait vécu douze années. Son front, couvert de ses cheveux, brillait par places blanches et mates sous ce voile noir. Ses yeux avaient contracté la rigide fixité de l'inquiétude qui guette. Ses habits, déjà usés, collaient à son corps comme pour en

Le nom de madame la Vienne ouvrit les portes. — Page 766.

accuser la maigreur. On eût dit que ses mains pâles s'étaient allongées, elles sortaient pendantes et froides de sa manchette en lambeaux.

Tout en lui respirait, non pas cette langueur du corps qui souffre, mais cette morne atonie de l'esprit malade, prélude effrayant des fièvres morales qui rongent peu à peu l'intelligence. Bernard, tant éprouvé depuis si peu de jours, n'avait pas encore épuisé toute sa religion, mais il était à bout de courage : il croyait encore qu'il y a un Dieu, mais il n'en espérait plus rien.

Quand il parut, ainsi faible, ainsi défait, dans la haute et noire chambre; quand, avec la politesse déjà timide du prisonnier, il salua M. du Thiers, ce fut, dans le cabinet voisin, derrière la porte, une telle surprise, un tel saisissement des deux pauvres femmes, qu'involontairement elles s'appuyèrent l'une à l'autre, une main sur la bouche, pour contenir le cri que chacune d'elles eût voulu pousser.

Le gouverneur examinait son prisonnier sans le voir. Il ne s'occupait que de la répercussion de la scène sur ses privilégiées. Faire marcher son automate, le faire parler un peu pour prouver qu'il vivait encore, en arriver même à le faire sourire, s'il était possible, tel était le but que se proposait l'honnête gouverneur. L'atteindre lui eût paru le *nec plus ultrá* de la libéralité, de la prudhomie.

— Eh bien! jeune homme, dit-il de ce ton léger qui navre les profondes douleurs, nous voilà donc habitué à cette terrible Bastille?

— Non, monsieur, je ne m'y habitue pas, répliqua le malheureux d'une voix creuse et vieillie.

— Pourtant, vous menaciez de vous tuer lorsqu'on vous a mis en votre chambre, et je ne vois pas que vous soyez mort. C'est un progrès.

— Je n'aurai pas besoin de me tuer pour mourir, monsieur le gouverneur, ajouta Bernard.

— Allons! allons! dit vivement l'officier en se levant, pour couvrir du bruit de son pas ces sinistres paroles; je vois que vous n'êtes pas encore bien raisonnable, mais cela viendra. Un homme courageux ne doit ni désespérer ni gémir, mort de tous les diables! Et vous qui êtes jeune, vous qui êtes fort comme dix, vous poussez des lamentations dont une femme rougirait!

— Monsieur, répondit Bernard, je ne me pique pas de courage ni de force. Celui qui souffre pour une cause ou pour une autre, pour une conviction quelconque, celui-là trouve peut-être des consolations, des ressources dans son dévouement ou dans sa haine. Mais, moi, j'étais fait pour une vie douce, retirée; le mot ambition me fait pitié; j'ignore donc pourquoi l'on ma mis ici. Je ne comprends rien à ce flot de malheurs qui m'engloutit. Un jour j'ai trouvé mon père égorgé, ma maison en flammes, puis l'on m'a proscrit, traqué, arrêté, enfermé comme un malfaiteur; et je n'ai rien fait, je ne me suis pas même vengé, je n'ai pas même vengé mon malheureux père! Où sont ceux que je connais, que j'aime? ils vous attesteront que je dis la vérité!

— La, la! assez! interrompit le gouverneur effrayé de ce détail qu'il n'avait pas prévu; je ne vous ai pas mandé pour entendre vos doléances, non qu'elles ne me touchent, mais à quoi bon le cri quand le remède est impossible... Allons, vous êtes un beau garçon, vigoureux, vivace; Dieu est grand et notre reine clémente, tout s'arrangera; retournez à votre chambre.

— Eh! pourquoi m'avez-vous fait venir? demanda Bernard avec un accent de douleur qui fit jaillir du cabinet comme un sourd murmure; j'espérais au moins une consolation.

— Retournez à votre chambre, mon ami, répéta du Thiers en insistant pour éloigner cet orateur trop éloquent.

— J'attendais, continua Bernard s'animant peu à peu, que vous me diriez quelque chose de ce qu'on me réserve, quelque chose de la part de mes amis, de mon frère... auxquels on m'a traîtreusement enlevé. Hélas! savaient-ils seulement où je suis? Sont-ils à jamais perdus pour moi? se doutent-ils qu'ici je languis, qu'ici je meurs? et leur a-t-on fait croire que j'étais déjà mort, pour qu'ils m'oublient si cruellement, quand, à leur souvenir, au simple bruit de leur nom que je me répète tout seul entre vos murailles, mon cœur se fend d'amour, mes bras se tordent dans les angoisses, mes yeux se noient et s'éteignent dans les pleurs?

Ah! monsieur, soyez bon, soyez clément, dites-moi si l'on pense encore à moi; dites si l'on vous a parlé de moi. Si je le sais, je vivrai, je serai docile. Si vous me laissez dans ces ténèbres, dans cet enfer, adieu la vie; celui qui aime et qu'on oublie est mort!

Au moment où du Thiers entraînait Bernard vers la porte, et l'allait remettre aux mains du gardien, un sanglot, ou plutôt une explosion de douleur éclata dans l'office, la porte s'ouvrit avec fracas, et les deux femmes s'élancèrent, incapables de résister plus longtemps à cette accusation, à ce désespoir qui les déchiraient.

A force de comprimer leur cœur, elles l'avaient brisé.

— Non! s'écria Sylvie, nous ne vous oublions pas!

— Sylvie... murmura Bernard.

— Ah! c'est ainsi que vous me trahissez! dit le gouverneur furieux.

Bernard, en se retournant, aperçut Marguerite, il tressaillit, et dans un transport inexprimable :

— La comtesse! s'écria-t-il éperdu, les bras ouverts à l'aspect de cette vision adorée.

— La comtesse! répéta du Thiers stupéfait, qui s'aperçut alors qu'on l'avait joué, et tomba dans une rage de soupçons plus dangereux que la colère : A moi! gard...

Il n'acheva pas, Sylvie s'était jetée sur lui, et de sa douce main lui fermait la bouche en disant :

— N'appelez pas, c'est inutile! vous ne feriez que vous compromettre.

Le gouverneur réfléchit qu'elle avait raison.

— Monsieur, lui dit vivement Marguerite, l'accaparant à son tour, pourquoi vous tromper plus longtemps? il faudra toujours que vous sachiez ce que j'attends de vous : je suis la comtesse Siete-Iglesias, amie de la reine.

Ce nom d'Iglesias était magique, du Thiers avait l'habitude de le respecter.

Marguerite comprit l'effet qu'il venait de produire.

— Monsieur, ajouta-t-elle avec tant de véhémence que le pauvre homme s'en étourdissait, vous avez là un prisonnier qui n'est pas inscrit sur le registre. Par conséquent, il ne compte pas à la Bastille. Nul ne peut vous en demander compte. Aucune formalité à suivre pour sa libération. D'ailleurs, vous voyez qu'un plus long séjour ici le tuerait. Vous n'avez rien contre ce jeune homme, vous ne tenez pas à ce qu'il meure. Eh bien, je viens de la part de la reine — vous m'avez vue tantôt avec elle — et j'emmène M. de Preuil.

Du Thiers, tout vieux qu'il était, fit, en entendant ces paroles moitié sensées, moitié folles, un bond qui l'éloigna de Marguerite et le rapprocha de son prisonnier.

— Êtes-vous dans votre bon sens, madame? s'écria-t-il; vous ne savez donc pas ce que vous me demandez?

— La vie d'un homme innocent.

— La mienne!... c'est ma tête!... Demain, quand le maréchal me réclamera son prisonnier...

— Rien sur le registre!

— Madame, je suis officier de l'État, fidèle à mon serment! Le prisonnier m'est recommandé par votre mari lui-même, et terriblement recommandé, puisqu'il faut le dire!

— Monsieur! s'écria Marguerite épouvantée, voici un coffret qui renferme pour cent mille écus de pierreries, il est à vous.

Du Thiers, pauvre officier de fortune, répondit avec l'embarras qu'un pareil chiffre est capable de jeter dans les idées :

— Allez, madame, allez, vous êtes trop dangereuse pour moi. Ma tête ne vaut peut-être pas cent mille écus, mais mon honneur vaut plus que ma tête. Retirez-vous au plus vite... j'en ai trop fait déjà.

En parlant ainsi, il la conduisait assez énergiquement vers la porte. Sylvie accourut au secours.

— Quoi! dit-elle, c'est donc un homme sans entrailles!

— Vous, ma voisine, répliqua le gouverneur, vous êtes une perfide petite commère. J'aurais plus peur de vous que de tous les canons de la Bastille. Allons, allons, prenez-vous par le bras toutes deux et remerciez-moi de vous laisser partir ainsi, après le mauvais tour que vous m'avez joué.

Sylvie voulut essayer des cajoleries, Marguerite des larmes, le coffret revint plusieurs fois à la charge, vains efforts!

Le gouverneur, remis dans son sang-froid, était inexpugnable, et poussait toujours les deux femmes vers la porte de sortie, surveillant avec défiance l'ennemi qu'il laissait derrière.

Bernard intervint.

— Ma destinée l'emporte, dit-il. Ne craignez rien, monsieur le gouverneur, je ne ferai point un pas contre vos ordres. J'ai vu des visages amis, j'ai entendu de bonnes paroles, je sais qu'on ne m'a pas oublié, vous me verrez désormais aussi brave que j'étais accablé tout à l'heure. Et je vous remercie de tout mon cœur pour votre générosité; et je me trouve si heureux auprès de ce que j'étais il y a un moment, que je vous garde une reconnaissance éternelle.

L'officier se retourna tout surpris, tout charmé.

— Voilà qui est bien, jeune homme, dit-il; je vous en tiendrai compte. — Allons, mesdames, adieu!

La porte était ouverte, les deux amies avaient un pied dans le corridor.

Ce corridor était gardé par deux archers en faction. Tout ce qui roulait de folles imaginations dans la tête chaude de Sylvie s'évanouit en fumée à l'aspect de ce renfort inattendu.

— Adieu, répéta plus bas le gouverneur, et cachez bien votre visage, madame, pour ne pas même laisser à mes gens le soupçon de la folie que j'ai faite.

Mais, au moment de se séparer, peut-être à jamais, du malheureux dont elle avait causé la perte, Marguerite sentit encore une fois se révolter son cœur.

— Monsieur! s'écria-t-elle en reculant, je ne lui ai pas même adressé la parole, je ne lui ai pas serré la main. Oh! vous ne craignez plus rien, maintenant; laissez-moi une minute, une seconde près de lui, et pour cette seule seconde, prenez ces pierreries que vous refusiez loyalement tout à l'heure, vous pourrez les garder sans remords.

— Une seconde! dit Sylvie.

— Une seconde! s'écria Bernard les mains jointes, car cet éclair lui promettait plus de bonheur qu'il n'en tient dans une éternité.

Sylvie profita de l'hésitation qui parut aux yeux de du Thiers, elle poussa Marguerite vers Bernard; celui-ci s'était élancé : la foudre tombe moins rapidement des cieux.

— Il faut donc que je vous dise adieu! murmura Marguerite palpitante.

— Non... ce n'est plus adieu : je sens que nous nous reverrons.

— Vous ne savez donc pas de quoi notre ennemi est capable?

— Je sais, dit Bernard délirant de joie, que maintenant je veux vivre; je sais que vous avez pensé à moi, je vois que vous pleurez. Oh! je vivrai malgré leur prison, malgré leurs menaces. Marguerite, mon seul trésor... oh!... mon seul espoir! sous le fer même de leurs bourreaux, je vivrai! je vivrai! Mais vous, qu'allez-vous devenir, vous au pouvoir de ce misérable... vous pour qui je tremble à chaque instant du jour, car il est lâche, cet homme, et j'ai lu sa haine pour vous dans ses yeux!

— Moi j'allais partir, lui échapper, tout était prêt... J'emmenais votre petit frère. La Fougeraie m'attend avec nos autres amis; mais comme j'ai manqué mon dessein, comme je ne puis vous emmener aussi, je reste!

— Oh! s'écria Bernard ne faites pas cela, je mourrais de terreur et d'angoisses! partez, partez, au contraire, laissez-moi cette dernière joie. Songez à vous, à vous seule, soyez libre, soyez sauve!... Quand je vous dis que je leur échapperai... tenez, c'est écrit devant moi, je vois ces mots qui rayonnent! Mais s'ils vous gardent, s'ils vous tuent, à quoi m'aura-t-il servi de vivre?... Non, non, si je ne vous sais hors de péril, ma vie ne sera qu'une abominable torture! Partez, Marguerite, partez!

Ces mots brûlants comme des flammes, rapides comme les fluides de l'électricité, avaient duré pourtant plus d'une seconde. Sylvie elle-même n'avait pu s'empêcher de jeter un regard, peut-être un soupir, vers ces deux amis, vers ces deux félicités vivantes!

Du Thiers fit un mouvement pour s'arracher aux amabilités de Sylvie.

Bernard comprit le danger de se faire

avertir. Il prit les mains de la comtesse, il eût bien voulu les baiser, mais on le regardait.

— Me voici, me voici, monsieur le gouverneur, dit Marguerite tout égarée, en s'acheminant vers la sortie.

— La voici, elle part, nous partons, dit Sylvie emmenant du Thiers tout à fait rassuré.

Tous deux tournaient le dos, l'instant était suprême; Marguerite s'arrêta court sous le regard enivré de Bernard.

— Embrassez mon cher Aubin, murmura-t-il.

Et comme il avait ouvert ses bras, elle sentit un frisson dans ses cheveux, une étincelle brûlante dans sa poitrine, les lèvres de Bernard avaient effleuré son front, le cœur du prisonnier avait battu contre son cœur!

Sylvie se retourna. Le songe était fini. Elle tendit en souriant sa petite main à Bernard, et Bernard ne craignit pas de baiser cette main devant tout le monde.

Les archers croisèrent à ce moment leurs pertuisanes. La porte se referma; les deux amies disparurent.

— Monsieur, dit Marguerite, pâle et chancelante, au gouverneur, acceptez au moins un souvenir de ma visite.

— Rien, madame, dit le vieil officier.

— Gardez-nous au moins le secret, dit Sylvie.

— Vingt-quatre heures, répliqua du Thiers, qui commençait à tout comprendre. Je ne crois pas qu'il en faille davantage à madame la comtesse.

— Soyez bon pour le pauvre captif, ajouta Marguerite.

— Tant que mes ordres ne prescriront pas le contraire, comptez sur moi.

Ces mots, gros de noirs orages, furent les derniers que Marguerite entendit. Une fois que les verrous furent tirés, les chaînes du pont remontées, une fois hors de la Bastille, Marguerite et Sylvie se regardèrent.

— N'es-tu pas contente, dit Sylvie, de laisser derrière toi une bonne amie, qui t'a comprise et se dévouera pour toi, — et aura toujours un œil ouvert du côté de la Bastille?

— Oh! c'est Dieu qui t'a remise sur mon chemin, répliqua Marguerite; mais sois prudente, vois-tu, nous sommes dans des mains terribles...

— J'ai aussi de bonnes griffes, sois tranquille. Quant à toi, tu auras échappé bientôt, Marguerite. Vite! vite! à cheval! je te sais une bonne escorte, et n'ai plus peur pour toi.

— Comment te remercier... toi à qui j'ai fait tant de mal, peut-être... toi dont j'ai changé la vie?

Et un nuage, une ombre jalouse passèrent sur ce front d'ange.

— Écoute, dit Sylvie avec héroïsme, quand tu seras par les routes avec notre ami Cadenet, dis-lui tout bas que je le trouve charmant, et que je le remercierai un jour de tout ce qu'il aura fait pour toi.

Marguerite embrassa tendrement l'aimable femme. On vit un cavalier sortir de l'ombre du rempart. Il était temps de se séparer. Sylvie, après un dernier baiser, prit sa course du côté de la rue Lesdiguières. Marguerite revint près de ses amis, qui trouvaient le temps bien long.

— Bernard vient-il? dit Cadenet.

— Hélas! non, soupira Marguerite, rien n'a réussi.

— C'était certain, dit M. de Luynes, et une femme seule pouvait être assez brave pour tenter cette aventure. Dieu veuille que les suites ne nous perdent pas!

— Croyez-vous? demanda Marguerite, que Cadenet avait déjà mise à cheval.

— Ce du Thiers, continua Luynes, est la créature du maréchal et du comte. Vous ne serez pas à la Villette, que déjà il les aura prévenus. Gare à la poursuite!

— Il m'a donné parole pour vingt-quatre heures de silence, dit Marguerite, ébranlée dans sa confiance.

Luynes secoua la tête.

— N'en courons que plus vite, dit-il.

Marguerite s'assura que La Fougeraie avait bien enveloppé Aubin dans son manteau. L'enfant, engourdi, dormait ou se taisait pour ne pas gêner.

Luynes donna le signal du départ; la petite troupe se mit en marche. Brantes en éclaireur; Marguerite ayant Luynes à sa droite, La Fougeraie à sa gauche; Cadenet à l'arrière-garde et bien décidé.

— Si l'on nous joignait, dit Luynes après un moment de réflexion, quelle est votre intention, madame? Vous vous rendriez sans doute, n'est-ce pas?

— Moi! s'écria Marguerite, me rendre... à M. de Siete-Iglesias!... Oh!... Mais, vous-même, messieurs... votre dessein?...

— Oh! nous... nous nous ferons tuer tous trois, dit tranquillement Luynes. Ainsi, ne nous consultez pas, madame.

— Eh bien! messieurs, mes amis, reprit Marguerite, soyez charitables pour une pauvre femme que la reine vous a confiée... Si nous sommes attaqués et que l'ennemi m'épargne... tuez-moi.

— Sérieusement? dit le fauconnier.

— Je vous demande seulement la vie pour ce pauvre enfant... La Fougeraie l'emportera.

— S'il en est ainsi, s'écria Luynes, nous voilà plus forts que toute une armée.

Ils marchèrent le reste de la nuit; le jour les surprend entre Dammartin et Nanteuil. Leurs chevaux avaient faim; la comtesse avait froid. On mit pied à terre dans un mauvais cabaret isolé sur la route, et toute la troupe, bêtes et gens, se reposa, se chauffa, mangea. Luynes calculait qu'on ne serait en sûreté qu'à Soissons, et qu'à tout prix il fallait gagner cette ville, dussent les chevaux tomber en arrivant.

On se disait aussi, car chacun des voyageurs avait sa pensée, regret ou rêve, chacun laissait derrière soi un souvenir, on se disait que la fortune a des caprices bien misérables et qu'elle se joue parfois avec une bien féroce malignité de la vie des hommes et des empires.

— Ainsi, pensait Luynes, ce matin, tandis que le soleil monte à l'horizon, des scélérats, des idiots le saluent et appellent le jour qu'il va éclairer, un jour de régénération, un jour de prospérité pour la France. Et notre roi tombe abruti, et notre reine part pour l'exil, et nous croulons, nous et nos fortunes si laborieusement échafaudées, et nous en sommes réduits à ne plus penser qu'à la vie; tout cela parce qu'un homme devait venir chez la reine et qu'il n'est pas venu; tout cela parce qu'un fer du cheval de cet homme aura perdu un clou en chemin...

Tandis qu'il parlait ainsi, que le cabaretier soignait les chevaux, et que Cadenet jetait du bois dans l'âtre pour réchauffer Marguerite, et que Brantes, beau jeune homme pensif, écoutait, Aubin, heureux de se sentir libre et de respirer la douce verdure et la tiède lumière du jour naissant, s'était assis devant la porte de l'auberge, sur une pierre qui servait d'auge, et il jetait des miettes de pain aux poulets qui voletaient autour de lui.

Tout à coup on l'entendit pousser un cri singulier. Marguerite se leva, la Fougeraie courut. Aubin regardait et désignait du doigt un cavalier bien monté, passant au pas de l'autre côté de la route,

— C'est mon oncle Pontis, dit-il enfin avec un éclat de joie.

— Monsieur de Pontis! s'écria Luynes en bondissant.

— Mais oui, interrompit Cadenet, qui s'élança en criant : Monsieur de Pontis! monsieur de Pontis!

Le cavalier s'arrêta. Son cheval était déjà entouré de six personnes. C'était bien Pontis, frais, dispos, vigoureux.

— Aubin, la Fougeraie, M. de Cadenet, murmura le gentilhomme saisi de surprise.

Et il promena autour de lui un regard investigateur.

— Où est donc ton père? demanda-t-il à l'enfant, et Bernard, je ne le vois pas...

Cadenet, qui lui tenait l'étrier, lui fit signe de ne pas questionner plus longtemps. Pontis descendit de cheval, Marguerite rendit Aubin à la Fougeraie, Luynes et Cadenet demeurèrent avec le chevalier.

— Qu'y a-t-il donc, dit Pontis de plus en plus étonné, pour que je trouve ainsi mon neveu seul avec vous sur cette route?

— Des événements graves, répondit Cadenet. Voici mon frère, monsieur de Luynes, ajouta-t-il.

Pontis salua.

— Monsieur le chevalier, dit Luynes, vous êtes un homme à qui l'on peut tout dire sans de trop grandes préparations.

— Ah! ah! il s'agit de malheurs, à ce qu'il paraît, murmura Pontis.

— D'affreux malheurs.

— Pour moi? dit le chevalier, ferme et froid comme une lame d'acier.

— Pour vous.

— J'écoute.

— Si l'on vous a fait signe de ne plus parler du père devant l'enfant, c'est que le malheureux père est mort assassiné.

— Assassiné! du Bourdet! s'écria Pontis saisi au cœur.

— Vous ne lui parlerez pas non plus de son frère Bernard, continua Luynes. Il est enseveli dans un cachot de la Bastille. Vous ne lui parlerez pas même de lui, pauvre Aubin. Il est guéri à peine d'une blessure qui devait être mortelle.

Pontis pâle et frissonnant agita les mains comme pour écarter de lui cet ouragan d'horreurs.

— Pourquoi, murmura-t-il d'une voix altérée, pourquoi ces iniquités, ces massacres?

— Parce que, dit Luynes, M. du Bourdet savait le secret du président et l'allait peut-être révéler. Ceux que sa révélation eût perdus l'ont fait taire!

— Le secret!... s'écria Pontis; mais M. de Harlay va nous venger sans doute? Et c'est pour cela qu'il m'appelle!...

— Il y a douze jours que M. de Harlay a quitté ce monde.

— Il reste mademoiselle de Coman alors, dit le gentilhomme, navré, rugissant, se débattant dans cet épouvantable naufrage.

— Ils l'ont tuée. Elle ne parlera plus!

— Oh! s'écria Pontis trépignant de fureur et les poings crispés. Il reste le roi, la reine, je reste, moi!

— Le roi sera peut-être déposé demain. La reine part aujourd'hui pour l'exil. Nous, ses amis, vous nous voyez proscrits, fuyant. Hélas! si vous fussiez arrivé hier, il était temps encore. Pourquoi n'avez-vous pas pris la route la plus courte, monsieur? elle vous eût permis d'arriver hier.

— Monsieur, dit le sévère gentilhomme, vient-on par la route ordinaire quand on s'appelle la vengeance, quand on apporte le châtiment et qu'on veut arriver à coup sûr?

— Oh! s'écria Luynes, il est trop tard, les coupables sont vainqueurs. Ils triomphent! Vous vous perdez comme les autres, et voilà tout.

— Nous verrons! dit Pontis avec un regard dans lequel s'alluma une tempête de sang et de flamme. Vous fuyez, vous!... Bien; moi, je vais à Paris! Dieu soit loué, vous m'avez versé dans les veines tant de poison et tant de soufre, que je défie au combat tous les démons de l'enfer!

A ces mots il courut à Aubin et l'embrassa, tremblant et grondant comme un fou. Puis sautant sur son cheval:

— Vous entendrez parler de moi, dit-il.

Une seconde après l'animal furieux l'emportait dans un tourbillon de poussière.

— Madame, dit Luynes à Marguerite épouvantée, poussez jusqu'à Soissons avec l'enfant et la Fougeraie; là vous êtes en sûreté: notre intérêt, notre honneur nous commandent maintenant de retourner en arrière. Voilà un brave gentilhomme qui demain sera mort ou vainqueur. On dirait que la chance tourne. Allons, Cadenet, Brantes, à Paris!

XLIII

L'ANCRE DE SALUT.

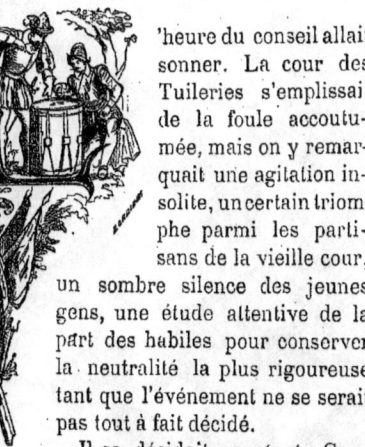

'heure du conseil allait sonner. La cour des Tuileries s'emplissait de la foule accoutumée, mais on y remarquait une agitation insolite, un certain triomphe parmi les partisans de la vieille cour, un sombre silence des jeunes gens, une étude attentive de la part des habiles pour conserver la neutralité la plus rigoureuse tant que l'événement ne se serait pas tout à fait décidé.

Il se décidait pourtant. Concino, d'Espernon, radieux, apparurent suivis chacun d'une armée plutôt que d'une escorte. Celle du maréchal atteignait des proportions quasi ridicules. Plus de douze cents gentilshommes venaient à sa suite.

Le comte de Siete-Iglesias, avec tout le parti espagnol, entra bientôt au conseil. Celui-là, le plus retors, le plus dangereux, ne s'endormait pas comme les autres sur les premiers lauriers de la victoire. On le voyait sérieux, recueilli, méditant quelque nouveau pas en avant. Il fut le seul qui donnât un regard au fond de la cour, à l'endroit où commençaient les appartements de la jeune reine, et ce regard observateur parcourut toute la ligne des bâtiments. Le comte entra enfin chez la reine-mère.

Nous ne le suivrons pas. Nous n'assisterons pas à l'ovation que ces vainqueurs prématurés décernaient un peu vite à la régente. Nous la laisserons elle-même annoncer à sa cour que la jeune reine, inquiète pour sa santé, avide d'air pur, a voulu, malgré toutes les instances, passer quelques semaines à la campagne, et qu'elle a choisi la riante solitude du château royal d'Amboise.

Quittons l'assemblée sur les murmures de félicitation ou de vile joie qu'excite cette déclaration significative. Laissons le parti vainqueur inaugurer ainsi son nouveau bail d'autorité. L'élan du récit et quelque sympathie, avouons-le, nous entraînent du côté des vaincus.

Chez Anne d'Autriche, consternation, activité silencieuse. Les préparatifs du départ se font ; ils s'achèvent lentement. Il semble que, comprenant l'intérêt que leur maîtresse aurait à demeurer au Louvre, les serviteurs essayent de retarder sinon d'empêcher ce voyage.

Anne, déjà prête, habillée pour la route, est assise devant le feu. Derrière elle, Estefana marche et s'agite pour tirer la reine de la sombre absorption où elle est plongée. Mais rien ne lui réussit : rien n'était capable de distraire la blessée du sentiment de sa douleur.

Tout à coup elle se leva :

— Qu'on prévienne le roi, dit-elle, que je vais lui adresser mes adieux.

Mais à ce moment même Louis XIII, tête nue et le visage altéré par l'insomnie, traversait le palier qui séparait son appartement de celui de sa femme. Il écarta doucement la tapisserie, et après avoir congédié Estefana d'un regard, il entra dans la chambre. Anne le vit dans le miroir ; elle observa sa pâleur, sa tristesse, et un sentiment d'indignation pour tant de faiblesse souleva encore une fois son cœur.

— Est-il donc vrai que vous partiez ? dit le jeune prince en s'approchant.

— Sire, c'est convenu depuis hier.

— Nullement. Ce qui est convenu, c'est que ma mère devient plus que jamais reine de France, c'est que je suis moins roi que jamais. Voilà qui est convenu, pas autre chose ; du moins, voilà ce que j'ai accordé.

— Oh ! répliqua Anne un peu surprise, vous avez bien accordé aussi l'exil de vos amis les meilleurs.

Le cavalier s'arrêta. — Page 774.

— Vous voulez parler de Luynes. C'est vrai, dit le pauvre roi avec mélancolie, Luynes m'a quitté. C'était mon seul ami. Je l'aimais tendrement. Il m'a quitté sans attendre que je le retinsse.

— Il savait trop bien qu'on l'eût fait arrêter jusque dans votre chambre, sire, et que vous ne l'eussiez pas défendu, puisque vous n'avez pas défendu votre femme.

— Contre ma mère? répondit Louis gravement. Puis-je donc défendre quelqu'un contre ma mère?

— J'avais entendu dire dans mon enfance, et le ministre de Dieu qui nous a unis m'avait répété que le mari et la femme peuvent tout quitter l'un pour l'autre, qu'ils le doivent même.

— Vous m'avez hier menacé des armées de votre père, dit le roi avec amertume.

— Était-ce vous, mon Dieu! que je menaçais? s'écria Anne. Vous, sire, n'est-ce pas moi? ma couronne n'est-elle pas votre couronne? ma vie n'est-elle pas la vôtre? Ce que je voulais défendre est à vous comme à moi. D'ailleurs, votre mère ne vous a-t-elle pas menacé, elle, de la guerre civile?

— Voilà pourquoi j'ai cédé, répliqua Louis abattu. Entre deux guerres, entre deux armées, moi qui n'ai pas d'armée, moi qui n'ai pas d'amis !

— Vous ne voulez pas en avoir ! Quiconque tient à conserver ses amis, sire, les nourrit et les protége.

— Où sont mes trésors pour nourrir, où sont mes armes pour protéger ?

— Vous vous êtes laissé prendre l'un et l'autre.

— Par ma mère !

— Oh ! sire, vous êtes trop bon fils pour votre femme. Et d'ailleurs, est-ce bien votre mère qui confisque ainsi toute l'autorité ? ne l'aide-t-on pas un peu, dites ? Si vous n'êtes pas roi contre votre mère, ne sauriez-vous l'être contre ses conseillers, surtout lorsque ceux-ci deviennent mes bourreaux ?

— Que ne m'aidez-vous, alors, au lieu de conspirer contre moi ? répondit Louis XIII.

— Moi ! j'ai conspiré contre vous ? est-ce de la démence ?... Moi qui voulais vous entourer des vrais soutiens du trône, je conspirais contre vous !... Moi, qui écoutant les cris du peuple, la voix de Dieu, voulais les apporter à vos oreilles, et vous forcer à ouvrir les yeux, je conspirais !

— Quels cris ? quelle voix ?

— Vous aviez le président de Harlay, vous l'avez laissé mourir de dégoût, de désespoir. Cependant, je l'ai vu, moi, dans votre Louvre, ici, vous apporter cette lumière, cette flamme avec laquelle vous eussiez réduit en cendre les vrais conspirateurs. Vous avez détourné la tête... Alors, j'ai poursuivi l'œuvre ; j'ai vu en secret le président, je lui ai rendu le courage, j'ai conspiré avec lui, toujours pour vous, sire, et vous m'envoyez en exil !

— Mais parlez donc, madame, s'écria Louis. Donnez-moi donc la preuve de cet intérêt si grand dont vous m'entourez. Ma mère et ses amis me prouvent vos intrigues, prouvez-moi donc votre fidélité. Alors, si je vous abandonne, alors si je vous trahis, vous aurez le droit de m'accuser. Mais au lieu de cette clarté, au lieu de cette franchise : Prends garde, me dit-on, pauvre roi ! je connais un gouffre; tremble, Louis ! je devine un poignard; défie-toi de tout le monde, nous sommes entourés de voleurs, d'assassins ! Vous l'avez dit, vous le dites toujours : prouvez-le moi.

Anne appuya un instant son front brûlant au marbre de l'immense cheminée.

— Vous avez raison, sire, répéta-t-elle ; c'est à vous chercher toutes ces preuves que mes amis et moi nous nous sommes épuisés. Les uns y sont morts égorgés, les autres y sont morts de fatigue. Il y en a dans les cachots, il y en a de proscrits, et moi, la dernière, je vais, comme eux, disparaître faute d'avoir pu prouver ce que je sens, ce que je sais, ce que, seul dans votre royaume, vous ne devinez pas, vous ne comprenez pas ; car il n'est point un bûcheron dans les bois, un semeur dans le guéret, un mendiant dans la dernière de vos villes qui ne puisse, si vous l'interrogez, vous répondre pourquoi est mort du Bourdet, pourquoi la Coman, pourquoi le président.

— Mais pourquoi ? pourquoi ? s'écria Louis tremblant de colère. Ce que le bûcheron, le semeur et le mendiant me diraient, dites-le moi, vous !

— Non ! car à moi vous demandez des preuves, et je n'en ai pas à vous donner. Ils le savent bien, ceux qui me chassent ! ils savent bien qu'ils les ont toutes détruites ; ils se sentent invulnérables. Oh ! si j'eusse seulement tenu la main de l'homme qu'hier encore j'attendais ! oh ! s'il était venu, ce suprême espoir de ma vengeance, de la vôtre, ce dernier soutien que je vous ménageais... Mais à quoi bon tout cela ?... je m'emporte à des discours inutiles. Votre Majesté a raison, toute accusation doit être prouvée. Je ne puis rien, je ne dirai rien ; vous voyez, sire, que mon parti est bien pris. J'ignore si Dieu, dont les desseins sont d'autant plus puissants qu'ils sont impénétrables, si ce Dieu que jamais le martyr n'invoque en vain, j'ignore, dis-je, ce qu'il vous réserve. Mais je ne partirai pas sans vous dire encore : Oui, sire, votre royaume, votre honneur, votre vie, sont au pouvoir des voleurs et des assassins. — Je me tais, je ne puis rien

prouver. Adieu, sire!... Quand la preuve sera venue, si c'est à vous, rappelez-moi, je suis votre servante; si c'est à moi, je reviendrai plus rapide que si j'avais des ailes ; car je vous aime et je veux que vos fils montent glorieux sur le trône de France.
— Adieu !

En achevant ces paroles, prononcées avec tant de vigueur et de conviction qu'elles remuèrent chez le roi jusqu'à la dernière fibre, Anne fit une révérence et se dirigea vers la porte. Le roi lui barra le passage.

— Non, vous ne partirez pas, dit-il. Je vous le défends.

— Je partirai, sire, car je ne me sens plus en sûreté ici. Je partirai, ne fût-ce que par orgueil. Il ne sera pas dit que j'accepterai une grâce. Ou je suis innocente et votre mère m'a insultée, ou je suis coupable et je dois partir. Supposez-vous que je m'exposerai une seconde fois à entendre ce laquais Concino vous offrir ses armées ?

— Oh ! celui-là !... murmura le roi, qui grinça des dents au souvenir de l'offense.

— Celui-là est roi de France... Ménagez-le, dit la jeune reine, lui et ses compagnons, voilà mon dernier conseil d'amie... Estefana, mon carrosse !

— Madame ! s'écria Louis, un mot seulement. Vous parliez tout à l'heure d'un homme que vous attendiez, d'une preuve, d'un sauveur... Vous l'attendiez... ne l'attendez-vous plus ?

— On me l'aura tué comme les autres !

— Nommez-le-moi, du moins.

— Moi ! que je le trahisse, que je le livre, s'il vit encore, à ceux qui le cherchent sans doute pour l'anéantir, oh ! non ! non ! Dieu veuille qu'il survive ! ce sera au moins un honnête homme, un cœur vaillant que je vous aurai conservé au cas où vous redeviendriez roi.

— Un honnête homme, un cœur vaillant ! dit le roi avec ironie... Et cet homme-là, qui vous sauverait d'un mot, ne vient pas à moi, et il n'a pas le courage de me tendre son flambeau, dût la flamme me brûler les yeux !

Quelle habile prud'homie, quelle prudente vigilance !

— Si je vous disais son nom, sire, vous seriez moins dédaigneux. Vous le connaissez bien, toute l'armée le connaît, et ce nom était respecté même de votre père !... Mais, encore une fois, permettez que je parte ; si je tardais trop, on viendrait peut-être m'arracher d'ici !

Soudain, comme pour donner raison à ces paroles amères, Estefana ouvrit la porte, et, avec les démonstrations les plus vives, introduisit M. de Thémines près du roi.

— Qu'y a-t-il, qu'on me poursuive jusqu'ici, Thémines ? demanda le jeune prince.

— Sire, un gentilhomme, le lieutenant du roi de Grenoble, le chevalier de Pontis, arrive en toute hâte solliciter audience de Votre Majesté.

— Pontis ! s'écria la reine avec un grand cri de joie, il est là ?

— Il m'a demandé cette faveur, répliqua Thémines ; c'est un ancien compagnon d'armes, je le recommande vivement au roi.

— Pontis !... murmura Louis, qui ne perdait pas de vue le visage rayonnant de la reine... un des bons serviteurs de mon père !...

— Oh ! oui ! s'écria Anne.

— Serait-ce celui que vous attendiez ? dit le roi à voix basse.

— Oui, sire, oui ; c'est mon dernier espoir !

— Faites entrer M. de Pontis, dit le roi ému par cette joie resplendissante.

— Et que personne ne le voie, que personne ne sache son nom, ajouta Anne.

— Oh ! madame, il n'a parlé qu'à moi, moi seul je l'ai vu ; soyez tranquille, dit Thémines, qui se précipita vers la galerie.

On comprend si vite à la cour !

— Vous attendrez bien que j'aie reçu votre sauveur ? dit Louis avec un reste de sarcasme, destiné à cacher l'agitation de son âme.

— Si j'attendrai ! oh ! oui, sire, j'attendrai comme on attend la vie ; car c'était mourir que de me séparer de Votre Majesté.

Anne saisit la main du roi, et la serra de

toutes ses forces, comme pour lui communiquer le feu de son âme virile.

Thémines reparut. Il indiquait le chemin à un homme poudreux, défait, pâle; à un de ces hommes dont le pas de bronze fait trembler les parquets, dont le regard rouge illumine l'espace; à une de ces créatures marquées du sceau de Dieu, et devant lesquelles les rois sentent qu'ils ne sont réellement que des hommes.

Pontis s'arrêta, l'œil assuré, le front calme. Il entendit fermer les portes derrière lui. Il vit devant lui le roi, à droite la reine.

Un silence solennel prépara longuement cet entretien.

Le roi était troublé. Anne palpitait. Ni l'un ni l'autre ne commandait à Pontis d'élever la voix. Il attendit.

— Parlez, dit enfin Louis XIII.

Pontis commença résolûment :

— Sire, je suis un de vos officiers. Tandis que je vous servais dans mon gouvernement de Grenoble, on assassinait, à quelques lieues de votre capitale, mon beau-frère, l'un de mes neveux; on ruinait, on emprisonnait l'autre. J'ai appris ces atrocités, je viens vous en demander justice.

— De qui voulez-vous parler? répliqua Louis.

— Mon beau-frère s'appelait du Bourdet.

— Il n'a pas été assassiné, mais puni, dit le jeune prince; il conspirait pour M. de Vendôme.

— S'il conspirait, répliqua froidement Pontis, c'était pour Votre Majesté. Il conspirait, en effet, contre ceux qui l'ont assassiné.

— Que prétendez-vous dire, monsieur? s'écria Louis.

— Je dis que mon beau-frère avait connaissance d'un crime, d'un crime énorme; qu'il se disposait à révéler ce crime devant la justice, et que, pour prévenir sa révélation, les coupables l'ont mis à mort.

— Vous affirmez bien hardiment, dit le jeune roi subjugué par cette parole brève et hautaine.

— J'affirme, sire, parce que je sais.

— Vous parlez d'un crime commis, de coupables, mais ne savez-vous pas que ce sont mes gens qui ont arrêté votre beau-frère et se sont vus forcés de le mettre à mort?

— Je crois bien, dit Pontis, qu'on aura ainsi conté l'affaire à Votre Majesté, mais ce n'est pas ainsi qu'elle s'est passée. Vos gens, sire, n'ont pas dû assassiner un vieillard, un homme incapable de se défendre. Je connais les soldats, je suis soldat moi-même. Nous n'égorgeons pas les vieillards, ni les enfants !

Le roi frissonna.

Anne dévorait cette scène avec une fiévreuse avidité.

— D'ailleurs, poursuivit inflexiblement Pontis, vos soldats n'étaient pas coupables du crime que connaissait mon beau-frère; ils n'avaient donc pas besoin de le tuer pour étouffer son secret.

— Qui donc alors était coupable? demanda Louis avec résolution.

Pontis soutint la question sans chanceler une seconde.

— Demandez-moi, dit-il, quel était le crime commis, et alors je vous répondrai, sire.

Louis s'arrêta devant ce coup d'œil profond comme un abîme. Cet homme, du premier bond, avait franchi l'effrayante barrière au pied de laquelle dormaient déjà tant de cadavres.

Anne sentit elle-même le frisson monter de ses épaules à ses cheveux.

— Eh bien... je vous le demande, dit sourdement Louis, quel était ce crime?

— Réfléchissez encore, sire, dit Pontis, vous pouvez vous arrêter.

— Pourquoi donc m'arrêterais-je, dit le jeune homme frémissant, quand vous ne vous arrêtez pas, vous?

— C'est vrai, repartit Pontis, je vous conseillais une lâcheté ; ce n'est pourtant pas mon habitude.

— Je répète donc ma question : quel était ce crime?

Pontis, d'une voix ferme et nette comme un éclat du clairon, répondit :

— Le meurtre d'un roi !

Louis trembla.

— Quel est, dit-il, le meurtre de ce genre qui n'ait pas été puni ?

— Celui du roi votre père, répliqua tranquillement Pontis.

Anne ferma les yeux, comme à l'approche du vertige.

Le jeune homme pâlit et balbutia en couvant des yeux l'intrépide accusateur :

— N'a-t-on pas condamné son assassin ?

— L'un de ses assassins, peut-être ; les autres, non.

— Il y en a d'autres ! s'écria Louis reculant avec épouvante. Vous osez me dire qu'il y a d'autres assassins ?

— Oui, sire.

— Et mes ministres, et mes parlements, et mes officiers ne les connaissent pas ?

— Le président de votre parlement est mort pour les avoir trop connus. Mademoiselle de Coman aussi, mon beau-frère aussi !... Sire, tout le monde les connaît en France ; seulement, personne n'ose les nommer !

— Et vous ? dit le roi, dont les yeux rougirent, parce qu'il se rappelait les dernières paroles de la reine, oserez-vous ?

Et il se croisa les bras d'un air de défi.

— Je ne suis venu que pour cela, répondit Pontis avec calme.

— Enfin !... vous êtes satisfaite, madame, s'écria Louis XIII. Voilà un homme qui s'avance !

— Un honnête homme, répondit Anne, enthousiasmée ; M. de Harlay le connaissait bien !

— Un homme qui joue gros jeu, continua le roi.

Pontis sourit avec une douce pitié.

— Vous jouez plus gros jeu que moi, dit-il, ô mon maître ! car il ne s'agit que de ma tête. Vous la tenez, elle sera facile à prendre ; mais vous, sire, c'est de votre couronne qu'il s'agit, c'est de votre honneur.

— De ma couronne ?...

— Oui. Ceux qui ont tué votre père ne sont pas des scélérats vulgaires, dont le bourreau oublie le nom quand il a déchiqueté leurs membres. Ce sont... faites bien attention, sire, ce sont des grands, ce sont des princes, plus que cela... Oh ! leurs têtes feraient tant de bruit en tombant, que vous aimerez mieux vous contenter de la mienne.

— La tienne, murmura le jeune homme, livide, en étreignant la main de Pontis comme un ressort d'acier ; la tienne tombera demain comme celle d'un lâche et d'un sacrilége, si tu ne m'as pas prouvé ce que tu viens de dire, si tu ne m'as pas désigné un à un tous les meurtriers.

— J'y compte, fit Pontis avec un dédain superbe. Mais si j'ai prouvé, que ferez-vous des têtes des autres ?... Ah ! sire, prenez-y garde ! il s'agit de venger votre père. Si vous reculez, lequel de vous ou de moi sera le lâche et le sacrilége ?

— Les têtes coupables tomberont ! dit le roi, effrayant de volonté comme de pâleur.

— Votre parole ! demanda Pontis, dont les yeux, errrant pour chercher une croix dans la chambre, s'arrêtèrent sur le portrait d'Henri IV, peint par Porbus.

Louis comprit l'intention et le regard. Il étendit la main vers cette image sacrée.

— Bien. Tous seront punis ! dit tout bas Pontis. Ne baissez pas encore la main, sire. Quels qu'ils soient, n'est-ce pas ?... Tous ?...

— Tous ceux que tu convaincras ! repartit le roi la main raidie avec un tremblement menaçant.

Anne courut à son époux, et le serra dans ses bras avec transport.

— Eh bien ! sire, dit Pontis, il n'y a pas de temps à perdre. Mon neveu est en prison, et je ne veux pas qu'on me le tue. Qu'ordonne Votre Majesté ?

— C'est à vous de disposer, monsieur.

— Je n'ai qu'un seul moyen d'arriver aux preuves, dit le chevalier méditant. Il est sûr, mais il est difficile, et puis conviendra-t-il à Votre Majesté ?

— Tout me conviendra, pourvu que j'aie cette preuve.

— Même, interrompit Pontis, s'il vous fallait me suivre seul, la nuit, dans quelque réduit sombre, dans un endroit capable d'inspirer de la défiance au plus insignifiant traînard de vos armées ?

Le roi le regarda fixement.

— Seul ! pourquoi seul ? dit-il.

— Parce que, répliqua solennellement Pontis, je dois vous faire entendre ce qui ne peut être entendu que de vous seul. Oui, vous assisterez à une scène terrible, fils d'Henri IV et de Marie de Médicis ! Si votre âme n'est pas de marbre, ne venez pas !

— J'irai, dit le jeune roi sans frisson ni jactance. Le lieu du rendez-vous ?

— Près des Célestins, rue du Petit-Musc.

— L'heure ?

— Huit heures, s'il plaît à Votre Majesté.

— Maintenant il importe que personne ne vous voie sortir, dit vivement la reine à Pontis. Venez !

Pontis s'inclina devant le roi et suivit Anne d'Autriche.

— La reine vient de se trouver mal, dit Louis XIII en repassant par la galerie ; qu'on dételle ses chevaux ! elle ne partira pour Amboise que demain.

XLIV

LE PASSAGE DE MARBRE.

Il y avait, rue du Petit-Musc, attenant à l'enclos immense des Célestins, entre leur jardin même et la rue de la Cerisaie, une petite maison que personne ne remarquait, et qui paraissait être une dépendance du couvent.

Vieillie, lézardée, négligée, elle se laissait envahir peu à peu par les grands arbres ses voisins, qui, d'année en année, la repoussaient, la tournaient, et, allongeant hors du mur jusque sur elle leurs rameaux égoïstes, lui confisquaient une partie de son soleil, et menaçaient de la masquer complétement.

Il faut croire que ces arbres, pour en user avec tant de sans-façon, n'étaient contrariés par personne. Les fenêtres en s'ouvrant eussent réclamé : elles ne réclamaient pas, par la raison qu'elles ne s'ouvraient jamais. En effet, on disait la maison inhabitée. Son maître, un officier toujours occupé en province, ne l'avait pas visitée depuis cinq ans. Portes closes, volets barrés, cette façade blafarde et morne dormait comme le visage d'une momie. C'était un voisinage dont s'accommodaient à merveille les Célestins, religieux paisibles et travailleurs, vrais disciples de saint Benoît.

Cependant, vers la fin du jour où Pontis était rentré à Paris, un homme, d'une tournure militaire, le chapeau sur les yeux, arriva sur le quai, se glissa dans la rue du Petit-Musc, longea le couvent ; et, après s'être assuré que nul ne passait, il tira une clef, l'introduisit dans la serrure de cette maison abandonnée, et s'aidant d'un vigoureux coup d'épaule, acheva de décider la porte, que le temps et la moisissure avaient comme calfeutrée dans son châssis.

Une fois entré, il ne donna plus signe de vie et tout redevint, comme auparavant, désert et silencieux. Pourtant, un observateur attentif eût pu remarquer qu'une des deux fenêtres du rez-de-chaussée avait l'un de ses volets un peu moins hermétiquement fermé qu'à l'ordinaire. Ce fut la seule trace manifeste de l'arrivée dans la maison de ce mystérieux personnage.

Aux approches de huit heures, le volet s'ouvrit un peu plus, et lorsqu'à l'extrémité de la rue, en face des Célestins, parut un homme, jeune de tournure, caché plutôt que couvert de son manteau, dont le pas ferme dissimulait mal sa légèreté aristocratique, alors le volet se ferma et la porte s'ouvrit à son tour, de sorte qu'au moment où le nouveau venu arrivait en face de la maison abandonnée, l'hôte singulier de cette maison n'eut qu'à se montrer sur le seuil et dit :

— Sire, c'est ici, entrez.

Le jeune homme leva la tête écarta son

manteau par un mouvement de l'épaule gauche, et ayant ainsi dégagé la poignée de son épée, il gravit un perron de pierre et entra dans la maison.

Tandis que le roi — car c'était bien lui — examinait en silence chaque objet, chaque détour, à la lueur d'une lampe cachée dans l'âtre, Pontis lui demanda s'il était venu seul.

— Telle a été ma volonté, répliqua le jeune prince. Je n'ai rien dit à personne. On me croit couché, au Louvre. Je me suis relevé, habillé seul, et comme je suis sorti par la cour des écuries, nul ne peut soupçonner que je sois dehors. Seulement, tantôt j'ai aperçu Luynes à son poste ordinaire près de mon cabinet. S'il est revenu, malgré le danger, c'est pour quelque chose, c'est pour m'être utile, et je ne répondrais pas, le sachant si dévoué, si intelligent, qu'il ne m'eût épié, vu sortir et peut-être suivi.

— Il y a, en effet, trois hommes arrêtés au bout de la rue du Petit-Musc, répondit Pontis. Il nous importe de les connaître, ils peuvent me gêner beaucoup. Tenez, sire, voyez par la fente du volet. Ils s'avancent dans la rue... Quel air effaré !... Ils approchent, ils cherchent la trace de Votre Majesté.

— Pauvre Luynes ! si c'est lui, murmura le roi, quelle doit être son inquiétude de m'avoir vu ainsi disparaître ! Eh oui, c'est lui avec ses frères.

Pontis crut démêler dans ces paroles un vague désir. Louis eût aimé sans doute à tenir près de lui trois bonnes épées.

L'un des jeunes gens vint, comme un limier sur une piste, coller son visage à la fente du volet.

— Pardieu ! monsieur de Luynes, lui dit Pontis, qui regardait de l'autre côté, voilà une grave imprudence. Allons, puisque vous voulez entrer, entrez.

Cette voix soudaine, imprévue comme un coup de feu, faillit renverser Luynes.

— M. de Pontis ! dit Cadenet stupéfait.

Pontis alla leur ouvrir la porte.

— Vous les appelez ? dit le roi, enchanté au fond du cœur.

— J'aime mieux les avoir ici que dans la rue, répliqua Pontis. Eh quoi, messieurs, ajouta-t-il en introduisant les jeunes gens, vous êtes assez fous pour rôder par ici à pareille heure, à cent pas de chez la Vienne ! Malheureux ! vous ne savez pas le mal que vous pouviez me faire si quelqu'un de ceux que j'attends vous eût rencontrés en ce quartier.

— Mais où peut être le roi ! murmura Luynes.

— C'est bon ! me voici, dit le jeune prince du fond des ténèbres.

— Et puisque vous savez que Sa Majesté ne risque plus rien, ajouta Pontis, tenez-vous ici tous trois, muets, immobiles. Attendez mon retour, et n'ouvrez plus cette porte, même si l'on vous menaçait du canon.

Il rejoignit alors le roi, prit la lampe et disparut avec le jeune prince dans une salle voisine.

— Où sommes-nous, et que faisons-nous ? demanda Louis, à qui le renfort de ses amis avait rendu plus que de la confiance.

— Sire, répliqua Pontis, la maison où vous êtes faisait partie autrefois du palais qu'un de mes amis, un jeune seigneur vénitien, avait fait construire, en 1598, sur ce grand espace compris entre l'Arsenal et la maison de monsieur Zamet. Ce seigneur mourut d'une mort prématurée. Le palais ne survécut pas au maître ; il fut rasé, effacé par les serviteurs de ce noble seigneur. Mais son intendant voulait, sur l'emplacement, faire bâtir une chapelle, et la maison où vous venez d'entrer eût été le logement du chapelain. Sire, il se passa alors quelque chose d'inique. Madame de Verneuil extorqua au roi votre père le don de cette immense terrain. Elle y fit construire la maison du baigneur, qu'elle afferma à la Vienne, et de plus, certain pavillon où elle donne ses rendez-vous de plaisir. Seulement dans sa précipitation de s'approprier la dépouille d'un ennemi, — le seigneur mort était son ennemi, Sire, ou plutôt elle était l'ennemie de ce seigneur, — dans sa hâte, dis-je, de faire construire un repaire pour ses débauches, sur les ruines mêmes du palais exécré, elle oublia la maison où nous sommes, et l'intendant me la donna; Dieu permet toujours que les méchants oublient de balayer un grain de sable qui avec le temps devient roche et les écrase.

— Qu'y a-t-il donc en cette maison de si menaçant pour la marquise? demanda le roi.

— Des mots ne vous apprendraient rien, Sire, dit Pontis. Quelques pas et quelques regards vont vous instruire. Votre Majesté consent-elle à me suivre?

— Partout, répondit le jeune roi.

Pontis prit sa lampe, descendit plusieurs marches comme pour aller trouver un caveau; puis, ayant ouvert une porte de chêne massif qu'il referma derrière lui, il s'engagea dans un long corridor souterrain sablé de sable fin, et dont les murailles, polies comme du stuc, reflétaient la lueur de la lampe.

— Nous traversons en ce moment la rue de la Cerisaie, dit Pontis au roi étonné. Nous sommes sous la rue elle-même.

Plus loin, le corridor prit une pente assez douce; il était dallé en marbre. Les parois en granit scintillaient au passage de la lumière, qui caressait leurs diaprures micacées.

— Où sommes-nous, maintenant? dit le roi.

— Sous le jardin de la Vienne. Nous touchons au pavillon de madame de Verneuil. Ce passage, sire, était destiné par l'architecte de mon ami à favoriser une fuite en un cas de danger pressant. On gagnait ainsi la rue du Petit-Musc par la maison que vous connaissez. Le trésor du jeune seigneur était, à ce qu'il paraît, déposé au bout de cette galerie. Je ne l'ai su que plus tard. En bâtissant son pavillon, madame de Verneuil se servit des fondations de l'ancien palais, et négligea de poursuivre les fouilles qui lui eussent fait connaître l'existence de cette galerie. Sensuelle et avare, elle voulait jouir vite et à bon marché. Son pavillon fut terminé en deux mois. Vous en voyez devant vous le mur séparatif, au-dessus des huit marches de marbre dont votre pied touche la première.

— En sorte, ajouta le roi, que cet endroit du mur communiquerait, si on le perçait...

— Avec le salon même de madame la marquise... Attendez, sire, je n'en ai pas fini avec les singularités de ce voisinage. Vous plaît-il d'examiner la pierre dont la muraille est faite, une belle pierre nacrée et fine comme de l'agate? C'est une sorte de lave volcanique indienne, solide et presque aussi pesante que la pierre ordinaire; mais, en de certains endroits, elle est tellement poreuse et perméable qu'elle laisse filtrer la lumière, et par conséquent le son. Il y avait dans l'ancien palais huit de ces pierres rares, destinées au tombeau du maître. Les manouvriers qui les ont ramassées dans les décombres, sans connaître leur valeur, en ont placé deux ici, par hasard. Votre Majesté appréciera tout à l'heure les effets de ce hasard providentiel. Ces pierres, qui devaient servir de tombeau à mon malheureux ami, vont ruiner aujourd'hui peut-être l'abominable créature qui l'a poussé dans la tombe à force de crimes.

Louis promenait autour de lui un regard surpris. Il lui semblait assister aux scènes d'un monde surnaturel.

— Rentrons, s'il vous plaît, sire, dans la vie, dit gravement Pontis, l'heure approche. Il faut que Votre Majesté comprenne enfin le but et la valeur de ma mission. Il faut qu'elle prenne confiance dans le révélateur pour accueillir convenablement la solennelle révélation qui va être faite. Et d'abord, sire, cherchez dans vos souvenirs. Permettez-moi de vous interroger... Le jour de la mort de votre glorieux père, au moment fatal, lorsqu'il fut arrêté rue de la Féronnerie, n'avez-vous pas entendu parler quelquefois de ce que faisait au Louvre la reine votre mère?

— Mille fois, répliqua le roi. Ma mère l'a dit elle-même, soit à moi, soit à d'autres personnes. Elle était dans sa chambre, écrivant une lettre.

— A qui?... Pardon, sire, je dois vous adresser cette question.

— A son frère, le grand-duc.

— Et cette lettre, sire?...

— Cette lettre, m'a dit la reine, s'est trouvée égarée, dans le désordre où l'affreuse

— Je t'ai déjà dit de ne pas faire un geste. — Page 790.

nouvelle plongea tout le palais. Cette lettre inachevée disparut, et jamais nul n'a su ce qu'elle était devenue, bien que personne, assurait ma mère, n'eût pénétré alors dans sa chambre.

Pontis écouta religieusement ces détails.

— La mémoire de Votre Majesté, dit-il, est fidèle.

Il tira de son pourpoint une enveloppe épaisse, cachetée, qu'il déposa entre les mains du roi.

— Veuillez ouvrir, dit-il, sire.

Et il éclaira de sa lampe.

Le roi brisa le sceau et tira de l'enveloppe une double feuille qu'il parcourut avec stupeur.

— L'écriture de ma mère, murmura-t-il, une lettre commencée...

— La date, s'il vous plaît, sire ?

— Elle y est... 14 mai 1610... Fratello, carissimo... C'est la lettre même dont nous parlions !

— Oui, sire.

— Comment est-elle entre vos mains ?

— C'est ce que vous allez apprendre dans un moment, en approchant l'oreille de cette muraille. Il me semble qu'il est temps, car on distingue comme des voix dans le salon de la marquise.

— Oui, fit le roi.

— Ces voix, glissa Pontis à l'oreille du jeune prince, ne vous sont-elles pas familières ?

— Il me semble que oui, dit plus bas encore Louis XIII. L'accent gascon de d'Espernon ?

— Oui, sire.

— Et l'accent espagnol du comte Siete-Iglesias ?

— Vous entendrez tout à l'heure la voix de la marquise, sire, et celle de monsieur le maréchal d'Ancre, reconnaissable aussi, n'est-ce pas ?

— Je les entends ! je les entends !

— Eh bien ! sire, dit Pontis se relevant avec noblesse, à côté de ces quatre voix vous allez en entendre une cinquième, celle d'un homme qui se dévoue pour votre salut, pour votre honneur et pour la vengeance de son maître. Sire, le moment est venu, armez-vous de courage, éteignez le battement de votre cœur pour qu'il ne couvre point ces voix, que l'effroi, la colère, vont bien altérer tout à l'heure. Vous voilà juge. Ce degré de marbre est votre tribunal, et je vais faire comparaître quatre grands coupables devant votre suprême justice. Écoutez, sire, écoutez !

En disant ces mots, Pontis posa la lampe sur la dernière marche de l'escalier. Il jeta son manteau comme un tapis pour le roi, assura deux pistolets dans sa ceinture, prit son épée dans la main gauche et s'enfuit à grands pas, laissant le jeune prince, tout vêtu de noir, assis sur cette estrade de marbre et penché vers la muraille, où la lampe estompait son ombre gigantesque.

***

Le roi ne s'était pas trompé : c'étaient bien les quatre inséparables qu'il venait d'entendre chez la marquise. Exacts au rendez-vous qu'un avis imprévu leur avait assigné, tous étaient venus à peu de minutes de distance.

D'Espernon et l'Espagnol, arrivés les premiers ensemble, supposaient qu'ils avaient été convoqués par la marquise.

— Rien de plus naturel, dit Siete-Iglesias, je m'y attendais. La journée d'aujourd'hui a été si singulière... — Le départ de la reine suspendu par une indisposition au moins équivoque, ce grand festin contremandé, l'absence du roi, que personne n'a pu voir, pas même la régente, à qui il a fait refuser sa porte !... Tout cela cache quelque chose, et la marquise ou le maréchal a prudemment agi en nous convoquant ce soir.

Il parlait encore lorsque le maréchal entra. Concino fut bien surpris quand Iglesias et d'Espernon lui affirmèrent qu'ils n'étaient pas les auteurs de la convocation. Tous trois, alors, l'attribuèrent à la marquise.

Mais celle-ci, qui entra presque au même moment, les détrompa bien vite, car elle débuta par les féliciter de l'idée qu'ils avaient eue de se réunir, vu l'importance des événements.

C'est alors que la scène commença à devenir intéressante. Cette convocation, personne ne l'avait faite, et tous quatre avaient été convoqués.

Tous avaient reçu à leur domicile l'invitation convenue dans la forme ordinaire, c'est-à-dire l'heure de la réunion, un chiffre inscrit purement et simplement sur une feuille de papier. C'était le mode de convocation convenu depuis longtemps entre les associés comme le moins compromettant, le plus sûr, le plus clair, attendu qu'on n'a besoin que de connaître l'heure quand on sait invariablement le lieu du rendez-vous.

— Savez-vous que voilà une bizarre aventure ? dit la marquise.

— Une mystification, dit Iglesias en haussant les épaules.

— Il faudrait consulter vos souvenirs, madame, interrompit le maréchal d'assez mauvaise humeur : n'avez-vous jamais confié la formule de nos convocations ?...

— A qui ? dit fièrement la marquise.

— Madame n'est pas indiscrète, se hâta de répondre Iglesias, à qui ce secours valut un regard bienveillant.

— Cependant, dit d'Espernon également troublé, ces billets ne sont pas venus tout seuls, et s'ils n'ont été envoyés par aucun de nous, il y a donc une cinquième personne dans la confidence ?

Un silence de perplexité, sinon d'inquiétude, accueillit ce raisonnement qui ne manquait pas de logique.

— Si ce n'est qu'une mystification, reprit la marquise, je vois mal le but du mystificateur. On aurait surpris, de manière ou d'autre, notre mode de convocation, soit ; c'est assez vraisemblable. Nous voilà réunis, bien. Mais qu'espère-t-on induire de notre réunion ? Il n'y a parmi nous ni intrigues d'amour à surprendre, ni, si nous le voulons, d'intrigues d'un autre genre. N'entre pas ici qui veut, et pour peu que nous nous mettions sur nos gardes... le mystificateur sera mystifié.

— N'importe, dit Iglesias, j'aimerais assez à savoir d'où vient le coup. Questionnons la Vienne. Je l'appelle.

— Et assurons-nous des environs, interrompit d'Espernon, tandis que Concino s'approchait de la fenêtre.

Comme le duc parlait et se dirigeait vers la porte voisine, cette porte s'ouvrit.

— Voilà la Vienne probablement, dit la marquise sans se retourner.

Mais ce ne fut pas la Vienne qui entra. A la place de sa figure large et placide, ce fut un visage sévère, aux traits mâles, au front d'airain, ce fut un homme armé du talon aux yeux. Ce fut Pontis.

A sa vue un triple cri retentit dans le salon, la marquise tourna la tête et resta muette, béante en présence de cette statue plantée sur le seuil et dont le coup d'œil perçant faisait face à quatre regards à la fois.

— Qui êtes-vous ? que voulez-vous ? demanda Iglesias, le plus hardi, le premier.

— La Vienne !... cria le maréchal.

— N'appelez personne, personne ne viendra, dit froidement Pontis, je suis entré par la fenêtre et j'ai fermé les verrous des portes. Ne remuez pas non plus, ni les uns ni les autres, car au premier geste que vous feriez, vous, messieurs, pour aller à vos épées, vous, madame, pour donner quelque ordre, je croirais que vous m'êtes hostiles, à moi qui viens vers vous dans des dispositions tout amicales, et alors, ma foi, madame et messieurs, la peur me ferait commettre quelque maladresse, je serais capable de vous tuer tous pour vous empêcher de me faire du tort.

Après ces mots, soutenus par la menace de cet arsenal qu'il portait à sa ceinture, Pontis prit un air presque gracieux et fit signe aux quatre qu'il désirait les voir s'asseoir.

Trois obéirent. L'Espagnol voulut braver un moment et dessina un geste assez résolu.

Pontis mit le pistolet à la main et lui dit d'un ton bref :

— Ne jouez pas avec mes paroles. Si vous n'êtes pas assis dans cinq secondes, je vous casse la tête.

— Asseyez-vous, murmura la marquise palpitante, froide, en saisissant le comte par le bras pour le faire plier. Asseyez-vous, vous dis-je ; c'est M. de Pontis !

L'Espagnol céda ; il s'assit.

— Qu'est-ce donc que M. de Pontis ? dit-il dédaigneusement ; un coupeur de bourses ?

— Madame me connaît parfaitement, répliqua le chevalier ; mais il est possible que vous ne me connaissiez pas, vous autres. Je vais me faire connaître.

— Vous commencerez par nous dire ce que vous espérez de ce guet-apens, dit le comte.

— Ne vous effrayez pas, répliqua Pontis, et surtout ne me jugez pas trop mal. Ce que je fais en ce moment peut, si vous êtes maniables, tourner à un dénoûment comique. Ce sera un tour de page. Mais si vous vous révoltez, gare les conséquences !

— Mais c'est un fou ! dit l'Espagnol à la marquise.

— Un terrible ! répondit-elle, plus pâle à

mesure que Pontis paraissait plus tranquille.

Siete-Iglesias baissa la tête et se mit à chercher un expédient; le maréchal et d'Espernon se consultaient du regard, chacun d'eux croyant à une trahison de l'autre.

— Eh bien! que voulez-vous de nous, monsieur? dit la marquise, car c'est vous qui nous avez envoyé ces billets de convocation, je pense...

— Moi-même, répondit Pontis.

La marquise tressaillit si visiblement, que le frisson se communiqua aux autres conviés. Un mystificateur de cette mine, de ce nom et de cette envergure n'était pas celui qu'ils eussent choisi si on leur eût laissé le choix.

Pontis sentit bientôt qu'il dominait son auditoire sinon encore par la terreur, du moins par une immense curiosité. Il haussa la voix pour établir un diapason capable d'aller sûrement jusqu'à l'oreille invisible à laquelle toute la scène devait aboutir.

— Vous allez juger, dit-il, madame, et vous, messieurs, si l'idée que je viens d'avoir a été bonne pour moi. Elle est, pour vous, inoffensive au fond et presque salutaire si vous ne vous arrêtez pas trop à la surface.

Je suis un officier, qui compte déjà quelque vingt ans de services, de services pénibles, j'ai versé mon sang une douzaine de fois. On s'accorde à dire que j'ai fait convenablement mon devoir, et voilà M. d'Espernon, le colonel général de l'infanterie, qui se souvient, j'en répondrais, que mon nom a quelque réputation dans l'armée. Eh bien, je n'en suis pas plus avancé; mon gouvernement de Grenoble ne me fait pas vivre. On ne me paye ni solde ni pension, et comme je venais réclamer à Paris, on m'a donné en aumône une vingtaine de pistoles.

C'était ce matin, cela. Justement, Paris était encore tout bouleversé. On n'y parlait que du dernier million que la régente a pris hier dans la Bastille. On ne nommait pas sans envie, je dirai même sans colère, les heureux à qui Marie de Médicis a partagé ce dernier million. Le dernier!... plus rien dans les coffres... Comment payera-t-on les troupes, et moi-même? me suis-je dit. Chacun en eût dit autant, n'est-ce pas?

Une parfaite impassibilité de l'auditoire prouva surabondamment à Pontis que quatre personnes en France étaient d'un avis opposé.

— Ah! je comprends, reprit-il, vous ne pouvez penser comme moi, puisque vous êtes les quatre privilégiés entre lesquels ce million a été partagé, puisque c'est vous que désigne l'animadversion populaire, impopularité que vous bravez parfaitement, je le sais, et qui vous fait rire, car vous êtes très-courageux et pas Français.

Mais, cependant, écoutez un peu le raisonnement de ce peuple :

Quoi! dit-il, voilà des gens déjà riches à millions, à qui l'on distribue notre argent, et ils n'ont rien fait pour le gagner! Ah! pardon! c'est le raisonnement de la multitude. Pardieu, je sais bien, moi, que vous avez fait quelque chose, et je sais surtout ce que vous avez fait; mais nous traiterons ce chapitre tout à l'heure. Qu'il vous suffise de savoir que ces réflexions du peuple m'ont frappé et que je me suis dit : — Voilà quatre personnes trop riches; moi, je suis trop pauvre. J'irai leur demander une petite part de leur bien; elles me l'accorderont, et nous vivrons les meilleurs amis du monde.

Pontis s'arrêta, son exorde était terminé. Il s'arrêta d'abord pour cela; ensuite parce qu'il fut interrompu par des ricanements et une sorte de huée.

Madame de Verneuil seule ne rit pas. Elle connaissait l'orateur.

— Ce n'est qu'une spéculation, dit M. d'Espernon, rassuré, à ses amis.

— Voyons, monsieur l'officier, dit le maréchal, vous avez donc besoin d'argent? C'est une mauvaise façon d'obtenir que de se présenter avec tant de fracas. C'est le procédé des larrons, convenez-en. Ne valait-il pas mieux m'adresser une requête chez moi? Je suis charitable, aumônier, je vous assure.

— Et, continua Iglesias, la peur que nous avons de vos pistolets n'est pas telle et ne sera pas tellement durable que votre fortune soit assurée après l'entretien que vous nous forcez d'avoir avec vous. Car enfin, admettez que nous vous refusions, que ferez-vous? Nous tuerez-vous pour cela tous quatre? Ce ne serait pas raisonnable.

Pontis écouta tranquillement injures et sarcasmes.

— Vous ne me refuserez pas, répliqua-t-il, et voilà précisément le beau côté de la démarche que j'ai faite : c'est qu'elle est faite à coup sûr.

— Je crois qu'il retombe dans sa folie, dit le comte.

— Je dis que vous ne me refuserez pas, et je le prouve, ajouta Pontis ; car ce que j'ai à vous demander, si considérable que puisse être la somme, ne sera pour vous qu'un fétu en comparaison du tort qui résulterait pour Vos Seigneuries d'un refus, refus impossible.

— Eh bien, répliqua d'Espernon, chez lequel la vanterie gasconne venait de reprendre le dessus, je serais curieux de savoir comment vous vous y prendrez pour me convaincre.

— Vous l'allez voir tout de suite, dit Pontis froidement.

Et il fit un pas vers le duc.

— Je vous dirai, continua-t-il : monsieur, la part que je réclame dans ce million n'est pas plus à vous qu'à moi. Elle est plus à moi qu'à vous, car c'est un argent amassé par votre ancien maître, le roi Henri IV, et vous savez parfaitement que s'il ressuscitait, il ne vous donnerait pas cet argent.

— Et pourquoi, je vous prie? dit le duc, frappé au milieu de son insolence par le regard profond et fixe de son interlocuteur.

— Parce que si le feu roi sortait de sa tombe, monsieur le duc, il se souviendrait que c'est vous, gouverneur de Guienne, qui avez dressé, armé et envoyé à Paris François Ravaillac !

— Monsieur ! s'écria d'Espernon rougissant et prêt à bondir.

— Vous, continua Pontis, qui l'aviez d'abord envoyé à Naples pour y être confirmé dans le crime; vous, qui avez payé le voyage et fixé le jour de l'assassinat; vous enfin, qui, dans le carrosse, côte à côte avec ce pauvre roi, l'occupiez à vous entendre pour qu'il ne se retournât pas tandis que Ravaillac le frappait.

Une explosion de la noble assemblée couvrit la voix de l'accusateur.

— Oh ! dit le duc avec menace, misérable imposteur !

— Vous savez, interrompit Pontis, qu'au premier mouvement des uns ou des autres, j'en couche deux sur ce parquet, M. d'Espernon et M. le comte, et je crois, sans vanité, que j'aurai raison avec ma seule épée de M. le maréchal de France. Silence donc ! et poursuivons.

La marquise s'agitait comme une vipère à qui l'homme tient le pied sur la tête.

— J'abrégerai vos incertitudes, madame, dit Pontis. Vous serez, d'ailleurs, la moins récalcitrante avec moi. Nous nous connaissons depuis si longtemps !... tant de sang, tant de larmes coulent entre nous deux ! Mais si vous m'accordez ce que je demande, ce ne sera ni pour me faire oublier l'ami que je pleure encore et que vous m'avez fait tuer, — remords de toute ma vie ! — ni pour m'empêcher de dire à M. de Vendôme le nom de l'assassin de Gabrielle sa mère, tout cela est trop loin !... Non, je ferai appel à de plus récents souvenirs, et vous me direz si je n'ai pas droit à votre munificence pour n'avoir pas révélé encore ce que je sais de vos privautés avec Ravaillac, du logement que vous lui payiez chez la Vienne, des bons repas que vous lui faisiez faire pour fortifier son cœur et son bras... Ne m'interrompez pas, je vous prie, car j'ai à citer les dates des rendez-vous que vous lui donnâtes, vous et M. d'Espernon, dans le jardin qui est au bas de ces fenêtres.

— Monsieur ! monsieur ! balbutia la marquise livide, qui se serra éperdue contre Siete-Iglesias.

Celui-ci se leva les poings fermés, l'œil étincelant.

— Ah! dit sourdement Pontis, vous me devinez, vous, comte de Siete-Iglesias; c'est votre génie de deviner. Vous cherchez à me mordre, à me déchirer, inutile. Laissez-moi mon sang, je vous laisse le vôtre!... Et pourtant fut-il jamais un pareil monstre d'audace et de perversité? Oh! je flatte votre orgueil. Excusez-moi, j'ai besoin de vous... Et c'est parce qu'il me faut une part de votre butin, que je vous dis : Tu es celui que l'Espagne, incendiaire et empoisonneuse, a vomi sur cette terre de France, comme un volcan jette le soufre, comme un serpent darde le venin. Tu vins chez nous avec ton éternel sourire, avec ton regard aigu et sûr, choisir la place sensible, l'endroit mortel où l'Espagne pourrait frapper sa rivale. Tu as trouvé que c'était au cœur du roi. C'est toi qui le quatorze mai, déguisé en charretier de Beauce... Ah! tu rugis... tu comprends. C'est toi qui conduisais le chariot de foin qui a barré le passage au carrosse d'Henri IV... Et tandis que ce chariot en travers obstruait toute la rue, tu regardais, tu voyais l'assassin monter sur la roue du carrosse, tu le voyais frapper, tu observais s'il frappait bien au cœur. Je t'ai déjà dit de ne pas faire un geste, comte de Siete-Iglesias, ou je t'abats à mes pieds.

Un silence effrayant comme celui de la nuit éternelle succéda dans le salon à ces terribles attaques de Pontis.

La scène avait changé. Une consternation sans bornes courbait deux de ces têtes. La troisième essayait de ressaisir ses idées dispersées sous un pareil coup de massue.

— Ce n'est, reprit Pontis avec un violent effort pour déguiser sa pensée loyale, ce n'est ni pour vous perdre ni pour vous torturer que je viens de rappeler ces noirs souvenirs; vous m'en avez défié; vous l'avez voulu. Vous ne supposiez pas qu'après tant de combinaisons heureuses pour vous délivrer de ceux qui ont su partiellement votre secret à tous, il restât un homme en qui vivaient tous les tronçons de ce secret terrible; vous êtes désabusés. Cet homme est là, cet homme a les preuves, et Dieu lui a donné la force, même sans preuves, de vous convaincre et de vous faire crier grâce!

Ici le maréchal leva sa tête anxieuse et marbrée par la peur. Il avait vu passer l'orage au-dessus de lui sans se sentir touché, il croyait le nuage déjà loin.

— J'ignore, dit-il, ce que ces messieurs auraient à vous répondre, monsieur de Pontis, bien que je ne doute pas qu'ils ne puissent répondre victorieusement; mais, moi, vous m'avez fait venir, ma présence est déjà une accusation. Que me reprocheriez-vous? quel genre de preuves fourniriez-vous contre moi?

— Oh!... vous! répliqua Pontis avec un accent de triomphe qui alla vibrer jusqu'aux murs du salon immense, c'est vous qui m'interpellez!... Quelle faute!... Ce que je sais de vous, monsieur le maréchal, est si grave, si triste; je le sais avec des détails si douloureux, que je voudrais, Dieu m'en est témoin, que, pour l'honneur de la race humaine, pas une créature, pas une, ne pût entendre ce que vous me forcez à vous dire!

Les assistants s'oublièrent un moment eux-mêmes pour donner toute leur attention au nouvel accusé traduit à la barre.

— Tenez, dit brusquement Pontis, dont les yeux se voilèrent, épargnez-moi l'horreur de ce récit, faites-vous justice, suppliez-moi de ne rien dire; je recule au moment de parler, je ne savais pas que ce serait aussi affreux. Priez-moi de me taire, je me tairai.

— Eh bien, moi, dit le maréchal, moi qui connais ma conscience et ma vie, mieux que vous, j'imagine; moi qui sais que nul regard ne peut se vanter de m'avoir surpris en faute, je vous mets au défi d'articuler autre chose que ces stupides clabauderies dont la populace parisienne m'assourdit tous les jours, et auxquelles j'ai accoutumé mon oreille comme on s'habitue aux bruits de la marée montante.

— J'accepte, répondit Pontis d'une voix brève, avec un geste de résolution décisive.

En 1610, le roi Henri IV conçut quelques soupçons sur les intrigues, politiques assurément et non autres, que menait la reine son épouse. Ces menées le gênaient fort au moment d'une lourde guerre qu'il méditait. Après le sacre de la reine, il allait partir pour commander ses armées : devait-il laisser derrière lui, en ses États, en son palais même un libre accès à la trahison ? Partout on l'avertissait de prendre garde. La reine, lui disait-on, écrit secrètement aux princes de l'Europe, aux ennemis, et, dans la crainte de la guerre, elle fait partie d'une coalition destinée à contraindre Henri IV à faire la paix.

Ce bon prince aimait sa femme. Trahi toute sa vie, il n'a jamais voulu croire à la trahison. Un jour, il se décida. Arriver aux preuves n'était pas chose facile. Henri ne voulait pas compromettre le repos de sa maison, ni, en cas d'innocence de la reine, l'avoir rendue suspecte injustement à ceux de ses amis qu'il aurait mis dans la confidence.

Voici ce qu'il imagina.

Ses gardes étaient des gentilshommes braves, comme tout soldat l'est en France, mais de plus, intelligents et dévoués. Il en était même quelques-uns parmi eux à qui le roi eût pu confier les affaires les plus délicates. Un, entre autres, eût donné mille vies pour lui.

Le roi avait besoin de savoir exactement tout ce que faisait la reine en son absence ; il fit donc venir ce garde, lui expliqua sa pensée et le cacha dans la chambre de la reine, sous le lit même de Sa Majesté.

Pontis fit une pause. Le maréchal devint plus blanc que le mouchoir avec lequel jusque-là il avait joué nonchalamment. Les regards de ses amis tombaient sur lui lourds comme des montagnes.

— Oh ! vous voudriez peut-être maintenant que je m'arrêtasse, dit Pontis. Mais j'ai commencé, il est trop tard ! je poursuis. Pendant trois jours le garde ne vit rien. Les apprêts du sacre, les triomphes de sa beauté, le soin de ses splendides parures paraissaient occuper seuls la nouvelle régente. Mais le quatrième jour — c'était le 14 mai, monsieur le maréchal — le roi sortit vers deux heures, après son dîner. Il sortit navré d'une tristesse incompréhensible, et le garde, à son poste d'observation, le vit embrasser à dix reprises, avec des soupirs et des larmes, ses enfants et la reine, qui recevait presque impatiemment ces déchirants adieux.

Le roi sortit. Il ne devait plus revoir sa maison. Quand la reine le sut hors du Louvre, elle renvoya les enfants qui jouaient bruyamment autour d'elle et faisaient grand'peur au garde, caché sous le lit. Car, si un de ces chers enfants, qui se baissaient et se roulaient à chaque minute, l'eût aperçu et signalé à leur mère, c'était fait de lui ! La reine, offensée, l'eût fait tuer sur place. Mais Dieu en disposa autrement.

Les enfants sortirent, Marie de Médicis resta seule. Longtemps elle se promena pensive, agitée, fiévreuse, puis elle se mit à sa table et commença une lettre, interrompue souvent par de soudains accès d'inquiétude, tantôt se soulevant pour regarder à la fenêtre, tantôt écoutant comme de vagues rumeurs. Il était quatre heures, l'heure même, l'heure précise à laquelle Ravaillac frappait, à laquelle votre cœur battait d'espoir, madame la marquise ; à laquelle, vous, monsieur d'Espernon, vous détourniez l'attention du roi ; à laquelle, vous, monsieur le comte, vous regardiez de loin adossé à votre charrette. Eh bien, à cette même heure, qui sonnait dans la chambre, bien avant qu'un oiseau eût eu le temps d'apporter la nouvelle, la porte d'un cabinet voisin s'ouvrit. Une tête d'homme s'y encadra, pâle, effarée, comme l'est en ce moment la vôtre, monsieur le maréchal, et cet homme, montrant du doigt l'horloge, jeta à voix basse à la reine ces deux mots italiens : *E ammazato !* Il est assassiné !

— Mensonge ! s'écria le maréchal, se dressant épouvanté et livide... Mensonge !

— Eh bien ! dit tranquillement Pontis, voilà que vous vous accusez vous-même ; car ces trois personnes sont témoins que je ne vous ai pas encore nommé.

Fut-ce un murmure des complices eux-mêmes, fut-ce un écho sinistre des derniers mots prononcés par Pontis, on entendit comme une plainte funèbre traverser le salon et passer dans l'air!

— Voilà un audacieux blasphème, bégaya le maréchal, au front duquel montait la sueur qui précède un évanouissement.

— Le garde, continua Pontis, ne cessa pas d'observer, bien que glacé d'horreur. Qui donc était assassiné? de qui parlait-on?... Pourquoi la reine était-elle si tremblante et si pâle?...; L'homme qui avait prononcé ces deux mots disparut. La reine, muette pendant plus d'un quart d'heure, et incapable d'assembler deux pensées, quitta enfin la chambre et s'enfuit. Alors le garde, pour obéir aux intentions du roi, alla sur la pointe du pied voir la lettre commencée par la reine. Il la lisait, lorsque les cris éclatèrent dans tout le Louvre : « Le roi est mort! le roi est mort! » On le rapportait sanglant, inanimé. Le malheureux garde comprit alors quel était celui dont on avait sitôt annoncé le meurtre, et, dans une inspiration envoyée par Dieu, il prit sur la table de la reine la lettre commencée, il la serra dans sa poitrine, supposant bien que cette lettre lui servirait un jour ! Eh bien, ce garde, c'est moi, monsieur le maréchal. J'ai la lettre commencée le 14 mai par la reine, et je vous demande si le récit que je viens de vous faire, appuyé sur cette lettre précieuse, ne vaut pas quelque morceau du million dans lequel vous avez mordu tous les quatre. Arrangez-vous entre vous, car je ne peux pas m'adresser à la reine-mère. Quelque chose me dit pourtant qu'elle payerait cette lettre-là bien cher !

Pontis avait achevé sa tâche. La consternation s'était changée autour de lui en anéantissement. Mais là commençait le danger. Ces élans si nobles, cette généreuse indignation auxquels il venait de se laisser entraîner, ses ennemis les attribueraient à une avidité sordide? Ne soupçonneraient-ils pas son dévouement? et alors tout était perdu. Des ennemis au désespoir sont capables de tout, et Pontis voulait vivre assez pour jouir de son triomphe, sauver Bernard et servir encore son maître.

Il calcula tout avec son coup d'œil infaillible.

Le grand capitaine est celui qui assure sa retraite après avoir assuré sa victoire. Ramenant donc les esprits encore flottants sur un point lumineux, c'est-à-dire sur une espérance de salut :

— Vous ferez bien de ne pas discuter avec moi, dit-il d'un ton plus doux, presque conciliant. J'hérite de M. de Harlay, j'hérite de mademoiselle de Coman, j'hérite du malhereux du Bourdet..., de tant d'autres ; payez-moi mon héritage... Le crime, il est oublié, nul n'y songe plus. Le roi l'ignore, qu'il l'ignore toujours! Pourquoi troubler sa quiétude et lui jeter au cœur des haines qu'il ne saurait ni n'oserait satisfaire? Vous êtes les puissants, vous êtes les invincibles, tout vous sourit, je ne me risquerai pas à vous heurter dans votre chemin. Si vous m'y forcez, ce sera une grosse faute. Vous me perdrez, mais vous aurez la chance d'être engloutis avec moi, car je me défendrai, c'est incontestable. Voici donc mes conditions...

Ici Pontis s'arrêta encore. Son cœur se révoltait devant les mots qui lui restaient à dire pour compléter son rôle ; mais l'impérieux besoin de vaincre lui donna la force d'aller jusqu'au bout.

— Allons, pensa-t-il, un dernier sacrifice ; il ne faut pas qu'ils soupçonnent le piège avant demain !

— Je veux, reprit-il, cent mille écus pour me taire et quitter la France. Je les veux, non pas tout de suite, car vous ne les avez pas là tout prêts, mais demain dans la matinée. Je serai au pont tournant du Louvre à huit heures, attendant celui de vous qui m'apportera la somme; à celui-là je remettrai la lettre de la reine et me voilà désarmé. Je n'aurai plus aucun intérêt à vous trahir. Mais si à huit heures, je ne vois personne, je traverse le pont du Louvre et vais tout raconter au roi. Il en sera ce qu'il en sera, mais j'ai de la peine à croire que le jeune prince, tout faible de cœur qu'on le dit, supporte patiemment mon récit, et je suis curieux de savoir ce qui arriverait s'il apprenait, par

Ainsi croulait cette fortune colossale. — Page 799.

exemple, que sa mère, votre confidente au 14 mai, monsieur le maréchal d'Ancre, vous a gardé près d'elle, comblé d'honneurs, et nommé maréchal de France... Tenez, cela ne me rapporterait certainement pas cent mille écus, mais vous n'en auriez de bénéfice ni les uns ni les autres. Ainsi, pas de dénégations, de protestations; je ne vous demande pas d'aveu, moi, peu m'importe, ma conviction est faite; dites-moi seulement si demain à huit heures quelqu'un de vous sera au pont tournant du Louvre avec la somme convenue.

Il y eut un moment solennel. Pontis s'arma de tout son sang-froid, de toute sa vigueur, pour ne pas laisser transparaître dans ses yeux la joie de ce premier triomphe — leur silence !

Les quatre s'entre-regardèrent, se comprirent. Il était évident pour tous qu'il fallait conjurer le premier péril, quitte à aviser après.

— Rien que la lettre de la reine, dit Concino, cette lettre seule, bien qu'elle ne prouve absolument rien, suffirait à compromettre notre illustre et innocente maîtresse : rien que cette lettre vaut plus de cent mille écus; apportez-la, vous recevrez cinq cent mille livres.

Pontis appuya une main sur son cœur pour

l'empêcher d'éclater. Il envoya un regard furtif à la muraille. Sa cause était gagnée.

— C'est dit, répliqua-t-il. A huit heures, au pont tournant.

— Vous y serez seul, dit Siete-Iglesias, c'est indispensable.

— Oh! tout seul, répondit Pontis, vous le verrez bien.

— Moi, dit Concino, je ne puis aller seul par les rues, j'ai toujours ma suite; mais qu'importe la suite?... nous n'avons pas à nous parler; il suffit de l'échange de cette lettre contre une obligation de cinq cent mille livres.

— Parfaitement. A huit heures, dit Pontis.

— Sonnant, repartit Concino.

Pontis alors comprit qu'il lui restait le plus difficile à faire, sortir. Il plongea ses yeux ardents jusqu'au fond des huit regards qui le guettaient et dessina sa retraite à reculons vers la porte par laquelle il était apparu. Nul ne remua. Iglesias seul laissa jaillir, comme un coup de pistolet, l'éclair de son œil fauve, un éclair ne tue pas, à plus forte raison un coup d'œil.

Pontis, en deux bonds, fut derrière la porte, qu'il ferma. Il traversa le palier d'un élan, s'élança par la fenêtre où il retrouva son échelle, renversa celle-ci dès qu'il fut en bas et disparut. Une fenêtre du salon s'était ouverte, les quatre conjurés s'y étaient précipités, espérant voir quel chemin leur ennemi prendrait dans les ténèbres.

Mais la nuit, complice de cette tardive vengeance, enveloppa dans ses voiles le soldat héroïque. Il échappa. Cinq minutes après il rentrait dans le corridor de marbre, où, de loin, il vit le jeune roi, encore prosterné, comme ces corps calcinés par la foudre qui demeurent entiers, effrayants dans l'attitude où les a pris la mort.

Au bruit du pas discret et presque chancelant de son serviteur, Louis se souleva, son visage portait l'empreinte ineffaçable d'un de ces désespoirs qui flétrissent à jamais un front, et dessèchent à jamais un cœur. Il parut à Pontis avoir grandi depuis cette absence d'une heure.

— Sire, lui dit le chevalier, j'ai tenu ma promesse. Vous savez maintenant pourquoi tous vos amis et les miens sont morts, et pourquoi moi-même je serai mort demain si mon prince ne défend ma vie.

— Monsieur, répliqua le roi d'une voix brève et sourde comme des coups de hache, vous coucherez ce soir au Louvre, dans ma chambre. On ne vous tuera pas à mes côtés, je pense, et demain... oh! demain, à huit heures, je serai roi!

Il essuya son front et ses joues brûlantes, où Pontis vit le sillon dévorant d'une larme, et, appuyant un doigt sur ses lèvres tandis que Pontis levait la lampe pour lui éclairer le chemin :

— Monsieur, murmura-t-il, que cela reste entre Dieu, moi et vous!...

Pontis se courba. Il se sentait devant le maître.

*
* *

Le roi retrouva ses gardiens dans le vestibule, prit le bras de Luynes, fit signe aux autres de le suivre, et la petite troupe rentra silencieusement au Louvre. Dix heures et demie sonnaient à Saint-Germain-l'Auxerrois.

— Mon Dieu! pensa Luynes, dans quelle fureur est le roi! Comme il tremble!

Louis évita la galerie où l'attendait la petite reine; il s'enferma chez lui et dit à Pontis :

— Je cherche un homme qui, demain, à huit heures et un quart, ait gagné en un seul coup d'épée son bâton de maréchal de France. Cet homme-là, le connaissez-vous?

— Prenez Vitry, sire, dit froidement Pontis.

Louis s'attendait sans doute à une autre réponse du chevalier. Il comprit le loyal soldat qui refusait de devenir assassin, et le regarda avec une sorte de respect.

— Amenez-moi sur l'heure le baron de Vitry, dit il à Luynes, et que personne ne bouge d'auprès de moi jusqu'à demain! Nous avons bien des choses à faire cette nuit.

XLV

LE PONT DU LOUVRE

Si la nuit fut bien employée au Louvre, elle ne fut pas perdue pour les conjurés.

Pontis une fois parti, le brouillard sembla se dissiper devant leurs yeux. Délivrés de cette obsession magnétique, secouant l'étourdissement que leur avait causé le dangereux révélateur, ils commencèrent à songer aux moyens de le paralyser ou de le détruire.

Siete-Iglesias, un flambeau à la main, avait essayé de reconnaître et de suivre ses traces. Elles aboutissaient au mur de la rue ; rien au delà.

La marquise, génie inspiré par le mal, affirma que Pontis ne venait pas chercher une somme d'argent.

Siete-Iglesias soutenait cet avis. Il ajoutait que la seule crainte d'une mort inévitable, ridicule, l'avait empêché de se jeter sur cet homme et de l'étouffer.

D'Espernon et le maréchal, fort troublés l'un et l'autre, étaient d'un avis contraire.

— Et d'abord, disaient-ils, s'il n'est pas venu nous demander de l'argent, qu'est-il venu faire ? Ou il poursuit une vengeance personnelle, et alors il a laissé échapper l'occasion, nous tenant tous quatre et pouvant nous tuer ; ou il agit pour quelqu'un, et, en ce cas, quels résultats a-t-il obtenus ? Il nous a accusés, c'est vrai. Nous n'avons pas nié, nous ne nous sommes pas défendus, c'est encore vrai, mais à quoi bon nous défendre ? devant qui ? Nul n'est caché ici. La maison est sûre. En nous attaquant avec cette violence, Pontis se satisfaisait peut-être lui-même, assurément il ne servait personne.

Ces hommes, on le voit, dans leurs calculs ne faisaient point la part de la Providence.

— Mais, répliquait le comte Siete-Iglesias, nous n'avons pas moins consenti une transaction avec cet accusateur. Une transaction, c'est un aveu.

— D'accord, dit le maréchal ; mais de nous à lui, de lui à nous. Quel danger résultera-t-il pour nous de cette transaction ? Elle ne saurait nous compromettre. Elle ne peut même être connue. Ou Pontis sera demain au pont tournant du Louvre, ou il n'y sera pas. Admettons qu'il y soit, et que j'y aille, n'est-ce pas mon habitude d'entrer tous les matins au Louvre par le pont tournant ? Un homme s'approchera de moi et me remettra un papier que je lirai. Ne lis-je pas chaque jour cent placets qu'on me présente ? Je lui donnerai une obligation ou un bon sur l'Épargne. Ne l'ai-je pas fait mille fois ? Reste la question de savoir si nous laisserons en repos le détenteur de ce billet, et si nous lui permettrons de toucher tranquillement les cinq cent mille livres. Délibérons à cet égard.

— Vous avez oublié, dit Siete-Iglesias, l'autre branche de votre dilemme. Si Pontis ne se trouve pas au pont tournant ?

— S'il a préféré aller chez le roi ? dit la marquise.

— A quoi bon serait-il venu ici, ce soir ? interrompit d'Espernon. Eût-il été adroit de nous prévenir ?

— Il y a plus, reprit le maréchal. Une dénonciation au roi n'est plus à craindre, du moment où nous sommes prévenus. D'ici à demain, cet homme n'entrera pas chez le roi, et à partir de demain, la régente aidant, le roi ne recevra personne sans notre contrôle. Croyez-le bien, Pontis a senti son côté faible. Nous tenons la bonne position. Il vous l'a dit, c'est un cri de vérité qui s'échappait de sa bouche. Il sent qu'il n'a que de l'argent à tirer de nous. Mon avis est que nous lui en donnions, ne fût-ce que pour ravoir la lettre. Après comme après.

La marquise revint à la charge avec opiniâtreté.

— Vous ne supposeriez pas, dit-elle, certaine coïncidence entre cette démarche de Pontis et le retard du voyage de la petite reine? Vous n'admettez pas que le coup puisse venir de là?

— Je me demande où est le coup, répondit Concino. Certes, si le roi eût été un homme énergique au lieu d'être un enfant poltron, si la force armée n'eût pas été tout entière dans les mains de la régente, peut-être eussions-nous eu sujet de craindre; mais en supposant même une intelligence entre la petite reine et ce Pontis, même l'initiation du roi au secret, même un complot de la jeune cour contre la nôtre, que voulez-vous qu'ils fassent, sans amis, sans soldats, sans argent, sans volonté? Qu'aurions-nous à redouter de ces deux ennemis? L'une s'en va quand nous la chassons, l'autre nous aide contre sa compagne!

— La petite reine n'est pas encore partie, dit Siete-Iglesias, et il ne faut pas beaucoup de temps à un poltron et à une femme poussée à bout pour tenter quelque grande aventure.

— Demain, répliqua le maréchal, malade ou non, Anne d'Autriche sortira du Louvre, et je donnerai au roi une garde de ma main.

— Demain, dit d'Espernon, j'aurai rassemblé tous mes colonels, tous les chefs de corps chez la régente, et nous verrons qui est le maître en France. D'ailleurs, que pourrions-nous faire? Nous enfuir, ce serait nous dénoncer.

— Fort bien, messieurs, répliqua l'Espagnol; mais ce Pontis, qu'en fera-t-on? fixons-nous à son sujet, je vous prie.

— Il me semble, dit la marquise avec un sang-froid féroce, qu'il nous a fixés lui-même en désignant le lieu du rendez-vous. Ne voyez-vous pas que cet homme, à qui vous donnez cinq cent mille livres aujourd'hui, en demandera demain le double, et le double encore après-demain, si tel est son caprice. Il vous a fait plier une fois, pourquoi ne recommencerait-il pas? N'oubliez pas si vite la peur que vous avez eue tout à l'heure!

— Oh! s'écria d'Espernon, les circonstances auront changé, et puis il ne nous surprendra plus.

— N'importe, madame a raison, dit Siete-Iglesias; même hors de France, cet homme nous gênera toujours et, d'ailleurs, il transmettra ce secret à d'autres sangsues plus dangereuses encore, en ce qu'elles seront plus affamées. Pourquoi n'en pas finir une bonne fois?

— Ce serait meilleur sans doute, dit le maréchal pensif... mais... quel moyen?...

— Ce n'est pas à une femme de conseiller en pareil cas des gens de guerre, répliqua la marquise.

— Oh! mon Dieu! interrompit d'Espernon, qui se crut interpellé, tandis qu'il s'en ira toucher son bon de l'Epargne, j'aposterai cinq gardes...

— Mettez en dix! s'écria la marquise, c'est un rude jouteur.

— Il aura prévu vos gardes, dit l'Espagnol, et il se sera ménagé du renfort, tandis qu'il ne joutera pas, j'en réponds, contre une balle du calibre de celles dont il nous menaçait tout à l'heure. Qu'il donne la lettre de la reine, la vraie lettre, vous vous en assurerez, monsieur le maréchal, et tandis que vous lui présenterez votre billet de l'Epargne, ayons quelqu'un qui lui loge la balle en question dans la tête. Après on s'expliquera.

— Eh bien, chargez-vous-en, dit le maréchal. Vous êtes précieux pour ces sortes d'expéditions.

— Soit, répliqua Iglesias en haussant les épaules.

Le conseil se sépara sur cette résolution. Il fut convenu que le lendemain on se rendrait chez la reine-mère à huit heures.

*
* *

Il arriva, ce lendemain qui devait trouver les deux partis en présence, comme deux armées qui combattent, non pour la victoire, mais pour le salut.

Au point du jour, Louis XIII sortit de sa chambre avec tous ses amis, qui ne l'avaient pas quitté. Les plus intimes, Luynes, ses frères, Vitry, Themines, connaissaient le plan du roi. Pontis avait passé la nuit dans le cabinet des Armes avec les gardes et officiers de service, qu'il avait ordre d'empêcher de sortir. Il s'attendait à tout, et ne savait rien.

Louis, très-fatigué, mais l'œil brillant, passa chez la petite reine, qui, elle non plus, n'avait pas dormi, Luynes ayant trouvé moyen de l'avertir qu'il se préparait de gros événements.

— Madame, lui dit le roi, ne sortez pas de votre chambre avant de m'avoir revu. Si vous entendez quelque bruit dans le Louvre, ne vous effrayez pas. Tenez-vous prête, cependant, à m'accompagner, si je vous en priais; j'ai en bas un carrosse tout attelé.

Et il ajouta très-haut, pour que les gens du service pussent entendre :

— Je chasse aujourd'hui ; grande chasse.

La reine s'inclina ; une joie sans mélange se répandit sur son visage. Ce cœur vaillant appelait la lutte, et ne trouvait pas le péril en proportion du profit et de l'honneur.

Louis traversa la galerie. De partout accouraient en silence, avec un air résolu, les jeunes gentilshommes recrutés par Vitry, par Luynes, pour cette chasse prétendue, sous laquelle tous entrevoyaient une expédition dangereuse, mais commandée par le roi. Le plan du roi, nul ne le connaissait, et chacun le construisait dans sa tête.

Il régnait dans cette partie des Tuileries un mouvement sinistre. Vitry distribua des armes, non pas des épieux et des arquebuses de chasse, mais de bonnes hallebardes, des mousquets, des pistolets. Le roi surveillait ces détails, marchant à grands pas au milieu des rangs, parfois sombre comme s'il évoquait un souvenir, parfois illuminé par une espérance. Il avait fait partout fermer les portes ; nul au dehors, nul chez la reine-mère ne soupçonnait ces préparatifs, non plus que la quantité de gens armés qui allaient s'élancer à un moment donné des flancs de ce cheval de Troie.

Luynes et ses frères se multipliaient, animant l'un, équipant l'autre, enflammant tous ces jeunes esprits d'une inextinguible ardeur de vengeance et de victoire.

— Nous touchons à un moment, disaient-ils, ou c'est fait de nous, si nous succombons. Vainqueurs, nous nous partageons la France !

Sept heures et demie venaient de sonner. Le roi poussa brusquement la porte de son cabinet des Armes et appela Pontis.

Celui-ci commençait à douter. Il arriva comme un soldat à l'ordre.

— Il est temps, lui dit le roi, d'aller prendre votre poste, monsieur de Pontis.

— Où cela, sire ?

— Au pont tournant. L'avez-vous oublié ?

— J'attendais votre décision, sire, répliqua le chevalier. Mais que ferai-je au pont ? Votre Majesté a-t-elle l'intention de me rendre la lettre pour que je la remette ?...

— Non, vous attendrez simplement l'arrivée du maréchal.

— Très-bien. Et quand il me demandera du regard cette lettre ?

— S'il vous regarde, eh bien ! vous le regarderez aussi.

— A merveille, sire, dit froidement Pontis, mais il ne se contentera pas de me regarder.

— Que fera-t-il donc ?

— Il me tuera. Est-ce compris dans les combinaisons de Votre Majesté ?

— Ne vous inquiétez de rien, répondit Louis XIII. Le reste me regarde.

Pontis courba la tête avec respect, et, sans ajouter un mot, se dirigea vers la porte du Louvre.

— Non, s'écria le roi, par les jardins... Ces gens ont posé des espions ; il ne faut pas qu'on vous voie sortir de chez moi.

Pontis obéit, sortit par les fossés sans que personne l'eût pu voir. La place était déserte ; s'il y avait des espions, ils étaient certes bien cachés. Pontis, après de longs détours, arriva près du pont tournant, s'adossa, les bras croisés, au parapet de bois et attendit.

Il était là depuis cinq minutes à peine, quand un exprès, une vedette sans doute, annonça au roi qu'on apercevait sur le quai le maréchal suivi d'une grosse escorte. Huit heures sonnaient.

Bon nombre de gentilshommes attachés à Concino ou simples courtisans le précédaient causant ensemble, riant, et ne se doutant pas qu'une tempête pût sortir tout à coup de ces belles couches d'azur, sourires du printemps qui soufflait sur terre ses premiers parfums, ses tièdes haleines.

Tous ces gens se préparaient comme d'habitude à passer le pont pour entrer au Louvre. Sur la place comme sur le quai accouraient femmes, enfants, gens de travail, écoliers, bourgeois, toujours avides du spectacle d'un cortége de velours, d'or et de dentelles.

Derrière ces premiers gentilshommes marchait Concino recueilli, les mains pleines de papiers, que Corbinelli, son secrétaire, lui prenait à mesure qu'il les avait parcourus. Concino avait la vue un peu basse, et n'eût pu distinguer le pont tournant de l'endroit où il se trouvait alors. Mais il cherchait souvent à droite et à gauche, s'étonnant de ne pas avoir encore aperçu ses trois amis.

Tout à coup Siete-Iglesias descendit de cheval et vint à lui. L'escorte fit un peu de place par discrétion à ces deux maîtres, qui allaient sans doute s'entretenir de sujets importants.

— Vous arrivez bien, comte, dit le maréchal, voici une singulière lettre que m'envoie ce matin le gouverneur de la Bastille. Lisez-la, elle vous intéresse autant que moi, pour le moins.

C'était, en effet, un avis de du Thiers au maréchal. Le gouverneur racontait la visite de la comtesse Siete-Iglesias, ses instances, ses offres pour enlever le prisonnier, la coopération de Sylvie et sa résistance, à lui du Thiers. Honnête des deux côtés, le gouverneur tenait rigoureusement parole : au maréchal, en dénonçant la comtesse Siete-Iglesias ; à Marguerite, en ne la dénonçant qu'après vingt-quatre heures. Du Thiers ajoutait que la comtesse, en habit de voyage, avait monté à cheval près du rempart.

Un pli sinistre se creusa au front de Siete-Iglesias.

— Fort bien, murmura-t-il. Je comprends tout. Ah ! ces femmes complotaient ensemble ! Elles me jouaient, les deux amies de couvent ! Ah ! douce Marguerite ! ah ! rusée Sylvie ! Elles payeront toutes deux ; que dis-je, ils payeront tous trois ! Je n'oublierai personne.

— C'est un détail sans importance, reprit-il en se remettant à marcher près du maréchal. Ma femme est partie, tant mieux. Je saurai toujours trop tôt où elle est allée. Occupons-nous du présent.

— Voyez-vous notre homme au pont tournant ? demanda Concino.

Siete-Iglesias se haussa sur la pointe des pieds.

— Oui, pardieu, dit-il, il y est, raide comme un des pieux qui l'entourent.

— Vos mesures sont prises ?

— Oui. Un homme à moi se placera derrière vous et attendra votre signal.

— Marchons, reprit le maréchal en soupirant. Mais pensez-vous que tout cela tourne bien ? Ah ! j'ai eu beaucoup de larmes à essuyer ce matin.

— De qui ? bon Dieu !

— De Leonora, qui ne voulait pas que j'allasse au Louvre; de Leonora, qui au seul nom de Pontis est devenue blême, a jeté mille cris et prétend que cet homme nous perdra tous. Madame de Verneuil le connaît comme moi, a-t-elle ajouté, consultez-la encore. Mais, à propos, la marquise devait venir ; je ne la vois pas ; d'Espernon non plus.

— M. d'Espernon ira droit chez la régente. Quant à la marquise, voilà, si je ne me trompe, son carrosse qui s'arrête à droite, à cent pas du pont tournant.

— Bien, dit le maréchal assombri... Ah !

je voudrais déjà tenir cette lettre... Que d'affaires en ce malheureux monde !... Pourquoi tant se remuer ?... N'aurais-je pas bien fait d'aller vivre en Italie, comme Leonora le voulait ce matin, tranquille, avec une honnête aisance ? Oui, je commence à distinguer : je vois l'homme appuyé sur la barrière du pont. Rien de suspect aux environs, n'est-ce pas ?

— Absolument rien. Voyez, la terrasse se garnit de gens comme à l'ordinaire, des visages fort naturels. Allez donc droit à votre homme, assurez-vous bien qu'il vous a donné la véritable lettre et tendez-lui le billet.

— Le voici tout préparé dans ma poche, repartit le maréchal. Est-ce que vous ne m'accompagnez pas ?

— S'il nous voyait deux ensemble, il se défierait peut-être. Cependant, si vous y tenez...

— Non... à moins que... enfin, comme il vous plaira, balbutia Concino troublé. Quelle raison donnera-t-on de ce coup de pistolet ? ajouta-t-il.

— J'ai réfléchi ; au lieu d'un pistolet, mon drôle a pris une arquebuse ; cela part naturellement, et le canon est à hauteur d'homme sans qu'on ait visé. Nous appellerons cela un accident si vous voulez bien.

Siete-Iglesias achevait ces mots, quand un écuyer vint l'avertir que la marquise l'attendait pour lui parler dans son carrosse. Elle envoyait par la même occasion tous ses compliments au maréchal. L'Espagnol échangea les dernières recommandations avec Concino, sortit du cortége, et suivit cet écuyer.

Le maréchal d'Ancre continua sa route, poussé par l'inexorable destinée. Il se retourna au moment d'aborder le pont tournant, et vit derrière lui à trois pas, dans la foule de ceux qui lui faisaient escorte, l'homme de Siete-Iglesias, avec son mousquet sur l'épaule.

Pontis inperturbable, debout, l'œil fixé sur cette masse en mouvement dont les premiers anneaux l'avaient déjà coudoyé et dépassé pour entrer au Louvre, Pontis, embrassant chaque détail de ce dramatique ensemble, vit le maréchal tirer de sa poche le billet promis. L'œil de Concino était rivé sur le sien. Pour l'un comme pour l'autre de ces deux hommes, tout le reste fut un moment oublié. Ils étaient à deux pas de distance l'un de l'autre.

L'homme à l'arquebuse descendit son arme obliquement sur son bras. Ce mouvement frappa Pontis, qui vit la gueule du mousquet funèbrement béante dans la direction de son visage.

C'est pourquoi il ne remarqua pas un homme qui s'était faufilé dans les rangs du cortège, coudoyant sans façon quiconque ne lui livrait point passage. Cet homme était le baron de Vitry, que Pontis aperçut soudain à ses côtés au moment où Concino, surpris de ne recevoir de Pontis qu'un regard au lieu d'une lettre, commençait à se croire trahi et s'apprêtait à donner le signal à l'arquebuse.

Un clin d'œil et Pontis était mort.

Vitry allongea la main vers l'épaule du maréchal, et lui dit :

— Je vous arrête !

— A me ? s'écria Concino stupéfait, et il abaissa la main pour rendre son épée.

Un coup de pistolet partit et lui traversa la tête. Plusieurs autres éclatèrent simultanément. Le malheureux tomba sur les genoux.

Il avait reçu trois balles : l'une entre les yeux, l'autre à l'oreille droite, la dernière avait traversé le gosier.

Concino roula sur le pont, et vint expirer aux pieds de Pontis, pâle et muet spectateur de l'effrayante exécution. Ainsi croulait cette fortune colossale, ainsi avortait ce rêve, un des plus prodigieux éblouissements de l'humanité.

— Vive le roi ! cria Vitry levant son pistolet en l'air.

— Vive le roi ! répétèrent les conjurés.

Le roi parut au balcon, tremblant de joie et d'impatience. Il vit le cadavre, il entendit les acclamations de ses amis.

— A cette heure, je suis roi ! cria-t-il d'une voix retentissante. Ça, ma carabine ! A moi, les gardes à moi !

Tout ce qu'il y avait d'épées au Louvre accourut, vint saluer et servir le vainqueur.

L'escorte du maréchal s'enfuit dispersée dans toutes les directions.

— Que vous disais-je ? dit la marquise frissonnante à Siete-Iglesias, avais-je raison de vous retenir ici ?... avais-je deviné le piége ?

— C'est vrai, murmura l'Espagnol atterré.

— On l'a tué, c'est à notre tour, continua-t-elle. Attendrez-vous si patiemment la mort ?

Siete-Iglesias réfléchissait.

— Dans une heure les portes seront fermées, continua-t-elle, et maintenant peut-être on nous cherche ; j'ai tout prévu dès cette nuit ; je pars, de bons relais m'attendent, voulez-vous en profiter ?

— Oh ! dit Siete-Iglesias, mais fuir ainsi, quand j'ai à Paris des millions, c'est la ruine, et retourner chez moi pour les prendre, c'est la mort !

— Comte, reprit Henriette, vous avez toujours votre part de nos épargnes dans la chambre des coussins. Que n'allez-vous y prendre quelques sacs de pistoles ? la maison de la Vienne est près du rempart ; vous serez hors de Paris avant qu'on sache là-bas ce qui vient de se passer ici.

— Vous avez raison, marquise. La clef du placard, s'il vous plaît ?

Henriette arracha de son col une petite clef.

— La voici, dit-elle. Adieu ! je vais courir droit devant moi jusqu'à la liberté, jusqu'au salut.

— Et moi jusqu'à la vengeance ! s'écria Siete-Iglesias.

Le carrosse prit sa course vers la porte la plus voisine.

Le comte se jeta dans la foule, qui grossissait aux alentours du Louvre.

XLVI

JUSTICE.

es coups de feu du pont tournant avaient retenti jusque dans le Louvre et appelé aux fenêtres, à chaque extrémité du palais, deux femmes, qui virent relever un cadavre.

L'une de ces femmes était Anne d'Autriche, qui s'agenouilla silencieusement pour rendre grâce à Dieu de sa victoire. L'autre était Marie de Médicis, qui tomba écrasée sur son lit et murmura, empruntant la devise de son prédécesseur Henri III :

— J'ai porté sept ans la couronne, il ne me reste plus désormais que la couronne du ciel.

Mais cette pensée religieuse et noble fit place aux plus honteux mouvements de peur et de bas égoïsme.

Corbinelli, effaré, taché du sang de son maître, avait réussi à rentrer chez la reine-mère ; il venait se jeter à ses pieds, il croyait, le misérable, que là seulement était le salut... peut-être même y rêvait-il la vengeance. Corbinelli n'avait pas osé retourner chez Leonora. Sachant sa tendre affection pour le maréchal, il se préoccupait avec tout le monde, non du sort de la veuve qui paraissait inattaquable sous la protection de son amie la régente, mais de l'effet que produirait sur elle l'affreuse nouvelle.

Corbinelli vint donc se jeter aux pieds de Marie, et avec des larmes, des cris, avec tout le luxe de la mimique italienne, il demanda quel moyen elle lui conseillait de prendre pour annoncer à la maréchale la mort de son mari.

— Eh ! s'écria la régente avec colère, qu'ai-je affaire de ces gens-là ? Tant pis pour

Il tomba sous l'épouvantable niveau. — Page 807.

eux; je leur ai prédit moi-même qu'il leur arriverait malheur. *Si on n'ose pas dire à la Galigaï la mort de son mari, qu'on la lui chante!*

Et sur ces mots, qui suffiraient seuls à souiller une mémoire, la reine-mère passa dans une autre chambre pour mieux oublier des amis si chers la veille encore, et pour ne plus s'occuper que d'elle-même.

Corbinelli, stupéfait, navré, sortit. Il erra quelques moments dans le Louvre; puis, rencontrant la Vienne, qui sortait chantant de chez le majordome, pour quelque compte, et ne savait encore rien, il se cramponna au bras de ce camarade et lui apprit l'événement.

Pâlir, reculer d'effroi, puis chercher rapidement du regard une issue pour s'échapper de ce guêpier, fut pour le baigneur une seule et même action résultant d'une idée unique : sa propre conservation.

Il rompit avec Corbinelli, que çà et là dans le palais on regardait de travers, il gagna un guichet à lui connu, celui des cuisines, et sauta dehors avec une agilité dont il ne se fût pas cru capable. Corbinelli, plus troublé ou plus lent, n'eut pas le même bonheur. Un ordre du roi venait de faire placer des sentinelles à toutes les portes du Louvre : la reine-mère et ses gens étaient prisonniers.

A peine dans la rue, la Vienne entendit le son des trompes. Des crieurs royaux annonçaient au peuple que tous les amis, familiers et serviteurs du maréchal d'Ancre, eussent à quitter Paris immédiatement, sous peine de la hart.

La Vienne avait été serviteur de Concino, son familier même. La hart!... Ce mot l'épouvanta; il perdit la tête et courut au hasard dans des tourbillons de peuple échauffé qui ondoyaient çà et là.

Combien de temps courut-il ainsi, combien de temps se cacha-t-il, ou demeura-t-il paralysé le long de quelque muraille? le fait est que, sans s'en douter, il se réveilla dans l'église Saint-Germain-l'Auxerrois, qu'un bon instinct lui avait fait prendre pour un lieu d'asile. Des hommes affairés soulevaient, sous l'orgue, une dalle de l'église et y descendaient, dans une fosse creusée à la hâte, un cadavre enveloppé d'un mauvais manteau de serge. C'était le corps du maréchal. Ils comblèrent cette fosse précipitamment, replacèrent la dalle et s'enfuirent, laissant la Vienne plongé dans un degré de plus de fièvre et d'épouvante.

Ainsi reposait là, misérablement, ce puissant à qui, lui, la Vienne, avait fait si souvent de si chères cuisines!

Tandis qu'il essayait d'aligner ces idées philosophiques, un effroyable bruit, qui semblait à lui seul enfoncer les portes de l'église, retentit sur la place, puis dans l'église elle-même, où se répandirent, torrent furieux, une foule d'hommes armés, hurlant, en guenilles, que précédait un des leurs, frénétique, vociférant, effrayant comme tous les autres ensemble. C'était Picard.

— Par ici! par ici! criait-il, je suis sûr qu'ils l'ont apporté ici.

En l'apercevant, en le reconnaissant, la Vienne souhaita un moment d'être sous la dalle à la place de Concino, et il se blottit derrière un pilier. Mais le cordonnier, de son œil rond et sûr comme celui d'un milan, aperçut cette ombre inquiète et fondit dessus en hurlant :

— Tu sais où ils l'ont mis, dis-le-moi!

La Vienne tomba, moins encore de peur que du choc de cent hommes qui l'écrasaient. A son premier cri, Picard le reconnut, et, changeant de sentiments :

— Le compère la Vienne! dit-il, c'est un ami.

On lâcha la Vienne : Picard seul s'en empara, redoublant ses questions, ses amabilités funèbres.

— Enfin, disait-il, voilà donc le jour arrivé, le jour que j'avais tant de fois prédit! Où l'ont-ils mis, compère, où l'ont-ils jeté?

Partout dans l'église on ne voyait que gens baissés, sondant, auscultant, grattant; l'un d'eux allait infailliblement découvrir la place.

Picard commençait à passer des câlineries à l'impatience. Le pauvre la Vienne, comme autrefois Philoctète, révéla d'un furtif coup d'œil l'endroit si ardemment cherché.

Picard se précipita.

— Sous l'orgue! dit-il.

Et aussitôt les dalles disjointes, descellées à coup de couteau, à coups d'ongles, volent comme des ardoises ; ces gratteurs rugissant trouvent la fosse.

Cent mains de taupes gigantesques déterrent le corps. Picard fond sur sa proie, coupe la corde des cloches, l'attache par un nœud coulant aux pieds du cadavre, s'y attelle, et voilà toute la bande hideuse qui s'ébranle avec d'effroyables cris dont gémit le sanctuaire.

La Vienne se croyait oublié. Il essayait, pelotonné, courbé, de laisser passer le tourbillon; mais Picard n'oublie rien; lui, Picard aime la Vienne et veut le mettre de la fête. Il se retourne, saisit le bras de son ami, l'entraîne de la main gauche tout en tirant sa corde de la main droite, et le cortége se répand dans les rues, derrière ce corps rebondissant sur le pavé.

— Cernez! criait Picard. Amassez tout le monde! Au Pont-Neuf! au Pont-Neuf!

La foule obéissante, la foule, ivre de ce spectacle, ivre de haine et de vengeance, fermait les rues comme une chaîne immense, et poussait devant elle vers le Pont-Neuf des troupeaux de recrues, bourgeois, femmes, soldats, gentilshommes. Elle forçait tout Paris à jouer son rôle dans cette exécution du peuple qui succédait à la justice du roi.

Il avait son idée, le cordonnier Picard. Terrible idée, imposante dans son horreur.

Sur le Pont-Neuf s'élevait une potence, dressée par l'ordre de Concino, vis-à-vis la statue d'Henri IV. Le cordonnnier s'arrêta court devant cette potence; le flot s'arrêta comme lui. Un formidable hourrah s'échappa des vingt mille poitrines. Tous venaient de comprendre l'idée.

Celui-ci apporte une échelle de la boutique voisine, celui-là clous et marteau. Des soldats qui passent donnent leurs mèches d'arquebuse en guise de cordes; d'autres achèvent de déchirer le manteau et les habits qui couvraient le malheureux cadavre, et Picard, grimpant le long de la potence, hisse enfin au gibet infamant le maréchal, son ennemi, qui se balance, effrayante justice, devant les yeux de bronze du grand roi.

— Quand j'avais dit, s'écria Picard resplendissant d'orgueil, qu'un jour je le pendrais de ma main! Malheureusement il est mort. Aux autres maintenant!

Mais la foule n'était pas satisfaite. Ce cadavre était trop entier; il ressemblait trop encore à un homme. Après la vengeance vint le crime, après le crime, l'horreur. Quelques moments après le corps était déchiqueté, brisé, brûlé, jeté, soit en cendres, soit en lambeaux, dans la rivière.

La Vienne s'échappa. Ses genoux ne le portaient pas, son cerveau l'enlevait; il ne marchait plus, il volait. Au détour du Pont-au-Change une troupe de soldats, suivie de mille bandits, faisait le siége d'une maison où s'était réfugié, disait-on, un des proscrits de la journée, reconnu sur les quais, et trop chaudement poursuivi pour se risquer plus longtemps dehors.

La foule nommait le comte Siete-Iglesias, un Espagnol, que ces soldats venaient arrêter au nom du roi. Un nom espagnol était l'arrêt d'une mort infaillible. La Vienne entendit plusieurs coups de feu, une sorte d'écroulement; les mots: il est mort! frappèrent son oreille; il crut voir rouler comme un cadavre avec les décombres poudreux qui tombèrent dans la rivière. Et le baigneur redoubla d'élan, fouetté par cette catastrophe nouvelle.

Quand il arriva, ou plutôt quand il tomba comme une masse chez lui, rue de la Cerisaie, Sylvie était dans la première cour, bondissant, battant des mains, et embrassant deux jeunes gens qui l'embrassaient aussi de toutes leurs forces.

Ce spectacle piquant ne tira point la Vienne de sa stupeur. En vain Sylvie lui prit-elle les mains, en vain lui montra-t-elle avec ivresse, avec triomphe, Bernard et Cadenet: l'un le délivra, l'autre le libérateur; en vain cria-t-elle: Vive le roi! entraînant tous les marmitons dans son enthousiasme; la Vienne, qu'on avait assis, éventé, frotté de vinaigre, ne répondit que ces mots: Il est pendu!... je suis mort!... l'autre est mort, je serai pendu.

— Qui donc est pendu? demanda Sylvie.

— Le maréchal... Pont-Neuf... potence! murmura le baigneur hébété.

— En effet, dit Hugues, qui arriva sur ces entrefaites et embrassa cordialement Bernard, on assure que la populace l'a déterré, pendu et mis en pièces.

— Mais qui donc, l'autre dont vous parlez? ajouta Sylvie, celui qui est mort?

— Le comte Siete-Iglesias, bégaya la Vienne.

— Le comte! s'écrièrent d'une seule voix Cadenet, Bernard, Sylvie et Hugues avec des sentiments qu'il n'est pas besoin d'expliquer au lecteur.

Sylvie devint si pâle, Bernard aussi, que Hugues fut forcé de soutenir sa sœur, Cadenet son ami.

— Oh! c'est impossible, murmura Sylvie toute tremblante d'espoir, toute haletante de défiance.

— Je l'ai vu! dit la Vienne.

— Oui... C'est impossible! répéta Bernard, à qui un tel bonheur paraissait surhumain.

— J'ai vu! répéta la Vienne: Pont-au-Change... Soldats... coups de feu... puis dans la rivière...

— Eh bien! s'écria Cadenet, entraînant Bernard, dont il partageait la joie et la fièvre, voilà une de ces nouvelles qu'il faut éclaircir. Oh! j'étais bien sûr que Luynes ne ferait pas les choses à moitié, et qu'il enverrait quelque courrier au mari tandis que j'en envoyais un à la femme. Marguerite libre! Allons! Bernard, allons au Pont-au-Change vérifier le fait! C'est notre chemin pour aller remercier le roi et la reine au Louvre.

Et il entraîna son ami éperdu. Sylvie, non moins folle, les poussa dehors avec mille serrements de mains et force vœux, inspirés par une haine pour le mort aussi vive que son amitié pour le vivant.

A peine Cadenet et Bernard étaient-ils éloignés, qu'on entendit les trompes dans la rue Saint-Antoine et la voix du crieur qui glapissait lugubrement :

« De par le roi, ordre aux amis et familiers du feu marquis d'Ancre de quitter Paris sur l'heure, sous peine de la hart. Arrêt qui déclare coupables de haute trahison tous ceux de son parti, déclare leurs biens confisqués, fait défense à qui que ce soit de les retirer, ou de détenir leurs meubles et deniers, le tout sous peine de la confiscation et de la hart. »

La Vienne bondit à ces dernières paroles.

— C'en est fait, s'écria-t-il dans un transport d'épouvante, je suis mort!

Et comme Sylvie et Hugues essayaient de le calmer :

— N'étais-je pas, dit-il en claquant des dents, l'ami de ce pauvre maréchal, et ne suis-je point ici, dans le pavillon, le détenteur des meubles et deniers de ceux de son parti? C'est fait de moi, vous dis-je! Vous en parlez bien à votre aise, vous deux, les jeunes, qui avez des amis pour vous défendre en cour ; mais moi, moi qui étais de l'ancienne cour ! confisqué, pendu !

A ces mots il s'arracha les cheveux avec des soupirs pitoyables.

— Calmez-vous, lui dit Sylvie, nous allons, Hugues et moi, faire l'inventaire des meubles et deniers du pavillon ; nous le déclarerons loyalement au roi, et on vous récompensera au lieu de vous pendre. Donnez-moi toutes les clefs et dormez tranquille.

— Soit, répliqua la Vienne, tu es une bonne tête, mignonne. Voici toutes les clefs du pavillon, notamment...

— Je sais, je sais, interrompit Sylvie sans laisser à la Vienne, dans le trouble où il était, le temps de faire des commentaires. Couchez-vous, vous dis-je, pour vous rafraîchir le sang, et je ferai l'expédition avec mon frère.

— Je veux bien dormir, répliqua la Vienne, mais en sûreté ; pas dans mon lit, grand Dieu ! laissez-moi choisir ma cachette.

Il prit la clef de sa cave et s'enfuit, quelques instances que sa femme et son beau-frère fissent pour le retenir.

**

A travers les émotions de cette terrible journée, les heures avaient passé comme de coutume, le ciel impassible et pur planait au-dessus de ce coin turbulent du globe.

Les dernières convulsions de la joie populaire soulevaient encore les principales artères de Paris. Peu à peu, avec les ténèbres tomba le calme, le silence. Il semblait que la santé revint dans ce corps gigantesque, secoué par une épilepsie de douze heures.

Une lune splendide se leva derrière Notre-Dame et inonda de sa clarté rafraîchissante les jardins et les toits aigus du couvent des Célestins.

A ce moment, Sylvie entrait avec son frère dans le pavillon de la marquise. Tous deux se disposaient à enlever l'argent et les objets précieux de ce pavillon pour les déclarer, suivant l'ordonnance royale.

Le frère et la sœur se félicitaient du repos qui allait enfin leur échoir, après tant de craintes et de remords. Sylvie avouait que la vie commencerait pour elle depuis la mort de celui qui avait été son mauvais génie. Vivant, ajoutait-elle, jamais elle ne lui eût pardonné.

Hugues respirait aussi. Sa conscience, plus troublée encore que celle de Sylvie, trouvait enfin quelque répit.

— Et je lui pardonne d'autant plus volontiers, disait-il, que sa seule présence, lorsqu'il vivait, m'eût quelque jour conseillé un crime.

— Ne parlons plus de lui une fois en ce pavillon, dit Sylvie frissonnante, qui arrivait en ce moment dans la chambre aux coussins. Oublions, mon frère, oublions à jamais !

Hugues tenait une petite lampe à la main. Sylvie le précédait. Une réflexion soudaine lui traversa l'esprit.

— Il nous faudra quelque instrument pour lever la lame du parquet, dit-elle, car je n'en sais pas le secret. Nous avons oublié de prendre dans la serre du jardinier une bêche ou un ciseau.

Hugues retourna aussitôt,

— J'y vais, dit-il.

— Et la lampe, tu emportes la lampe ! s'écria Sylvie effrayée.

— Il faut bien que je trouve mon chemin, répliqua Hugues.

— C'est vrai.

Sylvie se souvint d'avoir vu des bougies dans le salon, elle en prit une qu'elle alluma et posa à terre. Le salon était tiède encore des restes du feu de la nuit. On voyait dans l'âtre les débris floconneux comme la neige d'une bûche séculaire, parmi lesquels brillait çà et là une escarboucle sous des monceaux de cendre.

Hugues s'éloigna et disparut. Sylvie demeura seule sur le seuil des deux pièces, non sans un douloureux serrement de cœur ; seule elle n'osait entrer dans cette chambre fatale, peuplée pour elle de souvenirs et de fantômes.

La blanche lumière de la lune glissait par les vitres de la chambre aux coussins. Elle arrondissait moelleusement les contours, versait l'azur et l'argent sur l'épaisse fourrure des tapis, diaprait d'écailles lumineuses les reliefs du plafond mystérieux.

Sylvie contemplait et rêvait.

Tout à coup elle entendit comme le bruit d'une porte criant sur ses gonds en bas. Un souffle furieux de vents contrariés s'engouffra dans la maison, vint en sifflant jusqu'à elle, et la bougie s'éteignit comme si on l'eût décapitée.

Sylvie faillit pousser un cri de terreur ; mais ce cri expira sur ses lèvres. Du fond de son obscurité, elle entendit un pas dans les chambres voisines : c'était sans doute le pas de Hugues qui revenait.

Cependant, Hugues avait une lampe, et la personne qui s'avançait marchait dans l'ombre. Sylvie ne voyait rien qu'une masse noire se détachant sur des teintes grisâtres. Elle distingua un frisson métallique pareil au son d'un éperon. Hugues n'avait pas d'éperons ; ce n'était donc pas lui.

Sylvie, raidie par l'effroi, s'effaça derrière la porte qui séparait le salon de la chambre aux coussins. Elle entendait le tintement de son cœur, qui lui semblait sonner comme un glas d'alarme, et elle se figurait qu'un pareil bruit devait être entendu partout.

L'homme, qui continuait d'approcher, s'arrêta dans le salon. Il s'agenouilla devant la cheminée et souffla sur deux tisons qu'il réunissait de ses doigts tremblants.

Au reflet rouge de cette lumière, Sylvie reconnut le comte Siete-Iglesias.

— C'était lui, — vivant, — horrible de pâleur et de désordre. Ses cheveux collés par l'eau couvraient son front et ses joues. Ses épaules ruisselaient d'eau comme ses cheveux. Un tremblement convulsif secouait ses mâchoires, et ses yeux se dilataient comme pour aspirer la vie avec la flamme.

C'était lui, échappé aux balles, à l'écroulement, au fleuve ; lui, qui avait eu le courage de rester plongé sous une arche, abrité par des pilotis, masqué par de la paille flottante ; lui qui, brisé de fatigue, blessé à deux endroits, mourant de soif et de faim, perdu sans ressources s'il était découvert, était venu, la nuit, à travers mille périls, dans ce dernier gîte, pour y reprendre haleine et chercher l'argent indispensable à sa fuite. Il avait bien souffert, mais il vivait.

La faim creusait ses joues, la douleur lui arrachait parfois un cri. Il essaya d'allumer une bougie à la flamme des charbons ; mais il eût fallu lever les bras jusqu'au lustre : il ne put. Il s'assit et poussa un soupir de bien-être qui alla déchirer le cœur de Sylvie.

— Je vivrai, murmura-t-il, avec un accent pareil au grondement joyeux du tigre qui, dans son antre, lèche sa patte saignante. J'ai bien faim, j'ai bien soif, je suis bien blessé, mais c'est égal, je vivrai !

Sylvie, dont les yeux le dévoraient dans cette ombre, vit son fauve regard briller plus rouge que les charbons.

— Ici tout près, continua Iglesias, j'aurais la chère la plus délicate, le vin le plus exquis, et je meurs affamé, altéré... Ce la Vienne me trahirait ! Cette Sylvie... oh ! comme elle me vendrait avec joie ! Non, non, il vaut mieux souffrir, il vaut mieux aller jusqu'au seuil de la mort ! et rebondir après !

Il fit une pause effrayante. Elle le vit tordre un pan de son manteau sur ses lèvres et il but cette eau mêlée avec son sang.

— Dans une heure, continua-t-il, j'aurai respiré ; je risquerais trop à rester ici plus longtemps. Mon argent pris, je gagnerai les champs derrière Charenton. Je trouverai bien un cheval, et je suis sauvé... Oh ! les belles vengeances, les beaux coups à frapper... quand, de loin, invisible, du fond de la tombe, puisqu'ils me croient mort, je les exterminerai tous... les choisissant à mon loisir !... Ah ! Pontis !... Ah ! Marguerite !... Ah ! Sylvie !... Oh ! Bernard !... vous irez rejoindre les autres !... Oui, ces quatre-là d'abord. Commençons par mes affaires de famille, ajouta-t-il avec un rire effrayant ; les têtes couronnées viendront après.

Pour peindre ce qui se passait dans l'âme de Sylvie, ce qui bouillonnait dans l'âme du comte, il faudrait être l'immense génie qui a rassemblé dans une même toile les damnés menaçant d'escalader le ciel, les anges épouvantés demandant secours à Dieu.

Soudain un bruit aigu retentit au fond de la maison. Siete-Iglesias fut sur pied en un clin d'œil.

Hugues s'avançait la bêche à la main gauche, la lampe dans la droite ; il chantait ; la lumière inondait son visage. Le comte le vit, le reconnut, s'écria : Hugues ! et d'un bond se précipita dans la chambre aux coussins, dont il attira à lui la porte, tournant la clef à double tour.

Sylvie, se sentant seule avec cet homme, poussa un cri, et, tâtonnant le long des tentures, rencontra le bouton du cabinet; la porte s'ouvrit, elle s'y précipita, ce fut un éclair.

Siete-Iglesias entendit ce cri, cette porte qui se fermait; il y courut, un verrou claqua dans la gâche.

Au même instant la lueur de la lampe d'Hugues brillait comme un serpent de feu sous la porte du salon.

— Eh bien! tu t'enfermes? dit Hugues; n'aie pas peur, c'est moi!

— Qui donc était là? se demanda le comte.

— Ouvre donc, reprit Hugues, j'ai un peu tardé parce que la serre était fermée, il m'a fallu en aller chercher la clef à la maison. Ouvre donc! es-tu folle? voyons, Sylvie!

— Sylvie! s'écria Iglesias, c'était Sylvie!

Hugues frappa impatiemment à la porte.

— Sylvie, qui m'a vu, entendu! rugit Iglesias, et qui s'est réfugiée dans ce cabinet où elle m'empêchera d'entrer... et l'autre coquin qui me ferme le passage. Ah! j'ai la fenêtre, dit-il, mais l'argent, l'argent!

Il s'élança vers la porte verrouillée par Sylvie.

— Ouvres-tu? dit-il ouvres-tu? Non? tu ne réponds pas. Elle est peut-être évanouie là dedans, la misérable...

Il rencontra sous ses pieds un lourd cangiar persan, le tira du fourreau et attaqua la porte à coups désespérés. Un cri sourd partit du cabinet. Au bruit de ces coups, Hugues, sérieusement inquiet, commençait à ébranler la porte.

— Va, va, grinça Iglesias en se retournant pour observer les progrès de son ennemi. J'arriverai avant toi, et si tu ouvres la porte le premier, tu es mort.

Sous son poignard le trou s'élargissait, déjà il y plongeait sa main déchirée, sanglante, il arrachait le bois en arrachant ses ongles, et n'atteignait pas encore au verrou.

Hugues, de son côté, faisait déjà craquer la porte sous les pesées de sa bêche.

— Sylvie, dit Iglesias épuisé, ouvre... je ne te ferai pas de mal; ouvre, je t'épargnerai; ouvre, ou, si tu m'y forces, je t'arracherai le cœur à toi et à ton frère.

Il entendit comme un bruit sec dans le cabinet. Sylvie ouvrait le verrou, peut-être. Il appuya. Non, le verrou tenait toujours. Le bruit grandit, un roulement rond et sourd résonna dans la muraille; on eût dit qu'un sifflement partait de la voûte.

Iglesias leva la tête, une sueur froide parcourut ses membres. Il voyait une masse noire, gémissante, s'abattre au-dessus de lui comme une nuit profonde : le plafond descendait.

Le comte courut à la fenêtre, l'ébranla pour l'ouvrir et se précipiter, mais il était trop tard; déjà le plafond la coupait à sa partie supérieure, et le rayon de la lune diminuait comme dans une éclipse. Le comte mit en pièces les châssis de plomb; mais derrière les vitres le balcon lui barrait le passage.

La porte du salon se fendit sous les efforts de Hugues, Iglesias vit la lumière. Il s'élança, et, déjà forcé de se courber, courut néanmoins pour achever d'arracher un panneau et se frayer un chemin en éventrant son adversaire; mais dans le trajet, la masse, toujours plongeante, le courbait de plus en plus, il tomba sous l'épouvantable niveau.

A genoux d'abord, puis sur ses mains, se raidissant, comme Encelade, avec des imprécations, des blasphèmes, puis toujours repoussé par la pression inexorable, il lutta toujours, jusqu'à ce que cet instrument étrange de vengeance, qui empruntait la forme du ciel croulant sur la tête de l'impie, l'eût couché tout de son long parmi les coussins, dans les épaisses toisons, qui bientôt s'affaissèrent elles-mêmes.

On n'entendit plus alors qu'un craquement

sans nom, un épouvantable hurlement. La masse de bois et de fer absorba, vibra, frissonna et se tut.

Hugues avait jeté bas la porte et considérait stupéfait les dernières oscillations de ce plancher nouveau.

En face de lui, de l'autre côté, le long de la porte du cabinet, Sylvie, les bras étendus, l'œil hagard, la bouche ouverte, tombait évanouie sur la marche.

XLVII

LA MÈRE ET LE FILS.

La comtesse, résistant à toutes les instances de La Fougeraie, n'avait pas voulu quitter la petite auberge de la route. Elle s'y sentait plus près des nouvelles, elle attendait avec angoisses, avec désespoir.

Enfin, elle envoya La Fougeraie à la découverte. Celui-ci rencontra le courrier expédié par Cadenet avec l'agrément de la reine.

Le courrier n'annonçait que la fin tragique du maréchal, la fuite de d'Espernon, la proscription de tous les autres conjurés et la liberté de Bernard. La mort du comte au Pont-au-Change étant demeurée douteuse, Cadenet, dans le doute, avait jugé prudent de s'abstenir.

Certes, la mort du maréchal n'était pour Marguerite qu'une partie de sa sécurité, mais c'était la sécurité de la reine, et Marguerite, à l'abri d'une protection désormais toute-puissante, pouvait se risquer hardiment à revenir au Louvre. Elle partit donc sur-le-champ; Aubin, joyeux, lui baisait les mains, et répétait dix fois par minute, qu'il allait revoir son oncle et son frère, qui le conduiraient à son cher papa.

La pauvre Marguerite ne se sentait pas le cœur aussi libre. Cette révolution, source de bonheur pour tant de gens, la sauvait, elle, de l'exil, et lui conservait peut-être la vie, mais ne lui rendait pas le plus précieux des biens, la liberté. Pour elle, le comte vivait encore. Elle n'avait pas le droit de souhaiter qu'il mourût; son devoir lui commandait de se prosterner aux pieds du roi et de lui demander la grâce de cet homme, c'est-à-dire l'éternel malheur de sa vie.

Lorsque, au milieu de ces désolantes pensées, la comtesse voyait l'image de Bernard si près de son cœur et à jamais séparé d'elle; lorsqu'elle le voyait offrant sa jeunesse, son avenir, qu'elle serait contrainte de refuser; lorsqu'elle se disait que, lassé d'attendre, il se rebuterait et choisirait une autre compagne, Marguerite sentait que de pareilles douleurs seraient au-dessus de ses forces, et que la protection d'une reine ne la sauverait pas du plus réel malheur dont elle eût jamais été frappée.

La route ne se fit pas gaiement, on le conçoit, sous l'influence de ces impressions. Mais l'aspect rajeuni de Paris, l'effervescence du peuple, la fierté des soldats, heureux d'avoir reconquis leur maître, transportèrent Aubin de joie et d'admiration.

Marguerite brûlait d'aller d'abord interroger Sylvie; si elle s'y fût décidée, un seul mot, un seul baiser de l'héroïne encore effarée, encore malade de son exploit de la veille, lui eût épargné bien des angoisses. Mais Marguerite craignit de faire avec trop d'empressement les affaires de son cœur; Bernard était libre, quoi de plus à désirer? Elle soupira, mais descendit au Louvre chez la jeune reine, comptant la retrouver dans son appartement; on lui apprit qu'Anne d'Au-

Louis XIII, dit le Juste, *fils de Henri IV et de Marie de Médicis, né en 1601, monté sur le trône en 1610, à l'âge de neuf ans, marié à Marie-Anne d'Autriche, meurt en 1643, âgé de 42 ans.*

triche était chez le roi pour une audience que Louis XIII allait donner à sa mère, audience au résultat de laquelle s'intéressait toute la cour, avec des sentiments bien divers : car si la reine-mère réussissait à se réconcilier avec son fils, comme elle l'espérait, la situation demeurait celle de la veille ; et bien des gens avaient intérêt soit à diriger l'avenir, soit à ne rien changer au passé.

Tandis que Marguerite, affligée de ce contre-temps, se préparait à prendre un peu de repos dans sa chambre, cherchait Estefana ou quelque familier pour avoir des nouvelles plus intimes, et faisait prévenir Cadenet de son arrivée, Aubin, abandonné quelques moments à lui-même, regardait, non sans effroi, ce vaste Louvre, et n'osait s'aventurer bien loin de peur de s'égarer.

Une plainte, qu'il entendit du côté de l'escalier, l'appela. Il aperçut sur les marches froides, désertes, un enfant comme lui, nutête, sans manteau, à peine vêtu, grelottant et qui pleurait.

Il lui semblait avoir déjà vu cet enfant ; l'image délicate et douce était demeurée dans sa mémoire, encadrée d'un lugubre souvenir.

Il s'approcha.

— Qu'avez-vous, dit-il, et pourquoi pleurez-vous ?

— On vient, répliqua le pauvre abandonné, de conduire en prison ma mère, et l'on n'a pas voulu me laisser partir avec elle.

— Qui donc est votre mère ? demanda Aubin.

L'enfant, comme s'il eût craint de répondre à cette question, dit bien bas :

— Je suis le comte de la Pêne !

— Oh ! s'écria Aubin en frissonnant, le fils du maréchal d'Ancre !

— Oui, dit le malheureux en versant un torrent de larmes.

Aubin le regardait dans un morne saisissement. L'enfance ne saurait comprendre tout à fait des infortunes si immenses.

— Mais, balbutia-t-il, pourquoi êtes-vous là, sur cet escalier ?

— Tout le monde m'a chassé, dit l'enfant ; ils m'ont arraché mon manteau de velours, ils m'ont battu.

Aubin prit les mains du pauvre petit et les réchauffa dans les siennes.

— Et puis j'ai faim, ajouta le fils de ceux qui, la veille, étaient plus riches que tous les rois de l'Europe.

— Oh ! s'écria Aubin, vous m'avez sauvé, un soir qu'on voulait aussi me battre... Vous souvenez-vous, monsieur ? devant votre bel hôtel !... Venez avec moi, je vous mènerai à ma bonne amie, je vous mènerai à mon oncle !... Venez... nous vous défendrons !

Il l'entoura de ses bras, le conduisant vers Marguerite.

La comtesse avait tout entendu. Les larmes aux yeux, elle désignait à Cadenet, qui accourait la rejoindre, cet enfant innocent, chargé des crimes et du supplice de son père, ce triste jouet de la fortune humaine : elle réclamait pour lui la pitié des vainqueurs.

— Cachez-le quelque part, dit Cadenet. Aujourd'hui, le temps n'est pas à la clémence. Cachez-le.

Elle fit entrer le jeune comte dans sa chambre, le recommanda aux soins d'Aubin, promit de revenir bien vite.

Déjà Aubin avait trouvé pour son protégé du feu, du pain, et le soignait en l'embrassant.

Marguerite suivit son guide. Elle allait retrouver la reine ; elle allait assister à la scène solennelle d'une entrevue de la mère et du fils.

*
* *

Marie de Médicis, après sa brusque défection de la veille, avait réfléchi. Ses idées de résignation religieuse s'effaçaient devant des intérêts plus mondains. Elle n'était pas novice dans les révolutions de cour, elle savait que c'est un souffle au courant duquel il s'agit seulement de se ranger à temps.

Elle s'était promis de ressaisir la confiance de son fils par une entière soumission, par un abandon complet de ses amis. Elle n'attribuait le coup d'État du roi qu'à son désir de reprendre le pouvoir, qu'à l'ambition, à la rancune de la jeune reine. Ces obstacles n'étaient pas insurmontables plus tard, bien qu'on s'y fût brisé en luttant trop tôt.

Marie se renferma chez elle pendant la première chaleur de l'action. Elle attendit que le roi eût consommé sa victoire. Elle affecta une neutralité absolue, et espéra qu'en approuvant tout elle se mettrait hors de cause.

Puis, au bon moment, c'est-à-dire après la nuit, alors que les actions de la veille paraissent énormes à ceux qui les ont commises, alors que le doute succède aux entraînements de la passion, alors que les sentiments naturels reprennent leur empire et qu'une mère délaissée semble plus intéressante, par cela même qu'on la prive de tout soutien, de toute amitié, la rusée Florentine fit demander au roi si elle n'aurait pas le bonheur de le voir.

C'est là que l'attendaient ses adversaires. Les vengeances sont implacables d'Espagnole à Italienne, et Anne d'Autriche ignorant quelle plaie profonde ulcérait le cœur de son époux, veillait sur les effets d'une première rencontre entre le roi et la régente.

Elle épiait donc les sentiments de Louis. Elle craignait qu'il ne se contentât du fantôme de l'autorité. Elle sentait la supériorité de sa belle-mère, qu'une longue habitude avait rendue maîtresse de tout, qu'un seul sourire du roi pouvait remettre en un crédit plus grand encore.

Mais elle fut bien surprise quand le roi, faisant signe à Luynes, répondit seulement ces mots :

— Faites ce que j'ai ordonné.

Et il passa dans la galerie où l'attendaient les grands, la noblesse, tout ce qui, la veille, formait trois cours, dont lui, le roi, avait la plus mesquine et la plus rebutée.

Anne, impatiente de s'éclaircir, voulut arrêter Luynes, mais déjà celui-ci était entré chez la régente.

A l'aspect du messager qui apportait la réponse tant désirée, Marie contint son émotion.

— Eh bien, monsieur ? dit-elle.

— Le roi, madame, attend Votre Majesté dans la galerie.

Marie alors contint sa joie.

— Je vais donc pouvoir, reprit-elle, m'expliquer une fois sur ces fatales dissidences que semaient entre nous des ennemis.

Elle en était venue à appeler ennemis ses amis d'hier.

— Madame, répondit froidement Luynes, Sa Majesté le roi désire qu'il ne soit prononcé dans cette entrevue que de certaines paroles convenues, auxquelles il fera des réponses convenues également. Voici le libellé de l'entretien arrêté en son conseil, ainsi que le cérémonial de l'entrevue.

En parlant ainsi, Luynes tendait à Marie de Médicis une feuille de papier sur laquelle étaient écrites deux phrases : l'une de sept lignes, l'autre de cinq ; la première à l'usage de la mère, la seconde à l'usage du fils, avec permission d'une révérence à l'arrivée, d'un baiser au départ.

Elle frémit et regarda Luynes avec une stupeur devant laquelle le favori s'inclina sans répondre.

— Il est impossible, dit-elle, que ce peu de mots insignifiants...

— L'audience est publique, madame.

— Que n'est-elle intime ? je le demande, alors, s'écria Marie.

— L'audience doit être publique, répliqua Luynes, comme il est d'usage pour les adieux de la cour.

— Les adieux ! Quels adieux ? dit la reine de plus en plus épouvantée...

Luynes, avec respect :

— Votre Majesté oublie-t-elle qu'elle part pour Blois et qu'elle a commandé ses équipages?

— Moi?...

Et Marie de Médicis, pâlissant, courut à la fenêtre ; elle vit son carrosse attelé dans la cour, ses gardes à cheval, tout un départ organisé.

— Mon Dieu ! murmura-t-elle, éperdue; mais il faut d'abord que je voie mon fils, il faut que je sache...

Luynes reprit d'un ton pénétré, mais ferme :

— Sa Majesté m'a chargé de vous dire, madame, qu'elle n'entendra d'autres discours que ceux dont la teneur est écrite sur ce papier : si Votre Majesté est prête, je vais l'introduire chez le roi.

— Jamais! s'écria-t-elle.. Jamais je n'accepterai ces conditions !

— Votre Majesté partira donc sans voir le roi ! dit Luynes.

La colère s'empara de la régente. Puis l'espoir revint. Il était impossible, pensait-elle, que cette rigueur étrange résistât aux premiers pas de la mère vers son fils, au son de ses premières paroles.

Marie se décida; elle suivit Luynes chez le roi.

Mais à mesure qu'elle avançait, le doute et la peur envahissaient son âme. Ils étaient donc bien puissants les conseils qui avaient décidé Louis à une pareille rébellion !

Marie, dit-on, fit bonne mine jusqu'à ce qu'elle eût aperçu le roi au milieu de l'imposante assemblée qui l'environnait. Elle évitait de jeter les yeux autour de lui, de peur de rencontrer le regard de la jeune reine, qu'elle sentait peser sur elle fier et triomphant. Elle redoutait, ainsi provoquée, de ne pouvoir conserver le flegme nécessaire au succès de sa démarche. Mais quand elle vit son fils debout, couvert, l'œil sombre, le front calme, armé d'une résolution qu'elle devinait, elle qui le connaissait si bien, elle ne put retenir ses larmes. Sa douleur éclata d'autant plus amère qu'elle se sentait humiliée par la présence de si nombreux témoins.

Elle essuya ses yeux avec son mouchoir, se couvrit le visage de son éventail, et conduisit Louis près de la fenêtre, dans l'embrasure de laquelle il s'arrêta. Elle vit qu'il cherchait des yeux le papier que Luynes avait dû lui remettre, et ce coup d'œil froid, significatif, la força d'obéir tout d'abord. Elle parcourut ce papier de sa vue troublée, et dit ou plutôt lut avec effort :

— Monsieur, je regrette bien de n'avoir pas, pendant ma régence, gouverné votre État plus à votre gré. Cependant, je vous assure y avoir apporté tout le soin, toute la peine possibles. Je vous supplie donc de me considérer toujours pour votre très-humble et très-obéissante mère et servante.

Louis répondit d'une voix nette et assurée :

— Je vous remercie, madame, du soin et de la peine que vous avez pris en l'administration de mon royaume, j'en suis satisfait, et vous supplie de croire que je serai toujours votre très-humble fils.

Le roi s'attendait ensuite à une révérence, à un baiser; mais le cœur de Marie débordait : cette froideur, cette réserve menaçante l'avaient atterrée, elle ne se connaissait plus, elle sortit du rôle.

— Sire ! s'écria-t-elle, je m'en vais donc?...

Le roi fronça le sourcil. Ces paroles n'étaient pas dans le programme. Il resta droit, immobile, et ne répondit rien.

— Monsieur, ajouta la régente désolée, un mot, je vous supplie... J'ai des amis, des serviteurs... j'ai M. l'évêque de Luçon, mon intendant Barbin, me les rendrez-vous?...

Louis détourna la tête, toujours muet, et adressant un furtif regard à Luynes, comme pour lui demander compte de cette infraction au traité.

Marie, deux fois repoussée, avait perdu toute contenance, elle commençait à deviner que cette volonté invincible de son fils tenait à des causes plus graves qu'un conflit d'autorité. Elle cherchait avec effroi dans sa conscience, mais elle n'y descendit pas assez loin pour trouver la vérité.

— Qu'ai-je donc fait? murmura-t-elle d'une voix étouffée, dévorant ses sanglots et ses larmes.

Louis attacha sur elle un inexprimable regard. Puis, se détournant encore sans avoir répondu, il regarda par la fenêtre.

Ce fut le dernier coup. Un silence effrayant planait dans la galerie. Ce dut être un grand spectacle que ces adieux solennels de la mère et du fils!

La régente se releva, elle s'était presque courbée.

— Allons! dit-elle vaincue.

Elle s'approcha du roi, fit la révérence et déposa un baiser sur son front. Elle s'attendait peut-être à voir fondre toutes ces glaces sous le souffle maternel. Louis rendit la révérence et non le baiser, tourna le dos et la laissa partir.

Alors elle tordit l'éventail entre ses mains, chercha comme égarée autour d'elle. Luynes était à sa gauche. En face était Pontis, pâle, et l'observant fixement. Cette figure austère, inconnue, évoqua en elle un vague souvenir. Longtemps ses yeux s'arrêtèrent sur l'auteur ignoré de tant d'événements immenses. Marie soupçonna instinctivement que cet étranger était pour quelque chose dans sa chute.

Elle se pencha vers Luynes et lui demanda le nom de cet homme. Luynes allait répondre, quand le roi appela :

— Luynes! Luynes!

Le favori se disposa à obéir.

— Monsieur, lui dit la reine-mère en le retenant, priez le roi de ne pas me garder en sa disgrâce.

— Luynes! Luynes! Luynes! s'écria le roi avec impatience.

Et Luynes salua cette femme, si grande hier, si humiliée aujourd'hui, et il rejoignit son maître.

Marie, en le suivant d'un dernier regard, ne put éviter le rayon brillant qui jaillissait des yeux d'Anne d'Autriche. Ce fut un glaive qui lui traversa le cœur. S'appuyant sur la muraille, elle fondit en larmes. Quelques femmes assez braves pour lui faire escorte, quelques amis généreux l'emmenèrent hors de la galerie et la conduisirent à son carrosse.

※
* *

Louis avait accompli sa tâche. Anne n'avait pas encore assouvi toute sa vengeance. Elle se mit au balcon, vêtue de blanc, aux acclamations d'un peuple enivré. Elle vit partir sa belle-mère et demeura sur la terrasse jusqu'à ce que, le cortège tournant le quai, le dernier regard de la régente partant pour l'exil la pût voir debout, maîtresse de ce palais, d'où elle avait failli être chassée la veille.

Louis XIII appela Pontis à l'endroit que venait de quitter sa mère.

— Eh bien! dit-il tout bas, que vous en semble?

— Fils et roi, Votre Majesté a fait son devoir! répliqua le chevalier.

— Comme roi, pas encore, puisque vous n'êtes pas encore récompensé. Tous mes amis ont leur part de la dépouille des traîtres. Luynes est premier gentilhomme, Cadenet sera duc et riche, Vitry est maréchal de France. Croyez-vous que je n'aie pas aussi un bâton pour vous, Pontis, et ne l'avez-vous pas bien gagné ?

— Non, sire, dit doucement le soldat, que la scène des adieux de la mère et du fils avait touché au cœur. Vos amis, pour vous servir, ont attendu vos ordres. Mais moi, je vous ai spontanément désigné des victimes, je les ai jetées sous la hache. Toute récompense que j'accepterais serait le prix du sang. Oubliez-moi, sire, ne me revoyez même plus. Je suis le passé lamentable et sombre ; ces jeunes gens sont l'avenir joyeux. Le grand roi votre père est vengé, vous avez vengé en même temps mon pauvre du Bourdet, délivré mon neveu Bernard, voilà ma récompense. Ordonnez qu'on me paye ma pension, dont je vis ; laissez-moi mon gouvernement de Grenoble, car j'aime ces noires montagnes, j'aime ma verte vallée du Graisivaudan ; j'y retournerai avec mes neveux, dont je deviens le père. Désormais je n'ai plus besoin que d'oubli, de solitude et de silence.

Le roi rêva un moment.

— Ne m'avez-vous pas dit, ajouta-t-il, qu'autrefois une chapelle devait s'élever sur l'emplacement de cette maison du baigneur à l'endroit où sont aujourd'hui les pierres indiennes que vous savez ?

— Oui, sire, répliqua Pontis avec un soupir.

— Luynes ! cria le roi.

Le favori s'approcha.

— M. de Pontis, dit le jeune prince, veut bien me vendre une maison qu'il a près des Célestins. Il me la vend cent mille livres ; vous lui ferez compter cette somme et m'enverrez Jacques La Brosse, l'architecte de ma mère, pour qu'à l'endroit que je lui désignerai, il fasse construire une chapelle expiatoire.

Les courtisans se dispersèrent sur un geste du roi. Il ne resta plus dans la galerie que la reine, qui s'appuyait sur Marguerite.

Au seuil de la porte, Cadenet et Bernard allaient se retirer comme les autres. Louis dit à Pontis :

— Appelez votre neveu.

Pontis transmit à Bernard l'ordre du roi.

Le jeune homme s'approcha humblement. Il ne s'agissait plus cette fois de causer petits oiseaux avec un timide oiseleur.

— Monsieur, lui dit Louis, on vous a fait bien des injustices, bien du mal, quand je n'étais pas le maître. Je ne puis tout réparer, hélas ! mais néanmoins, que désirez-vous de moi ?

Bernard savait bien ce qu'il eût désiré. Il voyait à trois pas de lui, il couvait des yeux son trésor ; mais ce qu'il souhaitait, il ne pouvait le demander au roi.

Anne présenta la comtesse, plus tremblante encore que Bernard, car les convenances lui faisaient une loi d'intercéder pour son mari, et devant Bernard elle eût mieux aimé mourir.

— Madame, lui dit le roi la prévenant avec une sorte de joie sauvage, je vous annonce une bonne nouvelle. Le comte Siete-Iglesias a échappé à l'échafaud. On l'a trouvé ce matin mort de deux blessures, dans la maison du baigneur la Vienne, où il cachait des richesses que celui-ci m'a dénoncées. Je vous félicite pour l'honneur du nom que vous êtes condamnée à porter.

Étourdie, chancelant sous ce coup imprévu, Marguerite joignit les mains et s'agenouilla devant le roi.

— Comtesse, dit Anne en la relevant, ce nom d'Iglesias ne peut plus se prononcer ici ; hâte-toi de l'échanger contre un autre, prends un nom français... Je t'aiderai à chercher si tu es embarrassée.

Bernard faillit tomber prosterné sous le regard malin et presque amical que la reine dirigeait vers lui en ce moment.

— Eh bien, reprit le roi, qui avait tout

vu, il n'y a plus ici que des gens heureux, n'est-ce pas, madame? Si nous allions chasser à Vincennes? voilà, en vérité, le printemps !

La jeune reine battit des mains joyeusement.

Marguerite et Bernard se regardaient à la dérobée.

Pontis observa de loin cette fraîcheur, ces joies contenues, ces amours.

— Oh! se dit-il, jeunesse!... éternelle floraison, renaissance éternelle! les pères sont morts, la mère exilée, amis ou ennemis ont sombré dans la tempête, l'horizon noir gronde encore, eh bien, par delà tant de douleurs, tant de ruines, tant de sang, voilà de jeunes cœurs qui se cherchent. — Un rayon de soleil, un sourire, et la vie va refleurir sur les tombes.

FIN DE LA MAISON DU BAIGNEUR.

CATALOGUE
DES OUVRAGES DE LA COLLECTION
V. B.

EN VENTE CHEZ TOUS LES LIBRAIRES DE PARIS ET DE LA PROVINCE

V. BUNEL, ÉDITEUR, 10, RUE DU CLOITRE-NOTRE-DAME

HISTOIRE
DES
COCUS CÉLÈBRES
DE TOUS LES TEMPS ET DE TOUS LES PAYS

Ouvrage entièrement inédit

Par HENRY DE KOCK

Édition populaire illustrée de **100** gravures

Magnifique volume broché : 10 francs

HISTOIRE
DES
COURTISANES CÉLÈBRES
OUVRAGE ENTIÈREMENT INÉDIT

Par HENRY DE KOCK

Magnifique volume broché : 10 francs

MÉMOIRES
DE
NINON DE LENCLOS
PAR
EUGÈNE DE MIRECOURT

Magnifique édition de 95 livraisons, illustrées de 120 gravures

Prix du volume broché : 9 fr. 50 c.

HISTOIRE DE LA BASTILLE
PAR
MM. ARNOULD, ALBOIZE ET A. MAQUET

Magnifique volume broché : 9 francs

97 LIVRAISONS A 10 CENT.

RÉIMPRESSION (IN EXTENSO)
DU
JOURNAL OFFICIEL
DE
LA COMMUNE
Imprimé sur le même format que le Journal officiel du Gouvernement

Des Numéros du Dimanche 24 Mars au Mercredi

24 Mai 1871, dernier Numéro paru

Ouvrage complet, 8 fr., broché ; 10 fr., cart.

HISTOIRE DES BAGNES
DEPUIS LEUR CRÉATION JUSQU'A NOS JOURS

ÉDITION POPULAIRE

Illustrée de plus de 150 dessins

Par PIERRE ZACCONE

Un magnifique volume : 13 francs

CONFESSIONS
DE
MARION DELORME
PAR
EUGÈNE DE MIRECOURT

Magnifique édition de 106 livraisons, illustrées de 120 gravures

Prix : 10 francs, broché

LE DONJON DE VINCENNES
DEPUIS SA CRÉATION JUSQU'A NOS JOURS

PAR

MM. ALBOIZE ET AUGUSTE MAQUET

Le volume broché : 4 francs

Tous ces ouvrages peuvent être demandés en volumes, en feuilles à 10 centimes, et en séries de 5 livraisons à 50 centimes la série.

Clichy. — Imprimerie Paul Dupont, 12, rue du Bac-d'Asnières. (336, 3-5.)

www.ingramcontent.com/pod-product-compliance
Lightning Source LLC
Chambersburg PA
CBHW071139160426
43196CB00011B/1946